# 회의통역 완벽가이드

- 인간통역 최종 해설판 -

Original edition: "Conference Interpreting -A Complete Course",

Setton, R. and Dawrant, A.

John Benjamins Publishing Company, Amsterdam, 2016.

# 회의통역 완벽가이드

로빈 세튼 · 앤드류 C. 도런트 지음 | 곽중철 · 박지현 옮김

HU:iNE

# 저자소개

**로빈 세튼**(Robin Setton)은 1979년부터 프리랜서 겸 국제 기구 전속 회의 통역사로 활동했다(1983년 이래 AIIC 회원). 회의 통역사 훈련 및 교과 과정을 지도를 하며 유럽과 아시아 통번역 학교에서 교편을 잡았다. 통역의 인지, 언어 및 문화적 측면을 다룬 기사와 책을 출간했으며 또한 전공논문을 단행본 형태로 출간하였다(*Simultaneous Interpretation: A cognitive- pragmatic analysis*, Benjamins, 1999). 응용 언어학 박사학위와 회의 통역, 번역, 그리고 중국학 석사학위를 소지하고 있으며 현재 프랑스에서 거주하고 있다.

**앤드류 C. 도런트**(Andrew C. Dawrant)는 외교 통역 전문 회의통역사이자 컨설턴트이다. 1999년부터 AIIC 회원 자격으로 G20 및 다수의 양자 정상회담에서 통역했다. 중국에서 15년간 전문 회의 통역사를 양성하는데 힘써왔으며 그 중 8년은 주임교수를 맡았다. 번역학 석사학위와 회의통역 전문학위(우등)를 소지하고 있다. 현재 상해에서 아내와 함께 살면서 슬하에 네 자녀를 두고 있다.

# 역자의 말

제자 박지현과 함께 이 책을 번역하는데 1년이 넘게 걸렸다. 그렇게 분량이 많고 어려울 줄 알았다면 번역을 시작하지 않았을 것이다. 2016년 3월 이세돌과 알파고 바둑 대국이 끝나며 본격 인공지능 시대가 예고되었으니 그 직후에 출간된 이 책은 재래식 인간통역의 마지막 이론서가 될 것임을 원저자들도 동의할 것이다. 이제 인간통역 이론 관련 저서는 더 나올 수도, 그럴 필요도 없다고 확신한다. 이 책이 인간통역과 관련한 모든 세부사항을 하나도 빠짐없이 언급해 놓았기 때문에 더욱 그러하다.

원저자 로빈 세튼과 앤드류 도런트는 놀라울 정도로 꼼꼼하고 철저한 사람들이다. 통역이란 무엇인가, 통역사란 어떤 사람들인가에서부터 통역의 역사, 종류, 학습 및 교수법, 실제 통역 시장에서의 각종 사례까지, "이런 것까지 언급해야 하나?" 하는 세부사항까지 모두 짚고 넘어갔다. 빠진 사항이 있으면 말씀해보시라, 절대 찾기 힘들 것이다. 이 책은 본격 인공지능 통역시대가 왔을 때 인간 통역에 대한 역사적 기록으로 남는데 전혀 손색이 없다. 통역관련 전문 해설서와 이론서를 몇 개나 쓰고 번역했지만 이 책 앞에서는 더 할 말을 찾을 수 없었다.

공역자 박지현은 나이 어린 제자이지만 번역에 대한 열정 하나로 그 많은 초벌번역을 혼자서 해내고, 스승의 질책과 다그침을 견디며 완역본을 만들었다. 역서가 출판되면 '이제 어떤 번역도 할 수 있다'는 자신감을 갖게 될 것이다.

몇 십 년 후, 인간통역의 부산물인 인공지능 통역이 횡행할 때, 후배들은 이 책을 보며 "과거에는 이런 일과 이론도 있었나?"라고 신기해할 수도 있지만 그런 내용들을 마지막으로 번역해 우리말로 남겼다는 우리 두 공역자의 자부심은 남을 것이다.

2017년 가을

곽중철 · 박지현

# 목차

## 제3장 통역 대학원 지원자격 및 입학 _ 91



## 제4장 통역 입문 _ 113



## 제5장 순차 통역 _ 181

# 회의 통역: 전체 교과과정과 강사 지침서

## 일반 개론

통역사는 호기심이 많고 독립적인 기질이 있는 사람에게 매력적인 직업이다. 문화와 공동체 간 가교역할을 하면서 통역사는 다양한 인간의 풍성하고 폭넓은 경험을 얻는 보상을 받는다. 글로 적힌 텍스트를 다루는 번역사와 달리 통역사의 일은 순식간에 일어나지만, 사람들의 의사소통을 실시간으로 중개하는 흥분과 함께 통역이 잘 되었을 때 다른 문화의 두 사람을 연결해주었다는 뿌듯함을 느낄 수 있다. 통역에는 언어, 분석, 공감, 지식과 기술이라는 복합적인 재료가 들어가는데 최고의 성과를 내려면 스승과 제자가 함께 전문성을 발휘해야 한다. 통역사는 타고나기도 하고 만들어지기도 한다.

이 저서는 두 권이 한 세트이지만 학생과 강사용으로 나눈 것이 아니고, 첫 책이 자습용으로 만들어진 것도 아니다. 책에 있는 연습문제를 자격 있는 교수의 지도 없이 혼자서 해결하려고 했다가는 이해도 안 될뿐더러 이 저서가 목표로 하는 전문성에 미치지 못할 것이다.

회의 통역은 사회적, 상호적, 맥락적 활동으로 특수한 조건과 환경에서 행해진다.

통역에 필요한 기술과 판단력을 혼자서는 기를 수 없고, 스승이 제자에게 전수해 줄 수도 없다. 스승과 제자의 동반협업*partnership*을 필요로 하고 각자에게 주어진 역할이 있다. 강사는 학생이 연습을 통해 배울 수 있는 실제적이고 적절한 환경, 즉 연설문, 연습과제, 모의 상황을 연출해주어야 하고, 상세한 피드백*feedback*과 지도, 이론에 근거한 설명, 언어와 지식의 숙달, 발성 훈련 등을 제공해 나중에 학생이 실제 회의장에서 고객의 요구사항을 만족시킬 수 있게 해야 한다. 스승과 제자의 필수적인 공생관계를 형성하기 위해 제 1권, 전체 교과과정(Complete Course, 이하 CC)에서는 의도적으로 학생과 선생님의 역할을 제시했고 번갈아 가면서 역할을 수행함으로써 각 단계를 완성시킨다. 각 과정은 학생에게 초점을 맞추었고, 학생은 교수의 역할을 이해하면서 배울 수 있다. 강사는 제 2권 강사 지침서(Trainer's Guide, 이하 TG)에서 다양한 지도 방법을 심도 있게 공부할 수 있다. 하지만 TG의 제2장[1]에서 알 수 있듯이 연습 문제를 같이 풀거나 교과서에서 제공하는 방법론적 제안이 아무리 상세하더라도 강사의 역할은 그 이상이다.

이 책에서 제안하는 연습과제, 수업절차, 피드백, 연습, 또는 시험이 통역사 훈련에 있어 지나치게 거창한 접근법을 취한다는 인상을 줄 수도 있다. 집필과정 중 저자의 경험, 연구, 통역사에게 필요한 기술과 통역현장에 대한 이해를 통해 특정 훈련 방법이 다른 방법에 비해 우월하다고 판단했기 때문이고, 보다 나은 성과가 나올 것으로 확신했기 때문이다. 동시에 통역훈련은 항상 학생에 초점을 맞추고 니즈에 근거해야 한다. 따라서 책에서 아무리 강력하게 추천하더라도 제안은 제안일 뿐이므로 강사와 교과 설계자는 그들의 구체적 니즈에 맞추고 그들 자신의 생각과 훈련, 그리고 교수법을 강화해야 한다.

회의 통역을 중심으로 이 책을 집필했지만, 초반에 수록된 원리<sup>原理</sup>와 연습과제는 모든 종류와 상황의 통역에 적용 가능하다. 현재 시장에는 꾸준한 통역 수요가 있고[2], 특히 동시통역장비가 없는 장소에서 매일 수천 건의 회의가 열리는 신흥국

1) 각 장과 절에서 제 1권 CC(Complete Course, 전체 교과과정)과 제 2권 TG(Trainer's Guide, 강사 지침서)를 상호 참조한다.

2) 2014년도 기준 AIIC의 기본조건에 부합하는 통역대학원, 즉 신뢰할 수 있고 전문 회의 통역사를 배출할 수 있는 학교로 인정받은 곳은 44개국의 84개교이다.

에서는 동시통역(SI)뿐 아니라 믿을만한 순차통역에 대한 수요가 늘고 있다.

두 책에서 제시한 교수법은 인지과학이나 통역 이론은 물론 현장 통역 상황에 근거한다. 책의 상당부분이 강사와 노련한 통역사에게는 익숙하거나 당연하고 초보적일 수도 있겠으나 새로운 아이디어도 보여줄 것이다. 핵심 주제에 대한 연구와 진행중인 논의는 책에 표시가 되어 있으며 전체교과과정(CC)에서 간략하게 설명하고, 강사 지침서(TG)에서 더 상세하게 다루었다. 역으로 지도교수법에서의 CC 참조는 숙달과정 내 관련 단계나 연습과제를 독자에게 알려준다.

색인과 목차는 독자가 관심 있는 주제를 쉽게 찾을 수 있도록 구성하였고, 각 진행 단계의 연습과제, 예제 및 사례연구를 체계적으로 정리했다. 전체 보충단원에 대한 요약 수업계획서도 실었다. 보충단원에는 CC및TG의 7단원: 언어 및 지식 숙달, TG-3단원: 훈련을 위한 이론, TG-12단원: 훈련 중 이론활용, CC/TG-10단원: 프로정신, CC-11단원: 통역사 조직 입문, TG-14단원: 평생교육과 사범교육, TG-12단원: 석사와 박사과정을 위한 계획, 그리고 마지막으로 CC-3/TG-4단원: 입학시험, TG-3.4단원: 학기 중 시험과 TG-11단원: 졸업시험이 있다. 교과 지도자와 강사는 교과 구성의 원리와 교수법에 대한 내용을 TG-2단원과 TG-3단원에서 찾아볼 수 있고, TG-13단원에서 주최기관 내 통역사 훈련과정을 만들고 운영하는 중에 생기는 문제 해결방법에 대한 조언이 있다.

핵심 강의 단원(CC-4/TG-5에서 CC/TG-10)에서는 새로운 기법과 연습과제의 예제는 다양한 언어 쌍*language pair*으로 되어 있고, 한쪽 언어가 항상 영어이다. 연습과정을 도식으로 표현했고, 핵심 기법이나 논란이 되는 주제, 새로운 기술을 배우고 가르칠 때 마주하는 문제, 그리고 (특히 TG에서) 관련 문학의 내용을 말 상자 안에 넣었다. 통역 훈련 과정에 있어서 절대 빠뜨릴 수 없는 수업 밖에서 학생들이 혼자서 혹은 그룹으로 공부하고 연습하는 방법에 대한 상세한 지침은 CC-5의 부록에서 찾아볼 수 있다.

연구자들, 강사와 학생들에게 이 책이 풍성하고 참신한 내용의 참고서가 되길 바란다. 우리가 묘사한 프로그램은 몇 세대의 전문통역사를 성공적으로 배출한 '표준 모델*standard model*'을 토대로 만들어졌으며, 변화하는 회의 통역 양상에 맞추어 약간의 각색과 개선점을 제안하기도 한다.

## 통역사 훈련 : 전통과 혁신

'증거에 기반해야*evidence-based*'한다는 말이 유행인 시대라서, 우리가 권고하는 교수법에도 기반 설명이 필요하다. 통역은 복합적인 활동이고, 통역사 훈련은 더욱 복합적이다. 문헌에서 자주 언급되듯 훈련방법의 효과를 실증적으로 비교분석*comparative empirical evaluation*하는 것은 현실적인 어려움이 많다. 표본의 크기가 작고, 개인별 차이가 크며, 현장 통역 기록의 비가시적이고 순간적인 특성 때문이다. 따라서 아직까지는 지난 경험에 크게 의존할 수 밖에 없으므로[3], 언어, 인지작용, 의사소통, 교육과 사회학에 대한 연구 자료를 토대로 보완해야 한다.

출판된 자료가 부족함에도 불구하고, 1950-60년대부터 소수의 명문통역학교가 현장 투입이 가능한 최고 수준의 회의 통역사를 배출하는데 큰 성공을 거두었다. 이들 대학에서는 국제회의통역사협회*International Association of Conference Interpreters; AIIC*[4]가 권장하는 '표준' 도제기반*apprenticeship-based* 훈련 모델을 사용하는데, 지금까지도 가장 잘 알려진 셀레스코비치와 르데레르의 통역 교본(1989/2002)[5]에도 설명 되어 있다.

우리의 교수법도 AIIC 권고모델과 맥을 같이 하지만, 지난 강사 세대의 경험을 토대로 21세기 통역 현장에 맞는 표준 패러다임을 시대에 맞추어 보강하려고 한다. 대부분의 경우 표준모델을 엄격하게 따랐으나 공정하고 효율적이며 현실적인 통역 훈련을 위해 교육 방식, 평가와 시험, 언어와 지식의 숙달에 관해서는 약간의 조정과 혁신을 더했다.

---

3) 저자의 경우, 60년 가까이 유럽과 아시아에서 통역사 겸 강사, 관리자, 연구자로 경험을 쌓았다. 1990년대 타이페이 후젠 대학의 GITIS와 2000년대 초 베이징의 BFSU, 2003-2011년 상하이의 SISU-GIIT, 제네바의 FTI(과거 ETI)와 파리의 ESIT와 ISIT에서 교편을 잡았을 때 많은 통역 연습과 교수법을 개발하고 실행했다.

4) 국제회의통역사협회는 불어의 약자인 'AIIC'로 알려져 있다. http://aiic.net. (CC-2장, 부록 참고)

5) 파리3대학 통번역대학원*Ecole supérieure d'interprétation et de traduction; ESIT*는 '의미이론*theory of sense*' 또는 '해석적 번역이론*interpretive theory of translation; ITT*'이 창시된 곳으로 이 책에서 몇 차례 인용된다.

## 진전과 점진적 현실주의

표준 훈련 모델은 학생들의 능력을 단계적으로 발달시키는 건설적 교육과정을 지향한다. 학생들은 적극적 청취와 분석을 하고, 노트테이킹을 하는 순차 통역과 시역*sight translation*을 연습한다. 동시통역으로 들어가기 전에 모국어인 A언어에서 새로운 기법을 배운 후 제2외국어인 B언어에서도 배운다.

아직까지 과거 통역사들이 직관적으로 따른 단계적 접근방식이 교육적 측면에서 설득력이 크다고 본다. 인지과학적 측면에서도 이 방식은 학생들에게 어려운 연습을 단계적으로 할 수 있게 해준다. 예를 들어 순차통역과 시역, 두 단계에 걸쳐 연설문 또는 텍스트를 연습한 다음 비로소 동시통역을 시작하게 된다. 따라서 우리는 과거 훈련방법을 더 상세하고 명확하게 보완했다. 각 기술은 입문*Initiation*, 적응*Coordination*, 실험*Experimentation*, 강화*Consolidation* 네 단계로 나뉘고 학생들의 발전 속도에 따라 약간의 융통성을 허용한다. (TG-3장에서 이에 대한 논의와 근거를 제공한다.)

연습과제와 자료의 현장성*authenticity* 역시 항상 문제가 된다. 이것을 난이도별로 녹여내면서도 재미있고, 학생들에게 자극이 될 수 있도록 점진적 현실주의*incremental realism*를 적용했다. 일각에서 주장하는 인위적인 반복훈련을 통한 이론상의 통역 인지요소 강화 대신 우리는 모든 연습과제에 통역의 핵심인 의사전달이라는 목표를 설정했다. 그리고 각 단계의 난이도를 (1) 의사전달의 특성(예를 들어, 자연스런 대화에서 공식적인 낭독 연설로), (2) 특성에 따라 필요한 기술, (3)통역의 품질과 명료성 측면을 점진적으로 강화했다. 연습 목표는 단계별로 설명되어있다. 언어학습처럼 입력언어의 '언어적' 난이도나 주제가 균등하게 올라가는 것이 아니고, 입력언어가 각 단계의 특정 인지과정을 발달시키도록 했다. 잠정적으로 언어적 난이도를 네 가지 특성으로 분류했으며, 각 단계별로 적합한 연설문과 텍스트 종류를 TG-2장에서 설명했다.

서술적인 측면에서 '구성요소 접근법*components approach*'을 차용했으며, 통역 전반의 전문성이 네 가지 핵심 역량인 언어*Language*, 지식*Knowledge*, 기술*Skills*과 프로정신*Professionalism*, 즉 'LKSP'의 연결 정도에 따라 결정된다고 가정했다. (CC-2.4 참고) 각 역량은 향상되거나(L, K) 교과 과정을 이수해(S, P) 갖추게 된다. 각 역량은 통역사 생활을 하면서 강화되지만, 현장투입 가능한 전문 통역사가 되려면 각 역량이 완전히 통합되어야 한다. 언어 능숙도, 특정 분야의 지식, 또는 기계적인 노트테이킹은 개별적으로 연습이 가능하지만, 점진적 현실주의에서 예외적인 요소다

## 완전한 현실주의 : 마지막 1마일 가기

두 번째로, 학생들이 전문 통역 현장을 체감할 수 있도록 표준모델을 완전한 현실주의*full realism* 측면에서 확장시켰다. '마지막 1마일' 훈련은 졸업생이 통역시장에서 마주하게 될 가장 어려운 연사의 통역에 대비하기 위해 만들어졌다. 말이 빠른 연사가 발표 슬라이드를 넘기면서 외국 억양으로 묵직한 내용을 설명 하다가 중간에 텍스트를 줄줄 읽는 상황에 대한 연습을 CC/TG-9장에서 볼 수 있다.

안타깝지만 시간적, 금전적 제약과, 그리고 모국어가 아닌 언어를 사용해야 한다는 압력 때문에 언제나 자기 의견을 현장에서 명료하게 전달하는 연사를 만나기는 어렵다. 대부분 급하게 발언하고, 텍스트를 줄줄 읽기 때문에 정보의 밀도가 높고, 전달하는 내용이 불분명하거나 부자연스럽고, 두서없이 말하는 경우도 있다. 통역사의 임무를 점점 더 하찮게 여기고, 회의장에 동석하던 통역사들이 동시통역 부스로 옮겨가고 이제 원격 통역까지 하게 되니 통역 품질을 위해 악조건의 통역을 거부하는 것이 거의 불가능해졌다.

통역은 감각에 의존하지만, 회의 통역사는 일관되고 의미 있는 통역을 위해 여러 가지 상황에 대처하는 능력을 키워야 한다. 연사가 너무 빠르게 말하면 의미를 보존하는 수준에서 생략을 통해 압축된 메시지를 전달해야 하지만, 공식*formulas*이나 전문용어*jargon*는 등가의 표현을, 숫자나 이름은 정확하게 전달해야 한다. 글로 적힌 텍스트를 통역할 경우 다른 언어로 듣고 있는 청중이 편안한 관용어 형태로 들을 수 있게 언어 문장구조를 완전히 재구성해야 한다.

이런 상황에 대처하기 위해 통역사는 기본 청취, 분석과 말하기 능력을 보완하고 언어적 준비태세*linguistic readiness*를 갖추어야 한다. 준비된 표현, 등가의 표현으로 즉

각적으로 변환되어야 연사의 속도에 맞추어 통역할 수 있고, 준비된 텍스트를 읽더라도 단기기억에 과부하를 주지 않아야 자연스러운 표현으로 옮길 수 있게 된다. 반대로 자연적이고 즉흥적인 대화를 통역할 때는 약간의 지체가 용납 된다. 연사가 굉장히 빠른 속도로 말하는 경우 의미를 보존하는 수준에서 텍스트를 압축하는 것이 유일한 대책일 수 있다.

대비되는 기술을 익히기 위해 SI 훈련 방식을 둘로 나누었다. 초반에는 자유롭게 통역할 수 있는 즉흥적이고 자연스러운 연설문을 연습하다가 1학년 하반기로 갈수록 텍스트 기반의 정적인 문장을 연습하게 된다(CC-7). SI 입문을 할 때쯤에는 시역의 속도를 늘려 문장을 해체하고 연결하는*chunking-and-joining* 속도를 늘려가게 된다(CC/TG-8.2). 이것은 공식적인 연설문과 발표처럼 딱딱하고 격식을 갖춘 텍스트를 다루기 위한 준비작업이다.

마지막으로, 모든 통역 기술은 주제에 얼마나 익숙하냐에 좌우되고, 주제에 대한 지식 없이는 불가능한 통역도 있기 때문에, 주제별로 집중적인 공부와 연습을 사전에 해두어야 한다. 따라서 기본적인 SI기술을 익히게 되면 문서관리와 회의를 준비하는 방법도 훈련시킨다.

## '양방향' 동시통역

달라진 점 중에 하나가 바로 '양방향*bi-active*' 동시통역을 교과과정에 통합시켰다는 것이다. A언어뿐만 아니라 B언어로도 동시통역을 하는 것이 통역시장에서 일반화되고 있다. 아직까지는 B언어가 영어인 경우가 압도적으로 많고, 이에 대한 수요도 크다. 당연히 모국어가 아닌 언어로 동시통역을 하는 것은 인지적, 언어적으로도 더 어렵다. 단계적인 훈련을 유지하면서(B-A 다음 A-B통역), B언어 통역에도 충분한 시간을 할애할 수 있도록 교과과정을 두 가지 측면에서 수정했다. B언어 훈련을 위해 전통적으로 유수의 통역대학원에서 할애하던 시간보다 언어숙달*language enhancement; LE* 수업시간이 길어졌고, B언어에 대한 강의 중 피드백도 늘렸다. CC-7에서는 언어숙달 연습과 지침을 제공한다. 교실에서 하는 연습과 자습용 연습자료가 따로 준비되어 있고, 법, 경제, 의회 운영 절차 등 회의 통역의 핵심 주제와 기타 전문분야 지식 숙달을 위한 자료도 준비되어 있다.

## 프로정신 교육하기

반드시 강화훈련이 필요한 부분 중 하나가 프로정신이다. 고객과의 신뢰관계를 유지하기 위해 고객 응대기술, 직업윤리, 서비스 세 가지 측면의 교육이 필요하다(CC-10). 쉽게 생각할 수 있는 예는, 위에서 언급했던 악조건의 통역을 억지로 하지 않고 사전에 고객과 소통해 충분히 예방할 수 있다는 것이다. 어린 통역사들에게 불합리한 조건을 수락하게 만드는 경우가 늘고 있는 만큼, 학생들에게 합리적인 작업환경, 직업윤리, 통역사의 역할과 관례, 고객응대 및 교육, 통역사 조직에 대해 이전보다 상세하게 가르칠 필요가 있다. 이것은 기관을 방문해 부스에서 실습해보면서 강화되어야 하고, 졸업 후에도 학생들에게 지원과 멘토링을 해주어야 한다.

통역사의 역할에 대한 직업윤리와 관례는 통역환경의 전문성에 따라 크게 달라질 수 있다. 그러나 어떤 시장이냐에 따라서도 회의 통역의 관례가 달라진다는 것을 발견했다. 이미 오랫동안 다자간 정부간 조직에서 양방향 순차통역과 동시통역이 가능한 통역사의 수요가 존재했고, 특히 양자 외교와 중대한 비즈니스에서는 통역사의 완전한 중립성을 기대하지도, 당연하게 여기지도 않는다.

요약하면, 비밀유지 선서를 희석시키는 것을 변호할 근거가 없고 통역 품질을 위한 최소한의 적정요건을 변화시킬만한 인간 의식의 혁명적인 도약도 일어나지 않았다. 그러나 중립성*neutrality*, 성실성*loyalty*, 충실성*fidelity*과 같은 원칙은 실제 상황에서 명료하게 적용하는 것이 힘들고, 윤리적인 선에서 상황에 따라 융통성을 발휘해야 한다. 문화와 시장에 따라 상황이 다르다는 것을 알기 때문에 직업 윤리에 대한 두 가지 입장을 모두 반영했다. 하나는 통역사의 중립성은 절대 양보할 수 없는 원칙이라는 입장이고, 다른 하나는 상황에 따라 통역사가 완전한 중립성을 지키는 것이 불가능하거나 요구되어서는 안 된다는 입장이다(CC/TG-10.3).

서비스 측면에서 장래 졸업생들에게 필요한 시장조직, 용역수주와 네트워킹에 필요한 실용적인 정보는 마지막 학기에 CC-11장의 '전문 통역 입문'에서 다룬다.

## 참고문헌

이 저서는 여러 저자의 책을 참고했으며, 동료 통역사들의 도움을 받아 만들어졌다. 기존 훈련방법을 기술한 다니카 셀레스코비치와 마리안 르데레르의 *Pédagogie raisonnée de l'interprétation* (1989/2002), 다니엘 길레의 *Basic Concepts and Models for Interpreter and Translator Training* (1995/2009), 로더릭 존스의 *Conference Interpreting Explained* (1998), 앤드류 길리의 *Conference Interpreting: A Student's Practice Book* (2013), 장 프랑소아 로잔의 *La prise de notes en interprétation consecutive* (1956), 로라 마이어스(1976)와 앤드류 길리(2005)의 순차통역 노트테이킹 입문이 많은 도움이 되었다. 법정통역은 곤잘레스, 바스케즈, 미켈슨의 *Fundamentals of Court Interpretation* (1991/2012)을 참고했다. 공공(community) 통역을 포함한 통역 분야 전반의 개요를 쓰는데 도움을 준 *Interpreting* 잡지의 편집자이자 *The Interpreting Studies Reader*의 공동저자인 프란츠 푀히하커(*Introducing Interpreting Studies*, 2004) 님께 감사의 뜻을 전한다. 또 따뜻한 성원과 지원을 아끼지 않은 고(故) 미리암 슐레신저님께도 깊이 감사한다.

회의통역이나 통역훈련 관련 최신 저서는 이른 감이 있어 짧게 언급됐다. 추가 배경지식과 정보를 위해서는 각 장 끝에 온라인 자료를 포함한 추천문헌을 수록했다. 다음 문헌은 일반적으로 참고하기에 좋은 책들이다.

1. Baker, Mona and Gabriela Saldanha (eds.). 1998/2009. *Encyclopedia of Translation Studies*. London: Routledge. doi:10.4324/9780203349792
2. Chapelle, Carol (ed.). 2013. *Encyclopedia of Applied Linguistics* (10 Vols). Oxford: Wiley-Blackwell.
3. Gambier, Yves and van Doorselaer (eds.). 2011-2013. *Benjamins Handbook of Translation Studies* (4 Vols). Amsterdam: John Benjamins.

doi:10.1075/hts.1

4. Malmkjær, Kirsten and Kevin Windle (eds.).2011. *Oxford Handbook of Translation Studies*. Oxford: Oxford University Press. doi: 10/1093/oxfordhb/9780199239306.001.0001
5. Millán-Varela, Carmen and Francesca Bartrina (eds.). 2012. *Routledge Handbook of Translation Studies*. London: Routledge.
6. Mikkelson, Holly and Renée Jourdenais (eds.). 2015. *Handbook of Interpreting*. London: Routledge
7. Pöchhacker, Franz and Nadja Grbić (eds.). 2015. *Encyclopedia of Interpreting Studies*. London: Routledge

끝으로, 동료 통역사들, 학생들, 친구들에게 진심 어린 감사를 전하고 너무 많은 사람들이 도와주어 모두 호명하지 못한 것에 양해를 구한다. 상세하고도 유용한 제안과 비평을 해준 익명의 평론가들과 인내와 지원을 아끼지 않은 가족에게도 감사한다.

# 제1장 전체 교과과정 소개

이 책은 회의통역을 공부하는 학생과 강사를 위해 쓰여졌지만 어떤 형태로든 통역 관련 일을 하고, 통역에 관심있는 사람들에게 이 책을 권한다.

2장(통역사가 하는 일)에서는 여러 가지 통역 기법, 환경과 상황에서 공통으로 나타나는 통역의 특징을 설명한다. 지역사회 및 공공 서비스, 미디어, 비즈니스, 그리고 외교 및 갈등해소까지 각 분야 통역에서 요구하는 인지적, 언어적, 사회적 기술을 살펴본다. 통역 전반에 걸쳐 하나의 공통된 목표가 있다. 번역과 마찬가지로 언어적 작업*linguistic operation*은 일부분에 불과하고 최대 목표는 화자가 의미하는 바를 충실하게 전달하는 것이다.

최소한의 '기본' 필요조건인 충실성의 원칙 외에도, 통역환경에 따라서 수행해야 하는 과제가 다르다. 빠르거나 애매한 동시통역에 필요한 빠른 인지적 곡예*cognitive juggling*, 외교통역에 필요한 섬세한 단어와 어조 선택, 면대면 담화의 경우 비가시성*invisibility*과 의사소통의 원활화 또는 중재 사이의 알맞은 균형을 찾는 것이 필요하다. 회의통역은 여러 환경과 기법의 연속선상에서 존재하지만 각 훈련 과정은 특정 기술의 함양을 목표로 해야 한다. 특히 회의통역은 짧은 순차, 전문 순차, 동시, 또는 멀티미디어를 활용한 복잡한 통역 상황에서 탄탄하고, 풍성하고, 유연하게 언어를 구사하는 능력(언어적 품질*linguistic quality*, 정확도*precision*, 사용역*register*, 어체*style* 등), 전문지식을 신속하게 떠올리고 사용하는 능력, 의미를 포착하고 해석하는 기술이 필요하다.

회의통역을 할 때 다양한 언어로의 통역이 가능하다. 어떤 통역사는 한두 개 내지는 여섯 개의 외국어를 모국어로 통역하는가 하면, 한 쌍의 언어를 양방향으로 통역하는 사람도 있고, 몇개의 언어를 두세 방향으로 통역하는 사람도 있다. (언어의 조합에 대한 설명은 CC-2.6에 기술되어 있다.) 따라서 학교마다 훈련의 초점이 목표하는 시장에 따라 달라질 수 밖에 없다. 예를 들어 UN을 목표로, EU를 목표로, 혹은 여러 국내 및 국제 기관 그리고 민간부문을 목표로 가르칠 수 있다. 과거 저서에는 잘 다뤄지지 않은 동-서 언어 통역, 특히 중-영 통역에 있어서 (문화 차이로 인한) 통역의 관점 차이에 관해 새로운 통찰력을 제공할 것이다.

CC-3 장에서는 회의 통역 훈련 프로그램의 입학 자격 중 언어 능숙도, 지식 수준, 성숙도와 기타 자질에 대한 설명과 전형적인 입학 시험 절차와 조언, 그리고 입시 준비에 도움을 줄 수 있는 연습 방법에 대한 설명이 있다. 회의 통역 과정에 대한 설명은 CC-4 장부터 시작한다. CC-4 장에는 듣기, 분석, 말하기 능력 향상을 위한 입문 방법이 있는데, 좋은 통역사라면 누구나 갖춰야하는 능력이고, 순차 통역(CC-5)으로 5분 이상의 담화를 정확하고 완전하게 옮기기 위해 필요한 노트테이킹 기술을 배우는 데에도 반드시 필요한 능력이다. 글로 적힌 텍스트를 목표 언어로 구사하는 시역(CC-6)은 동시 통역을 할 때 언어 간섭으로 생기는 함정을 잘 피해갈 수 있도록 해주는 준비작업이기 때문에 교과과정 중간중간 연습을 하는 것이 좋다.

기본기를 다지고, 꾸준히 언어 능숙도와 관련 지식을 깊고 넓게 다지고 난 뒤에(CC-7), 비로소 학생들은 동시통역(CC-8)을 할 준비를 마치게 된다. 동시통역에 필요한 기술을 습득하고 적응한 뒤에 실제 연설문을 통해 강화하고 나면, 모의 비행 훈련을 하는 것과 같이 속도, 다양성, 그리고 기술 측면에서 실제 상황과 흡사한 모의 회의 통역(CC-9)을 진행하게 된다.

실제 회의 통역은 연사와 청중 뿐만 아니라 의뢰인과 동료들, 프로정신(CC-10)을 갖춘 두 집단이 모인 장소이다. CC-10장에서 통역사의 역할에 대한 직업윤리와 관례에 대해서 배운다. 의사소통을 최적화하기 위해 충실성과 중립성이라는 좁은 경계 사이에서 언제 신중할지 또 단호할 지도 배우지만 고객과 통역을 듣는 사람들이 믿고 신뢰할 수 있는 통역 환경을 확보하는 방법에 대해서도 배우게 된다. 최근 통용되는 통역사의 계약서는, 선택사항과 의무사항, 주요 관계와 '협조 및 경쟁관계*co-opetition*'와 함께 CC-11 장에 나온다. 공평하지만 엄격한 졸업 시험을 무사히 통과한 후에야 전문통역사 인증을 받게 된다. (TG-11 참고) 통역사 지망생들이 알고 있으면 좋은 팁을 이 책의 부록에 담았다.

두 번째 책인 강사 지침서는 강사와 교과 설계자, 그리고 통역을 연구하는 사람들을 위해 만들어졌다. 교수법 개론, 수업 구성 및 설계를 먼저 소개한 다음, 전체 교과과정 순서에 따라 지도 방법, 수업 자료 선택과 피드백에 대한 구체적인 팁을 제시하고, 통역 이론 및 연구, 시험 및 증명, 과정 관리를 뒷장에서 다룬다. 마지막 장에서는 통역 업계 관련 전망을 제시한다.

# 제2장 통역사가 하는 일

## 2.1 서문

통역은 구두 형태의 번역이고, 사람들이 언어장벽을 뛰어넘어 서로 소통할 수 있게 해주는 서비스다. 세계화 시대에 통역의 특징은 신기함보다는 다양성이라고 할 수 있다. 병원, 법정, TV방송, 대통령 집무실, 대학 강의, 비즈니스 협상, 교회 예배, 여행 관광 가이드, 수감자 심문, NGO, 이사진 회의에서 유엔 안보리 회의까지 통역은 모든 분야와 환경에서 이루어지고 있다. 통역사의 훈련 및 능력 수준도 훈련을 받지 않았지만 '타고난' 통역사, 무보수로 일하는 아마추어 통역사, 그리고 고도로 훈련된 전문 통역사까지 각양각색이다. 순차 및 동시 통역 등 여러 형태의 통역 서비스를 다양한 공식 및 비공식 의사소통 상황에서 외국인 노동자, 기업 대표, 국가 원수 등 각계각층의 고객을 상대로 무대 뒤 혹은 청중 앞에서 제공한다. 통역사는 노조 회의나 장관 회의처럼 두 집단이 언어와 문화 장벽을 넘어 대등하게 소통할 수 있도록 중재하는 역할도 해주지만, 글을 모르는 난민이 망명을 신청하거나 국가로부터 사회복지 혜택을 받을 수 있도록 권력의 격차를 해소하는 역할도 한다. 통역사의 업무는 하찮은 것부터 불가능한 것까지 광범위하고, 이해관계가 높고 낮으며, 개인, 가정, 조직 또는 국가에 크거나 작은 영향을 미칠 수 있다. 통역사가 받는 존경과 지위도 천차만별인데, 종종 위의 요소와는 무관하게 전혀 관심 받지 못하거나 최고의 존경을 받을 수 도 있다.

통역은 자극적이고, 보람차고, 좋은 환경에서 연습만 할 수 있다면 굉장히 인기 있는 직업이다. 과제에 몰두 해야할 때도 있지만 지루할 때도 있고, 성수기와 비수기도 있다. 하지만 여행의 기회도 주어지고, 지적 호기심이 많은 사람에게는 시시각각 변하는 다양한 인간의 경험을 맨 앞 자리에서 볼 수 있는 기회를 제공한다.

관찰자와 사용자에게 있어 통역 업무의 가장 가시적인 부분은 언어 변환이고, 종종 그들이 유일하게 기대하는 부분이기도 하다. 하지만 통역은, 여러 다른 형태의 번역과 같이 언어, 인지, 그리고 중재를 수반한다. 또한 앞으로 살펴보겠지만, 비록 글이나 말은 작은 단위로 '번역'해서 순서를 자유롭게 섞을 수 있는 성질이 있어도 번역과 통역은 각기 다른 제약을 가지고 있기 때문에 다른 능력이 요구된다.[1]

이번 단원은 통역 업무 전반의 상세한 개관을 제공하고, 그 특수성과 목표 기반 훈련*targeted training*의 필요성에 대해 설명한다.

### 2.1.1 업무의 정의

통역의 정의 중에는 ***즉각성****immediacy*을 강조하여 통역 특유의 인지 과정을 시사하는 경우가 있다.

> 통역이란 단 한 번 제시된 출발어를 다른 언어로 처음이자 마지막으로 생산되는 번역의 한 형태이다(푀히하커 2004:13).

어떤 경우는 행동규범을 정확하게 정의하기도 하지만, 언어 이상의 중재 기능을 부여하기도 한다.

---

1) 책에서 언급되는 '구술*oral*', '화자*speaker*', '발화*speech*', '청자*listener*', '통역사*interpreter*', '언어*language*' 등과 같은 용어는 수화와, 사인언어*signing and signed-language* 통역에도 적용이 된다. 흥미로운 점은, 최소한 미국에서는 일반통역보다 수화통역을 가리킬 때 '번역사'와 혼동하는 일이 적다는 것이다.

통역이란 문화 및 ***사회적 맥락을 고려해서*** 음성 또는 몸짓 메시지를 이해하고 분석하여 다른 언어로 정확하고 객관적으로 재해석하는 과정이다. (ASTM F 2089-01 *Standard Guide for Language Interpretation Services* 3.1[2]; 기울임꼴은 추가됨)

정의는 늘 미완성이며, 늘 의문을 야기한다. 보다 간단하면서도 통역의 세 가지 특징을 포착하는 정의를 제시하고자 한다.

*Interpreters mediate communication between people speaking different languages.*

***통역사는 다른 언어를 구사하는 사람들 사이에서 의사소통을 중재한다.***

1. 의사소통의 중재*mediate communication*: 통역사는 의사소통에 방해되는 화자와 청자의 문화적 인지적 격차를 (자각하지 못하는 경우에도) 좁히는 것이다. 이것은 상황, 환경, 고객과의 관계에 따라 자동적으로 발생하거나, 어느 정도 제한되거나 융통성이 발휘되는 일련의 최적화 과정을 통해 주의 깊은 언어를 변환을 요구한다.
2. 사람들 사이에서*between people speaking*: 통역사의 영역은 실시간 구두 의사소통 안에 있다. 입력 언어와 출력 언어가 대개 실제 발화이고, 입력 언어의 일부 또는 전부가 글 또는 녹음(동시와 시역처럼)되더라도 통역 품질은 실제 사람들이 ***실시간으로*** 사용할 수 있어야 한다.[3] 그리고 통역은 발화 속도 등의 제약과 구두 의사소통의 화용학적, 운율학적 관습과 자유 속에서 이루어진다.

---

2) 기술표준을 합의에 기반하여 자발적으로 개발하고 발행하는 미국재료시험학회*ASTM International*가 2001년 발간하고 2007년 개정한 *Standard Guide for Language Interpretation Services* (F 2089-01)의 정의를 보면 통역은 "정리된 정보를 전달"하는 "고객, 외국어 통역 서비스 제공자와 통역사 전문 훈련 기관이 사용하는 도구"이다. 이 책은 미국 현지 시장에 필요한 상세한 지침과 조언을 담고있고, AIIC권고 사항과 비슷한 기준을 가지고 있다. (책에서 명시하지는 않지만 A-B-C 언어 분류 체계는 거의 흡사하다.)

3) 요즘은 거의 모든 것이 기록되고 재생될 수 있다. 연사 또는 전체 행사를 기록한 것을 나중에 다시 통역할 경우 통역 품질에 대한 기대 수준이 올라간다. 2.1.2 와 5번 각주 참조.

3. 다른 언어*different languages*: 화자와 청자가 공동의 언어를 ***사용할 수 없을 때***(또는 상대방의 언어를 완전하게 이해하고 구사하지 못하거나, 외교적인 이유로 사용하는 것을 ***원하지 않을 때***) 통역사를 찾게 된다. 언어의 요소가 1대1로 대응하지 않기 때문에 언어를 전환하는 그 자체로도 메시지가 문화적 인지적으로 재해석된다.

따라서 언어와 의사전달(중개)의 복합적인 과제를 수행하기 위해, 통역사는 다음 네 가지 핵심 역량을 갖춰야 한다. 첫 세가지 역량은 네 번째 역량에 녹아 들어 있어야 한다.

- 언어 능숙도*Language proficiency(L)*: 출발어와 도착어 둘 다 해당되고, 언어를 해독하고 메시지를 알기 쉽고, 명확하며, 자연스럽게 전달하는데 필요하다.
- 지식*Knowledge(K)*: 화자와 청자의 인지를 관철하여 둘의 대화를 중재하는데 필요한 (문화를 포함한) 일반 및 현지 지식.
- 기술*Skills(S)*: 통역의 제약과 기회를 관리하기 위한 (의사소통의) 일반적 그리고 구체적 통역 기술.
- 프로정신*Professionalism(P)*: 통역 서비스를 실제상황에서 최적화하기 위해 상황을 통제하고, 우선순위를 정하고, 운영 및 윤리 상 의사결정을 하기 위해 필요하다.

개별 또는 전체 역량의 사용 정도는 통역의 형태, 영역, 환경과 상황에 따라 달라지며, 통역의 결과는 통역사의 능력과 외부적 요인에 의해서도 달라진다. 이 네 가지 역량은 2.4에서 더 상세하게 설명되어 있고, 이 책과 강사지침서에서 제안하는 훈련 방식의 요소를 통합해주는 골자 역할을 한다. 경험에 의하면, 높은 수준의 전문 통역에 필요한 각 역량의 정확한 제어와 능숙도는 아무리 재능 있고 교육을 받은 이중 언어 사용자라고 할지라도 (훈련 없이) 자연적으로 모두 갖추는 것이 불가능하다.

사후事後 진행되는 번역과 달리, 통역의 특징은 ***즉각성***이기 때문에 산출물이 시간, 공간과 상황에서 자유로울 수 없다.

### 2.1.2 통역 대 번역

대중매체에서 '번역' 또는 '번역사'는 글 뿐만이 아니라 말을 옮기는 것으로 혼용된다. 하지만 전문 통번역업계에서 '번역'은 글을 옮기는 것을 지칭하고, '통역'은 말 또는 수화를 옮기는 것을 지칭한다.

외부인의 입장에서는 번역과 통역에서 공통되게 드러나는 것이 언어의 변환이기 때문에 이 둘이 비슷하게 보일 수 있다. 많은 통번역이론 전문가들도 이 둘을 한 가지 업무 및 또는 학문에서 파생된 것이라고 보기 때문에 '번역(학)'이라고 통틀어 가리킨다(푀히하커 2004; 길레 2009). 이것은 학문의 광대한 분류체계를 간소화하는 측면에서 유용할 수도 있으나 통역과 번역을 "본질적으로 같은 기능을 하는" (길레 2009: 6) 두 가지 수행 방식으로 정의하는 것을 전제해야 한다. 그러나 인지적인 차원에서 그리고 훈련 방식에 있어서 (사후에 진행되는) 번역과 (현장에서 즉시 진행되는) 통역은 입력 언어, 사용되는 환경, 출력 언어, 반응과 적용 방법이 전혀 다르기 때문에 다른 활동과 능력으로 간주되어야 한다.

언어학의 역사상 말과 글의 차이를 구분하기 시작한 것은 꽤 최근의 일이다 (할리데이 1989). 글은 내용의 밀도와 어휘, 문법과 비유의 수준이 높은 반면 말은 운율*prosodic*, 선율*melodic*, 동작*kinesic*과 준언어*paralinguistic*적 요소에 영향을 받기 때문에 의미가 수시로 바뀐다. 바로 이러한 차이 때문에 인지적 관점에서 통번역을 다른 두 개의 산출과 이해의 과정이라고 봐야 한다. 통역은 귀에 들리고 살아있으며 덧 없이 사라지지만, 번역은 눈에 보이고 고정적이며 다른 자료를 참고할 수 있다. 그리고 이 둘의 산출물은 다른 매체로 바꿀 수 있다. 따라서 통역과 번역의 차이를 말 대 글*orality vs. writtenness*의 범주로 구분하기 보다 수행 과정의 즉각성으로 판단하는 것이 더 효과적이다.[4] 통역과 번역이 함축하는 의미를 더 자세하게 살펴보자.

번역을 해야 하는 상황은 다음과 같다. 어떤 사람이 특정 시공간에서 특정 독자를 위해 ***시간을 들여서*** 쓴 글을 번역사가 다른 시공간에서 새로운 독자를 대상으

4) 즉각성과 근접성으로 이해해도 좋다. "통역은 즉각성으로 구분되고, 언어와 문화 장벽을 허물고 의사소통을 ***이 순간 이 자리에서*** 하고 싶은 사람들을 위한 서비스이다." (푀히하커 2004: 10; 기울임 꼴 추가됨) 푀히하커(ibid.)는 '말*orality*'이라는 범주의 두 가지 문제점을 지적했다. (a) 통역은 텍스트를 이따금씩 활용하고 (b) 수화 통역은 '말'로 표현이 불가능하다.

로 새롭게 옮긴다. 그리고 이 새로운 독자는 또 다른 시공간에서 이 글을 읽게 된다. 두 텍스트 모두 종이와 전자 파일 등 반영구적 매체에 고정되 있고, 독자가 참고하거나 편한 시간에 다시 읽을 수 있다. 원작자와 번역사는 각자 자기 능력을 최대로 발휘해서 언어의 의미를 텍스트로 부호화*encode*하고, 독자는 자신이 노출된 시공간과 상황, 지식과 기호의 맥락에 맞춰 텍스트를 해독*decode*한다. 번역된 텍스트는 다른 시공간의 같은 또는 다른 독자들이 다시 읽고, 참고하고, 즐기게 된다. 텍스트는 변하지 않지만 글을 읽는 맥락은 달라진다.

'라이브'로 이루어지는 구두 의사소통은 화자이냐 청자이냐 에 따라 제약조건이 다르다. 화자는 발화의 속도, 밀도, 그리고 일관성을 통제할 수 있지만 산출물을 온라인으로 수정하는 것은 어렵다. 청자는 듣는 그 자리에서 산출물을 해독하고 해석할 수 밖에 없고, 의미를 각자 다른 방식으로 이해하고 기억해서 여러 심적 표상을 만들게 된다(이것은 청자의 관점이나 행동을 바꾸거나 바꾸지 않을 수 있다.). 연사의 말을 이해하는 과정은 한 순간에 일어나며 되돌릴 수 없다. 청자는 연사가 말하는 중에 각자의 세계관과 상황에 맞게, 그리고 자기가 기억하는 만큼 의미를 포착하고 처리하게 된다.

번역은, 번역사가 원문을 숙지한 상태에서 이루어진다. 저자가 시간을 들여서 쓸 단어를 고르고 찾아보고 쓴 글을 재차 읽는 것처럼, 번역사 역시 저자의 의도를 파악하고 새로운 독자들이 단어를 어떻게 받아들일지 고민하고 신중하게 선택하는 ***시간이 필요하다***. 따라서 번역물은 통역보다도 꼼꼼하게 검토할 수밖에 없다. 번역사는 번역을 하는 중에도 잠시 멈추고, 생각하고, 다른 자료(사전, 참고서적, 병렬 텍스트, 저자, 고객)의 도움을 받거나, 연구하고, 의미의 과거 및 미래 맥락을 추측해본 다음에 다시 번역에 착수할 수 있다.

반면에 통역사는 담화에 잠시 노출되지만 말의 의미적 맥락을 직접적으로 경험하고, (대형 미디어 통역 등) 청중이 누구인지 알 수 있다. 연설을 듣는 중에 실마리를 얻으며, 직면한 환경이 내용의 관련성을 이해하는데 도움을 주기도 한다. 통역사는 적절한 단어를 즉시 사용할 수 있어야 하는 대신, 번역처럼 다른 시공간의 사람들에게 무슨 문장을 어떻게 표현 했느냐를 꼼꼼하게 검토하지 않고, 이미 알고 있는 지식과 눈 앞에서 일어나는 일, 그리고 전후로 언급된 것의 맥락을 고려하여 청자에게 연설의 의미를 전달한다.

하지만 상황은 늘 변할 수 있다. 어떤 경우에는, 통역사가 텍스트에 더 의존해야 하고, 번역사처럼 저자의 의도와 독자의 성격과 반응을 통해 얻을 수 있는 단서가 충분하지 않다. (예: 미디어 통역) 또한 통역사는 단어 하나하나가 의미 있는 통역을 해야할 때도 있다. 예를 들어 일부 외교 또는 법정 통역에서는 통역물을 말한 그대로 기록하고 증거로 사용하며, 수정도 하지 않은 채로 권위[5]가 부여되는 경우가 있다. (이것은 최고의 통역사에게도 비현실적인 요구사항이다. CC/TG-9 참고).[6]

일반적으로 번역사와 통역사가 일하는 환경은 다르다. 활용 가능한 자원도 다르고, 사용하는 기법과 능력도 다르고, 의사소통 매체로써 목표하는 산출물의 성격도 다르다. 번역사는 문서, 사전, 그리고 기타 정보를 '인터넷 밖(offline)'에서 열람하여 글의 의도와 수용의 맥락을 재구성한다. 번역된 글은 독자들이 시간을 갖고 읽고, 열람하고, 면밀하게 평가하기도 한다. 통역사는 상황을 잘 이해하고 현장에서 사람들이 효과적으로 이해할 수 있도록 '인터넷(on line)'에서 사용하는 말로 의미를 전달해야 한다. 즉각성은 '생동성(liveness)'을 의미하기도 하는데, 이것은 물리적 거리가 가깝거나 같은 공간[7]에 있어야 한다는 것을 의미한다. 번역사는 좋은 독자이자 저자가 되어야 하고, 번역사는 좋은 청자이자 화자가 되어야 한다. (속독 기술도 도움이 된다.)

요약하자면, 통역과 번역은 전혀 다른 상황에서 이루어지고, 이에 수반하는 제약 조건도 다르다. (통역은 실제 맥락(live context)을 경험하지만 일회성이라는 압박 속에서 이루어지고, 번역은 조사, 수정, 소프트웨어 도구를 활용이 가능하지만 최종 결과물이 참고서적으로 활용할 수 있을 만큼의 완성도를 갖춰야한다는 제약이 있다.) 많은 사람들이 자주 통역

5) 법정 통역에서 이것은 늘 있는 일이고, 통역사의 말을 실시간으로 녹음하고 전사해서 수정 또는 편집 과정을 거치지 않고 인터넷에 개시하는 일이 회의 통역과 외교 통역에서도 점점 더 보편화되고 있다. 유럽 의회에서는 의원들이 자기가 발표한 내용의 영어 통역기록을 나중에 다시 들어보고, 내용이 조금이라도 누락됐거나 왜곡 또는 희석되면 항의를 한다. (Susanne Altenberg, p.c); 각주 3번 참조.

6) 조심스럽게 작성된 외교, 정치, 법정 연설문을 분당 150단어씩 한번에 읽어 내려가면 속기하는 것이 불가능한 것처럼 같은 속도로 통역이 될 것이라는 기대를 해서는 안 된다. (모든 단어에 일대일 대응어가 존재하는 것이 아니고, 통역사는 단어를 금방 바꾸는 수퍼컴퓨터가 아니니다.)

7) 같은 공간에 있는 것이 힘들거나 불가능한 상황에 대해 CC-9.4, TG-9.6.2참조.

과 번역의 차이를 혼동하지만, 통역과 번역은 완전히 다른 활동이다.[8] 그리고 통역과 번역에 요구되는 능력이 상호보완(CC-7.4.2.5)되는 성격이 있지만 훈련과정은 큰 차이가 있을 수 밖에 없다.

### 2.1.3 왜 '통역'이라고 부르는가

통역과 번역 모두 화자/저자가 의미 하는 바와 의도를 추론하는 데 해석학적 접근이 필요하다. 이 두 가지 활동을 설명하는 용어는 사회마다 역사 속에서 많은 변화를 거쳤다.[9] '통역'은 어떤 사회에서 말을 옮기는 활동을 정의한다는 의미로 굳어졌다. 언어적으로 봤을 때, 글보다 말이 훨씬 '해석'을 필요로 하기 때문에, 혹은 말이 의미를 도출해내는데 필요한 증거, 즉 화자의 어조, 표현, 몸짓, 통역 현장 등을 훨씬 더 빨리 찾을 수 있기 때문일 수도 있다. 하지만 단어는 라틴어 격언 *verba volant, scripta manent*[10]과 같이 말하는 동시에 사라진다. 혹은 통역이 라이브로 이루어져서, 통역사*interpreter*가 배우처럼 화자의 성격과 스타일을 전달하기 위해 그 사람의 역할을 '해석*interpret*'하는 것처럼 보이기 때문일 수도 있다. 특히 전문 통역사들이 1인칭 시점[11]으로 얘기하기 때문에 화자와 동격으로 보이기 때문이다.

오늘날 통역의 세 가지 사전적 정의를 가지고 있다. 한 사전에서 타동사 interpret을 다음과 같이 정의한다. (각주 12번 참고)

1. 이해할 수 있는 말로 의미를 설명하거나 말하는 행위
2. 개인의 믿음, 판단, 상황에 입각해서 생각함 (동의어: construe)
3. 공연 또는 감독과 같이 예술로 표현하는 행위

---

8) "어떤 사람은 통번역 업무를 함께 보지만, 통역과 번역은 서로 다른 직업이다. 통역사는 구어를 다루지만, 번역사는 문어를 다룬다. 각 작업은 다른 기술과 능력을 필요로 하고 대부분의 사람들은 어느 한쪽에 더 큰 자질을 보인다." Occupational Outlook Handbook 2014, US Dept. of Labor. http://www.bls.gov/ooh/media-and-communication/interpreters-and-translators.htm#tab-1 (Accessed 29, 2015).

9) 통역사를 뜻하는 독일어 *Dolmetscher*는 상업 텍스트의 번역이라는 의미도 있는 반면, 라틴어 *interpres*는 설명하는 사람, 중개업자, 해설자라는 의미도 포함한다.

10) "말은 사라지지만, 글은 남는다" (라틴어 격언)

11) 화자의 성별, 지위, 역할을 통역에 제대로 드러나야 한다.

예: <역할의 해석(interpret a role)> (Merriam-Webster 온라인 사전[12])

통역을 가르치는 데 있어, 일반적인 대화와 비교를 하는 것이 도움이 된다. 인지적 사회적 차원에서 구두 의사소통을 설명하는 최신 이론을 먼저 살펴보도록 하자. 그 다음 다른 언어로 중재된 의사소통의 복잡성과 통역의 제약과 기회를 살펴본다.

### 2.1.4 구두 의사소통의 작동 원리

지난 60년 언어학이 발전하면서 구두 의사소통에 대한 이해도 크게 증진되었다. 언어학의 전통적인 역할은 언어를 비교하는 것이었지만 언어학의 한 줄기인 화용론이 인지과학의 영향을 받으면서 우리가 서로 주고받는 표현을 이해하는 방식까지 다루게 됐다. 인지 화용론*Cognitive Pragmatics*측면에서 구두 의사소통을 가장 잘 설명한 이론은 적합성 이론*Relevance Theory; RT*이다(Sperber and Wilson 1986/1995; Carston 2002; Wilson and Sperber 2012, etc.). 지금 당장 혹은 나중에라도 TG-12.2.2의 적합성 이론의 개관을 읽어봐도 좋다. 이는 지금부터 이 책 끝까지 나올 이론과 논의 부분을 뒷받침할 것이다. 책에서 언급된 '적합한*relevant*' 그리고 '적합성*relevance*' 이라는 표현은 우리가 일반적으로 사용하는 의미가 아닌 전문적 적합성 이론의 맥락에서 사용할 것이다. 예를 들어, 통역이 '(매우) 적합하다'는 것이 통역사가 청중에게 덜 중요하거나 덜 흥미로운 정보를 자의적으로 뺀다는 뜻은 아니다.

언어화용론과 적합성이론은 구두 의사소통이 예전 생각처럼 단순히 화자가 자기 생각을 언어로 부호화 한 것을 청자가 해독함이 아님을 보여주었다. 그 어떤 언어도 생각을 정확하고, 명료하고, 완전하게 부호화하는 것이 불가능하며, 서로를 이해하기 위해 대화 중 유효한 맥락, 즉 기타 지식, 신념과 통찰력으로 지속적으로 추론을 해야 한다. 언어가 아무리 성숙해져도, 공용어를 쓰는 사람들끼리도 서로

12) http://www.merriam-webster.com/dictionary/interpret (2011/9/23과 2015/11/9에 열람함). 마지막으로 열람했을 때 사전의 의미가 '간소화'되기는 했지만 다른 뜻도 포함이 됐다. 그 중에는 통역사의 역할이 아닌 부분도 있다. "자기 생각과 느낌을 노래나 역할로 표현하는 것…"! (CC/TG-10 참조.)

완전히 이해하지는 못한다. (일간지 헤드라인만 봐도 그렇다.) 글이나 말로 표현되는 것은 화자(혹은 필자)의 생각과 의도에 관한 실마리를 제공할 뿐이며, 청자(혹은 독자)가 그것을 주어진 상황에서 양쪽 모두를 고려해 지식을 동원하고, 추론하고, 예상하는 수고를 하면서 그것을 해석하는 것이다. 같은 단어를 사용해도 맥락이 달라지면 뜻이 달라진다.[13] 요컨대, 표현을 이해하는 ***모든*** 과정은 상당한 분량의 '해석'이 필요하다. 사람들이 일상적으로 말을 포함한 인간의 행동을 분석하는 행위와 통역사가 하는 일과의 차이점은 "통역사는 화자의 의도가 아닌 그가 말하고 싶은 것을 전달함을 목표로 한다"는 것이다(Seleskovitch 1997:31; Seleskovitch and Lederer 1995:227-231).

> The difference between the everyday interpretation of people's behavior, including speech and the job of the ('language') interpreter is that "the interpreter's focus is properly not on what the speaker *intends,* but what he *intends to say"* (Seleskovitch 1977: 31; Seleskovitch and Lederer 1995: 227-231).

### 2.1.5 중재된 의사소통(언어의 변화 수반隨伴)

번역은 서로 대립되는 양 극단의 정의가 있다. 언어의 형태를 바꾸는 것이라는 정의와 '저자/연사가 되는 것'이라는 정의다. 그러나 두 정의 모두 납득하기 어렵다.

첫째로 언어장벽을 극복하고 대화하는 것은 대응어를 내뱉는 것만으로는 안된다. 언어가 각기 다른 문화와 세계관을 내포하고(Quine 1960; Keenan 1978; Nida 1975; Kramsch 1998), 단어의 뜻은 변하는 맥락 속에서 고정될 수 없기 때문이다. 언어마다 다른 세계를 표현하고, 명시성에서 차이를 보이며, 꼭 맞는 일대일 대응어가 있다면 그것은 예외 사항일 뿐이다(Kade Nida 1975). '직역'이나 '문자 그대로' 번역된다는 착각(일부 법정 통역 등)을 불러일으킬 때도, 청자는 결국 통역사가 연사의 암묵적이고 명시적인 언어의 의미를 해석한 표현을 듣게 된다. 따라서 통역의 결과물은

---

13) 대표적인 예는 연사가 발표 전후로 'Lights, please(불 좀 꺼/켜주세요)!'라고 하는 것이다.

원문과 비교했을 때 의미론적, 화용론적 재구성이며, 통역에서 사용된 단어나 표현들이 맥락 상 원문과 동일하게 보여도 원문에서 추가되거나 유실된 의미가 있을 수 밖에 없다.

또한 통역사가 가려진 '화자의 의도를 충실하게 전달'하는 것은 불가능하다. 언어의 변환은 둘째 치더라도, 중재자가 참가자 또는 수신인*Addressee*이 아닌 상황에서 통역하는 것은 '신념, 판단, 그리고 상황'을 더 깊게 파는 노력을 필요로 하게 된다. 통역사는 ***연사와 청중의 인지적 상황을 예상해*** 연사가 말하려는 의미를 판단하고 표현을 선택해야한다. 그리고 통역사가 판단하기에 청중이 가장 잘 알아들을 수 있는 표현의 구조를 선택해야 한다.

통역은 따라서 필연적으로 모든 의사소통에 내포된 ***인지적 중재****cognitive mediation*를 포함하며, 인위적으로 억제하지 않는 한 의사소통의 최적화가 수반될 수 밖에 없다. 때에 따라 연사는 청중이 어쩌면 더 빠르고 편안히 이해하리라 보고 이야기를 단순화하거나 지름길로 갈 것이다. 그러나 통역사가 판단하기에 ***통역사의*** 청중이 익숙하지 않은 장소나 인물이 언급되면 간단한 '주석'을 달아 설명하거나 (법정 통역에서 용인 되듯) 고유명사를 도착어로 그대로 옮길 수도 있다.

재미있는 것은 통역 도중에 내용을 재구성하는 과정에서 명료성과 일관성이 증진되면 ***의사소통이 더 원활해****communicative gain*질 수 있다는 것이다. 만약 통역사가 연사의 말을 최소한 원어민만큼 잘 알아듣고, 연사가 모르는 문화와 인지의 격차를 줄일 수 있다면, 원어를 듣고 있는 청중보다 통역을 듣는 청중이 더 효과적으로 내용을 이해할 수 있게 된다. 언어적 수준에서, 통역사는 ***가능한 만큼 최대로*** '언어 장벽을 제거'해 마치 '언어장벽이 없는 것처럼 참여자들이 실시간으로 소통'할 수 있게 해야 한다(ASTM F 2089-01, 6.1, 일부 수정함).[14] 현실적으로 문화적 뉘앙스나 여러 층의 문체적 효과는 결코 정확히 전달할 수 없지만 참여자들이 마치 언어 장벽이 없는 것처럼 소통할 수 있도록 도와주는 것은 가능하다.[15] 따라서 좋은 통역

14) ASTM Standard Guide (각주 2번 참조), 요약, 6.1.
15) 연사가 강한 억양을 가지고 있다면 이미 '해독된' 메시지를 듣는 통역사의 청중이 다른 청중보다 언어적으로도 더 명확하고 완전한 메시지를 얻을 수 있다.

은 예를 들어 연사의 서툰 영어를 보완해 줄 수 있다(Reithofer 2013). 이 부분은 결론에서 다시 다룰 것이다 (TG-15).

그러므로 통역은 언제나 텔레파시에는 못 미치지만, 언어 변환 이상을 해내야 한다.

모든 의사소통은 인지적 장벽을 넘어야 한다. 따라서 여기에 언어장벽이 추가가 되면, 인지와 언어가 서로 뒤엉키게 된다. 통역사는 다른 사람을 대변하기 위해 ***인지와 언어의 복합적 장애물 사이에서 절충***을 해야 한다. 화자와 청자 사이의 인지-언어적 격차(예: 문화)를 줄이기 위해 통역사는 그 언어와 문화를 알고 있어야 하고, 통역사와 참여자 사이의 인지적 격차를 줄이기 위해 필요한 일반적이고, 현장적이고 맥락적인 정보를 얻어 내용의 의미를 추론과 재해석에 사용해야 한다. 통역사가 정보를 습득하고 추론하는 방법은 각자 다르기 때문에, (상투적인 표현을 제외하고는) 두 통역사(또는 번역사)가 같은 통역을 산출할 수는 없다.

따라서 통역사가 의사 전달을 목표로 언어차이에 따른 재해석과 재구성을 해야 한다면, 청중에게 메시지를 투명하게 전달하려는 통역사의 시도가 인지 및 언어적 처리 과정에 묻어나올 수 밖에 없다. 역설적으로, 통역사에게 어떤 소통의 목표가 있다면 통역사로 하여금 세계인 모두가 이해하도록 구두 소통을 '최적화'하게 하는 것은 바로 언어와 문화의 비대칭성*asymmetry*이다. 통역사는 한편으로는 연사를 이해하는 쪽으로 준비가 되어있다. 대부분의 경우 통역사는 상대방의 언어와 문화를 아는데까지는 청중이 받아들일 수 있도록 예측하고 조율하게 만든다. 직역은 오해를 불러일으킬 위험이 있다. 통역사는 의미에 영향을 줄 수 있기 때문에, 통역사는 책임을 느끼고 모든 판단을 해야 한다.

### 2.1.6 언어: 필요하지만 충분하지 않다

셀레스코비치는 통역사가 사용하는 두 언어를 피아니스트의 두 손에 비교했다. 두 언어를 아는 것은 통역에 필요하지만 충분 조건은 아니다. 통역사는 언어(L)뿐만이 아니라 훈련을 통해 언어(L), 지식(K), 기술(S), 프로정신(P), 이 네 가지 역량을 통합시켜야 한다.

우리는 맥락을 이해하기 위해 일반적인 지식과 현장 지식을 겸비하고 있어야 한다. 같은 프로젝트 진행자끼리는 서로 이미 알고 있는 내용을 굳이 설명하지 않는다.[16] 전문 통역사는 회의 전에 주요 안건, 회의 참가자, 최근의 결정, 조직 내부 용어 등의 배경지식을 항상 조사해야 한다. 유가 시세, 패션, 또는 최신 해킹 경향 등 업계가 어떻게 돌아가는지, 또 회의의 성격을 이해하고 있어야 한다. 자기가 속한 분야나 자기 생각을 표현하는데 필요한 언어능력이 있는 사람은 많지만, 다른 사람이 하고자 하는 말이나 생각을 충실하고 정확하게 전달하는 것은 별개의 문제다.

통역사가 실제로 하는 일은 마법까지는 아니지만 보기보다 복잡하다. 통역의 산출과정이 매우 복잡하기 때문에[17] 신뢰할 수 있는 통역품질을 위해서는 통역사를 훈련시키는 것이 컴퓨터로 프로그래밍하는 것 보다 여전히 쉽다. 컴퓨터가 방대한 양의 일반지식과 전문지식을 저장할 수 있을지는 몰라도, 인공지능 전문가가 아직까지 해결 못한 고질적인 문제가 있다. 기계통역은 아직까지 각계각층의 연사가 불명확하거나 잘못된 단어를 ***적합한*** 지식을 동원해 실시간으로 자연스레 통역하고, 문화와 인지적 격차를 중재하러 순간적으로 판단해 다른 언어로 적절한 단어를 조합하지 못한다. 통역을 보완하거나 일부가 주장하듯 대체하기 하기 위한 기술의 역할에 대해서는 업계 전망을 논의할 마지막 장에서 다시 살펴볼 것이다(TG-15).

### 2.1.7 중재자로서의 통역사

통역사는 언어장벽을 해소하는 것 외에도 (Jones 1998/2002:4), 트랜스코더*transcoder*가 아닌 중재자로서의 역할을 항상 인정 받아왔다. 최신 통역서적에서도 이 역할은 재차 강조되었다(Katan 1999; Viaggio 2005/2006; al-Zahran 2007). 그러나 (최소한 영어에서 말하는) '중재하다*mediate*'와 '중재*mediation*'는 의미의 강약에서 차이가 난다.

1. mediate: 중개인으로써 사람들을 연결해주고, 영향을 주거나, 소통하는 것 (동의어: convey) 혹은 '중간 단계 또는 대행사를 통해 전달하는 것'

16) 핑커(1994:222-3)가 백악관 대통령 집무실의 워터게이트 테이프 녹취록을 이용해 설명한 것을 보면 잘 알 수 있다.
17) 녹취록 분석에 잘 나타나 있다(Lederer 1981; Setoon 1999).

[Merriam-Webster 사전[18]]; 전달하기 위한 도구가 되는 것 또는 '둘 사이를 연결하는 것' [Oxford Concise 사전[19]]

2. mediation: '화합, 합의, 해결, 또는 타협을 위한 적극적 개입' [Merriam-Webster 사전]; '분쟁을 해결하기 위한 개입; 조정' [Oxford Concise 사전]

사전적 정의는 단어의 대표적인 의미를 한두 개 정도 포착하는데 그친다. 첫 번째 정의는 통역을 할 때 부딪히는 현실적인 문제해결에 도움이 되지 않고, 두 번째 정의는 일반적으로 통역사에게 기대되는 역할을 넘어선다(al-Zahran 2007: 152-3, 256; Pöchhacker 2008).

이미 언급했지만, 통역에는 무의식적으로 또 필연적으로 인지적 문화적 중재가 개입된다. 특정 문화 관련 표현은 연설에서 확연하게 드러나기 때문에, 참여자가 서로 뜻하는 바를 이해할 수 있도록 하는 기본 목적을 달성하기 위해 통역사가 의식적으로 조정작업을 할 수 밖에 없다. 언어적으로 충실하고 정확한 통역도 (화자/청자가 알지 못할 수도 있고) 직역에서 조금만 이탈해도 피할 수 있는 잠재적 오해의 소지를 남길 수 있다. 이것은 의역, 간소화, 축약, 생략, 요약, 강조, 설명 또는 사용역 변환 등의 조정작업을 했다면 피할 수도 있었을 것이다. 하지만 통역상황과 환경에 따라서 조정작업이 필요하거나, 용인되거나, 권장(또는 법정통역에서는 금지)될 수 있다. 적절한 수준의 인지적, 문화적 중재는 참여자, 주제, 그리고 회의의 성격에 따라서 달라진다. 국제 관료들이 조약의 초안을 작성하거나, 똑같은 저널을 읽는 엔지니어들이 기술 보고서를 작성하는 상황에서는 문화적 격차가 적을 수도 있지만, 망명 신청을 원하는 문맹인 난민과 교육을 받고 규칙을 따라야 하는 이민국 직원 사이를 중재할 경우에는 문화적 격차가 크기 때문에 회유에 가까운 인지언어학적 가교 역할을 해야한다. 즉 두 이해당사자가 이해나 합의에 이를 수 있도록 통역사가 적극적으로 '강한' 중재 역할을 해야한다는 뜻이다.

18) http://www.merriam-webster.com/dictionary/mediate?show=0&t=1316755207 (2015년 7월 29일 접속)

19) http://oxforddictionaries.com/definition/mediate?q=mediate (2015년 7월 29일 접속)

통역사가 직면할 수 상황과 선택을 이해하는 한 가지 방법은 그것을 최적화의 연속선상에서 바라보는 것이다. 통역사는 의사소통 **과정**을 원활화 하기 위해 **내용을 구성** 한다든지(예: 수사적 표현), **부연 설명**을 하거나(예: 주석) 중재하는 등의 조정작업을 하기 때문에 역할의 경중이 달라질 수 있다. 그 방법론을 CC-5.8.4에서 논의하고 CC-10.4에서는 도표를 활용해 설명할 것이다. 기본기가 탄탄해진 다음에는, 언제 조정작업이 적절한지 판단하고 적용하는 능력이 전문성을 결정짓게 된다(2.4 참조).

좋은 의사소통은 좋은 통역의 부산물이다. 하지만 핵심 역량을 갖추지 않은 상태에서 '최적화'하려고 했다가는 메시지가 심각하게 왜곡되고 유실될 것이다. 통역사는 상황에 따라서, 가령 자기를 신뢰하는 의뢰인이나 (비즈니스 또는 외교 통역 등)대립적인 관계에 놓인 사람들에 의해 자의적으로 또는 요청에 따라 '문화적 조언자 *cultural advisor*'의 역할을 해야할 때가 있다.

### 2.1.8 중재 역할: 중립 대 제휴

안타깝지만 역사적으로 통역사가 선배통역사들의 신임을 얻지 못해 따돌림을 받고,[20] 통제나 징계를 받은 예가 수두룩하다. **UN**과 같은 국제기관에서 근대적이고 적어도 자율적으로 일하는 통역 직종이 등장한 것은 중립적이고 공정한 (국제회의) 통역사의 이미지를 탄생시키는 데 일조했다. 그러나 역사적으로 많은 국가에서 통역사의 역할은 그렇지 못하고, 오늘날에도 대다수의 통역사가 일방에 고용되어 그들의 입장을 대변한다. 통역사의 역할 규범과 중립성은 10.3에서 논의된다.

통역사의 역할과 사용자 및 의뢰인과의 관계도 ***물리적 거리와, 통역의 형태***에 따라서 달라질 수밖에 없다. 동시 통역은 중립적인 역할에 적합하고, 순차 통역은 중재 역할에 적합하다.

다음 절에서 여러 통역방법과 환경들이 여러 제약을 가져오지만 성공적으로 소통을 중재할 수 있는 기회도 가져옴을 살펴볼 것이다. 그 다음 이 역할을 수행하기

20) 쿠르츠(1990a, 1990b) 예제 참조.

위해 통역사들에게 필요한 핵심 역량들을 다룰 것이다.[21]

## 2.2 통역의 종류

통역은 짧은 순차와 전문 순차, 동시(SI)와 텍스트 있는 동시(SI-text), 시역(ST), 위스퍼링 통역*whispered interpreting* 등 여러 형태로 이루어질 수 있다.

### 2.2.1 순차 통역

***짧은 순차****short consecutive* *(또는 대화**dialogue*) ***통역***은 통역사가 문장 단위로 한번에 조금씩 짧게 통역하는 것이다. 짧은 순차는 대화를 할 때도 사용하지만, 연사가 분량을 한번에 두세 문장씩 혹은 30초씩 나누는 것에 익숙하다면(혹은 원한다면), 독백을 할 때도 쓸 수 있다. 짧은 순차는 기억력에 대한 부담이 적기 때문에, 노트를 조금씩 하거나 아예 안해도 된다. 짧은 순차는 참여도가 높고, 상대적으로 자연스러운 말을 사용하고, 기술 부담이 가장 적어 가장 많이 사용되는 통역 형태지만 그렇다고 피로도 가장 적게 느끼지는 않는다. 정상회담처럼 높은 통역 품질이 기대되고 필수인 최고위급 회담에서도 고도로 숙련된 전문 통역사를 투입해 짧은 순차를 하는 경우가 있다. 또한 부적절한 표현이 오심으로 이어질 위험이 있는 법정에서도 증인 진술 통역에 쓴다.

***본격(혹은 긴, 혹은 '진짜') 순차****full consecutive* ***통역***은 통역사가 훈련과 연습을 통해 개발한 노트테이킹 기술을 활용하여 몇 분에 걸쳐 연사가 발언하는 내용을 통역하는 것이다. 전문 순차는 보통 전문 회의통역사들이 맡고, 연사들이 방해받지 않고 복잡한 주장을 설명, 증거, 도표를 활용하여 개진할 수 있도록 해준다.

일반적으로 순차가 동시보다 더 정확하다고 말하지만, 이를 '의심할 만한 이유가 충분하다'고 주장하는 연구도 있다(Gile 2001). 순차는 생소한 전문 용어(예: 제약製藥 용어 – Abacavir Sulfate, Lamivudine, phenoxybenzamine for pheochromocytoma 등)나 노

21) 통역의 종류와 적합한 환경에 대한 공식적인 정의와 관련 국내 코드는 ASTM *Standard Guide for Language Interpretation Services*에서 찾을 수 있다(각주 2번 참조).

트테이킹이 불가능한 이름이 난무하는 담화에는 부적절하다. 그에 반해 동시는 용어를 몰라도 최소한 '앵무새처럼' 빠르게 들리는 대로 소리를 모방하는 것이 가능하다. 그러나 일반적인 연설문의 경우 순차를 할 때, 오히려 통역사가 훨씬 더 여유있게 산출물을 정제하고 표현을 '최적화'할 수 있다. 그리고 순차의 경우 필요할 때 통역사가 연사에게 질문을 하거나, 실수를 고치는 것이 더 쉽다.

짧은 순차와 본격 순차를 엄격하게 구분하는 규칙은 따로 없다. 둘의 차이는 통역사의 기억을 보완하기 위한 노트테이킹의 사용 유무 정도라고 할 수 있다. 실제 상황에서는 각 연사의 발언 분량이 다르기 때문에, 통역사가 짧은 순차와 전문 순차를 섞어서 사용한다. 하지만 전문 순차의 분량은 과거에 비해 많이 짧아졌다. 요즘은 5-7분까지 통역하는 일이 굉장히 드물고, 일부는 3분 분량을 전문 순차로 분류한다.

순차는 (최대 3개 언어까지) 작은 회담에 적합하고, 동시보다 오래 걸리지만, 모니터링이 용이하고 대화 참가자들이 상대의 반응을 보고 다음 발언을 준비할 시간을 준다(CC-5.1.2에서 설명).

순차의 경우, 통역사가 물리적으로 동석을 하고 눈에 보이며, 회의장에서 사람들이 통역사를 곧바로 인식하기 때문에, 통역사의 역할이 동시보다 뚜렷이 확립되어 참석자들이 의사전달을 명확하고 효과적으로 해야하는 부담이 커진다.

관측자 입장에서는 동시통역이 더 화려해 보이기 때문에, 잘못됐지만 '동시통역'이 '회의통역'의 동의어로 널리 사용되고 있다. 하지만 전세계적으로, 특정 성격과 규모의 회의에서 아직 순차가 더 적합한 경우가 많고, 통계상으로 드러나지는 않지만, 이런 회의가 동시통역되는 국제 외교나 사기업의 고위급 회담보다 더 많다. 대부분의 회의통역사는 통번역 학위를 가지고 있으며, 전문 순차통역을 할 수 있다. (그러나 주로 동시를 사용하는 시장에서 활동하다 보면 순차 기술이 녹슬 수 있다.)

### 2.2.2 동시 통역

***동시통역***은, 통역사가 방음부스에서 마이크, 이어폰과 다채널 장비를 사용해 연사의 말을 몇 초 뒤에 실시간으로 통역하는 것이다. 현재 주요 국제 회의장에서는

동시통역을 선호한다. 순차에 숙달된 학생들도 기본적인 동시통역 기술을 익히기 위해서는 몇 개월간 집중적인 훈련이 필요하다. 동시는 인지적인 부담이 크기 때문에 몇 명이 조를 짜서 20-30분씩 번갈아 가면서 통역을 하게 된다.

동시통역은 연사가 준비된 연설문을 읽을 때 특히 더 어렵다. 연설문을 읽는 경우가 늘고 있고, 연설문을 통역사에게 미리 주는 경우도 있지만, 대개 그렇지 않다. 과거에 비해 발표 슬라이드, 비디오, 파워포인트 프레젠테이션을 부가적으로 사용하는 경우도 늘고 있는데, 이것이 통역을 쉽거나 어렵게 만들 수 있다. 이 책에서 '자유 동시free SI'는 텍스트나 매체의 활용 없이 즉흥적인 연설을 통역하는 것을 의미하고, '텍스트 있는 동시SI-text'는 연설문을 미리 받아서 통역하는 것을 의미한다. '다중 매체' 사용과, 연설문을 제공받지 않은 상태에서 연사가 연설문을 읽는, 더 복잡한 통역은 CC/TG-9에서 '위험한 통역'으로 다룬다.

***릴레이 통역***(CC-9.2.3.3)은 특정 언어쌍을 직접 통역할 수 없는 경우에 사용된다. 예를 들어, 한국어와 몇몇 유럽 언어를 사용하는 회의장에서, 한국어가(기축언어*pivot language*인) 영어로만 통역 되고, 다른 부스에서 한-영 통역을 릴레이해서 불어, 스페인어, 이태리어, 네덜란드어 등으로 통역한다. 공식 언어가 24개인 EU에서는 기축언어가 두 개인 경우도 있다. 예를 들어, 핀란드어-스웨덴어-영어-슬로바키아어로 통역을 제공한다.

### 2.2.3 시역

순차로 통역되는 회의에서, 주요 인사들은 편지, 동의안의 예비초안, 보도 자료 같은 문서를 발표할 경우가 있다. 어떤 경우에는 연사가 구두 발표를 위한 연설문 전문을 갖고 있을 수도 있다. 사용자들은 다소 즉흥적으로 작성된 텍스트를 통역사가 처음 듣고, 혹은 단 한번 빠르고 조용하게 읽은 후, 혹은 잠깐 준비한 후 유창한 시역을 할 수 있으면 통역사를 높이 평가할 것이다. 이 기술은 연습이 필요하고, 현장의 과업으로, 차이가 있지만 언어 간섭에 대처하거나 동시통역과 동시통역 텍스트를 준비하는데 교육적으로 도움이 되는 연습으로써 전통적으로 가르쳐진다.

### 2.2.4 비공식 통역 및 임시 조치

#### 2.2.4.1 위스퍼링 통역*chuchotage*

이것은 통역장비 없이 통역사가 한 명(또는 그 이상)의 대화 참가자 옆이나 뒤에 앉아 속삭이듯 통역하는 일종의 즉흥 동시통역이다. 이것은 잡음, 목소리 및 청각적 간섭, 산만함, 피로, 파트너 부재 등의 방해요소로 인해 최적의 통역이 힘들다. 환경에 따라, 완전하고 신뢰할 수 있는 통역을 일정 시간 하는 것이 가능할 수도 있지만, 대부분 요약을 하는 것에 그친다.

그러나 실제로는 위스퍼링 통역은 특정 언어를 쓰는 소수 연사들에게 회의를 지체시키지 않고 회의 상황을 실시간으로 전할 수 있는 유일한 방법이기 때문에 상당히 보편화되어 있다. 회의 참가자들이 순차통역의 중단을 용인하지 않거나, 동시통역 장비가 없거나 회의실에 모든 언어에 필요한 통역 부스가 들어갈 공간이 없어 위스퍼링이 사용될 때도 있다.

이렇게 특수한 상황을 제외하고는, 통역품질 저하로 위스퍼링 통역은 아주 잠깐 동안 사용하거나 사용을 권장하지 않는다. 만약 30분 이상 위스퍼링을 해야한다면 번갈아 가면서 통역할 통역사가 한 명 이상 필요하다(최소한의 작업 환경 관련 CC-10.2 참조).

#### 2.2.4.2 '비듈*bidule*' 통역

이것은 통역의 한 형태라기 보다, 통역사는 마이크만 사용하고 서비스 사용자는 이어폰만 사용하는 휴대용 통역장비를 이용한 통역을 말한다. 불어 용어인 *bidule*은 '조악한 도구'라는 단어의 원래 뜻만으로도 통역사들 사이에서 선호되지 않는다.

'관광 가이드' 장비로도 알려진 비듈은 잘만 쓰면 시끄러운 환경에서 순차를 할 때 유용한 장비이다. 예를 들어 공장, 사찰, 쇼핑몰 견학 또는 관광안내에서 사용할 수 있다. 통역사가 가이드나 주최자의 옆에서 마이크로 한두 문장씩 짧은 순차로 통역하면, 일정 거리 안에 있는 관광객들이 개인 이어폰을 통해 통역사의 목소리를 들을 수 있다.

그러나 임시 동시통역*ersatz SI*을 부스 없이 (주로 비용을 깎기 위해) 비듈로 제공하면, 음질과 차음遮音 현상, 그리고 통역사의 피로로[22] 인한 통역 품질이 떨어지기 때문에 문제가 많다. 게다가 통역을 사용하지 않는 청중이 통역사의 목소리로 주의가 분산된다.

### 2.2.5 통역방식: 혼합과 배분

AIIC가 통계에 따르면[23] (Neff 2014), 2010년 AIIC회원들이 근무한 날 중 85.2%는 SI를 사용했으며(전속 통역사의 경우 96%), 짧은 순차 및 전문 순차는 6.9%로 비교적 낮았고, 위스퍼링 또는 부스 밖 (비듈) 동시통역은 5.6%정도에 그쳤다. (이것은 AIIC회원들에게만 해당되는 통계임에 유의)

실제에서는 여러 형태의 통역을 섞거나 변형해서 사용할 수 있다. 예를 들어, 절반은 위스퍼링, 절반은 노트테이킹을 한다든지, 연설 도입부만 노트테이킹과 순차를 하고 나머지는 연설문을 시역할 수 있다. 하지만 통역사의 직업을 형식화 하고, 교육할 때 업무를 명확하게 정의하기 위해서는, 각 통역 형태를 개별적으로 구체화하고, 명확한 '기술' 규범으로 정의할 필요가 있으며, 위스퍼링이나 비듈 통역처럼 품질이 낮은 임시변통의 통역은 불필요한 상황에서는 지양되어야 한다. 순차, 동시와 시역, 이 세가지 기본 통역에 숙달한 전문통역사는 각 상황에 어려움 없이 적응할 수 있다.

그러나 이런 숙달이 쉬운 일은 아니다. 전문 순차를 할 때, 통역사는 연사가 몇 분 동안 말한 메시지를 완벽 포착하고 전달할 수 있어야 한다. 자유 동시의 경우, 통역사는 연사의 말을 듣고, 다른 언어로 자연스럽고 정확하게 표현해야 하고, 동시에 자기가 하는 말을 모니터링 할 수 있어야 한다. SI-text의 경우, 연사가 빨리 읽을 때, 내용이 어려운 대목에서 텍스트를 활용할 수 있어야 하고, 연사가 언급한 내용만(그리고 전체 내용을) 전달하기 위해 연사가 연설문과 같은 내용을 말하고 있는지, 단어, 문장, 문단, 또는 페이지를 추가, 생략, 또는 수정하지는 않았는지 확인

22) http://aiic.net/glossary/default.cfm?ID=1
23) AIIC: International Association of Conference Interpreters; CC-2, 부록 A 참조.

해야 한다. 기본 지식, 유창하고 유연한 언어 능력, 이 기술을 통합하고 여러 주제와 스타일의 연사에 대비하기 위한 수백 시간의 연습을 포함한 최소 1년간의 점진적 훈련이 없이는 어떤 형태의 통역도 제대로 하기 힘들다.

## 2.3 통역의 다양성

통역업무의 다양성은 통역사가 다루는 주제 뿐만 아니라, 장소, 기준, 작업환경, 사용자 기대수준, 통역사의 지위, 보수, 자격, 프로정신에서도 드러난다. 이것은 과연 모든 통역사가 같은 직업을 가지고 있는 것인지, 혹은 통역을 여러 갈래로 분류해야 하는 것인지 회의하게 만든다.

그동안 통역을 분류하기 위한 다양한 명명법이 시도 됐다. 푀히하커(2004)는 통역을 두 가지로 분류한다.

i. 사회적 맥락과 제도적 환경을 통한 분류 방식: '***사회간****inter-social*' 통역은 사회 주체 또는 무역 협상(비즈니스 통역의 초기 형태), 외교, 군사통역과 같이 국가간 통역을 위해 사용된다. '***사회내****intra-social*' 통역은 복수 언어를 사용하는 사회 내에서 이루어지는 지역사회 통역과 이중언어를 사용하는 의회를 위한 동시통역에 사용된다.

ii. 두 가지 정형의 연속선상에서 이루어지는 상황적 '성상도*constellation*' 또는 '상호작용의 형태'로 분류하는 방식: **다자 회담***multilateral conference*(회의 통역) 그리고 지역사회 및 공공서비스 통역*public service interpreting; PSI* 등의 **면대면 대화***face-to-face dialogue*가 있다. 예를 들어 의료, 보건, 청문회와 진술 등의 법정 통역은 복지국가의 등장과 사회적 약자가 사회적 권리를 누릴 수 있도록 하려는 제도의 등장으로 인해 광범위하게 발전된 분야이기도 하다(Pöchhacker 2004:13-23).

두번째 분류 방식은 통역의 특징적 차이를 극명하게 하는 환경을 보여주기 때문에 훈련 목적으로 사용하는 데 조금 더 적합해 보인다. 하지만 푀히하커가 지적했듯이, 어떤 통역환경은 이 분류 방식에 딱 떨어지지 않고, 복합적인 통역 환경도 있다. 특히 TV 방송 통역의 경우, 사회내 또는 사회간 통역이 이루어지고, 외국인 초청 토크쇼에서는 구두 통역을 하지만, 농아인을 위한 방송은 수화 통역이 이루어진다. 법정 통역의 경우, (주로 짧은 순차를 사용하는) 지방법원이나 국가 법원, 그리고 (주로 SI를 사용하는) 국제사법재판소에서 '사회간' 통역이 사용된다.

다른 접근방식은 통역사를 ('대화 통역사', '순차 통역사', '동시 통역사' 등) ***통역 형태***로 구분하거나, 호주정부공인 통번역 등급인 NAATI[24] 급수처럼 '준 전문 통역사', '전문 통역사', '회의 통역사', '고참 회의 통역사' 등 통역사의 능력 수준이나 지위에 따라서 구분한다. 일본의 경우, NAATI의 급수와 보수체계와 흡사하게 평가 기관을 통해 C, B, A, 또는 S등급으로 통역사의 연공서열이나 전문성을 분류한다.

또 다른 보편적 접근법은 통역의 영역과 환경으로 명확하게 구분하는 것이다.

### 2.3.1 통역의 영역과 환경

통역 업무를 영역과 환경으로 구분하기 위해 보편적으로 사용되는 표기 방식은, 지역사회, 법정, 회의 통역 등, 기술적, 인지적, 언어적 능력과 대인관계 능력, 그리고 통역사의 역할 또는 사용자의 기대 수준에 상응하는 것이다. 책에서는 이 표기법을 분류하기 편하게 사용했지만, 훈련을 목적으로 약간의 모호함을 남겨놓았기 때문에 궁극적으로는 부적절한 표기 방식이라고 할 수 있다. 알렉시비아(1997:167)와 미켈슨(2010, q.v.)이 보여주듯, 이런 분류 기준들의 범위는 통역사가 중재하는 행사를 상세하게 구분하는 것을 어렵게 만드는 놀랍지 않은 사회적 현상이 되었다.

모든 형태와 종류의 통역 연습은, 언어(L), 지식(K), 기술(S), 프로정신(P), 이 네 가지 기본 역량 중 어떤 것을 훈련 하느냐에 따라 달라져야 한다(2.4 참조). 하지만 지역사회, 법정, 그리고 회의 통역은 특별한 개별 훈련이 필요하다. 각 분야별 전문성은 LKSP기반 목표로 훈련될 수 있다(예: 지역사회 통역 중 보건 분야). 이 책은 UN과

24) NAATI(National Accreditation Authority for Translators and Interpreters)는 호주정부공인 통번역사 인증 기관이다.

EU같은 정부간 기구 뿐만 아니라, 고위급 비즈니스, 외교, 의회, 미디어 회담에 필요한 광의의 회의 통역 기술 훈련에 초점을 맞춘다. 우리가 다루지 않은 분야의 통역 강사들은 우리가 제시한 접근법을 필요에 맞게 적절하게 각색하여 사용하길 권한다.

기타 특수 영역이나 환경에 대한 상세한 자료를 원한다면, 이번 단원의 끝에 수록한 추가 참고도서 목록을 보기 바란다.

### 2.3.1.1 '자연발생*natural*' 통역과 임시변통 통역

통역은 수많은 형태와 상황 속에서도 정해진 '교전규칙*rules of engagement*' 없이 항상 존재해 왔고, 앞으로도 존재할 것이다. 대화 참여자의 상대적 지위와 관계가 불평등하거나 확실하게 정의되지 않은 상황, 혹은 언어적 중재를 경험한 일이 거의 없거나 전혀 없는 상황에서 통역사의 역할은 유동적이고, 다양한 방법으로 중재하거나, 경우에 따라서 상황을 주도할 수 있다. 예를 들어 (순서를 정해서) 언제 대화를 끊을 지 결정하거나 문화적 특징을 설명하는 등, 효과적인 의사소통과 양쪽이 모두 만족하는 결과를 도출하기 위해 자의적으로 사회성과 대인관계 능력을 여러 방식으로 발휘할 수 있다. 해당 상황에서 통역을 원하는 사용자는 많은 경우 경제적인 이유로 훈련 받지 않거나 '자연 발생적인' 통역사를 섭외할 수 밖에 없다(Harris 1992). 혹은 개인적인 이유(예를 들어, 환자가 의료 통역보다 친척 또는 자식이 통역하는 것을 원하는 경우)가 있을 수 있다. 이러한 임시변통성 때문에 사용자는 통역사의 자질을 따지지 않고 도움을 요청한다(물론 일부 국가에서는 엄격한 규범과 기준을 적용한다.).

상대적으로 ***위급 하거나 즉흥적인*** 상황에서는, 기술적 역량에 있어 특정 기준에 부합해야하는 회의 통역과 달리 통역사의 유연성과 재량이 더 중요할 수 있다. 생명을 구조해야 하는 상황에서 누구도 문법이나 억양에 신경 쓰지 않고, 용어를 정정하고 의사와 환자가 중요한 정보를 전달하려고 중간에 멈추는 일이 용인될 뿐만 아니라 요구까지 된다.

'리에종*liaison*' 또는 '에스코트*escort*' 통역은 쇼핑이나 여행 등 단순한 언어 지원을 의미하며, 주로 '대화' (짧은 순차) 통역을 사용한다. 요령과 효율성 사이의 균형을 잡는 것이 어렵지만, (일부 통역 가이드를 제외하면) 정확도나 전문 지식에 대한 기대가 적다.

현존하는 목적을 위해, 나머지 통역의 범주는 특정 고용 형태와 보수체계, 체계화된 훈련과 업계 윤리 강령과 기준이 적용된다. 저자의 전문 분야이자 이 책이 다루고 있는 회의 통역을 제외한 나머지는 참고 서적에 의존해 설명하고, 일부 업계 전문가의 도움을 받았다. 자세한 내용은 이 단원 끝에 수록된 참고 서적을 참고하기 바란다.

### 2.3.1.2 지역사회 기반 통역과 공공서비스 통역[25] (PSI)

이 통역 서비스는 (보건 및 사회 서비스, 사법 집행 당국 등) 공공서비스 관계자와 지역사회의 소수 언어 사용자 사이의 의사소통을 원활화 하기 위해 사용된다. 가장 일반적으로 사용되는 통역 형태는 짧은 순차 또는 대화 순차이고, 가끔 위스퍼링이 사용된다(Corsellis 2008:4-5). 전형적으로 난민과 직업상담가, 병원 관계자와 보험이 없는 말기 암 환자의 가족, 경찰과 증인/용의자/피해자 사이를 중재하는 일을 한다.

전문 국제회의보다 이런 상황에서 통역사의 윤리와 역할에 대한 이해가 중요해진다. 전형적인 회의 참여자는 수동적으로 행동하고, 국가, 무역 협회, 기업 등을 대표해 냉정한 태도를 취하지만, 위의 경우에는 신청자, 환자, 가족, 피해자 등 어느 한쪽이 (의학적, 금전적으로) 더 큰 피해를 볼 수 있는 상황이기 때문이다. 지역사회 통역사는 회의 통역사보다 문화적 다양성에 더 많이 노출될 가능성이 높다.

전문 PSI 또는 지역사회 통역을 필요로 하는 사법 분야에서는, 통역사의 역할을 더 알맞게 정의하기 위한 노력을 기울이고 있다. 특히 통역사에게 언제 얼만큼 '강한' 중재자 또는 대변인의 역할이 허용되거나 권장 되는지 기술하는 것에 초점이 맞춰져 있다.[26] 코르셀리스(2008:6)는 다음과 같이 설명한다.

> 공공서비스 통역사(PSI)의 역할은 특정 국가와 맥락에서 아직까지 논란이 되고

---

25) 영국에서 통용되는 명칭.
26) 최적화 및 '강한' 중재와 관련하여 CC-5.8.4와 CC-10.4 참조.

있다. PSI가 제한적으로 메시지를 전달 해야한다고 주장하는 사람들이 있는가 하면, 조언과 의견을 제공하고, 부가적인 업무를 수행해야 한다고 하는 사람들도 있다. 혹자는 PSI는 불편부당해야 한다고 주장하지만, 일부는 다른 언어 사용자의 편에서 대변인의 역할을 해야 한다고 주장한다.

코르셀리스는 "***다른 통역 종류와는 대조적으로***, 공공서비스 통역사가 소통의 온전성*integrity*을 보존하기 위해 개입해야 하는 경우를 다음과 같이 밝힌다. 통역의 내용을 명백히 하거나 통역 절차의 편리를 도모하기 위해, 정확한 통역에도 불구하고 한 쪽 또는 그 이상이 내용이 이해하지 못함을 알려야 할 때, 대화 참가자가 문화적 추론을 놓쳤을 때 통역사의 개입이 필요하다(2005:167)". 또한 "통역사는 부연설명이나 조언을 해석할 수는 있어도 직접 해서는 안 된다". 이런 행동규범은 최적화의 세 가지 요소인 구성, 내용과 과정(2.3.3;CC-5.8.4)을 포함하지만 '강한' 중재에는 못 미친다. 코르셀리스는 이것이 소규모, 비공식, 상호능동적 회담에서 순차 회의 통역사에게 허용(또는 기대)된 재량과 크게 다를 것이 없다고 재차 강조한다.

의료 보건 통역은 특수한 업계 윤리 규범(예를 들어 환자의 이익을 우선순위로 두는 등)을 따라야 하고, 변호인*advocacy*으로써 능동적인 역할을 수반해야 할 수 있다(CC-10.4.2). 의료 보건 분야 용어 등 전문 지식도 당연히 가지고 있어야 한다. 의료 보건 통역의 전문화는 이미 오래전에 했어야 하지만 몇몇 국가에서 새로운 행동규범을 정하는 등 점점 더 발전되고 있다(Bancroft 2005: 39; 추가 참고도서 목록도 확인할 것).

#### 2.3.1.3 비즈니스 통역과 인하우스 통역

'비즈니스 통역'은 모호한 통역 분류체계 중 하나이다. 전형적인 행사는 유력한 파트너 회사와의 사업 프로젝트에 대한 논의, 개별 또는 소그룹의 이해 관계자(주로 민간 부문 주체)간 협상 등이 있다. '비즈니스 통역'은 인하우스 또는 프리랜스 통역사에 의해 이루어지는데 전자는 소속 조직에 적합한 지식을 더 많이 가질 수 있는 반면, 후자는 (전문 순차 등) 더 뛰어난 통역 기술을 가지고 있을 수 있다.

인하우스 통역사는 특정 민간 또는 공공 조직(예: 정부 부처)에 고용되어 풀타임으로 근무하고, 외부 조직 또는 인사와의 회의에서, 또는 (대기업처럼 큰)조직 내에서 다른 언어 사용자들을 위해 통역을 제공한다. 비즈니스 통역과 인하우스 통역에서 가장 많이 사용되는 통역 형태는 짧은 순차와 전문 순차이며, 조직이 내부에서 일어나는 일들을 통역하게 된다.

통역사의 역할에 대해서 2.1.8에서 이미 설명했지만, 비즈니스 통역사는 (외교 통역사처럼), 프리랜스든 인하우스든, 고용주에게 오프라인으로 대화의 문화적 해설 및 분석을 제공하거나 상대방의 입장을 설명해야 하는 경우가 있다.

***정부간 기구와 국제사법재판소에서 일하는 전속 통역사***는 이 범주에 속하지 않는다. 그들은 (대부분 SI로) 고용주가 주관하거나 주최한 회의를 통역하고, 대부분 훈련된 회의 통역사들이며, 조언, 대변인 또는 강한 중재 역할을 제공하지 않고, 그렇지 않다면 완전한 공정성과 중립성을 유지할 것으로 추정된다. 일반적으로 고용주가 분쟁의 당사자가 아니기 때문에 거의 시험을 거치지 않는다.

#### 2.3.1.4 법정 통역*judicial, courtroom and legal interpreting*

모든 국제 담화에서 법적 논의가 증가하는 추세이며, 법정 통역은 통역사가 지방, 국가 또는 국제 사법 재판소에 소속되어 경찰 취재에서, 증인 진술, 형사 또는 민사 재판 절차까지 공식적인 상황에서 통역을 하는 것이다. 현재 법정 통역은 (용의자 또는 피고의 언어적 권리가 보장되지 않는 사법 관할 하에서 또는 소수 민족의 언어일 경우) 훈련 받지 않은 자원 봉사자에서 국제사법재판소, 일부 국가 또는 지방 법원에 고용된 법률 지식을 갖춘 전문 회의 통역사까지 다양한 능력 수준의 통역사가 활동하고 있다.

미국과 같이 단일 언어를 사용하는 법원에서는, 모든 재판 절차가 국가 공용어로만 진행된다. 판사와 변호사는 재판 중 공용어 만을 사용하며, 법원 서기도 공용어로 기록을 남겨야 한다. 일반적으로 동시 위스퍼링으로 필요한 사람(특히 피고)에게 법정 통역이 제공되며, 통역의 정확성이 확인되지 않으며, 기록 되지 않는다.[27]

27) 재판 절차의 차이에서 오는 정확성에 대한 두 가지 다른 기준때문에 사실상 중립성이 흐려진다 (Mikkelson 1998, 1999). 통역된 내용만 소송기록으로 남는 것만 보더라도 통역 중 모니터링과 내용

다중 언어를 사용하는 형사(뉘른베르크, 헤이그의 ICTY,[28] ICC[29]와 STL[30] 등) 및 민사(유럽 재판소*European Court of Justice; ECJ*) 재판소에서는, 판사와 변호사가 다중언어 사용자일 수 있고, 증언, 법리 논쟁 등 법정 절차의 모든 측면에서 통역이 제공되고 통역에 의존한다. ICJ,[31] ICC와 (그 중에서도) ICTY는 판사의 판결에도 통역을 사용한다. 일반적으로 훈련 받은 회의 통역사가 부스에서 동시 통역을 제공한다. 이들 재판소에서 최근 'E-court' 시스템을 도입하여 라이브로 재판 절차의 통역 기록을 화면에 띄워 참가자 모두가 볼 수 있도록 했고, (ICC와 STL에서는) 원격 동시통역으로 증인을 비디오 심문할 수 있다(CC-9.4.2 및 추가 참고서적).

대립적 맥락이 규범에 주는 영향

민사 또는 형사 소송 절차 중 당사자의 이해관계는 특별한 긴장감을 조성하고, 대립적이고 형식화된 사법 체계의 맥락은 인간의 의사소통에 내재된 '협력 원리'(Grice 1975)의 지연을 가져온다. 통역사의 역할, 중립성과 충실성의 규범이 통역사와 (다자회담 또는 양자 회담에서: CC-10.3.3 참조) 고객에 의해 정해지는 회의 통역과 달리, "[미국 등 많은 국가에서] 법정 통역사의 역할은 ***법률 종사자들에 의해*** 대립적 사법 체계의 중요한 수칙에 맞게 정의 되었다"(Mikkelson 2008, our emphasis; see also Morris 1995, 1999).

그 중 하나는 법원이 영어를 사용하지 않는 피고 또는 증인의 진술을 영어를 사용하는 사람의 진술과 똑같이 관찰하고, 경험하고, 평가할 수 있어야한다는 것이다.

연구에 의하면 통역사가 정중함, 공손함을 수정하거나 어감을 약하게 하는 등 "화용론적 변화"를 주게 되면, 증인이 가지는 "설득력, 진정성, 지성과 능력"에 대한 청중의 인식에 영향을 줄 수 있다(Berk-Seligson 1990/2002:196). 법정 통역사는 따라서 어느 쪽도 변호하는 해서는 안되며 (그것은 다른 사람의 역할이다), 반복되는 단어

---

정정을 위해 최소 두 명의 통역사가 필요하다는 주장에 강한 논거를 제공한다.

28) 구유고슬라비아 국제형사재판소*International Criminal Tribunal for the former Yugoslavia*; 재판 절차 대부분이 영어, 불어, 그리고 BCS(Bosnia/Croatian/Serbian) 방언으로 진행된다.

29) 국제형사재판소*International Criminal Court*: 사건에 따라 언어가 달라질 수 있어 유능한 통역사를 구하기 어려워 재판 진행이 지연될 수 있다. (Johnson blog (The Economist, 2013년 4월 4일자). http://www.economist.com/blogs/johnson/2013/04/languages-diplomacy (2015년 12월 8일 접속)).

30) 레바논특별재판소*Special Tribunal for Lebanon* (영어, 불어, 아랍어).

31) 헤이그 국제사법재판소*The International Court of Justice at the Hague*는 유엔의 주요 사법기관이다.

나 내용을 없애거나, 문화적인 표현에 대한 설명이나 해석을 다는 등 내용을 바꾸고, 특정 상황에서 기대되거나 필요한 미사여구를 추가하는 등 전달하는 메시지를 '최적화'해서는 안된다. 실제로 판사들은 통역사에게 직역하라고*verbatim* 지시한다(Mikkelson 2008).[32] 곤잘레스(et al. 1991/2012)는 법정 통역사가 화자의 메시지 뿐만 아니라, 사용역, 어조, "출발어에 있었던 정보의 모든 요소", 즉 말을 시도하다가 그만두거나, 머뭇거림, 반복, 실수, 문장을 제대로 마무리 하지 못하거나, 모호함, 산만함 또는 횡설수설 하는 것 까지도 전달해야 한다고 말한다. 통역사는 "화자의 뉘앙스와 의미의 다중성을 편집 없이, 이해를 돕기 위한다 하더라도 그 어떠한 부연설명 없이" 전달해야 한다(ibid.:475 ff.). 그 밖에도 법정 통역사는 "출발어의 원래 의미를 동등한 법적 의미로 정확하게 옮기기 위해 자세, 표정, 제스처와 같은 비언어적 요소도 도착어에 반영되도록 해야 한다"(ibid.).

견습 법정 통역사는 깐깐하고 포괄적인 의미의 충실성을 지키는 것에 자부심을 느끼되, '말 그대로' 통역한다는 것이 결코 원문의 의미를 왜곡하는데도 하라는 뜻은 아니라는 점을 이해해야 한다(Hewitt et al. 1995: 200, cited in Mikkelson 2008). 미켈슨은 "대립적인 맥락에서 통역사가 지켜야 할 중립성과 이것이 문화적인 의미가 내포된 표현을 완전하게 전달하지 못하게 하는 것의 이중성"을 이해하고 "직역*verbatim*이라는 바다와 화자의 변호*advocacy*라는 바다 사이를 지나는 이 위험천만한 항해(2008 ibdi.)"를 위한 지침을 제시했다.

> 안타깝게도 이 권고사항이 단일 언어 사용자이고 언어 이론과 언어 사이의 메시지 전달에 대해 이해가 없는 판사와 변호사에게 지켜지지 않고 있다. 그들은 통역이 판단 또는 분별력을 요구하기 보다 반사 작용같이 기계적인 과정이라고 생각하고, 통역사를 축음기, 송전 벨트 등의 기계 장치에 비교한다(Morris 1999). 통역에 대한 이런 오해는 통역사로 하여금 메시지가 의도한 의미를 충실하게 전달해야 하는 윤리 강령과 판사가 요구한 "축어적 통역" 사이에서 도덕

32) http://www.acebo.com/papers/evolve.htm. (2013년 4월 2일 접속).

적 갈등에 빠지게 만든다(Morris 1995, cited in Mikkelson 2008:82).

법원은 이상적으로 법 집행기관의 단독 개입을 선호하겠지만, 전문 통역사는 (개입을 포함한) 일부 해석이 이해에 필수적이며(2.1.4 참조), 언어의 특성 상 누락된 정보를 대화 참가자가 서로 한 말의 의미를 이해하기 위해 통역 과정에서 어느 정도는 추가해야 한다는 것을 알고 있다(2.1.7). 현실적으로 법정 통역사는 "자기 영역의 '첫 번째 개입'을 관리하는 파수꾼임에도", 증인이 말을 끝맺지 못했을 때조차 누락된 정보를 추가해서는 안 된다고 에릭 비숍은 말한다. 그러나 연구를 해보면, 개별 판사들과 법원에 따라 통역사에게 기대하거나 지시하는 내용이 다르다는 것을 알 수 있다.[33]

법정 통역의 전문화는 환영할 만한 일이고 이미 만시지탄의 현상으로 법정이나 여타 사법당국의 권리와 함께 다른 언어와 문화적 배경을 가진 피고나 소송당사자의 원칙적으로 오래 인정되었지만 실제로는 무시된 권리 실현에 기여하고 있다. 그러나 아무리 깨어있는 선진 법원이라도 이 권리가 실제로 보장되려면, 통역사가 (노트테이킹과 동시)통역 기술을 추가적으로 훈련 받을 수 있어야 하고, 더 많은 언어권의 통역사를 고용하고, 이에 해당하는 인증 절차와, 통역사와 법조인들의 협력, 그리고 (통역사의 팀워크, 통역 부스, 동시 장비 등) 작업환경의 개선이 선행되어야 한다.

법정 통역에 필요한 추가적인 정보와, 통역사의 역할, 지침과 훈련과 관련하여 이 단원 끝에 수록된 참고 서적을 참조하기 바란다. 특히 법정 통역의 최신 규정과 관련하여 이 분야에서 가장 권위적인 곤잘레스(et al. 1991/2012)와 미켈슨(2008)의 책을 읽어보기 바란다.

#### 2.3.1.5 군사 통역 및 분쟁 통역

군사 통역은 일상과 위기 사이, 매일 최고와 최저 시점 사이, NATO같은 다자안

33) Kelly(2000)의 조사에 참여한 법조인53명 중 대다수가 문화적 중재에 반대했지만 Kadrić(2001)의 연구에서는 비엔나 지방법원 판사 중 85%가 법정에서 문화적 요소의 설명을 기대했고, 판사가 한 말을 요약해 주고  법률적 내용 설명을 더 허용하자는 입장이었다. 국가별 편차는 법률 문화의 차이에서 기인했다고 볼 수 있다.

보협력 동맹에서 이루어지는 정례 회담, 역사적인 위기 대응, 휴전 협상, 무기 거래, 끔찍한 전장 내 임무 수행 또는 전쟁 포로 심문 등 광범위한 상황을 다룬다. 종종 전장 내에서 근래에는 이라크와 아프가니스탄 등 임시 통역사들이 동원되는데, 사병들 사이에서 폄하하는 말로 'terps'라고 불리며, 거의 아무런 지위도 보호도 받지 못한다. 이런 상황에서 통역사는 중재 방식에 대한 선택권이 없고, 한 쪽 편에서 갈등 해소에 기여하고, '고객'의 신뢰도 바라기 어렵다. 군사 통역사는 각자 처한 상황이 다르기 때문에 사용하는 통역 기술도 다르다. NATO에서 회의 통역을 할 경우, 공식 양자 군사 회담에서는 외교 통역을 하게 되고, 아주 특별한 '리에종' 서비스를 제공하게 된다. 그러나 부대가 있는 전장에서는 종종 최소한의 교육을 받은 통역사가 일을 하게 된다.

통역병 또는 통역 장교로 근무하거나, 최근에는 민간 하청업체에 고용되어 통역을 하는 군사 통역사 또는 '언어 전문가'는 제휴*aligned* 혹은 '배속된*attached*' 통역사이며, 한 쪽의 정보 선전 기능을 수행한다. 군에 소속된 통역사들은 재원이 충분한 군 특별 프로그램[34]을 통해 어느 정도 훈련을 받을 수 있고, 통역사이기 전에 병사로서[35] '단결심*esprit de corps*'을 기르게 된다.[36] 그러나 갈등 지역에서 이루어지는 대부분의 통역서비스는 도착 언어가 모국어인 이민자들이거나 현지에서 채용된 외국인 계약직 통역사들에 의해 제공된다. 그들은 물리적 위험에 가장 많이 노출 되어 있고, 그들을 용병이나 부역자로 간주하는 현지인들에게 보복 당할 위협이 있다.

무장 전투에서 평화중재 및 평화유지까지 다양한 갈등 상황이 있다. '인도주의적' 현장 통역사는 분쟁 지역에서 언어 서비스를 제공하는 사람 중 인정을 제대로 받지 못하고, 분쟁 후 평화중재 및 인도주의적 지원 과정에서 생길 수 있는 고질적인 의사소통 문제로 통역의 제약이 많다(ibid.; Moser-Mercer and Bali 2008). 다른 분야와 마찬가지로, 이런 환경에서 일하는 지침 사용자와 통역사들에게 나타나는

34) 미국국방어학원 외국어 센터*Defense Language Institute Foreign Language Center* (DLIFLC) 웹사이트 http://www.dliflc.edu/ (2015년 12월 8일 접속) 참조.

35) 프랑스에서는 과거처럼 현재도 리에종 통역사와 예비통역장교들이 회원 300명의 협회에 소속되어 있고 30개 언어의 통역 서비스를 제공한다. (https://fr.wikipedia.org/wiki/Interpr%C3%A8te_militaire_en_France, 2015년 12월 8일 접속.)

36) 미육군 '09 Lima' 프로그램 신병 모집 비디오 참조.

분명한 문제점들에도 불구하고 관련 과정과 시행 지침들이 개발되고 있다.[37]

2.3.1.6 회의 통역

회의 통역은 19세기 말 초기 국제 회의에서 사용되기 시작했으며, 2차세계대전 이후 동시통역의 출현과 국제 기구의 증가로 인해 독특하고 고도로 조직화된 직업군이 되었다. 회의 통역은 가장 형식화된 '고급' 통역 분야이며, 훈련 과정, 직업 접근성, 언어 분류, 작업환경 및 절차, 직업 윤리 및 표준, 사용자 기대 측면에서 가장 부호화 혹은 관례화 되어 있다. 초기 회의 통역사는 형식적인 회의 및 투표 절차가 있는 UN과 EU와 같은 정부간 조직에서 일했다. 그러다가 회의 통역 서비스의 수요가 늘어나면서 국제기구의 회의 환경을 모방한 공공 또는 민간 부문에서도 일하게 되었다.[38] 회의 통역사들은 지난 60년 동안 이들 기구와 국제회의통역사협회 AIIC가 협상한 규범 안에서 일해왔다. AIIC에서는 직업의 표준을 마련하고, 훈련에 관한 연구와 지침을 발표한다(부록 A 참조).

회의 통역을 하기 위해서는 전문 순차를 포함한 동시 통역의 숙달 뿐만 아니라 높은 수준의 교육, 언어 능숙도와 통역 기술이 필요하다. 수준 높은 통역의 수요가 증가하면서 "다자 외교를 넘어 언어와 의사소통의 제약이 있는 모든 분야에서" 회의 통역이 이루어지게 됐다(Pöchhacker 2004:15). 최근 통계에[39] 의하면 AIIC 회의 통역사 중 절반만이 (전통적인 회의 통역의 중심지인) 유럽 내 정부간 조직에서 일하고, 37%가 북미, 30%가 아시아 태평양, 20%가 라틴 아메리카, 나머지는 민간 분야 회의 및 기타 분야에서 일하는 것으로 나타났다.

정부간 회의 외 다른 영역에서 회의 통역이 빠르게 확산 되면서, 회의 통역이란 용어를 부적절하게 사용하는 경우가 늘어났다. 요즘은 통역 환경에 의해 직업을

37) 예: ETI(제네바통번역대학원)가 적십자와 함께 개발한 'InZone' 프로그램은 주로 고립된 환경에서 통역사가 사용할 수 있도록 만들어진 온라인 프로그램이다. http://inzone.unige.ch (2016년 1월 16일 접속).

38) 캐나다, 벨기에, 스위스, 카메룬, 남아프리카 공화국 등 이중 및 다중언어 사용국 의회와 정부기관에서도 통역 서비스가 정기적으로 제공된다.

39) 출처: 2009년 AIIC 통계 보고서. 2012년 보고서(Neff 2014)의 통계와 비교하면 민간부문 통역 비중이 증가한다는 것을 알 수 있다. (그러나 세계은행 통계에서 통역사는 민간부문 종사자에 포함되므로 만약 비AIIC회원 통역사가 통계에 포함된다면 민간부분 통역사의 비중이 더 늘어날 것으로 예상된다.)

구분하지 않고, "통역의 형태, 즉 전문 순차와 동시, 그리고 높은 통역 수준으로" 회의 통역을 구분하게 됐다(Gile 2004:40).

회의 통역사의 업무 범위는 굉장히 넓을 수 있다. 이 단원의 부록 B에 있는 샘플 일정표를 보면 알 수 있겠지만, 비교적 특화된 국제 조직의 전속 통역사 일지라도 풍부한 주제를 다루게 된다. 그러나 프리랜서 회의 통역사의 업무는 상당히 다른 환경에서 다른 문화와 관례를 따르게 된다. 예를 들어, 한두 달이라는 기간 중에 UN 회담에서는 동시통역, 기술 관련 학술 세미나에서는 전문 순차, CEO와 함께 출장에 동행하면서 비공식 만찬 중엔 대화 통역을 하고 계약 협상에서는 비즈니스 통역을, 기자회견방송에서는 동시를 하다가 질의 응답 때 다양한 길이의 순차 통역을 해야 한다. 그리고 바로 다음달 국제 사법 재판소에서 위스퍼링과 순차가 제공되는 법정 통역을 위한 계약직 제의를 받을 수 있다. 법정 통역 중에는 여러 법정 진행 절차(법리 논쟁, 패널 심의, 증인의 반대 심문 등)에 따라 힘의 균형이 달라질 수 있다. 따라서 전통적인 다자 외교 및 국제 기관에서 일하지 않는 프리랜서 회의 통역사에게 가장 필요한 덕목은 **박학다식함**이라고 볼 수 있다.

전통적인 회의 통역장에서는 업무 조건, 역할 및 기대를 협상할 필요가 상대적으로 적다. 그리고 통역사에게 해설이나 변호를 요청하는 경우도 드물다. 하지만 전통적인 환경을 벗어나면 다양한 상황과 마주할 수 밖에 없다.

회의 통역은 몇 가지 특징으로 정의될 수 있다. 동시통역을 하면서 느끼는 시간의 압박과 수반되는 인지적 제약, (특히 프리랜서의 경우) 한달 내지는 일년 동안 회의 중에 다루게 될 정보의 밀도 다양성, 사용자의 높은 기대 수준, 높은 수준의 독립성, 자율성과 내부 결속 등이 있다.

현대의 회의 통역사는 의회 통역, 미디어/방송 통역, 외교 및 고위급 비즈니스 통역, 국제 사법 재판소에서 이루어지는 법정 통역 등 전통적인 회의 통역 외에도 훨씬 더 다양한 통역 환경에서 일해야 한다. 법정 통역사처럼 자유롭고 일상적인 논의에서 사용역이 높은 딱딱한 문체의 연설까지 다루는 담화의 범위가 넓기 때문에, 표준 통역부터 딱딱한 '구두 번역*oral translation*' 기술까지 갖추고 있어야 한다.

이 책은 회의 통역사가 이 기준을 만족시킬 수 있도록 훈련하는 방법을 다루고 있으며, 모든 분야의 회의 통역 실무를 가르치기 위해 필요한 전문성을 갖춘 강사들이 용도에 맞게 변형시킬 수 있도록 의도했다.

2.3.1.7 외교 통역

> 여행을 할 때, 수석 보좌관들이 회의실에 들어가기 위해 앞다퉈 경쟁하는 것을 보게 된다. 아이러니하게도 회의실에서 가장 필요한 사람은 공식 참모 보다는 통역사일 수 있다. 통역사의 역할이 중요한 이유는 협상을 할 때 언어의 정확성과 인간적인 온화함도 중요하게 작용하기 때문이다. 따라서 통역사의 역할은 말을 옮기는 것 뿐만 아니라 협상가가 원하는 강조, 뉘앙스와 어조를 잘 전달할 수 있어야 한다. 이것은 논의되는 사안에 풍부한 지식이 있어야만 가능한 일이다. 언어뿐만 아니라 그 나라의 정치와 문화를 잘 알고 있는 통역사는 특별한 자산이 될 수 있다(Madeleine Albright, Memo to the President, 2008: 71).

외교 통역사는 외무부(혹은 상당 기관)에 채용되어 정부 인사와 외교관과 해외 인사들과의 회합을 통역하는 업무를 맡는다. 일부 국가(예: 중국)에서 외교 통역사는 공무원이지만, 다른 나라(예: 캐나다, 미국, 프랑스)에서는 인증 받은 프리랜서 회의 통역사가 외교 통역을 맡을 수 있다.

일반적으로 외교 통역은 전문 순차로 제공되고, 아직까지 양자 회담에서 많이 사용되고 있다. 표준 순차 노트테이킹 기술은 (CC-5.4) 20세기 초반 외교 통역을 하던 통역사들이 개발한 것이다. 외교 언어는 '주로 공식적이고, 많이 생각해야 하고, 조심스럽게 말해야 한다' (Lei 2006: 157). 국가 이미지와 국익에 직결 될 수 있기 때문에, 외교 통역은 '정확하고, 완전하고, 수준 높은 표현'을 쓰는 것에 가산점을 준다(ibid.).

외교 통역사는 (군사 통역과 '인하우스' 비즈니스 통역처럼) 중립성을 지킬 필요가 없고, 공정한 제 3자가 아니며, 소속이 분명하다.[40] 공식 양자 회담에서는 외교 통

40) 특히 중국에서의 외교통역은 통역사의 정치적 인식을 중시하고 "중국 정부와 지도부의 입장에서 정치적으로 민감한 주제에 유의할 것"을 강조한다(Guo 2006: 136 and ff.).

역사가 소속 국가의 발언만 상대 국가의 언어로 통역하는 것이 국제 의전 관례이다.[41] (고위급 양자 회담의 경우, 동시 통역에서도 이 관례가 적용된다.) 그 말은 비이민자 국가의 경우 대부분의 외교 통역은 통역사의 A언어에서 B언어로만 제공된다는 것이다(2.6.1 참조).

정치 회담, 협상과 기자 회견에서 제공하는 공식 순차 또는 동시통역 외에도, 외교 통역사는 만찬, 연회[宴會], 기념식, 관광, 현지 시찰도 동행하면서 통역을 수행한다. 정부 고위 관리 또는 대표단의 수행 통역을 하다 보면 상상할 수 있는 거의 모든 영역과 주제에 맞닥뜨리게 된다. 이때 '짧은' 순차, 위스퍼링 외 다른 중재 방법과 외교 능력을 발휘해야 한다. 수행 통역은 '힘이 들지만 굉장히 보람 있는'(Obst 2010:172) 일이고, 어떤 사안, 지역 및 유명 인사들과 깊은 유대 관계를 맺을 수 있는 기회를 제공한다(ibid.:171-199).

역사를 보면 "고위급, 고참 [외교] 통역사들은 중재를 하는데 있어 어느 정도 영향력을 [행사하여] 고객이 치명적인 실수를 하지 않도록 도와준다"는 사실이 나타난다(Roland 1999:4). 일부 국가에서는, 고위급 외교 통역이 회의 통역의 한 분야로 간주된다. 이는 현장에 근무하는 통역사들이 대부분 전문 회의 통역 대학원 졸업생으로 높은 수준의 전문 순차와 동시 통역을 구사하고, 통역이 평생 직업인 사람들이 많기 때문이다. 그러나 다른 국가에서는, 외무부의 채용에서 언어 특기로 발탁된 신입 외교관이 몇 개월간의 인하우스 훈련(대부분 순차)을 거친 다음 주어지는 초급 단계 업무 중 하나이다. 일정 기간 통역 업무를 하다가, 좀 더 '비중 있는' 직책을 맡게 되고, 언젠가는 대사로 승진하거나, 외교부 장관까지 될 수도 있다.

고위급 비즈니스 통역 역시, 예컨대 대기업 회장 또는 CEO가 해외 방문을 했을 때 이해관계가 높은 협상, 기자회견 등에서 통역을 하는 등 외교 통역과 하는 일이 매우 흡사하다. 따라서 이는 책에서 다루는 '회의 통역' 기술의 확장된 영역에 해당한다.

---

41) 만약 어느 한쪽이 통역사를 대동하지 않았다면 상대측 통역사가 예의상 양방향으로 통역을 제공한다. 그러나 민감한 주제 관련 회의나 고위급 회담의 경우 상대측 통역사에 의존하는 것을 꺼린다.

#### 2.3.1.8 방송 및 미디어 통역

방송 또는 미디어 통역은 고도로 전문화 되어 있고, 노출이 많은 직업군이다. 방송 통역을 할 때, 통역사의 동시 통역이 라이브로 TV 또는 라디오에 방송된다. 일반적으로 현지 방송국에 채용되어 현지 스튜디오에서 통역 서비스를 제공하는데, 실제 사건과 먼 거리에서 그리고 정보, 연사, 또는 원고에 접근할 수 없는 상태에서 이루어진다. 법정 통역과 달리 통역의 '품질'은 마치 방송 국장이 시청률에 예의주시하는 것처럼, 청중의 호응 정도로 판단된다. 따라서 디테일과 때로는 정확도를 감수하고서라도 박진감 있는 스피드와 의욕적이고 호감 가는 목소리로 전달하는 것이 중요하다(Straniero Sergio 2003). 부가적인 제약은 통역사가 연사의 성별과 같아야 하는 경우가 있는데, 이때 업무량이 균등하게 배분되지 않는 문제가 있다. 입력 언어의 속도와 복잡성이 버거울 정도로 높기 때문에, 대부분의 회의 통역 상황에서 필요한 전략보다 그저 살아 남는 전략에 방향이 맞추어져 있다.

아마토 맥(2011)은 이태리 방송을 위해 오스카 시상식을 통역했던 끔찍한 경험을 회상한다(CC-9.4.1). 여러 명의 연사가 공식적으로 한말과 마이크 너머로 '겹쳐 들리는 소리*oversound*', (음악과 음향효과를 포함해) 오프-마이크*off-mike*로 발언 된 내용, 비디오 클립, 자막, 캡션, 연사의 몸짓 언어 등 당황스러울 만큼 방대한 양의 입력 언어가 있었다. 그리고 방송될 지 안 될지도 모르는 막판에 들어오는 '원고'까지 있다.

TV와 라디오 방송 진행자는 즉흥적으로 발표하는 훈련을 받지만 대개 각본이 준비되어 있다. 뉴스 방송은 특히 내용의 밀도가 높고 빠르기 때문에 준비 없이 동시통역을 하는 것이 어렵다. 하지만 (일본처럼) 통역사가 2인1조로 짧은 구간을 번갈아 가면서 통역하고, 통역을 쉬는 동안 다음 구간을 미리 보고 준비한다면 납득할 수 있는 수준의 통역 품질을 제공할 수 있다.

AIIC 웹사이이트에 츠루타와 벅(2012)이 올린 글을 보면 최신 TV 방송 통역에 필요한 기술은 다른 직업에서 쓰는 기술과 겹치는 부분이 있다. 특히 팀에서 자기가 할 대사를 직접 쓰는 등 준비과정이 기자와 비슷하고, 발성은 연기자처럼, 청중의 문화적 인지적 코드에 맞게 '현지화'하는 과정도 필요하고, 미디어 마케팅처럼 '이야기를 팔아야' 한다. 그리고 컴퓨터 전문가처럼 목소리 입히기*voice-over* 작업도 컴퓨터로 할 줄 알아야 하고, 오디오 엔지니어링 도 할 줄 알아야 한다. 연사의 말을 바짝 좇아가기 위해서 순발력도 필요하다. 좋기는 연사보다 조금 빠르게 말을 끝맺는 것이 좋다. 벅은 방송 통역이 '언어와 차이에 민감한 눈과 귀를 가진 기자'에 가깝다고 생각한다.

미디어 통역은 따라서 적성에 맞지 않는 사람은 하기 힘든 전문 직업이다. 미래에 모든 통역사가 방송 통역사처럼 여러 기술과 작업을 동시에 하게 될 지는 두고봐야 할 일이다(see Donovan 2009, and discussion in our concluding chapter, TG-15).

#### 2.3.1.9 원격 통역*tele- or remote interpreting*

원격 통역을 제공하는 통역사는 (화자와 및 또는 청중 등) 일부 또는 모든 대화참가자와 같은 공간에 없을 수 있고, 오디오 및 또는 비디오 자료를 활용해야 한다. 일부 통역사들은 원격 통역이 차선의 서비스라고 생각한다. 음질과 화질에 영향을 많이 받고, (다중 스크린 또는 분리된 화면 통해, 화자, 청중과 슬라이드 등을 모두 볼 수 있도록) 회의의 면대면 맥락을 재현하는 정도와, 원격 작업 환경의 타당성이 부족하기 때문이다. 예를 들어, 회의실 설계가 잘못돼서 회의실을 볼 수 있는 부스가 없거나, 회의 참가자들의 눈에 띄지 않게 하위 위해 다른 방에서 화면을 통해 원격 통역을 하는 경우가 있다. 하지만 편의, 시간 및 비용(특히 여행 경비) 등을 이유로 원격 통역이 널리 쓰이고 있으며, 기술이 발전하면서 (탄소 발자국 회계 시스템의 등장 등) 화상회의 통역을 하는 곳이 늘어났고 정기적으로 하는 곳도 생겼다. 회의실에 동석하던 통역사가 동시통역 부스로 밀려 난지 60년이 지난 지금, 기술과 편의 때문에 점점 더 먼 곳으로 밀려나고 있다.

전화 통역*telephone interpreting*은 통역 품질과 편안함 보다 편의가 우선시 되는 통역이다. 표준화 전화선은 안정적인 동시통역을 위한 음질이 보장되지 않고, 300Hz-3.4kHz 주파수대를 제공한다. SI에 필요한 공식 규격은 125Hz-12500Hz이다(ISO 2603, para 7.2). 마찬가지로, VoIP 또는 7000Hz대의 '광대역' 연결은 위의 5,500Hz 영역이 잘려서 말의 명료도가 저하되기 때문에 용납할 수 없는 SI 환경이다.[42] 하

42) Flerov (2015) 참조. VoIP: Voice over Internet Protocol.

지만 전화 순차 통역은 100년 넘게 고위급 외교 회담에서 사용되어 왔고 1980년대에 호주 이민국에서 제공하는 긴급 전화 통역 서비스를 통해 도서 산간 지역의 인명을 구할 수 있었다(Garrett 2009 참조). 더 흔하게는, 전화 통역 서비스는 2010 상하이 세계 엑스포와 같이 주요 행사를 방문하는 외국인 관광객이 택시 기사와 의사소통을 하기 위해 사용되고 있다.

시간 및 비용적 압박, 국가 비상 사태, 또는 긴급 의료 상황 등이 있는 한 화상 지원이 되지 않는 저음질의 전화 순차 통역에 대한 수요가 외교나 지역사회 부문에서 꾸준히 있을 것이다. 기술 환경이 앞으로 개선 되겠지만, 기술 환경의 제약을 극복하기 위해 양심적인 통역사들은 빈약한 기술적 조건을 만회하기 위해 적절한 브리핑을 방기 원할 수 있다.

원격 통역을 위한 작업 환경이 다른 분야에서 더 나쁠 수 있다. 최근 미국에서 농아인들을 위한 비디오 릴레이 서비스[43]를 화상 통화로 제공하는데 수백만 달러에 이르는 서비스 시장임에도 불구하고 작업환경에 대한 배려가 거의 없다. 밝히기를 꺼리는 한 통역사(Petersen 2011)는 농아인을 위한 원격 통역 서비스의 작업 환경이 비인간적이고, 전체주의로 퇴보해 있으며, 통역사에게 말 그대로 통역하기를 요구하고, 아무런 맥락 또는 배경 정보를 제공해주지 않는다. 이것은 2003년 미국연방통상위원회FTC에서 내놓은 설명에서 통역사의 역할을 '다이얼 톤과 동급'으로 규정하기 때문이라고 피터슨은 지적한다(ibid.:206).

회의 및 법정 통역에서, 원격 통역을 사용할 경우, 최소한 125Hz-12.5kHz 대의 고음질의 비디오 링크가 제공된다.[44] 같은 공간에서 통역을 할 수 없기 때문에 생길 수 있는 제약(CC/TG-9.1.3; CC-9.4.2; TG-9.6.2.7)으로 꾸준한 반대가 있어왔지만 영상과 음성 품질이 빠르게 개선 되면서, 여러 형태의 화상 전화 통역이 회의 통역에서도 사용되는 경우가 늘어나고 있다(하지만 법정 통역에서는 피고인의 권리를 이유로

---

43) 위키피디아에 의하면 "비디오 릴레이 서비스(VRS)나 비디오 통역 서비스는 청각 및 언어 장애자가 수화 통역사를 통해 일반인과 실시간으로 대화할 수 있게 하는 서비스"이다. https://en.wikipedia.org/wiki/Video_relay_service (2015년 12월 8일 접속).

44) 시장 상황의 압박으로 AIIC 회원 통역사들조차 짧은 전화 회의 통역에 대비해야 할 수 있다.

법조계의 반발이 심하다.[45]).

원격 통역은 두 가지 유형으로 구분될 수 있다.

- 화상 회의 통역 (VCI): 비디오로 연결된 두 개의 장소 중 어느 한 쪽에 통역사가 동석하여 서비스를 제공한다(Braun and Taylor 2012: 28). 통역사는 대부분의 대화 참여자와 함께 행사에 물리적으로 참석하여, 비디오 화면을 사이에 두고 있는 양쪽 대화 참여자가 소통할 수 있도록 통역한다.
- 원격 통역 (RI): 바로 옆 회의 실 등 같은 장소에서 통역사가 원격으로 화상 통역을 제공한다(ibid.).

변형된 형태의 원격 통역도 있을 수 있다. 일부 부스에서만 회의실이 보이거나, 비디오의 양 끝에 통역사가 있거나, 한두 명만 원격으로 회의에 참여하는 상황이 있을 수 있다. (위에서 설명한) 방송 통역은, 매우 특수한 상황으로, 여러 장소에서 복합적인 미디어를 활용하여 전국 곳곳에 산재해있는 청중에게 원격 통역이 제공된다.

원격 통역의 품질에 관한 객관적이고 철저한 연구가 이루어지지 않았지만(Rozinger and Shlesinger 2010), 아무리 기술이 좋아도 대화 참여자와 동석하지 않으면 통역사가 상당한 노력과 스트레스에 대한 압박을 받으면서 일해야 한다는 것은 확실하다(Moser-Mercer 2003; Braun & Taylor 2012: 34; Mouzourakis 2003, 2006). 따라서 훈련생들은 ISO 2603/4043 등 적합한 기술 규격에 부합하는 모범적인 작업 환경에서 연습을 하되, 악조건에서 통역할 준비도 같이 해야 한다. (CC-9.4)

이 책을 집필할 당시, 다양한 기업과 기관에서 VoIP, 스카이프, 그리고 유사 인터넷 플랫폼에 기반한 원격 동시 통역이 동시통역사가 재택근무를 할 수 있게 해준다며, 이를 '파괴적' 기술로 선전하고 있었다. 그러나 이 기술은 (125Hz-12.5kHz대의 음질, 인터넷 품질, 시각적 환경 등) 아직까지 업계 기준에 못 미치기 때문에 전문 통역으로 인정 받을 수 없다.

45) 영국 법조인 협회 브뤼셀 공동지부the Law Societies Joint Brussels Office에서 2009년 6월에 발행한 선언문(Braun and Taylor 2012:33-4). 그러나 영국 법정에서는 이미 화상 전화 통역이 제공되고 있다.

### 2.3.2 수화 통역*Sign(ed) language interpreting; SLI*

수화 통역사는 수화를 사용하는 청각장애인과 음성 언어를 사용하는 일반인의 의사소통을 증진시키는 역할을 한다. SLI는 따라서 단순히 특정 언어 조합, 환경, 형태 하나만을 선택해서 통역하는 것이 아니라 세 가지 모두 사용해서 통역한다. 수화 통역은 수화를 음성으로, 음성을 수화로, 두 가지 양식을 넘나드는 특징이 있고, 그 특징이 통역의 형태(동시)와 환경을 결정하고, (물론 일반 통역사들도 시역을 통해 텍스트 양식을 음성 양식으로 전환하지만) '바이모달' 통역사라는 용어 사용을 정당화한다. 따라서 SLI 통역사의 언어 조합은, 최소한 한 개의 음성 언어와 한 개의 수화를 포함해야 하고, 대부분 양방향(B>A, A>B) 통역을 한다. 다수의 SLI통역사들은 농아인 부모의 자녀(CODA) 이지만, 일반인이 성인이 되어서 수화를 배우는 경우가 늘고 있고, 청각장애인*Deaf*[46] 통역사도 중요한 역할을 한다.

다중 언어, 다문화 환경에서 *SLI*는 다른 국가의 수화를 농아인 통역사가 국제 수화*International Sign*로 릴레이 한 것을 일반 SLI 통역사가 음성 언어로 통역하는 릴레이 통역이 이루어질 수 있다(Grbić 2013). 이것은 국제 행사에서 농아인의 출신 국가의 수화를 할 줄 아는 통역사가 없는 경우에 이루어지는 제한적이고 비규격화 되어 있고, 즉석에서 이루어지는 언어 접촉이라고 할 수 있다(Leeson and Vermeerbergen 2010:325).

전 세계적으로 존재하는 다양한 수화는, 각자 완전한 언어로 인정받으며, 특유의 복합적인 문법과 어휘를 가지고 있다. 수화 사용자는 머리, 얼굴, 몸통, 팔과 손을 사용하여 3차원 공간에서 정보를 부호화한다. 이때 (모양과 동작의 모방 등) 직접적으로 표현하거나, 상징적으로 표현할 수 있는데, 모든 통역이 그렇듯, 두 가지 언어와 문화를 해석하고 재구성한다는 문제가 생긴다. 이 경우, 특히 법정 통역에서 장소, 대화, 대화 방법의 정확도에 대한 부담이 크기 때문에 이중 양식 요소가 통역을 방해할 수 있다(Brennan and Brown 1997, cited in Leeson and Vermeerbergen 2010:

46) "대문자 D를 쓸 경우 문화 및 언어적으로 자연수화를 사용하는 청각장애인 공동체*Deaf community*를 지칭한다. 반대로 소문자 d를 쓰면 특정 수화를 사용하지만 문화적 청각장애인이라는 정체성이 없기 때문에 통역 서비스를 사용하는 일반 청각장애인*deaf persons*을 지칭한다"(Napier and Goswell 2013).

326).

다양한 SLI 서비스가 독순술*lip-reading*, 독화술*speech-reading*, 또는 수화 중 어느 한가지만 사용하거나 수화와 음성언어 어느 한쪽의 역량이 충분하지 못한 청각장애인이나 난청을 앓는 사람에게 제공되고 있다. 맹농아인을 위한, 촉독법*tactile signing* 또는 지화*tactile fingerspelling* 통역도 있다. 가족 또는 지역 고유의 수화 또는 몸짓을 사용하는 농아인 고객, 혹은 맹농아인 고객에게 서비스를 제공할 경우, '귀가 들리는*hearing*' SLI 통역사보다 농아인 통역사가 더 자격이 있을 수 있다. 두 개의 수화를 통역할 때(ibid.) SLI 통역사는 다양한 수화를 그대로 손짓으로 받아서 통역하는 트랜스코딩*transcoding* 또는 음역*transliteration*을 해야 할 수 있다(Leeson & Vermeerberghen 2010:324). 이것은 귀가 조금 들리는 사람이나 음성어를 습득한 다음에 청력을 잃은 사람들에게 제공되는 서비스이기 때문에 입 모양 혹은 입술 모양을 따라하면서 통역하는 경우가 많다.

#### 2.3.2.1 수화 통역의 양식, 형태, 환경과 역할

수화는 노트테이킹이 불가능하고(Napier et al. 2006: 26-8, cited in Grbić ibid.), 청각적 도움을 전혀 받을 수 없는 시각적 양식이기 때문에 동시가 가장 편안한 통역 형태라고 할 수 있다(Grbić 2013). 가장 최근에 생긴 서비스 중 하나는 '수화 번역*Signed-Language Translation; SLT*'가 있는데 텔레프롬터*teleprompter*나 자막 등 텍스트를 수화로 옮기는 것이다(Grbić 2013).

SLI의 전통적인 영역은 공동체간*inter-community* 통역이었으며, 역사적으로 같은 가족이나 소수집단에[47] 소속된 농아인과 귀가 들리는 통역사가 '도우미' 역할을 자원하여 서비스를 제공해왔다. 점진적으로 농아인의 공동체의 권리가 일부 국가에서 사회적, 법률적 인정을 받으면서 SLI의 영역이 모든 단계의 교육, 사회 서비스, 정부 기관, 민간 기업, 종교 및 예배, 법정, 회의, 방송 통역 등으로 확장되었다.

---

47) "청각장애부모 건청자녀(children of deaf adults; CODAs)들이 대부분 부모와 청각장애 가족 구성원을 위해 비공식 통역을 하게 된다. 따라서 1세대 수화 통역사들 대부분이 그 지역 특유의 수화와 역외에서 사용되는 주류 수화 두 가지를 모두 쓰는 이중언어 환경에서 자랐기 때문에 본인의 의사에 따라 또는 의도와 달리 통역사가 된 경우가 많다"(Napier and Goswell 2013).

특정 환경(특히 법정 통역)에서 통역사는 공정성, 중립성과 '비가시성'을 유지해야 하는데, 이것은 다른 지역사회 통역보다 SLI 통역에서 더 지키기 어려운 원칙이다. 왜냐하면, SLI 통역사는 직업상 대부분 고객과 굉장히 친밀한 관계를 가져야 하기 때문이다(Metzger 1999; Napier & Goswell 2013; Nicodemus, Swabey, & Witter-Merithew 2011).

> 다른 사용자와 달리 농아인 고객은 SLI 통역사의 통역에 굉장히 많은 관심을 가진다. 어쩌면 여러 분야에 걸쳐 평생 동안 통역 서비스를 받아야 하는 입장이기 때문일 수도 있다. 직장에서 청각장애인을 위한 통역 서비스를 제공하는 국가에서는, 통역사와 일하는 방식, 원하는 서비스와 기대 수준이 서비스 사용자에 의해 결정 된다(Hauser & Hauser 2008, cited in Napier et al. 2013).

현재 통용되는 SLI의 역할 규범, Cokely(2000)의 이론의 영향을 받았으며, 다른 지역사회 통역처럼 통역사가 필요하다면 언어적 문화적 의사결정과 조정작업을 할 의무가 있다(cf. Wadensjö 1998; Angelelli 2004a; Metzger 1999).

원격 의사소통 기술(2.3.1.9참조)이 SLI에 영향을 미쳐 서비스 혜택이 늘어나기도 했지만, 시각적 통역 형태의 문화적 특징인 대화 참가자와 교감하고 친밀도를 유지하는 것이 어려워졌다(Petersen 2011). 대화 참가자와 물리적으로 분리된 세 가지 서비스 유형은 (i) 농아인 고객을 대신하여 옆에서 전화하는 전화 통역, (ii) 특정 공간(병원 진료실 등)에 있는 농아인 고객들이 멀리 떨어져 있는 통역사로부터 원격 화상통역*video remote interpreting; VRI*서비스를 받는 것과 (iii) 통신 중계 센터에서 일하는 통역사가 농아인과 난청을 앓는 사람들 사이의 의사소통을 원활화 하기 위해 웹캠 또는 화상통화를 통해 비디오 릴레이 서비스*video relay service; VRS*를 제공하는 것이 있다(RID; Grbić 2013).

#### 2.3.2.2 수화 통역의 전문화 및 훈련

SLI의 전문화, 훈련, 및 인증은 국가별로 다른 발전 양상을 보인다. 2013년부터 최소 10개국에서 국제 수화 통역 전문 협회가 만들어졌다(Napier et al., ibid.).[48] 미국이 이 분야에서 앞서나가고 있으며 1964년 공인수화통역사협회 *Registry of Interpreters for the Deaf; RID*를 설립하여 수화 통역사의 행동 규범과 지침, 통역 품질 규정과 윤리강령등을 만들었다.

SLI의 영역이 확장되면서 생겨난 어려움들이 있다. SLI통역사는 지역사회 통역사보다 훈련의 기회가 넓지만, 회의 통역사 만큼은 아니다. 대부분의 국가에서 SLI 훈련이 즉석에서 이루어지거나 제한적이거나 단기 집중 과정 밖에 제공하지 않는다. 하지만 전문 SLI의 수요가 늘어나고 있기 때문에 훈련도 "보조를 맞추기 위해 노력해야 한다"(Napier & Goswell 2013). 그러나 수화를 배우는 일반인과, 정식 SLI 훈련을 받은 통역사가 늘어나고 있으며, 음성어 통역사들과 함께 교육을 받는 경우도 있다(e.g. in Geneva, Paris and Graz).

대부분 국가에서 SLI인증은 공인된 국가 수화 기관에서 규제하고 있고, 미국의 RID와 호주의 NAATI는 자격 시험 뿐만 아니라 학사학위를 요구한다. 일부 국가에서는 법정 통역 전문 SLI 통역사 인증 제도가 시행되고 있다.

### 2.3.3 여러 통역방식과 환경에서의 중재

현장에서 통역사에게 요구되거나, 장려되거나, 허락된 중재의 범위는 통역 환경과 방식에 따라 달라진다. 회의 동시통역에서는 '0에 가깝다'고 볼 수 있지만, '회의' 순차, 비즈니스 통역, 지역사회 통역, 대화 통역 순서로 근접성과 비공식성과 함께 잠재적 개입이 점점 늘어난다. 대화 통역의 경우(형식, 내용, 최적화 과정 등: CC-5.8.4) 통역사의 재량이 넓어지고, 내용의 부연 설명, 요약, 조정 등의 강한 중재가 즉흥적으로 혹은 요청에 의해 이루어진다. 그러나 문화적인 개념이 잘 드러나지 않는 기술 회의에서는 문화간 중재가 필요없고, 법정 통역에서는 금지될 수도 있다.

경찰 취재, 망명 신청과 같은 통상적인 업무보다, 응급 의료나 갈등 상황과 같은 위기상황에서 지역사회 및 공공서비스 통역사는 일방이나 쌍방에게 분쟁을 해

48) EFSLI (European Forum of Signed Language Interpreters)는 1993년, WASLI (World Association of Signed Language Interpreters) 는2003년에 가 설립됐다.

소하거나 정의를 실현할 수 있는 유일한 인물로 보일 수도 있다(e.g. Wadensjö 1998; Angelelli 2004a, 2004b참조).

회의 통역에서는 인지적 관리와 언어적 대비태세 측면(특히 동시와 텍스트 있는 통시)의 요구가 비교적 높다고 해서 요령과 처세술의 필요성이 없어지지는 않는다. 중요성이 높은 비즈니스 회의가 언제나 예의를 지키는 모범이 되지는 않으며,[49] 형식적인 정부간 회의 환경에서도 감정을 억눌러야 하는 상황이 올 수 있다. 국제 사법 재판소와 회의에서는 끔찍한 고문과 집단 학살 관련 이야기를 들어야 할 때가 있다.[50] 설문과 업무 통계 결과에 따르면, 전체적으로 봤을 때 (프리랜서 혹은 인하우스) 회의 통역사는 언어적 중재 뿐만 아니라 문화간 중재도 하게 된다.

(아무래도 조정까지는 아니지만) 더 적극적인 중재는 아마도 물리적 근접성으로 인해 동시보다 순차를 할 때 더 흔히 나타나지만, 통역사의 재량과 판단에 달려 있다(al-Zahran 2005:225-226). 통역사에게 허락되고 격려되거나 기대되는 중재역할의 범위는 이슈들의 기본적 소통이나 성공적인 해결 달성을 위해 좁혀져야 할 문화나 사회적 간극을 회의 후원자나 주최자가 얼마나 느끼고 있느냐 에도 달려있을 것이다. 셀레스코비치는 "통역사의 역할은 이해와 소통을 도출하는 것이기 때문에, 대화 참가자들의 상호 인지 정도와 서로의 문화적 어학적 배경의 차이와 거리에 따라 통역사의 개입 역시 상대적일 수밖에 없다"(1968/1978:114 ff.)고 말한다. 앞으로 살펴보겠지만 환경에 따른 규범은 제3의 요인일 수 있다.

더 제도화된 환경에서 제한된 '언어-문화적' 의미에서의 중재는 보통 통역사에게 일임되겠지만 대화의 흐름을 조절하는 것부터 타협을 종용하고 해결책을 마련하는 것까지의 더 강력한 중재 기능은 의장, 지정된 협상가, 또는 법적으로 임명된 조정 위원과 같은 다른 전문가에게 맡겨진다.

49) 최근 한 개도국의 다국적 기업과 합자 기업 사이의 적대적 기업 합병 협상에서는 자수성가한 개도국 기업인이 수시로 고함을 지르고 욕하고 회의실을 박차고 나가면서 전문 회의 통역사들에게 자신이 한 신랄한 발언들을 그대로 살려 전달해 줄 것을 요청했다.

50) 예를 들어, 유엔 외교 장관 회의에서 아프리카의 소년병들은 어떻게 자신들이 마을에서 징집되어 손에 총이 쥐어져 충성심을 증명하기 위해 강제로 적병을 처형 했는지를 증언했다.

### 2.3.4 통역의 다양성: 요약

통역은 여러 분야에 걸쳐 고객과의 거리, 개입 정도, 대화 참여자간 관계에 따라 한쪽의 입장을 변호하고 대화를 주도하는 것이 허락되거나 기대될 수 있고, 고객의 니즈/기대에 따라 서비스 품질의 규범과 우선 순위가 바뀔 수 있으며, 현실적으로, 장비와 브리핑 유무, 그리고 작업 환경도 바뀔 수 있다.

분야, 환경 및 통역사 역할의 이런 다양성이 통역사에게 요구되는 능력의 수준과 혼동되어서는 안된다. 모든 통역 분야에서 필요한 핵심 기술과 역량은 맥락에 상관 없이 동일하고, 능숙도에 차이가 있을 뿐이다. 통역사가 핵심 기술과 역량을 능숙하게 사용할 수록, 자기 역할과 중재 권한, 기대되는 통역 품질, 작업 환경에 더 잘 적응할 수 있다. 다음 절에서는 공통 핵심 역량을 다룬다.

## 2.4 공통 핵심 역량: 'LKSP'

전문통역사 양성에서 우리가 채택한 공통의 틀은 언어, 지식, 기술, 프로정신, 또는 '**LKSP***Language, Knowledge, Skills and Professionalism*' 이라는 4가지 전천후*all-round* 통역기술로 이해된다.

모든 통역훈련 지원자(CC-3.1.1)에게 다양한 등급으로 이미 있거나 자질로 갖추고 있어야할 이들 4개 차원은 다음과 같이 풀이될 수 있다(미국의 ASTM *Standard Guide*에 나오는 유사 내용 참조[51]).

L: 출발어와 도착어의 **언어 능숙도**[cf. ASTM 8.2]: 통역사는 모든 실전 언어에 대한 견고하고 철저한 이해 능력과 능동적으로 통역언어들을 다루는 뛰어난 능력을 갖추고 있어야 한다(CC-3.2.1 참조).

K: 지식: 자신 있고, 효과적이며, 적합한 통역을 하기 위해 통역사는 다음 자질을 가지고 있어야 한다.

51) 각주 2번 참조.

i. 평균적으로 교육받은 사람보다 뛰어난 국제 문제, 지정학적 문제, 경제, 정치, 비즈니스 등 세상에 대한 일반 ('백과사전적') 지식.

ii. 비즈니스 및 경영 (예: 예산 책정, 감사), 국제 기구, 회의 절차 등 통역에서 자주 다루는 ***주제에 대한 평균수준 이상의 지식***.

iii. 사용 언어의 사회 문화적 지식.

iv. 논의되고 있는 주제 영역에 특화된 지식과 관련 용어.

v. 이해 관계자가 누구이며, 회의의 목적은 무엇인지, 회의의 배경과 역사, 그리고 관련 이슈 또는 논란 등 사건의 맥락적 지식.

필요할 때 쓸 수 있는 올바른 지식을 갖기 위해 이 역량은 정보와 용어를 습득하고, 준비하고, 관리하는 능력이 필요하다(CC-9.2.5.1; ASTM 8.3.1.6 and 8.4).

S: 통역에 없어서는 안되며, 훈련을 통해 점진적으로 그리고 꾸준히 갈고 닦아야 하는 기술들이 있다.

i. 모든 훌륭한 통역의 근간이 되는 분석적 청취 기술('적극적 청취*active listening*'): CC-4.2 참조 [cf. ASTM 8.3.1.1, 8.3.1.2].

ii. 말하기 능력: 통역사는 최소한 알아들을 수 있고, 분명하고 일관성이 있어야 하며 욕심을 낸다면 발음이 분명하고 자신감 있고 (모든 통역 방식에서) 설득력이 있어야 한다.[cf. ASTM 8.3.1.7].

iii. 일반적 언어 전달 기술: 통역사는 다른 언어에서 같은 의미를 전달할 수 있어야 하는 바, 언어 사이의 틀에 박힌 간섭을 피하면서 동시에 문맥 혹은 관례에 맞춰 등가의 적합한 표현을 선택한다[cf. ASTM 8.3.1.4](CC-4.8.3).

iv. 매우 빡빡한 시간 제약 속에서 의미를 포착하고 표현하는 데 필요한 통역방식 별 전문적 기술로 각 통역 방식(순차, 동시, 시역)에 따라 다소 다를 수 있다. 이 기술들은 훈련의 전체 조건으로 주의력, 기억력과 분석력을 요한다.

v. 인지 처리와 정보 관리 기술: 적합한 지식과 언어를 습득하여 필요할 때 사용할 수 있어야 한다. 여기에는 (문서, 온라인, 인적)자료를 활용하여 전문 분야의

지식을 쌓고, 관련 용어를 외우고, 회의의 맥락(이해 관계자, 목표, 논쟁 등)을 이해하기 위한 배경 조사 능력이 포함된다.

vi. 문화간 의사소통 및 중재 기술: 대화 참가자의 다른 문화적 시각을 이해하고, 오해의 소지 유무를 빠르게 파악하고, 의사불통을 피하거나 해결할 수 있는 능력이다.

P: 프로정신: 이것은 통역 기술, 규범, 행동과 지식을 통합해주며, 통역을 최적화할 수 있게 해준다. 프로정신은 다음 세 가지 요소를 포함한다.

i. 기술 전문성: 통역 직종의 도구인 마음가짐, 기술, 장비, 작업환경과 그 잠재력 및 한계를 이해하고, 타당성과 품질에서의 요소들과 작업환경과의 상호의존성, 임기 응변력, 문제 및 위기 해결 능력, 냉정함, 스트레스 관리 능력 등을 갖춰야 한다. [cf. ASTM 8.3.1.8-8.3.1.11]; (CC-10.1.2.1)

ii. 윤리적 전문성: 윤리 규범과 관행, 통역 환경에 따른 역할 규범과 관례를 지키며, 프로다운 행동과 자세로 임한다. 장단점을 파악하여 최적화와 중재를 적절하게 사용한다. (2.1.7, CC-5.8, CC-10.4)

iii. 실용적 전문성: 통역 요청과 계약서를 처리하는 팀워크, 조직 및 관리, 동료 및 고객과의 인맥 관리 등 각 영역별 팀워크, 체계화와 관리가 필요하다[cf. ASTM Sections 9-12]. 꾸준한 자기 계발, 커리어 관리, 그리고 평생학습이 필요하다(CC-11).

프로 정신의 세 가지 요소는 CC-10과 CC-11에서 더 상세하게 다루었다.

따라서 언어와 지식(문화)은 최소한 갖춘 상태에서 입학해야 하며, 훈련을 받으면서 통합되고, 나중에 자원으로 활용할 수 있게 된다. 통역 기술은 고강도의 연습이 필요하고 지도를 통한 도제 교육환경에서 가장 빨리 습득될 수 있다. 훈련의 목표는 이 기술들을 습득하고, 최적화와 중재를 활용하여 실제 상황에서 이 기술을 응용할 수 있도록 하는 것이다.

만약 통역이 무한한 인간의 상호작용을 수반한 사회적 활동이 아니고, 화학이나 수학 공식으로 정의될 수 있는 것이라면 통역(E, Expertise)은 L+K+S+P=E일 것이다. 그러나 덧셈 부호만으로는 훈련과 경험을 통해 성취되어야 하는 각 역량의 유기적인 관계, 연습을 통한 적용이 제대로 나타나지 않는다. 네 가지 핵심 역량을 통합하는 보다 나은 공식은 $E = f$(L+K+S+P)라고 해야겠다!

## 2.5 통역 기술과 환경

위에서 살펴보았지만, 통역 업무는 번역, 중재, 시간제약 이라는 공통된 특징을 가지고 있다. 하지만 통역 환경에 따라서 LKSP의 부담이 달라지고 필요한 기술도 달라진다. 몇 가지 통역 환경에 따른 기술 분류체계(예: NAATI 등급[52], 표 2.2 참조)를 살펴보면 통역사의 지위와 급여가 등급에 비례한다는 것을 알 수 있다. 시장의 힘에 항상 영향을 받겠지만, 우리의 목표는 규범에 근거하여 통역사의 지위, 급여, 작업환경을 개선하는 노력과 동시에 전 분야를 통틀어 훌륭한 통역사를 배출 해내는 것이다. 통역 환경에 따른 과업 분석은 목표 기술을 습득하는 데 도움을 주고, 공통 과목과 심화 과정을 설계하는데 도움을 줄 것이다.

### 2.5.1 공통 기술과 전문화

첫 접근법으로 표2.1은 네 가지 '거시 환경*macrosetting*'에 대한 기술들을 개괄한다. 즉 회의, 법정, 지역사회/공공서비스*PSI* 통역, (인하우스) 비즈니스 통역에서 각 환경이 공유하는 요소와 특화된 요소를 분류하고 있다. 이것은 보충 과목에서 목표 시장에 맞춰 영역과 환경별로 더 자세하게 다룰 것이다(TG-3.3.1, TG-7.4.3 참조).

회의 통역사는 SI와 SI-text, 그리고 짧은 순차와 (노트테이킹을 하는) 본격 순차를 숙달해야 한다. 통역사가 자신 있는 주제가 따로 있고, 시간이 지나면서 전문 분야도 생기겠지만, 여러 분야에 박학다식해야 하고 꾸준히 공부해야한다. 통역사의

52) http://www.naati.com.au/PDF/Misc/Outliness%20of%20NAATI%20Credentials.pdf (2016년 1월 16일 접속).

윤리와 행동 규범을 숙지하고, 작업 환경도 잘 이해하고 있어야 한다. 기본 훈련 과정을 보강하는 하위 전문화 과정은 과정은 국제기구(예: UN, EU) 통역, 의회 통역, 미디어 통역, 양자 외교 및 고위급 비즈니스 통역이 포함될 수 있다.

법정 및 법률 통역 분야에서 (동시통역을 포함한)회의 통역 기술의 수요가 증가하고 있다. 하지만 법정 통역은 L, K, P 측면에서도 법정 절차나 법률 용어 등 영역과 규범이 특화되어 있고, 어학적으로도 회의 통역 보다 어역의 범주가 넓다. 어역의 한 끝에는 형식적인 법률 용어들이 있고, 다른 한 끝에는 방언, 은어, 비속어까지 포함된다.

지역사회 및 공공서비스(PSI) 통역도 LKSP의 기본 요건을 충족시켜야 하지만 순

표 2.1 거시적 환경에 따른 통역기술

| | Language | Knowledge | Skills | Professionalism | *Training* |
|---|---|---|---|---|---|
| **SHARED:** | **Wide range, flexibility** | **More or less varied, specialized** | **Listening, transfer, speaking (CC-4)** | **General craft, moral and service (see CC-10, 11)** | |
| **Conference** | Extra speed, flexibility coordination for SI, mixed media | Wide range, preparation skills for specialized content | Short and full Consecutive, SI, SI-text | Specific working conditions | Two-year postgraduate, internships where possible |
| **Court/Legal** | Some wider competence in dialect, register (slang/profanity, legalese) | General plus legal knowledge | Consecutive, ST (maybe SI), specific fidelity norms | Legal procedure, conventions, specific impartiality norms | Two-year postgraduate with internship |
| **Community and PSI** | Competence in dialect, register switching | General, social, and domain-specific (e.g. health) | Dialogue/short consecutive, perhaps some whispering | Face-to-face, Role-managing, Variations on mediation, cultural sensitivity | One year with multiple internships, on-site training |
| **In-house (business, government)** | Generally formal, mid-register | General + in-house-specific | Consecutive | 'Affiliated' role (see CC-10), other duties | Undergraduate or postgraduate |

차와 대화 통역을 더 자주 사용하고, 법정 통역만큼 어역의 범위가 넓다. 그러나 경찰서, 병원, 복지 사무소, 난민 수용소 등 미시적 환경에 따라서 행동 규범이 유연할 수 있고, 개인의 이해관계에 있어서 예민하거나 갈등을 야기할 수 있는 사안을 면 대 면으로 응대해야 하기 때문에 역할극, 상황 재현, 인턴십을 통해 역할 관리와 중재 방법에 대한 특별 훈련이 필요하다.

### 2.5.2 계층적 분류 체계

호주의 NAATI제도에서, 통역사는 네 개의 상이한 능력수준의 어느 하나에서 특정언어쌍과 방향으로 인증을 신청할 수 있다. 네 개의 수준은 준전문 통역사, 전문 통역사, 회의 통역사, 고참 회의 통역사다(표2.2 참조).

NAATI 인증제의 설계자들은 모든 통역사에게 전문가 신분을 부여하고 "기존 회의 통역사와 국제적 니즈 충족을 위한 기술번역사 사이의 배타적인 분단선을 피하는 한편, 현지 수요에 맞는 새로운 종류의 통역사와 번역사가 인정 받을 수 있도록 했다. NAATI는 모든 통번역 업무가 본질적으로 하나이고 전문분야와 수준에만 차이가 있는 것으로 간주한다"(Ozolins 2000). 또한 회의 통역 뿐 아니라 법정 통역을 위해서도 석사 수준의 훈련이 필요하다는 것도 인정한다.

표 2.2 NAATI 통역 인증 급수[53]

| |
|---|
| **Conference Interpreter (Senior)** (formerly Level 5): "The highest level of NAATI interpreting accreditation, [reflecting] a level of excellence in conference interpreting, recognized through demonstrated extensive experience and international leadership [...]; encompasses accreditation at *Conference Interpreter* level". |
| **Conference Interpreter** (formerly Level 4): The "level of competence required to handle complex, technical and sophisticated interpreting, in both consecutive and simultaneous modes, in line with recognized international practice. Conference Interpreters operate in diverse situations, including at conferences, high-level negotiations, and court proceedings and may choose to specialize in a particular area(s)". |
| **Professional Interpreter** (formerly Level 3): represents the minimum level of competence for professional interpreting and is the minimum level recommended by NAATI for work in most settings, including banking, law, health, and social and community services. Professional Interpreters "are capable of interpreting across a wide range of semi-specialized situations and are capable of using the consecutive mode to interpret speeches or presentations". |
| **Paraprofessional Interpreter** (formerly Level 2): Competence in interpreting general conversations [and] non-specialist dialogues. Practitioners at this level are encouraged to seek Professional-level accreditation. |

그러나 NAATI등급은 통역사의 역량을 기준으로 분류하고 있으며, 각 등급에서 요구하는 특정 기술을 설명되어 있지만, 통역 환경과 사회 부문에서 요구되는 통역도 설명하고 있다.

일본의 경우 회의 통역 등급 안에서도 경험과 전문성에 따라 지위와 급여 체계를 세분화 했다.[54] 그러나 이것은 일본 특유의 현상이고, 적어도 프리랜서 시장에는 적용되지 않는다. EU와 UN같은 국제기구에서는 프리랜서 회의 통역사의 경험을 기준으로 급여 등급이 둘로 나뉜다.

53) http://www.naati.com.au/PDF/Misc/Outliness%20of%20Credentials.pdf (2016년 1월 16일 접속).

54) https://www.simul.co.jp/en/interpreter/fee.html
https://www.simul.co.jp/en/interpreter/faq.html#q6 (2016년 1월 16일 접속.)

### 2.5.3 통역 기법, 환경 및 전문화 - 일부 주의사항

표2.1에서 설명한 세 가지 '거시적' 통역 기술은 이상적인 경우에만 적용 가능하고 약간의 조율이 필요하다. 예를 들어, 국제사법재판소 에서 이루어지는 '법정 통역'은 법정 통역과 회의 통역 기술이 함께 요구된다.

그리고 상황에 따라 필요한 융통성이 과소평가되어서는 안된다. 통역 환경과 영역 특화 과정과 졸업 이후에 서서히 노출되겠지만 융통성은 항상 필요하다. 표에서 이 기술군 중 어느 하나에 좁게 초점을 맞춘 훈련은 그 자체로 다른 기술군을 준비하는데 충분하지 않을 것임을 분명히 알아야한다.

### 2.5.4 프로 정신과 융통성

방송 통역에서 소중한 자산이 될 무대 장악력과 음색, 혹은 문화적 민감성 과 대인관계 능력과 같은 개인 자질은 통역에 필요하지만 가르치는 것이 쉽지 않다. 통역 대학원이 심리치료를 제공해주는 것도 아니고, 외교관, 상류층 여성, 연예인 혹은 사회복지사의 최종 학위를 위한 장소가 되어서도 안 된다. 제한된 기간 동안 주로 교실에서 인지적 부하가 심한 기술을 습득하고 연습해야 하고, 졸업생이 모든 통역 시장에 진출할 수 있게 하는 것이 어려우며, UN이든 TV 방송이든 현지화가 어느정도 필요하다.

이 책의 초점은 이 능력 수준이 요구되는 모든 분야와 환경에서의 회의 통역사 훈련에 맞춰져 있다.[55] 학교의 시장 연계성에 따라 그 분야 내에서 다양할 수 있는 다소 전문화된 미시적 지식을 포함한다. 예를 들어, EU/UN 용어, 회의절차, 연설 스타일 혹은 의료 회의 통역 같은 하위 전문화 분야에서의 모듈에 적용된다.

### 2.5.5 모듈화와 특정 기술 훈련

통역사를 훈련함에 있어서 공통 되면서 차별화된 접근방식은 대학원 마다 충족시켜야 할 시장의 요구사항에 맞춘 회의 통역 훈련을 할 수 있도록 한다. 반대로 모

55) 법정통역에서 통역사가 높은 수준의 순차통역과 동시통역을 할 수 있게 하기 위해 우리는 일반 '회의 통역' 커리큘럼에 2년의 추가적인 풀타임 훈련을 권장한다.

듈 기반 접근법을 통해 여러 기술을 같이 배울 수 있다(분반, 전환, 새로운 기술 습득 등 TG-13.3.5.3 참조). 학생들이 통역을 할 때 해야 하는 일과 해서는 안 될 일, '여할 바꾸기'를 통한 학습(CC-10.3.3.1) 등 책에 소개된 입문 단계는 모든 통역사를 위한 공통 교과과정이고 다음 단계에서 기술과 환경에 따라 차별화된 과목을 배우게 된다. 예를 들어, CC 5에서 8단원을 공부하면서 법정 통역 관련 자료와 그 분야에 필요한 프로정신, 언어와 지식 숙달(LKE)을 병행 할 수 있다.

## 2.6 통역사 언어 조합

통역 기술의 훈련은 순차와 동시, 지식의 습득, 관리, 활용, 그리고 통역사의 중재 권한 등 직업 전문성을 강화하는 것에 초점이 맞추어져 있다. 언어도 예외는 아니다. 통역사의 상대적 언어 실력은, 모국어, 능동어, 수동어 등, 입학부터 졸업까지 크게 변하지 않기 때문에 초보자에서 전문가까지 동일한 방법으로 분류한다.

### 2.6.1 언어의 분류 및 조합

회의 통역사는 당연히 언어 실력이 출중하고, 자기가 경험한 분야라면 무엇이든 듣자마자 이해할 수 있고, 멈추거나, 상의하거나 질문할 필요 없이 유창하고, 공식적이며, 기술적으로 정확한 표현을 바로 생산해낼 수 있다. 그러나 통역을 할 때 언어적 압박이나 부담은 통역사의 작업 언어의 수준에 따라 다르게 적용된다.

개인의 언어 능숙도를 평가하는 방법은 많다. 비공식적인 평가 기준은 '2개언어 사용자*bilingual*'나(예: 2개언어 사용 비서 구인 광고), 외국어를 '아는' 사람으로 느슨하게 묶는 것이다. 전문적으로는, 심리언어학과 제2외국어*Second Language Acquisition; SLA* 문학에서 말하는 L1, L2, L3의 언어 능숙도를 네 가지 역량인 듣기, 말하기, 읽기, 쓰기 실력으로 판단한다. (일부 국가에서는 '번역/통역' 다섯 번째 평가 기준으로 사용한다.)

회의 통역의 분류 체계는 정확한 과학적인 정의 보다 실용적인 니즈에 재단하여 만들어진 것이다. (아직까지도 언어학자와 심리학자의 숙제이다.) 통역사는 다언어 가능자*polyglot*는 아니다. 현실적으로 깊이 있는 이해와 풍부한 어휘를 몇 개의 언어에서만 가질 수 있고, 어떤 언어는 '수동 언어'로써 듣고 이해 하는 데만 사용하고, '능동 언어'로써 듣고 통역을 둘 다 할 수 있다. 통역사의 작업 언어를 분류하는 것은 회의 통역의 전문성을 부여하는 초석이 되었다.

나중에 더 명확해 지겠지만, 통역사에게 요구되는 언어 능숙도는 다른 직업보다 '크거나 적을' 수 있다. 예를 들어 통역사에게는 여러 억양의 말을 이해할 수 있는 것이 더 중요할 수 있지만, 소설가나 번역사는 철자를 고치고 우아한 문체를 갖는 것이 더 중요할 수 있다.

회이 통역사의 작업 언어를 AIIC[56]와 ASTM[57]에서는 다음과 같이 분류하고 있다.

**The conference interpreter's working languages** (AIIC and ASTM Definitions)

Active languages:

**A:** [AIIC] the interpreter's native language (or another language strictly equivalent to a native language), into which the interpreter works from all her or his other languages in both modes of interpretation, simultaneous and consecutive. All members must have at least one 'A' language but may have more than one.

**A:** [ASTM] a language in which the speaker has educated native proficiency in speaking and listening.

**B:** [AIIC] a language other than the interpreter's native language, of which she or he has a perfect command and into which she or he works from one or more of her or his other languages. Some interpreters work into a 'B' language in only one of the two modes of interpretation.

**B:** [ASTM]: a language in which the interpreter has full functional proficiency in speaking and listening.

Passive languages:

**C:** [AIIC] Languages of which the interpreter has a complete understanding and from which she or he works.

**C:** [ASTM]: a language in which the interpreter has full functional listening proficiency.

56) AIIC Regulation Governing Admissions and Language Classi cation, Art.7. http://aiic.net/ page/6726 (2016년 1월 16일 접속).

57) ASTM *Standard Guide to Language Interpretation Services*. http://www.astm.org/Standards/F2089.htm (2015년 12월 8일 접속).

AIIC의 정의는 다소 이상화[理想化]된 느낌이 있고(예: '완벽한 구사'), B 언어는 너무 모호하게 정의했다. ASTM의 정의는 조금 더 실용화 측면에서 접근했고, '완전하게 기능하는' 수준의 듣기와 말하기 실력을 다섯 단계로 구분하여 상세하고 설명하고 있고, ILR[58] 급수와 비슷하다. 그러나 완전한 수동 언어인 C언어를 제외하면, 어느 쪽도 어느 쪽도 받아들일 만한 통역방향에 대해 납득할만한 설명을 하지 않고 있다.

언어 실력 급수는 평가를 목적으로 더 구체화할 필요가 있다. 특히 아직까지 입시에서는 언어를 다른 평가항목과 구분하여 따로 시험을 보고 있다. A, B, C언어에 대한 언어 능숙도를 CC-3.2.1에서 더 자세하게 설명한다.

이론적으로 가능한 통역사의 최소 언어 조합은 C언어에서 A언어 한 방향으로만 통역하는 것이다. 그러나 이것은 C언어가 소수 언어인 경우를 제외하면, 시장성이 전혀 없다. 따라서 거의 모든 통역사들이 최소한 A와 B언어를 양방향으로 통역할 수 있거나[59], 두개 이상의 C언어에서 A언어로 통역할 수 있다. 표2.3은 전문 통역사들이 구사하는 언어 조합의 예시 목록이다.

표 2.3 회의 통역사에게 가능한 언어 조합 예제[60]

| Interpreter | A | B (or 'Bsim') | C | Number of directions offered |
|---|---|---|---|---|
| 1 | Chinese | English | | 2 (B>A, A>B) |
| 2 | German | Arabic | | 2 (B>A, A>B) |
| 3 | English | ASL[60] | | 2 (B>A, A>B) |
| 4 | Korean | French | English | 3 (B>A, A>B, C>A) |
| 5 | Italian | | English, French, German, Greek | 4 (C>A, C>A, C>A, C>A, C>A) |
| 6 | Russian | English, French | Spanish | 5 (B>A, B>A, A>B, A>B, C>A) |

58) 추가 참고 도서에서 책에서 언급한 L2 언어 급수 관련 URL을 찾아볼 수 있다.
59) 또는 아주 드물지만 두 개의 A언어간 통역을 할 수 있다.
60) ASL: American sign Language.

AIIC분류 체계에서, 'B'언어는 (도착어로) 순차 및 또는 동시 통역이 가능한 능동언어를 의미한다. 그러나 일부 통역사와 학교는 'Bsim'(동시와 순차 가능)과 'Bcons'(순차만 가능)으로 작업 언어를 구분한다. 또한 통역사가 C에서 B언어로 통역하는 경우는 종종 있지만, B언어에서 B언어로 통역하는 경우는 드물다. 그러나 표2.3에 표기된 B언어는 동시 통역이 가능하지만 A에서 B언어로만 할 수 있고, 표에 나온 6명의 통역사는 셋째 단에서 볼 수 있듯이 각각 통역 가능한 방향의 숫자가 다르다.

대부분의 통역사는 두 가지 언어 조합을 가지고 있는데, 표의 1-3번에서 알 수 있듯이 하나의 A언어와 하나의 B언어로 '2개언어/양방향*bilingual/bi-active*' 통역이 가능하고, 4-6번 예시를 보면 하나의 A언어와 몇 개의 C언어를 사용한다(EU에서 쉽게 찾을 수 있다). (두 개의 B언어를 사용하는 통역사는 종종 있지만, 모국어와 구분하기 어려울 정도로 두 개의 A언어를 인정받는 통역사는 굉장히 드물다.)

다중언어 통역사는 대부분 유럽 연합과 같은 기관에서 일한다. 양방향 통역사는 대부분 국내 민간 시장에서 일하고, 영어와 현지 언어로 양방향 통역 서비스의 수요가 가장 많다. 중국, 일본, 브라질처럼 국제 기구가 (아직) 없는 지역에서 볼 수 있는 현상이다. 2개 능동언어가 있는 다국어 통역은 비즈니스 프리랜서 시장에서 공존하고 있으며, 덜 널리 알려진 언어들은 EU(최근 가입국들)와 UN에서 한 통역사가 2개 언어로 통역한다.

예를 들어, 국제연합은 6개의 공식 언어로 동시 통역 서비스를 각 부스에서 제공하고, 두 가지 종류의 언어 조합이 모두 사용된다. 영어, 불어, 스페인어, 러시아어 부스는 일방향 서비스, 즉 한 개의 도착어로만 통역을 제공하며, 따라서 최소한 두 개의 다른 공식 언어(C 또는 B)에서 A언어로 통역할 수 있는 통역사가 부스에 있어야 한다. 이 통역사들은 B언어를 반드시 사용할 필요가 없다. (만약 있다면, 이 상황에서는 수동 언어로만 사용한다.) 반대로 중국어와 아랍어 부스는 양방향 부스이며, AB 언어 조합(물론 C가 있다면 환영이다)의 통역사만 사용할 수 있다. 즉 중국어와 아랍어를 출발어와 도착어로 사용할 수 있다는 뜻이다. 그들의 다른 능동언어는 영어 아니면 불어인데 UN과 EU의 다른 부스에서 가장 널리 이해되어 릴레이 통역에 가

장 적합하기 때문이다.[61]

### 2.6.2 초보자에서 장인으로

우리는 모든 통역 지망생이 정규 훈련과 전문 과정을 통해 실력이 향상 될 수 있다고 생각하지만, 자격 있는 전문 통역사가 되기 위해 필요한 노력은 학생의 언어 능숙도, 일반상식, 개인의 자질과 적성의 시작점에 따라 달라질 것이다.

일반적으로 시장에 투입될 준비가 된 회의 통역사, 즉 갓 졸업한 후 전문 서적에서 말하는 '장인'이 되기까지 필요한 시간은 2년이다.[62] 그 사이에 대학원에서 체계적이고 점진적인 풀 타임 훈련을 받게 된다. 통역 대학원 지원자는 일반 상식과 기타 자질은 기본적으로 갖추고 있어야 한다. 지원자의 재능과 시장의 수요를 고려한 현실적인 입시 기준을 세우기 위해 교과 설계자는 2년 동안 풀 타임 훈련을 받았을 때 습득할 수 있는 목표 기술로부터 거꾸로 계산해야 한다. 지원자의 어학 실력, 지식, 지적 잠재력이 최소한 교과과정을 마칠 수 있을 정도는 되어야 한다. 다음 장에서는 통역대학원 지원 자격과 입시 절차를 설명한다.

## 2.7 요약

통역은 아주 먼 옛날부터 이루어져왔던 활동이고 근래에 들어 분야의 다양성을 보여주는 전문직이 되었다. 통역은 언어, 지식, 기술과 프로정신으로 구성된 통합적 활동이다.

단순히 언어를 변환하는 것처럼 보이지만, 의사소통을 가능하게 만들려면 화자와 청자의 인지-문화적 격차를 해소해야한다. 왜냐하면 언어는 각기 다른 문화를 가지며 비슷한 말도 다른 맥락에서 다른 의미로 해석될 수 있기 때문이다. 의사소통을 최적화하기 위해 이 격차를 해소하는 것은 중재의 한 형태라고 간주할 수 있

61) (어느 정도 사용자의 압박으로 ) 불어에서 영어로 릴레이 언어가 빠르게 대체되고 있다.
62) 간단한 언어 조합의 경우 1년이면 충분할 수 있다. 또한 특정 분야나 시장에서는 특히 학생들의 언어와 지식 숙달도에 따라 필요한 시간이 달라질 수 있다(TG-14 참조).

으며, 통역사가 의식적으로 중재하거나, 통역 환경과 사용자의 기대 수준에 따라 제한될 수 있다.

통역사는 일반 상식과 맡은 일에 필요한 전문 지식, 의미를 완전하고 정확하게 포착하고 전달하는데 필요한 기술을 동원하고, 통역 형태에 따른 제약을 극복하여 서비스를 제공해야 한다. 이 전문 기술들은 통역에 널리 적용되는 바, 즉각성, 외부적응성, 그리고 고객과 현장에서 맥락을 공유한다는 점에서 문서화된 형태의 번역과 구별된다.

기본적으로 통역사는 언어 능숙도, 지식, 기술, 프로정신을 갖춰야 하지만, 현장에서 여러 행사를 맡다 보면, 사용자의 니즈에 따라 요구 사항이 추가될 수 있고, 분야별 직업 관례와 전문 지식이 필요할 수 있다. 이 책은 회의 통역에 필요한 기술을 주로 설명한다. 하지만 훈련과정의 초점이 무엇이든, 훈련 목표, 목표 기술과 시장은 학생, 강사와 미래 고용주의 투명하고 효율적인 의사결정을 위해 확실히 해두는 것이 좋다.

추가 참고 도서 (상세 정보는 권 말 참고 도서 참조)

1. Baigorri-Jalón 2004aJ2014, 2004b, 2015 (20th century history of conference interpreting)
2. Gaiba 1998: The Origins of Simultaneous Interpretation: The Nuremberg Trial
3. Hermann 1956/2002: Dolmetschen im Altertum/Interpreting in Antiquity
4. Obst 2010: White House Interpreter
5. Roland 1999: Interpreters as Diplomats
6. Torikai 2009: Diplomatic Interpreters in Post-World War II Japan

통역과 번역

1. Riccardi 2002: Translation and interpretation

지역사회 통역, PSI

1. Critical Link series of conferences: see e.g. http://www.criticallink.org/cli-5 and https://benjamins.com/#catalog/books/btl.87/main (Both accessed March 5, 2016)
2. Guidelines for community interpreting: https://www.iso.org/obp/ui/#iso:std:iso:13611:ed-1:v1:en (Accessed February 15, 2016)
3. Hale 2007: Community Interpreting Roberts 2002: Community interpreting in search of its identity
4. For training guides and textbooks, see TG-14

리에종 통역

1. Gentile et al. 1996: Liaison Interpreting - A Handbook

의료 보건 통역

1. Angelelli 2003, 2004: (the interpreter's role)
2. Brisset et al. 2013: Working with interpreters in health care
3. Pöchhacker 2006a: Research and methodology in healthcare interpreting
4. Pöchhacker & Shlesinger 2007: Healthcare interpreting
5. Swabey & Malcolm 2012: Educating Healthcare Interpreters

법정 및 법률 (사법) 통역

1. Driesen 1990: Initiation à l'interprétation jurisdique
2. González et al. *1991/2012:* Fundamentals of Court Interpretation
3. Hale 2004: The Discourse of Court Interpreting
4. Kadrić 2001 , 2009: Dolmetschen bei Gericht
5. Mikkelson 2000, 2008: Introduction to court interpreting / the court interpreter's role

6. Morris 2000/2012: Bibliography of court and legal interpreting: http://aiic.net/page/235/a-bibliography-on-court-legal-interpreting/lang/1 (Accessed July 26, 2015)

미디어 통역

1. The Interpreters' Newsletter 16. 2011: Special Issue on Television Interpreting

전화 통역 (원격 통역, CC-9 참조)

1. Kelly 2008: Telephone Interpreting: A Comprehensive Guide

군사 및 분쟁 지역 통역

1. http://najit.orglblog/?p=229 (Accessed December 8, 2015)
2. http://virtualinstitute.eti.unige.ch/virtualinstitute/idex.php?name=Sections&req=viewarticle&artid=43&page=1 (Accessed December 8, 2015)
3. Kahane 2007: in conflict zones: The limits of neutrality
4. Moser-Mercer & Bali 2008/2012: Interpreting in zones of crisis and war

수화 통역

1. Grbić 2012: Signed language interpreting
2. Napier et al. 2010: Sign language interpreting in Australia and New Zealand
3. Shaw et al. 2004: Student perspectives from signed and spoken language programs

통역사 숙련도 또는 기술 및 전문지식

1. Hoffman 1997; Moser-Mercer et al. 2000; Tiselius 2013

2. ILR Skill Level Descriptions For Interpretation Performance: http://www.govtilr.org/skills/interpretationSLDsapproved.htm (Accessed December 8, 2015)
3. *NAATI accreditation by Testing: Booklet:* http://www.naati.com.au/PDF/Booklets/Accreditation_by_Testing_booklet.pdf (Accessed December 8, 2015)
4. *NAATI accreditation by Overseas Association or Advanced Standing: Information Booklet:* http://www.naati.com.au/PDF/Booklets/Accreditation_by_Assessment_OSQualification_ProfessionalAssociationMembership_AdvancedStanding_booklet.pdf (Accessed December 8, 2015
5. Outlines of NAATI credentials (version 1.0, October 2010): http://www.naati.com.au/PDF/Misc/Outliness%20of%20NAATI%20Credentials.pdf (Accessed December 8, 2015)

통역사 및 또는 번역사 훈련 기관 (TG-13 참조)

1. AIIC Interpreting Schools & Programs Directory: http://aiic.net/directories/schools/lang/1 (Accessed December 8, 2015)
2. Caminade and Pym 1998: Translator-training institutions
3. Harris 1997: Translation and Interpreting Schools (Directory)

## 부록 A

International Association of Conference Interpreters (AIIC)[63]

**AIIC**[63]
**International Association of Conference Interpreters**
**Association internationale des interprètes de conférence**

AIIC is the global association of professional conference interpreters, both staff and freelance.

Established in 1953 and headquartered in Geneva, the association

- admits practicing conference interpreters as members through a peer review process;
- sets ethical, professional and technical standards for the profession;
- promotes high standards of quality in interpreting;
- promotes the working conditions required for high-quality interpreting;
- promotes high standards for conference interpreter training;
- is recognized by the United Nations, European Union and major international organizations that rely on simultaneous interpretation;
- represents the interests of all conference interpreters (members and non-members) in collective negotiations with these employers;
- works to advance the interests of conference interpreters and the interpreting profession.

Membership of AIIC, although not required to work as a conference interpreter in any market, is an internationally recognized badge of quality and professionalism. Admission to the association is through a peer review process based on sponsorship. Applicants for membership are vetted by qualified senior members for their

- mastery of working languages;
- technical competence in conference interpreting;
- track record of quality, ethics and professionalism.

Upon joining the association, members commit to be bound by the AIIC Code of Ethics and the AIIC Professional Standards, which include complete professional secrecy. Their names, language combinations, city of domicile and contact details are published in the AIIC Directory, online and in print, which is widely consulted by international organizations and other recruiters.

As of 2014, AIIC had over 3,000 members in 100 different countries, covering 52 languages, and since 2012 recognizes both spoken and signed languages in members' language combinations.

63) http://aiic.net/node/about (2015년 12월 8일 접속).

부록 B

A staff interpreter's calendar

| Date | Meeting and topic | Languages |
|---|---|---|
| **April** | | **English and French**, plus |
| 1–2 | International Road Transport Institute | German, Russian |
| 3 | Illegal and unregulated fisheries | |
| 4 | Annual Jobs Report: press launch | |
| 8–9 | Food crisis prevention in Sahel region | |
| 10 | Budget Committee (internal) | |
| 12 | Address by visiting Prime Minister with Q & A (a.m) | Bahasa |
| 15 | Computer privacy and security | |
| 16 | Science & technology in higher education (statistics) | |
| 18–19 | Small enterprises: Innovation, public-private partnerships | Spanish, Italian |
| 22 | Energy: oil and gas markets, renewables, fracking | German |
| 23 | Energy: futures, new technology, clean coal etc. | |
| 24–25 | Integrity in business: public forum | Russian |
| 26 | Staff Association: Health and Safety | |
| 29 | Macro-economic trends (videoconference link with IMF and People's Bank of China) | Chinese |
| 30 | Financial Markets (private equity, derivatives) | |
| **May** | | |
| 2–3 | Conflict Minerals, supply chains, and corporate responsibility | Portuguese |
| 7–8 | Education and Employment (Trade Union Forum) | German |
| 9 | Nuclear waste disposal (mission with site visit) | |
| 14 | Regional Economic Review: North Africa and Middle East | Arabic |
| 15 | Visiting national delegation (small group, consecutive + dinner) | local, bring own interpreters |
| 17 | Audit Committee (internal: buildings and maintenance) | |
| 20 | Staff Association Seminar on Gender | |
| 21–22 | Tax Policy and Environment | Chinese |
| 23 | Nanotechnology and Biotechnology | |
| 28–30 | Annual Public Forum (moderated panels, webstreamed): Exiting the Crisis; Investing in Africa; Global Value Chains | Italian, Japanese, Korean Spanish, Russian, Turkish |

| Date | Meeting and topic | Languages |
|---|---|---|
| **June** | | |
| 3–4 | Insurance: Private pensions | German |
| 5 | Livestock hygiene and food chain | |
| 7 | Fruit and vegetables classification scheme | |
| 10–11 | Communication Infrastructures and Services | |
| 12 | Information Economy | Chinese |
| 17–18 | Childcare and pre-school education | |
| 20–21 | Trade and Development | |
| 24 | Investment: Trade Union meeting | German, Japanese |
| 25–26 | Investment (Govts and NGOs): Responsible Business Conduct; Transparency in Public Procurement | Russian, Spanish |
| 27 | Council (internal discussion) | |

# 제3장 통역 대학원 지원자격 및 입학

## 3.1 서문

### 3.1.1 누가 회의 통역사가 될 수 있나?

입학사정관이 통역 대학원 지원자들에게 수준 높은 통역을 기대하지 않는다. 그러나 자연스러운 속도로 낭독되는 다양한 시사 관련 외국어 연설문을 이미 이해하고, 분석하고, 자기 말로 옮길 수 있어야 한다. 따라서 학사 학위가 최소한의 지원 자격이지만 충분 조건은 아니다. 독학, 가정교육, 비모국어 문화와 사회에 대한 지속적인 노출, 그리고 이상적으로는 해외 유학 또는 해외 근무 경험 등을 통해 활용 가능한 언어 실력과 일반 지식 수준이 학부생 수준은 넘어야 한다. 지원자들은 말을 명료하고 조리 있게 구사할 수 있어야 하며, 지적 정직성과 호기심, 활발하고 기민한 정신, 유머 감각, 공감 능력, 그리고 배울 자세를 갖추고 있어야 한다. 이와 같은 자질과 적성은 통역 훈련에 수반되는 지적 구조변경*mental reconfiguration*을 받아들이고, 통역 기술을 습득하고, 팀으로 협업하는 데 필요하다.

위의 지원자격은, 회의 통역사 훈련 기관 사이에 전반적인 합의가 있는 것으로 보이며, 밑에서 입시 준비에 관한 지침 등 더 상세하게 다루고 있다. 강사 지침서

(TG-4.3)에서 세 단계로 구성된 입학 절차와 시험(필기 및 구술 기출 문제지)에 관해 설명한다. 그 외에도 적성 검사 관련 서적, 선도 대학의 최신 모범 사례, 저자 자신의 경험과 선발기준과 입학시험에 대한 간략한 논의가 소개되어 있다.

### 3.1.2 과정에 대한 기대치

회의 통역 훈련 과정은 일류 대학의 교과과정과 일맥상통한다. 통역 석사 과정을 이수하는 데 (2학기에서 4학기) 1년에서 2년이 소요되고, 공부의 난이도가 단계적으로 증가한다. 청취 능력과 언어구사 능력 등 기본기를 다지는 훈련을 먼저 하고(입문, CC-4), 그 다음 순차(CC-5)와 동시 통역(SI, CC-8)을 배우는데, 순차와 동시를 보강하기 위해 시역을 같이 배우게 된다(CC-7). 수업은 주로 소규모 학급에서 이루어지고, 하나의 언어쌍(예: 영-불)으로 공부한다. 수업 중에 학생들이 통역을 하면, 해당 언어쌍의 현역 강사로부터 개별적인 피드백을 받게 된다. 각 언어쌍의 통역 기술을 익히는 것 외에도, 언어와 지식 숙달(CC-6), 법, 경제 등 핵심 회의 통역 주제 관련 강의, 통역 이론(TG-12), 그리고 전문 통역 관례와 윤리(CC-10, CC-11)에 대해서도 공부하게 된다. 언어 능력과 지식을 향상시키기 위해 열심히 자습해야 하고, 반 친구들과 정기적으로 자율적인 집중 소 그룹 스터디를 해야 한다. 실력을 꾸준히 평가받게 되고, 동시 통역 수업을 듣기 위해 1학년 말에 분반 시험을 봐야 할 수 있다. 수업 자료와 연습 자료는 점점 어려워지고 실제와 가까워질 것이며, 나중에는 초청 연사, 모의 회의, EU나 UN과 같은 국제기구 언어 사용, 주제 훈련과 용어 준비, 릴레이 통역, 빠른 연사, 기술 회의, 슬라이드와 준비된 연설의 낭독이 있는 발표 등 실전 대비 연습을 하게 될 것이다(CC-9). 졸업이 가까워지면, 국제기구 회의에 직접 참석하여 모형 부스에서 (마이크를 끈 상태로) 동시 연습을 하게 될 것이다. 최종적으로, 외부 시험 사정관이 채점하는 포괄적인 졸업시험에서 순차와 동시 통역을 평가 받게 된다. 교과과정을 모두 이수하고 졸업 시험에 통과하면 회의 통역사 자격증과 동일한 회의 통역 석사 졸업장을 받게 된다(TG-11).

## 3.2 선발 기준

회의 통역사 훈련 프로그램에서 원하는 지원자의 능력과 적성은 2단원(2.4)에서 다루었던 언어, 지식, 기술과 프로정신을 개발하고 통합하기 위한 자양분이다.

- 언어 능숙도는 3.2.1에서 묘사된 기본으로부터 개발되어야 하며,
- 의사 소통 기술(3.2.2)은 통역 기술을 배우기 위한 전제조건 이며,
- 일반 지식(3.2.3)과 현실 세계 문제들에 대한 수준 높은 연설문을 이해하고 분석하며, 전문 주제 준비와 지식 경영에 필요하다.
- 개인의 자질(3.2.4)은 프로 정신을 키우기 위한 자양분이라고 볼 수 있다.

### 3.2.1 언어 능숙도

통역 대학원에 지원할 때, 시험을 보고자 하는 언어 조합(CC-2.6.1)을 선택하는데, 입학 시험, 분반 시험, 졸업 시험의 결과에 따라 학교에서 언어쌍을 정해주거나 본인의 요청에 의해 언어 조합이 바뀔 수 있다. 예를 들어, B언어가 C언어로 강등되거나, C언어를 아예 없앨 수도 있다.

중요한 점은 지원한 A, B, C언어의 수준을 언어능력시험, 인터뷰, 심지어 학기 초반에도 확실하게 알기 어렵다는 것이다. 왜냐하면 A,B, C언어가 순차와 동시 통역을 ***실제 현장에서*** 얼만큼 능숙하게 하느냐로 구분 되는 것이기 때문이다. 졸업 후, AIIC에 가입하게 되면, 자격 있는 통역사에 의해 다시 한번 언어 조합을 검증 받고, 명단에 이름이 올라 사용자와 선발관들이 통역팀을 꾸릴 때 모집 제의를 받을 수 있다. (B언어와 C언어는 통역사 생활을 하면서도 바뀔 수 있다.)

다음 절에서는 A 언어 입학 요건에 대해 먼저 알아본 다음, B언어와 C언어에 대해 논의할 것이다.

#### 3.2.1.1 A 언어

모국어 (A 언어) 구사 능력은 지원자를 평가하는 핵심 지표 중 하나이다. 일부 통

역사들은 A언어로만 통역을 제공하며, 문체적으로 가장 어렵고 수사적인 연설문은 언제나 A언어 통역을 선호한다. 통역 대학원은 그 중에서도, 명료하고 조리 있게 말을 전달을 할 수 있으며, 다양한 어체로 A언어를 수준 높게 구사할 수 있는 지원자를 원한다.

지원자는 표준어로 교양 있게 A 언어를 구사할 수 있어야 한다. 스페인어나 영어처럼 세계 공용어의 경우, 영국식 영어, 미국식 영어, 호주식 영어 등 몇 가지 표준 발음을 허용한다. 그러나 이 기준 안에서 발음과 억양은 엄격하게 평가하게 된다. 예를 들어, 중국어, 불어, 독일어는 약간의 남부 지방 억양이 허용되지만, 라디오나 텔레비전 방송에서 듣는 것만큼 강한 억양은 허용되지 않는다.

지원자의 A 언어 능력은 구술 시험에서 같은 A언어를 가진 전문 통역사에 의해 평가된다. A 언어는 일반적으로 모국어이며, 교육을 받은 언어이기도 하다. A언어의 평가 기준은 다음과 같다.

- 가장 편안하게 사용할 수 있고, 표준 발음으로 자기 생각을 자연스럽고 명료하게 개진할 수 있다.
- 글과 말을 학부 우수 졸업생 수준으로 설득력 있게 구사할 수 있다.
- 복잡한 구문을 자신 있고 명료하게 끊김이 없이 읽을 수 있다.
- 공식적 어투, 대화체, 유머, 아이러니 등 다양한 사용역을 정확하게 구사할 수 있다.
- 어휘가 풍부하고 어휘 선택, 숙어와 구어, 문화적 내용을 능숙하게 사용할 수 있다.
- 언어를 유창하고 유연하게 구사할 수 있으며, 동의어를 쉽게 찾아내고, 들은 내용을 다른 말로 바꾸어 표현할 수 있으며, 상황과 청중에 따라, 혹은 강조를 위해 다른 표현을 사용할 수 있다.
- 표현을 확장하거나 압축할 수 있다.
- 말의 맥락을 파악하고, 문장의 끝맺음과 논의에 방향을 예측할 수 있다.
- 여러 장르의 담화와 논조에 익숙하다.

- A 언어 이해 능력은 다음과 같이 평가된다.
- "교육 받은 원어민 청취자라면 이해할 수 있는 모든 형식과 스타일의 연설을 사투리로 읽거나, 다른 잡음이 많은 상태에서 대화하는 내용을 이해하는데 어려움이 없다." (ILR scale of listening proficiency, 'Listening 5')
- 뉘앙스, 어조와 의미 변화에 민감하다.
- 문학적 표현, 암시, 고어古語를 이해할 수 있다.

다문화 배경에서 자란 지원자는 한 개 이상의 언어를 유창하게 구사할 수 있으며, 어떤 언어가 자신의 A 언어인지 잘 모르는 경우도 있다. 이럴 경우, 위의 평가 기준을 통해 자신의 A 언어를 구분해 보도록 하자. 드물게 지원자가 '이중 A 언어 사용자'인 경우가 있는데, A 언어로 인정을 받으려면 사람들이 일반적으로 '원어민'에게 기대하는 수준 보다 더 높고 기본이 탄탄해야 한다.

#### 3.2.1.2 B언어 및 C언어 이해 능력

한 개 이상의 언어를 숙달하고, 한 개 이상의 언어를 이해하는 것(B/C > A)은 통역사가 되기 위한 최소 조건이다. 일반적으로 습득한 언어(특히 C언어)의 이해 능력이 고르지 못하거나 약할 때 통역 실수가 생긴다.

통역사의 C언어 능력의 자격 조건은 인위적인 경향이 있다. 친구들과 유창하게 대화할 만큼 구사하지 못하더라도, 회의 중 어떤 연사의 말도 힘 들이지 않고 이해할 수 있기만 하면 통역 언어로 사용할 수 있다. 이것은 ILR 듣기 평가 점수 레벨 4 또는 4+에 해당하며, 영어의 경우 IELTS 듣기 점수 8-9점에 해당한다. 그러나 전문 통역사는 외국인 억양, 어긋나거나 두서 없는 말을 포함한 다양한 주제, 어체, 사용역의 연설문을 이해할 뿐만 아니라, 통역을 수행할 수 있을 만큼의 인지적 여유가 있어야 한다. 통역사는 (통역을 거절함으로써 거부 의사를 표현하는 것 외에는) 연사가 하는 말이나 말하는 방법에 대해 선택권이 없고, 청중은 통역사가 A, B, 또는 C 언어를 사용하는지 아무런 관심이 없기 때문이다.

통역사는 자기가 아는 언어로 언급된 ***모든*** 것을 이해해야 할까? 물론 전문 통역사는 준비태세 최대화하기 위해 들을 수 있는 억양과 방언을 넓히고, 기술 및 전문 용어, 문화 또는 문학적 표현 등에 대비해야 한다. 입시 때는, 현실적인 이해 범위 수준에서 그리고 교과과정에서 얼마만큼의 언어 숙달을 요구 하느냐에 따라 문제가 출제될 것이다.

억양과 방언은, 지원 언어의 표준어와 유사 표준어를 편하게 이해할 수 있어야 한다. 전문 통역사는 더 넓은 영역의 방언을 이해해야 하지만, 입시 때는 요구 되지 않는다. (많은 사용자들이 자기가 이해하지 못하는 연사의 통역만 듣는 다는 것을 유념하자.) 교과과정을 이수하고, 다양한 연설문과 시청각 자료 활용을 통한 통역 훈련을 함으로써 통역사에게 요구 되는 이해 범위와 깊이를 기를 수 있게 된다. 그러나 졸업시험을 통과 확률을 높이려면, 지원자들은 자연스러운 속도로 읽는 다양한 주제와 사용역의 표준 연설문을 빠르고, 정확하고, 편안하게 이해할 수 있어야 한다. 이것은 단순히 학사 과정을 마친다고 되는 것이 아니기 때문에, 가능하다면 해당 언어권에서 일정 기간 체류한 경험이 있어야 한다.

#### 3.2.1.3 능동 B 언어: B 언어 순차*Bcons*와 B 언어 동시B*sim*

국제 기구를 벗어나면, 능동 언어가 두 개인 통역사가 대부분이다. CC-2단원에서 B 언어의 사용과 능숙도를 'Bcons'와 'Bsim'으로 구분했으며, A와 B언어 **양방향** 순차와 동시가 가능한 통역사는 'ABsim'으로 구분한다. (A-A는 매우 드물다.)

B 언어 순차만 할 수 있는 회의 통역사라도, B언어로 대중에게 연사를 대변하여 인터뷰, 협상, 토론 등 수준 높은 연설을 설득력 있고 효과적으로 전달할 수 있다. 주장, 수사적 표현, 어감 등을 적절하게 사용하여 공감 능력과 유머 감각을 발휘할 수 있어야 하고, 문화적 역학관계에 민감해야 한다. 교과과정 중에 언어 숙달을 할 수 있는 정도에 한계가 있기 때문에, 양방향 언어 조합(Bsim)의 통역 자격은 B언어를 최대 수준으로 끌어 올린 학생들에게만 주어질 수 있다. 좋은 발음, 어조, 억양으로 언어를 구사하는 것도 중요하며, 졸업 시험 때 음성 녹음 파일을 제출하거나, 음성 테스트를 할 수 있다.

마지막으로, 영어(일반적으로 B언어)를 능동 언어로 사용하는 것이 유럽을 제외하면 필수가 됐고, 유럽에서조차 인기가 있다. 어떠 학생들은 'Bcons' 두 개의 언어로 (혹은 Bcons와 Bsim 둘 다) 제공할 수 있다고 느낄 수 있다. 요구하는 수준으로 언어를 사용하지 못하면 아래 등급으로 떨어진다는 점에 유의하자.

***어학 점수를 기준으로***

입학 시험에서 B언어 신청을 할 때 다음 세 가지 어학 점수를 기준으로 선택해도 좋다. B 언어의 경우 ILR-4 또는 4+등급(상급 언어 능숙도 플러스), CEFR의 C2등급, IELTS 8-9점(영어에만 해당됨)에 준하는 언어 실력이 요구된다. 입학사정관은 지원자가 재능이 있을 경우, 교과과정 중에 숙달하는 것을 전제로 바로 아래 등급인 ILR-3+ ('일반 언어 능숙도 플러스), CEFR의 C1등급, IELTS 7-8점까지 허용한다.

B언어와 C언어 듣기 능력은 ILR-4(+) 또는 CEFR의 C2등급에 준해야 한다. ILR-3+ 또는 CEFR C1수준으로 구사할 경우, 학기 중에 집중 강화 훈련을 해야 할 것이다.

### 3.2.2 언어 지능과 의사소통 능력

통역사의 언어 능숙도가 아무리 뛰어나도 의사소통 능력과 '구두口頭 지능*verbal intelligence*'이 없다면 무용지물이다(Gardner 1983, 1993). 입학사정관은 언어 지능과 의사소통 능력을 다음과 같은 기준으로 평가한다(AIIC 2014 비교; TG-4.2와 4.3참조).

- 연설, 발표와 토론을 효과적으로 집중해서 들을 수 있다.
- 논지를 논리적으로 분석하고 결론과 입장을 명료하게 요약할 수 있다.
- 연설의 논지와 세부사항을 기억하기 위한 좋은 작업 기억을 가지고 있다.
- (능동 언어로) 말을 능숙하게 할 수 있다. 청중에게 정확하고 명료하게 설명할 수 있으며, 청중을 사로잡을 수 있고, 말을 분명하고 설득력 있게 전달할 수 있다. 동의어 또는 반의어를 빠르게 생각해내고, 자기 말로 효과적으로 옮길 수 있다.
- (사용하는 모든 언어로) 빠르고 직관적으로 이해할 수 있다. 연사의 의도를 재빠

르게 간파하고 문장이 어떻게 끝날지 예측할 수 있어야 한다.

- 어조, 굴절, 휴지休止, 침묵 등 말의 느낌 변화를 잘 파악한다.
- 오해를 감지하고 풀 수 있다.
- 일관성 있고 재미있게 (유머를 사용하여) 스토리텔링을 할 수 있다.
- 언어 사용을 즐기고, 대화 및 토론에서 수동적인 역할과 능동적인 역할을 모두 맡을 수 있다.

사용 언어의 능숙도와 더불어, 언어 간섭에서 올 수 있는 말의 함정을 인지하는 것을 포함한 **말을 옮기는 능력**도 보여주어야 한다(CC-4.8.3). 또한 문맥에서 좋고, 덜 좋고, 나쁜 동의어를 구분할 수 있어야 하고, 문화적으로 다른 개념을 외국어 사용자에게 명확하게 설명하고, 두 언어를 섞어서 사용하지 않고, 한 번에 한 가지 언어로 불편함 없이 구사할 수 있어야 한다.

### 3.2.3 일반 지식/상식

말을 이해하고 자신 있게 표현하는 것은 비단 언어 능력뿐 아니라 지식 수준에 영향을 많이 받는다. 수업 첫 시간에 언론 보도 내용, 정치, 경제, 사회, 과학 등 세계 이슈에 관한 TV 토론을 공부하기 때문에 대학교육을 이수한 수준의 교양을 갖춰야 한다. 만약 낯선 용어, 사건, 개념이 많이 나오면 통역 기술을 배우는 것이 어렵다. 교과과정을 이수하기 전에 지원하는 언어로 쓰인 신문의 과학, 기술, 비즈니스, 문화, 정치면을 읽고 토론할 수 있어야 하고, 국사, 지역사, 기구 및 기관, 영토분쟁, 최신 정치 경제 이슈에 대한 지식이 있어야 한다. 전문 통역사가 되면, 거의 모든 분야의 주제를 통역하게 되기 때문에, 무엇이든 공부할 자세와 호기심이 있어야 한다. 법률, 예산 편성, 의료 등 세분 시장에 필요한 준전문 지식을 이미 가지고 있는 지원자를 물론 환영하지만, 교과과정을 이수하면서, 그리고 졸업 후에도 충분히 습득할 수 있다.

a. 수학 능력과 지식 습득 능력을 증명하기 위한 **학사 학위**를 갖춰야 한다.

b. 최신 정치, 사회, 경제, 문화, 과학 뉴스를 듣고 (교육을 받은 비전문가 수준으로) **토론**할 수 있다. 전공 과목 밖의 주제는 테스트하지 않는다.

c. **사용 언어** 국가에 대한 **문화적 지식**을 갖추고 있다. 그 나라 역사의 큰 줄기를 이해하고, 지리학, 전통, 최신 정치, 경제, 사회 이슈를 알고 있다.

d. TV에서 토론 되는 주제에 대해 **열린 사고**를 가지고 있으며, **호기심**을 갖고 **공부**하려고 한다. 최소한 정치, 경제, 금융 등의 주제를 생각하고 받아들이는 것에 거부감이 없어야 한다.

### 3.2.4 개인적 자질

통역사 지망생들에게 필요한 자질을 경험에 근거하여 다음과 같이 정리했다. 이상적인 지원자는:

- 지적 능력을 꾸밈 없이 드러낸다.
  - 개인적인 신념을 배제하고 상대방의 견해를 충실하게 전달할 수 있다.
  - 자기가 모르는 것을 인정하고, 받아들이는 것을 두려워하지 않는다.
  - 정직하고, 직업 윤리와 규정에 따르려는 태도를 보여준다.
- 압박감 속에서도 흐트러짐 없이 침착하게 말할 수 있다.
- 동기부여가 되어 있다.
  - 이문화의 두 사람이 소통 할 수 있도록 진심으로 도와주고 싶어한다.
  - 지시사항 또는 조언을 들을 준비가 되어 있다. ('코치 가능성*coachability*')
  - 수업 시간 외 언어와 지식 숙달, 통역 연습을 위해 장시간 자습 또는 스터디를 할 수 있다.
- 사람들 앞에서 발표하기를 좋아하고, 듣기 좋은 목소리, 올바른 태도와 어느 정도 무대 장악력이 있다.
- 유머 감각이 있고, 팀으로 일할 수 있다.
- 성숙하고 사회성이 좋다. ('감성지수*EQ*')
- 공감 능력이 있다.

### 3.2.5 가산점

- 법학, 경제학, 저널리즘, 정치학, 경영학, 과학 또는 공학 등 비언어 전공 학사 학위 (또는 석사학위)
- 장기 해외 유학 경험
- 기자, 강사, 컨설턴트, 변호사, 외교관, 비즈니스 등 언어 수완이 좋아야 할 수 있는 직장 경험

일부 대학원은 지원자의 언어 실력이 출중할 경우 비언어 전공에 가산점을 준다. 대학을 갓 졸업한 학생들에게만 지원자격이 주어지는 것이 아니고, 직장, 생활, 여행 경험을 통해 지식과 언어를 습득한 나이 많은 학생들에게도 똑같은 지원자격이 있다. 그러나 공부하기 적합한 나이는 22세에서 32세 사이 인 것으로 보인다. 32세 이상의 학생은 유연성과 코칭 가능성을 더 면밀하게 평가한다.

## 3.3 입학 시험

입학 적성 검사는 같은 훈련 과정을 가르치더라도 대학마다 달라질 수 있다. 전형적인 입시 절차를 아래 기술했다. (입학 시험에서 지원자의 능력을 평가하는 방법에 대한 권고사항을 TG-4에서 상세하게 다룬다.)

원칙적으로 학교는 지원자에게 요구하는 자질, 입시 절차, 평가 기준에 대해 (학교 홈페이지를 통해) 상세하게 공지해야 한다. 석사 프로그램, 강사진, 교육과정, 졸업 후 진로, 졸업생 현황 등 기타 정보도 알려야 한다. 학교 홈페이지에 시험 준비 방법에 대한 상세 정보와 조언도 있어야 한다. 공개 입학 설명회를 제공하고 이메일로 지원자에게 질의응답을 제공하는 학교도 있다.

일반적인 선발 절차는 다음과 같다.

1. 지원자는 입학 원서, 학위 증명서, 자기소개서, 의향서 (또는 비디오 이력서), 추천서와 필수 어학 자격증 서류를 구비하여 제출한다.

2. 서류심사에 통과한 지원자는 필기시험을 보고, B언어 목소리 테스트를 추가로 받을 수 있다.
3. 필기시험을 통과한 지원자는 심사 위원 앞에서 구술 적성 시험을 보게 된다.

필기시험은 (읽기, 듣기, 능동 언어, 수동 언어 등) 어학 능력을 검증하고, 문화 소양, 일반 상식, 시사 이슈에 대한 지식 수준을 평가하며, 자기 말로 옮겨 적기, 문장의 빈칸 채우기 등 작문 실력, 번역 실력, 그리고 낭독 실력 등을 평가한다.

구술시험은 심사위원 앞에서 진행하는데, 다수 또는 전원이 전문 통역사이고, 지원자를 가르치게 될 교강사들이다. 각 지원자는 40-60분 동안 시험을 보게 된다. 간단하게 지원자의 관심사, 배경, 지원동기 등을 물어보고, B-A 통역, A-B 통역, 그리고 C-A통역 순으로 시험을 본다.

시험 문제는 잘 정리 되어 있는 2-3분 분량의 특정 시사 이슈 또는 일반 상식 관련 연설문을 직접 낭독해주거나 비디오를 보여주게 된다. 연설문은 기승전결이 있고, 원어민 청중에게 들려주듯 자연스러운 속도로 낭독된다. 연설문에 한 가지 또는 두 가지 주장이 있고, 이를 뒷받침할 근거, 정보, 일화 등이 기억에 부담을 주지 않는 수준에서 제시된다.

연설을 노트 없이 청취한 다음, 다른 언어로 연설 내용을 기억나는 수준에서 가능한 명료하고, 설득력 있게 전달해야 한다. 심사위원이 내용을 제대로 이해했는지 질문을 할 수 있고, 놓친 부분이 기억나도록 힌트를 줄 수 있다. 그 다음 주제 관련 질의응답을 간단하게 할 수 있는데, 이 때 두 명의 심사위원이 A언어와 B언어로 질문할 수 있다.

그 다음, 심사위원이 시험 문제에 나온 표현을 자기 말로 옮기게 하거나, 문장을 다양한 방법으로 끝맺을 수 있는지 시험한다. 만약 시간이 허락한다면, 시험 문제에 나온 주제에 대한 자기 생각을 즉흥적으로 발표하거나, 반대의견을 발표해야 할 수도 있다. 또는 심사위원이 준비한 주제 목록에서 무작위로 고른 다음, 몇 분간의 준비 시간을 주고 즉흥적으로 발표해야 할 수 있다.

구술 시험에서 완벽한 통역을 보여줄 필요가 없으며, 연설문에 '번역 불가능'한 표현이나, 농담, 낯설거나 발음하기 힘든 이름, 또는 노트 없이 기억하기 어려운 숫자가 포함될 수 있다. 지원자에게 기대하는 통역 수준은 연설문의 큰 줄기를 명료하고 정확하게, 가능한 수준에서 디테일을 전달하는 것이다. 따라서 구술 시험은 지원자가 압박감에서 얼만큼 흔들리지 않고 발표할 수 있는지, 디테일이 생각나지 않을 때도 내용을 잘 전달할 수 있는지, 모르는 것을 인정할 수 있는지 등을 평가하게 된다. 이것은 통역사에게 필요한 자질 이자 지원자가 코칭을 받을 수 있는지 여부를 판단하는 잣대가 된다.

위의 입시 절차는 일반적으로 통용되는 것이고, 학교마다 조금씩 다를 수 있다.

## 3.4 시험 준비 방법

### 3.4.1 현실적인 자가진단: 나는 통역에 적성이 있는가?

많은 젊은이들이 통역사라는 직업에 관심을 갖는 이유는 좋은 급여를 받을 수 있고, 다양성과 시사 이슈에 대해 공부할 수 있고, 개인 시간을 가질 수 있고, 세계 여행을 할 수 있기 때문이다. 대학원 지원 동기를 물어보면, 많은 학생들이 '자기계발'을 할 수 있고 마치 통역을 언어 실력의 정점인 것처럼 영어에 대한 사랑 때문이라고 대답한다. 그러나 CC-2에서 살펴보았듯이 이것은 통역의 본질이 아니다.

통역사가 되기 위한 준비와 훈련을 위해 통역 대학원에 시간과 돈을 투자하기 전에 다음 질문을 스스로에게 해보자.

- 나는 논리를 분석하고, 주제에 대해 토론하고, 사람들 앞에서 말하고 설명하고 요약하는 것 등 강한 구술 기술을 요하는 것들을 좋아하는가?
- 나는 경청할 줄 아는가?
- 나의 작업 언어 수준은 충분한가? 다양한 주제 과련 뉴스, 강의, 토론, 대화를 편안하게 이해할 수 있는가? 모국어가 아닌 B언어로 설득력 있게 발표할 수 있고, 원어민과 장시간 논의하고 토론할 수 있는가?
- 나는 경제, 비즈니스 등 시사 이슈에 관심이 있고, 세계 현안과 사람, 기관과

조직이 어떻게 작용하는지 관심이 있는가?

- 나는 (무대나 텔레비전에서 즉흥적으로 말하는 배우처럼) 강도 높은 스트레스와 노출이 있는 환경에서 말하는 것이 편안한가?
- 나의 직업 목표가 다른 사람의 입장을 대변하여 발표한다는 것을 받아들일 수 있는가? 나의 정체성 그리고 더 매력적인 직업을 희생한다는 기분이 들지 않고 이 역할을 수행할 수 있는가?
- 나는 회의 통역 훈련 과정을 투자 은행에 입사하거나 CEO의 비서가 되기 위한 발판으로 생각하고 있는가? (만약 그렇다면 MBA를 선택하는 것이 더 현명하고, 우리 시간과 귀하의 시간을 낭비하지 않기를 바란다.)
- 나는 우수한 통역 대학원의 회의 통역 졸업생 배출 비율이 60% 미만이라는 것을 알고 있는가?
- 나는 목표 시장 내 통역사의 평균 연봉을 알고 있는가? (지역별로 급여에 차이는 있지만, 승진과 급여 인상이 어렵다는 것을 알고 있는가?) 나는 내가 공부하는 언어 쌍의 졸업 후 진로가 어렵거나 좋은지 알고 있는가?
- (선택적으로) 나는 실제 통역사가 현장에서 일하는 것을 본적이 있고, 그들에게 통역사 업무와 관련하여 대화해본 적이 있는가?

### 3.4.2 지원자를 위한 조언과 정보

입시 준비를 미리 하면 대학원 합격 가능성을 높일 수 있다. 통역에 대한 오해가 많다는 점을 고려해, 통역 대학원은 시험 준비 방법을 조언할 때 다음을 강조해야 한다.

- 입학시험은 적성검사이다. 노트테이킹을 하면서 순차를 할 수 있는지, 동시를 할 수 있는지 미리 확인하는 시험이 아니다. 학교에 입학을 하면 회의 통역을 위한 본격적이고 체계적인 훈련을 받기 때문에, 지원자들에게 전문 통역 역량을 기대하지 않는다.
- 특별히 입시 준비를 위한 수업을 들을 필요는 없다.

- 적성검사를 위해 (노트 없이) 다시 말해보는 연습을 권하지만, 그 이상의 통역 연습, 특히 동시 통역은 쓸모 없을 뿐만 아니라 해로울 수 있다.

학교 웹사이트에 앞으로 향후 몇 년간 어떤 언어 조합이 수요가 많을 것인지 공지해야 한다. 일찍 정보를 얻은 학생들은 이미 알고 있는 (예를 들어 청소년기에 배워서 나중에 사용하지 않은) C언어를 B언어 수준으로 끌어올리거나, 몇 개의 C언어 중에 하나를 골라서 집중적으로 공부할 수 있다.

### 3.4.3 준비 방법

다음 연습방법을 시험 전에 몇 개월간 (혹은 그 이상) 하기를 권한다(달리 명시되어 있지 않는 이상 모든 관련 언어로 연습하되, B언어는 적극적으로 연습해야 한다. CC-7.4.2 참조).

1. ***시사, 국제 이슈, 역사, 경제, 전기, 경영, 대중 과학 관련 문헌을 섭렵해야 한다.***

   통역사 지망생은 각 언어로 수준 높은 일간지(NYT, FT, WSJ)를 일주일에 두 세 번, 시사 잡지(*The Economist, Time*)는 매주 읽어야 한다. 분석과 국제 이슈 관련 배경지식 및 논평을 읽는 것을 목표로 잡는 것도 좋지만, 고전적인 방법은 제일 관심 없는 주제부터 먼저 읽음으로써 지식의 지평을 넓히는 것이다. 신문지 말고도 비소설[非小說] 분야의 책을 많이 읽고, 한 개 이상의 언어로 대조하여 주제 관련 용어를 정리해보자. 이렇게 하면 지식과 언어 실력을 동시에 올릴 수 있다.

***2. 듣기 연습***

매일 같이 수준 높은 프로그램의 인터뷰, 강의, 연설, 뉴스 분석, 세미나, 강좌, 토크쇼, 토론회를 B와 C언어로 듣도록 한다(CC-7.3.3 참조, 듣기 등급 1). 청해력을 시험하고 향상시키기 위해 프로그램을 녹음하고 모두 다 이해할 때까지 반복 청취한다. 이해하지 못한 부분은 원어민의 도움을 받도록 한다. 다른 억양과 발음으로 말하는 프로그램도 청취하도록 한다(예: 영어로 된 인도의 토크쇼).

하루에 최소 두 시간 이상은 언어와 지식 숙달을 위해 읽고 들어야 한다. 단어의 뜻을 자세하게 몰라도 많이 읽고 많이 듣는 것이 단어를 일일이 찾아가면서 외우는 것보다 더 도움이 될 수 있다(Lewis 1997:47). 또한, 다큐멘터리, 드라마, 코미디, 연예, 스포츠 등 다양한 방송을 가능하다면 도움을 줄 수 있는 사람과 같이 보도록 한다.

3. 적극적인 B 언어 연습: 우수 연설문 모방하기

반복 청취로 숙지하고 있는 (우수한 원어민 연사의) 연설이나 토론 프로그램의 녹음 파일을, 한두 문장씩 끊어서, 들은 내용을 같은 언어로 따라 하면서 연사의 자연스럽고, 유창한 발음과 억양을 최대한 가깝게 모방한다. 좋은 문장 패턴과 공식을 외워 뒀다가, 나중에 말할 때 사용해 본다.

4. ***분석 및 다시 말하기 연습***

적성 검사에서 가장 비중이 큰 영역은 다시 (2-3분 분량의) 짧은 연설문을 듣고, 노트 없이 다른 언어로 내용을 다시 말하는 것이다. 시험 연습을 다음과 같이 한다.

- 글을 한 구절 정도 읽거나 들은 다음에, 이해하고 기억한 내용의 요점을 자기 말로 명확하고 조리 있게 설명해본다. 그 다음 놓친 부분을 확인해 본다. (가능하다면 파트너와 같이 연습하는 것이 좋다.)
- 내용의 밀도가 높고 복잡한 경우, 요점의 개요를 짜고 논리를 살리는 연습을 한다.

시험에 대비한 실력과 언어 유연성 향상을 위한 연습은 다음과 같다.

- 자기 말로 옮기는 연습: 문장 마다 빠르게 다른 단어, 표현, 구조를 사용해서 내용이 같은 문장 몇 가지를 만들어 본다.
- 복잡한 내용이나 개념을 쉬운 문장과 단어를 사용해서 설명하는 연습한다.
- 확장 연습 (요약*gisting*의 반대): B언어로 된 밀도 높은 텍스를 구어체로 풀어서 확장시켜 밀도가 낮은 문장을 만든다

5. ***지식 기반 강화하기***

- 뉴스를 듣다가 이해 하지 못한 내용을 모두 찾아 본다. 머리 속 백과사전에 빠진 내용을 추가한다.

- 특히 국제 정치, 세계 이슈 관련 지식을 쌓는 노력을 하자. 관련 배경, 이슈, 이해관계자를 찾아서 읽어본다.
- 거시 경제를 체계적으로 공부한다. 예전에 공부해본 적이 없다면, 경제학 입문 수업을 듣는다.

6. ***말하기 연습***
   - 스피치 수업을 듣고 코칭을 받는다.
   - 개요 노트를 보고 사람들 앞에서 말하는 연습을 한 다음 피드백을 받는다.
   - 글을 최대한 명료하고 낭랑하게 정확한 발음과 자연스러운 억양으로 소리 내서 읽고 녹음해서 듣는다.
7. 절대로 혼자서 동시 통역을 공부하거나 연습하지 않는다. 혼자서 동시 통역의 품질을 확인하는 것이 불가능하며, 오히려 나쁜 습관이 들어서 나중에 동시 통역을 공부할 때 발목을 잡을 수 있다.

### 3.4.4 자습을 위한 조언

#### 3.4.4.1 이해를 방해하는 요소

사회와 문화적 맥락 밖에서 외국어를 공부한 학생들에게 외국어를 '완벽하게' 이해하는 것이 요원한 목표처럼 보일 수 있다. 특히 현대 영어처럼 언어 변이가 많은 언어는 같은 단어도 실생활에서 정말 다양하게 쓰일 수 있다. 실생활에서 사용되는 언어를 이해하려면 맥락, 상황, 매개체에 따라 의미가 변한다는 것을 이해하는 것이 도움이 된다.

이해력은 언어와 배경지식의 깊이에 좌우 된다. 언어, 주제, 상황에 더 익숙할 수록 이해가 더 쉽게 된다. 그래서 언어와 배경지식은 둘로 분리하는 것이 어렵다. 어떤 주제는 더 이해하기 어려울 수 있다는 것과, 내가 무엇을 시도하는지 알면 의기소침해지는 것을 피할 수 있다. 공부에 재미를 더하기 위해 B 또는 C언어로 영화를 보다가 이런 상황에 빠질 수 있다.

이해에 영향을 주는 요소는 다음과 같다.

- 소리의 품질과 환경: 잡음과 방해 요소가 있으면 당연히 이해하는 것이 어렵다.
- 직접적인 시각 정보: 사람들은 라디오, 텔레비전, 전화처럼 시각이나 청각 매체를 통해 듣는 것 보다 면 대 면으로 대화할 때 더 잘 이해한다.
- 연사와의 친숙도: 연사의 의견, 말투, 제스처를 알면 이해에 도움이 된다.
- 주제 친숙도: 많이 알면, 많이 보인다.
- 연설의 준비 정도: 연사가 즉흥적으로 노트를 보면서 얘기하거나 가장 어렵기는 아무 준비 없이 말을 하는 것이다.
- 주의력: 주변에 그림(예: 뉴스 화면)이 있으면, 그림이 연설과 관계가 있지 않는 이상, 주의가 분산돼서 연설을 이해하는 것이 어려울 수 있다. (강의 슬라이드는 경우 도움이 될 수도, 아닐 수도 있다.)
- 억양 (방언): 연사가 표준 발음, 문법과 용법을 사용하지 않을 경우 이해하는 것이 더 어렵다.
- 연사의 의사 전달 능력: 연설이 단조롭거나 중얼거리거나 정리가 잘 되어 있으면 따라가는 것이 어렵다.
- 빨리 읽거나 의미 전달 속도가 빠르면 이해하는 것이 어렵다.
- 각 연설의 차이는 있지만 정보의 밀도가 결정적인 역할을 한다.

위의 요소가 어떻게 작용 하냐에 따라 듣기가 쉬워 지기도, 어려워 지기도 한다. 그러나 분명한 것은, 친구들과 수다를 떠는 것, 뉴스를 처음 보거나 세번 째 보는 것, 영화를 보는 것 모두 다른 활동이라는 점이다. 영화는 가장 이해하기 어려운 매체 중 하나 이다. 액션 장면이 집중을 방해하고, 원어민에게 새롭고, 놀랍고, 멋있어 보이게 대본을 적기 때문에 특이한 발음, 아이러니, 풍자, 말장난 등이 있을 수 있고, 긴장감을 조성하기 위해 일부러 인위적으로 불가해하게 만든다. 반대로 잘 공감해주는 친구와 원하는 주제로 대화하면, 언어를 완벽하게 이해하고 더 이상 배울 필요가 없는 것처럼 착각하게 만든다.

학생들의 목표는 이 양 극단 사이에 머물러야 한다. 통역사로써 (최소한 스크립트나 리허설 없이) 영화를 동시통역 할 일은 없을 절대 없을 것이고, 일반적으로 라이브로 연사를 볼 수 있는 곳에서 통역하는 것을 기대할 수 있다. 그러나 통역하게 될 주제는 개인적으로 아무런 영향을 주지 않으며 항상 익숙한 주제가 나올 것을 기대해서는 안 된다. 대부분 빠른 속도로 말하며, 시사 이슈, 경제와 법 관련 개념이 자주 언급되며, 많은 연사들이 비표준어 발음을 가지고 있고, 준비된 연설문을 읽는 연사도 있을 것이다.

준비 단계에서는 다양한 청중을 위한 주류 연설문을 이해하는 것에 집중하기 때문에 어려운 발음과 기술적인 내용 등 방해 요소가 거의 없을 것이다. 국내 및 국제 미디어는, 교육받은 원어민을 대상으로 방송이 되기 때문에 난이도를 간음할 수 있는 척도로 사용할 수 있다. 녹취하여 완전히 이해될 때까지 반복 청취하는 (2)번 연습과, 이해력을 평가하는 (4)번 연습이 실력을 가장 단 기간에 향상시킬 수 있는 방법일 것이다.

B언어 국가에서 체류하는 것이 불가능하다면, 최소한 국제 라디오나 TV 방송을 녹취할 수 있고, B언어를 모국어로 사용하는 한 명 이상의 스터디 파트너가 있어야 한다. 그러나 B언어 국가에 체류하거나 파트너랑 연습한다고 해서 어학 실력이 자동으로 향상되는 것은 아니다. 이를 최대로 활용할 수 있는 방법을 다음 절에서 소개한다.

#### 3.4.4.2 파트너와 연습하기

내가 필요한 부분을 제대로 이해하는 철저하고 진지한 언어 교환 파트너와 공부하는 것이 가장 효과적일 수 있다. 다음 요구 사항을 만족시킬 수 있는 파트너와 체계적인 스터디 계획을 잡아야 한다.

- 위에서 설명한 다시 파트너가 모니터링 한다: 짧은 내용을 듣고 자기 말로 (노트 없이 순차로) 출발어로 다시 말해본다. 1분 분량으로 연습하다가, 2-3분까지 점차 늘려 나간다. 파트너가 듣고 내용을 체크하도록 한다. 원본 텍스트의 전체적인 메시지와 논리가 살아있는지, 주요 정보와 부가적인 정보의 상하관계를 정확하게 이해했는지, 디테일을 빠뜨리지는 않았는지 꼼꼼하게 확인해줘

야 한다.

- 자기 말로 옮기고, 문장을 완성하고, 내용을 요약하고, 기타 보조 연습을 할 때 옆에서 코칭을 해준다.
- 녹음 해둔 파일이나 내가 발표하는 것을 들은 다음 문법과 용법을 고쳐주고, 표현방법이나 발표 품질의 향상을 도와준다.
- 듣기 연습을 할 때, 내가 이해하지 못한 부분을 설명해주고, 사전을 봐도 이해 안 가는 경우 문장에 단어를 써서 표현해서 용법을 가르쳐 준다.

## 3.5 B 언어 국가에서 공부하기

전통적으로, B-언어 국가에서 최소 1년 동안 유학한 학생들이 통역사 훈련 프로그램에 지원할 수 있었다. (예: B언어가 영어인 경우, 영국, 미국, 캐나다, 호주, 뉴질랜드)

B언어를 사용하는 국가에서 살거나 공부한 적이 없다면, 입학 전이나 1학년과 2학년 사이에 휴학기간 동안 유학할 것을 권유한다. 인기있는 방법 중 하나는 국제관계학이나 경제학 등 관련 과목 1년 석사학위를 받는 것이다.

비록 원어민에 둘러 쌓인 환경과 미디어 노출이 언어에 대한 감을 높여줄 수는 있지만 통역에 필요한 역량을 높이기에는 부족하다. 유학의 효과를 최대로 거두기 위한 방법을 소개한다.

- 학생으로써 그리고 (자원 봉사자, 아르바이트, 오락 등) 사회 일원으로써 B언어 환경에 완전히 몰입 하도록 한다. 모든 환경에 자신을 노출시키고, 항상 B언어만 사용할 수 있도록 각별히 애를 쓴다.
- 원어민 친구를 사귄다. 같은 문화권 사람들과 시간을 허비하지 않는다. 길리스(2013)는 원어민 학생과 같이 지낼 수 있는 기숙사에서 지내고, 내가 몰랐던 문화적인 배경, 농담, 숙어를 설명해줄 수 있는 사람과 TV를 시청하라고 권한다.
- 관심있는 동아리에 가입해서 적극적인 부활동을 하도록 한다.
- 다양한 주제의 공개 대담에 참석한다.

- 문화 활동에 참가하고, 박물관, 미술관, 과학 센터를 방문한다. (오디오 가이드를 듣고, 눈에 띄는 글은 다 읽어본다. A언어로 아는 내용이라고 해도, B언어에 구멍이 나 있을 수 있다.)
- 한 명 이상의 성실한 언어 교환 파트너를 구한다. (3.4.4.2, CC-7 참조)
- 항상 공책을 들고 다니면서, 모르는 표현을 적어 뒀다가 나중에 사전을 찾거나 스터디 파트너에게 물어본다. 그리고 가능하다면 허락을 받고
- 토론 동아리, 웅변 수업, 모의 재판 등 원어민과 언어적으로 어려운 활동에 도전해본다. 자기가 발표한 내용을 녹음하고 피드백을 받는다.
- 공식 회의와 행사를 참관할 수 있는지 알아본다.
- 만약 회사를 다니고 있다면, 관리 또는 간부회의를 참관해본다.
- 시청이나 의회에서 이루어지는 공개회의
- 총학생회 또는 학생 연합회의 (로버트의 의회통용규칙을 따르는 것이 이상적이다)
- (공개 법정) 재판과 청문회

주최측에서 허락을 한다면 녹음을 해서 나중에 다시 듣고 복습한다.

## 3.6 요약

통역사는 타고나지도, 만들어지지도 않고 그 중간이다. 재능을 타고날 뿐만 아니라 활달한 사고, 호기심 등의 자질을 갖추고, 학사 학위와 우수한 어학실력을 갖춘 학생들에게 훈련의 효과가 가장 크게 나타난다. 정규 훈련을 받는 것이 가장 학생과 고객 모두에게 안전하며, 불리한 조건과 나쁜 평판을 피할 수 있게 해준다. 그리고 가장 빠르게 전문 통역사 세계에 입문할 수 있는 방법이기도 하다.

합격생들은 1학기가 시작하기 전에 (만약 좋은 통역 대학원에 입학했다면) 적성 검사가 끝나고 받은 개인 피드백과 연습 팁을 기반으로 어학 실력과 일반 상식을 갈고 닦아야 한다.

통역사 훈련 과정은 일반 학교나 학부 때 배운 내용과는 차이가 날 것이다. 언어

적 측면에서는 단어를 외우기 보다 유연성과 표현력을 늘리는데 집중하고, 수학이나 문학적 지식을 쌓기 보다 정부, 비즈니스와 과학적 지식을 쌓고, 책과 매뉴얼을 통해서 배울 수 없으며 개별 코칭과 반복 학습을 통해 배울 수 있는 기술을 배우게 될 것이다. ***무엇을*** 배우기 보다 ***어떻게*** 하는가를 배운다. 이것을 미리 알고 공부를 하면 훌륭한 첫걸음을 내디딜 수 있을 것이다.

추가 참고 도서(상세 정보는 권말 참고 도서 참조)

학생들을 위한 일반적인 조언

1. AIIC Advice to Students (AIIC 2014): http://aiic.net/page/56 (Accessed December 8, 2015)
2. European Masters in Conference Interpreting (EMCI): FAQ on training to be an interpreter: http://www.emcinterpreting.org/?q=node/10 (Accessed December 8, 2015)
3. EU Commission (DG-Interpretation): http://ec.europa.eu/dgs/scic/become-an-interpreter/want-to-become-interpreter/index_en.htm (Accessed December 8, 2015)

L2 언어 능숙도 등급: ILR, CEFR, IELTS

1. The ILR (Interagency Language Roundtable) has detailed scales for each of the following sub-skills:
   - Listening: http://www.govtilr.org/Skills/ILRscale3.htm
   - Speaking: http://www.govtilr.org/Skills/ILRscale2.htm
   - Reading: http://www.govtilr.org/Skills/ILRscale4.htm
   - Writing: http://www.govtilr.org/Skills/ILRscale5.htm
   - Translation: http://www.govtilr.org/Skills/AdoptedILRTranslationGuidelines.htm

- Interpretation: http://www.govtilr.org/Skills/interpretationSLDapproved.htm
- Intercultural communication: http://www.govtilr.org/Skills/Competence.htm
- Audio translation performance: http://www.govtilr.org/Skills/Audio_trans.htm

유럽 언어 공통 기준 (Common European Framework of Reference for Languages; CEFR)

1. The top two CEFR Proficiency levels, C1 and C2 (the highest) can be found at http://www.coe.int/dg4/linguistic/Source/Framework_EN.pdf
2. C2 may be considered roughly equivalent to ILR-4 and above, C1 roughly to ILR-3/3+ CEFR self-evaluation grid: http://www.coe.int/dg4/education/elp/elp-reg/Source/assessment_grid/assessment_grid_english.pdf (Accessed February 16, 2016)

아이엘츠 (International English Language Testing System; IELTS)

1. IELTS descriptors for overall band scores can be found at http://ielts.calculator.free.fr/band-score-interpretation.htm (All accessed December 2015.)

# 제4장 통역 입문

## 4.1 서문

입문 과정은 듣고, 이해하고, 말하는 매일의 학습을 통역에 구체적으로 도움이 되도록 새로운 방법으로 배우는 것이다.

- **듣기**와 **이해**를 위한 기억력, 주의력, 분석능력 향상시키기
- 청중에게 자신 있고 분명하게 **말하기**
- **언어 전달**과정에 생길 수 있는 함정을 찾고 피하는 방법 익히기
- 중재자로서의 **통역사의 역할**과 관례 이해하기
- **자기주도 학습** 습관 들이기

이 과정에서 학생들은 일부 교육제도에 잔재하는 (문어에 대한 편향에서 비롯된) 언어와 의미에 대해 융통성 없고 고지식한 태도를 지양하고 구두 의사소통에 있어서 언어에 대한 유연하고 실재적인 감각을 익힌다. 입문 과정은 정신집중기술과 말하기 연습에 방점을 두고 새로운 환경을 발견하고 그 속에서의 통역사의 역할과 그

에 따른 새로운 인지 및 소통 습관에 초점을 맞춘다.

위의 '예비기술'은 (아래 굵은 글씨의) 구체적인 연습 방법을 통해 익히고, (통역 과정의 기본 모형을 통해; 4.8.2 참조)약간의 이론 공부와 함께 필요하다면 선생님이 시연을 하게 될 것이다.

입문과정의 다섯 가지 요소:

### 1. 적극적 청취와 담화 분석 (1학기, 첫 4-5 주)

통역은 우리가 일상적으로 대화하는 방식과 다르기 때문에 조정 작업이 필요하다. 단어가 아닌 의미와 논리를 듣고 분석해야 하고 기억하는 방법도 달리 해야 한다. 이것은 말로 이해 하기 보다 체득 되어야 하는 것이고 학기 초반에 시연과 연습을 통해 반드시 습관을 들여야 하는 것이다. 학생들은 먼저 노트테이킹 없이 연설문과 발표를 1분 가량 듣는 연습을 하고, 차차 2-3분까지 늘려 나간다. 또한 들은 내용의 개요를 말하는 수준에서 나중에는 완전하게 재현하는 수준으로 발전해야 한다. 담화 분석은 연설문의 구조, 문체, 기타 문학적 장치의 효과를 이해하고, 연설문의 내용 뿐만 아니라 메시지 혹은 '요점'을 기억하고, 그것을 어떻게 전달하는지 배우는 공부이다.

첫 번째 교과목인 **적극적 청취**(4.2.1)는 다음 세 가지 방법으로 이해를 강화시킨다.

- 주의집중*attention*: 추가적이고 목표가 있는 집중
- 연상*association*: 들은 내용을 이미 아는 지식 또는 상상력과 결합하고, 중기 기억을 향상시키는 요령 터득하기 (복합적 부호화)
- 분석*analysis*: 담화 구조, 논리, 화자의 의도 파악하기

의미를 포착하기 위한 적극적 청취를 보조하고 구조화하는 기본 기술은 담화 **개요 파악***discourse outlining*(4.2.3)과 **노트 없이 하는 짧은 순차**(4.4)에서 훈련하게 된다.

**2. 공개 발언 및 전달기술 입문 (1학기 내내)**

여기서 학생들은 짧은 발표를 준비하고 전달하는 연습을 한다. 입문 과정이 끝나갈 무렵 학생들은 반에서 서로 효과적으로 연습할 수 있을 만큼의 좋은 발표를 할 수 있게 된다. (4.7.1.2와 CC-5 부록 C 참조)

**3. 언어와 의미: 언어 구조의 틀 밖에서 생각하기**

우리는 적극적 청취와 발표 연습을 하면서 그 둘 사이에 있는 번역의 문제, 즉 '언어 장벽'을 해결해야만 한다. 단어에 집착하지 않으면서, 표현된 하나의 의미에서 다음 의미로 깔끔하게 흐를 수 있는 통역을 하는 것이다. 이것은 '탈언어화*deverbalization*'(4.3)의 원리 혹은 글을 처리하는 습관을 통해 가능한데, **관용적 요지 파악**(4.2.2.1)과 **시역**(4.3.2)이라는 두가지 힘찬 연습으로 훈련한다. 학생들은 원문을 개념, 시각 및 언어 구조 이외의 방법으로 이해해야 도착 언어의 자연스러운 관용적 표현이 가능하다는 것을 깨달아야 한다. 시역을 할 때 특히 이 역량이 시험대에 오르게 된다. (ST: CC-6 참조)

**4. 중재: 통역의 기본 원리 (1학기 초)**

통역의 기본 원리는 통역사의 윤리와 역할의 핵심 요소를 소개한다. 기본적인 준수 및 금지사항, 1인칭 시점의 통역, 언어 및 문화적 중재를 하면서 발생하는 문제들을 다루게 된다.

언어 장벽을 넘어 의미를 보존하는 방법을 배운 다음, 중재 과정에 내재된 '역할(또는 정체성) 장벽*role barrier*'과 ***역할변화***를 살펴보게 된다. 연상 작용, 분석과 재구성하는 과정에서 우리는 개인적인 믿음과 편견에 걸리지 않고 지식, 언어, 경험과 상상력을 '뜀틀' 삼아 주체들 사이를 넘나든다. 통역사의 조건은 정체성의 상실이 아니라 개성을 통역에서 표현하지 않고 통역에 적용하는 것이다.

점진적 현실주의(일반개론 및 TG-3.2.3.5 참조)에 입각하여 제대로 된 통역을 활발하고 편안하게 시작하는 방법은 **노트 없이** 대화 통역을 포함한 **짧은 순차**를 연습하는 것이다. '분절된 독백' 형태로 5-10분 동안 강사 또는 연사가 쉬운 연설문과 질의 응답을 두세 문장씩 끊어 읽으면 학생들이 그것을 통역한다. 다양한 연습을 위해 두 명의 연사가 소통을 목적으로 빠르게 주고 받는 짧은 담소와 대화를 추가하여 통역해본다. 대화 또는 인터뷰의 녹음파일 또는 전문을 활용해 볼 수 있다.

이러한 연습 방법은 모든 분야와 환경의 통역에 적용되며, 통역사의 역할, 행동수칙의 (모의) 입문 과정을 제공한다. 전문 순차, 동시와 나머지 통역 특화 기술을 준비하는 데도 도움이 되고, 통역 내용은 수업이 진행 됨에 따라 점진적으로 시사, 경제, 비즈니스 주제를 다루고 공식적이고 복합적인 발표 형식부터 현실적인 현대적 회의통역을 연습하게 된다.

이 맥락에 포함되는 기타항목은

i. 의사소통 중재에 관한 간단한 ***이론 소개***

ii. 순차통역 녹화 ***비디오의 시청 및 토론*** (혹은 실제 미팅 현장에서 관찰)

iii. 다양한 통역 중재상황에서의 역할 연기. 이상적으로는 서로 알지 못하는 모국어를 가진 학생들이 1차적인 대화 참여자 및 통역사 역할을 번갈아 가면서 한다.

iv. 한두 번 정도 재미와 다양한 경험차원에서, 메시지 전달에 어떤 주의가 필요한지 보여주기 위해 '말 전하기 놀이*Chinese Whispers*'[1]를 해본다.

### 5. 자기주도 학습 습관 들이기 (1학기 중반)

연설문과 담화를 다루는 기본방법 외에도 학생들은 선별적이고 적극적인 읽기와 주제준비, 목표기반 언어숙달, 듣기 연습을 시작하게 된다. 이러한 연습과 활동이 연계되어 기본적인 듣기와 분석기술을 습득하고, 내가 기억하는 방법을 이해하고, 단계적으로 (좋은) 통역의 개념과 통역의 작동 원리를 파악하게 된다.

만약 제대로 학습한다면, '통역사의 귀'로 듣고, 상대방의 생각을 명확하고 효과

1) '말 전하기 놀이'는 전통적인 놀이로 일부 서구 국가에도 있고, 일반적으로 한 문장을 옆 사람에게 귓속말로 전달을 한다. 마지막으로 문장을 들은 사람이 들은 (혹은 이해한) 내용을 소리 내서 말하고, 처음 문장을 말했던 사람이 원래 문장을 소리 내어 말하거나 읽어 얼만큼 내용이 와전됐는지 보여준다. 통역 입문으로는 좀 더 긴 메시지를 사용할 수 있고 6명에서 8명씩 짝지어 할 수도 있다.

적으로 전달하는 방법을 터득하면서 깨닫는 과정이 즐거울 것이다. 따라서 입문 과정은 복잡한 기술을 터득하기 위한 개념과 실질적 기반을 다지며, 연습과 공부 습관을 기르면서 통역과 학습에 대한 자세를 형성하고, 면학 분위기를 조성하는 중요한 단계이다.

이번 단원에 소개될 연습방법과 활동들은 입문 과정을 가능한 한 자극적이고 효과적 이도록 고안 되었다. (이론적 해석은 TG-5.10에 더 상세하게 설명되어 있고, 기억, 지식과 담화 관련 연구를 개괄적으로 소개한다.)

## 4.2 적극적 청취에서 담화 모델링*discourse modeling*[2]까지

이번 절에서는 통역사에게 적극적 청취와 담화 기억훈련이 필요한지 설명하고, 이 기술을 익히기 위한 연습방법을 소개한다.

### 4.2.1 적극적 청취

#### 4.2.1.1 듣는 방법

통역은 효과적으로 듣는 것에서 시작한다. 듣기는 좋은 통역의 기본 요소이다. 내가 대략적으로 어렴풋이 이해한 개념을 명확하고 정확하게 전달할 수 없기 때문이다. 그러나 이는 단순히 연사가 내뱉은 단어를 듣고, 이해하고, 받아들이는 것이 아니다. 입시 때 좋은 성적을 거둔 학생들도 ***요점***을 이해하지 못하면 모든 ***단어***를 알고 있다 하더라도 제대로 통역을 하지 못한다.

특히 모국어로 듣고 이해하는 능력을 우리는 당연하게 여기기 때문에 이것이 충격으로 다가올 수 있다. 확실히 통역을 하다 보면 평소에는 전혀 눈치채지 못하던 이해의 간극이 나타나게 된다. 그러나 우리가 일상생활에서 듣는 방법은 우리가 통역사로서 듣는 것과 상이하며 내용을 '완전히' 이해해도 완벽하게 재현해 내는

2) '담화 모델링'은 머리 속으로 담화 모델을 형성하는 것과 요점 형태의 글을 쓰기 위한 '담화 개요 작성'을 지칭하는 용어이다.

것이 불가능하다. 일상생활에서 듣는 방법은 크게 세 가지가 있다. 바로 수동적, 피상적, 선택적 청취[3]이다. 통역사는 적극적 청취 라는 새로운 듣기 방법을 터득해야 한다. 각각의 청취 방법과 차이점을 살펴보자.

1. ***수동적 청취***: 라디오를 듣다가 도로 정체 또는 원활 상황에 대한 교통정보가 상세하게 안내된다고 상상해보자. 만약 당신이 특별한 목적지 없이 여유롭게 커피를 마시고 있었다면 ***수동적***으로 듣고 있을 가능성이 높다. 들은 단어를 듣고 이해하고 교통 안내 였다는 것을 인지하지만 나중에 내용을 기억하지 못할 것이다. 실제로 한 연구에서는 사람이 같은 내용(주파수 변경에 대한 BBC 라디오 방송 안내)을 천 번을 들어도 수동적으로 듣고 있었다면 내용을 추측하는 수준으로 밖에 기억하지 못했다는 것을 밝혔다. (Baddeley 2004:76)
2. 피상적 청취: 이번엔 같은 교통안내 방송을 영어 능력 향상 차원에서 듣고 있었다고 가정해보자. 수동적 청취와는 달리 말하는 내용을 의식적으로 듣고 어쩌면 '지하도*underpass*'나 특정 교차로가 '정체되었다*backed up*'라는 표현을 받아 적고 있을 수도 있다. 그러나 아직까지는 담화의 표면적 특징에 초점을 맞추고 있기 때문에 나중에 새로 배운 표현들은 기억해낼 수 있지만 교통상황이 어땠는지는 별로 떠오르는 것이 없을 것이다.
3. 선택적 청취: 어떤 상황에서 우리는 내용의 특정 측면에 주의해서 들을 때가 있다. 늦게 출발한 상황에서 차로 친구를 역에 바래다 주고 있는 중이었다면 교통 안내 방송 오프닝 신호가 들리자마자 제 시간에 목적지에 도착하기 위해 막히는 길을 피하거나 이미 막혔다면 머릿속에 가장 빠른 경로를 그리기 위해 집중해서 내용을 들을 것이다. 이 경우, ***선택적*** 청취를 한 것이다.

세 번째 청취 방법은 수동적 청취보다 집중력을 필요로 하고, 피상적 청취보다 머리로 처리하는 내용이 많다. 집중해서 나에게 직접적으로 관련이 있고 중요한

3) 보웬(1984:5-7) 역시 비슷한 듣기방식의 분류 체계를 제시했는데, '방어적' (듣지 않음), 수동적, 선택적, 집중적(즉 적극적) 청취로 정의했다.

정보를 적극적으로 처리했다면, 그날 저녁에 혹은 며칠 뒤에도 나와 관련이 있던 교통안내 방송의 요점을 기억해낼 수 있을 것이다. 그러나 나머지 방송 내용은 기억이 희미하게 날 것이다.

선택적 청취는 주로 학생들이 강의를 들을 때 쓰는 듣기 방법이다. 특히 강사가 "시험에 나온다"라고 말할 때 하게 된다. 회의 참가자가 발표를 들을 때, 그리고 더 일반적으로는 사람들이 연사가 한 말 중에 자기 입장 또는 세계관과 맞거나 쉽게 이해하거나 받아들일 수 있는 내용을 선택적으로 들을 때도 사용한다. 관련 있거나 중요한 정보를 탐지했을 때 쓰는 더 강도 높은 선택적 청취는 통역사가 의미를 파악하기 위해 적극적이고 깊게 언어를 처리하는 청취 방법의 시작점이다. 그러나 자율적 청취자들과는 달리 통역사는 ***청중에게*** 적합 하거나 흥미로운 내용이 무엇인지 전혀 확신하지 못한다.[4] 그렇기 때문에 담화 내용 ***전체***를 통틀어 고도의 집중력과 처리능력을 유지해야 한다. 이것은 부자연스럽고 인지적 부담이 큰 활동이기 때문에 특별한 **적극적 청취** 기술을 필요로 한다.

이제 어떤 이유로 누군가 내가 전달한 내용을 바탕으로 주행 경로를 짤 수 있도록 교통 안내 방송을 모두 듣고 정확하고 완전하게 재현해야 한다고 가정해보자. 최적의 듣기 전략은 무엇일까? 확실히 이 상황에서는 ***최대 집중력***을 유지해야만 한다. 사용된 단어와 표현, 화자의 억양, 발성, 문법 실수 등의 표면적 특징에 집중하지 않고 ***의미를 추출***해야 할 것이다. 이렇게 하려면 ***배경지식을 가동***해야할 텐데 그 도시를 안다면 유명한 지형지물과 익숙한 건물을 파악하면서 언급되는 개별 도로를 떠올리는 것이다. 이것은 ***세부 내용의 풍부한 부호화***와 함께 교통 안내 방송의 구조화되고 일관성 있는 정신적 모형을 갖게 되는 결과를 낳을 것이다.

4) 실재 현장에서는 연사의 발화 속도와 정보의 밀도가 도저히 따라잡기 어렵기 때문에 어쩔 수 없이 선택적으로 정보를 전달하게 되지만(CC-9.4/TG-9.6), 통역사는 전체 메시지를 듣는 연습을 이미 오랫동안 해왔을 것이다.

**기억의 '복합적 부호화'**

권위 있는 인간기억 연구자인 앨런 배들리는 그의 저서 *Your Memory: A User's Guide* (2004)에서 기억함에 있어 분석과 상상력(혹은 표상의 다양성)의 조합을 통한 '복합적 부호화'의 중요성을 입증한다. 대체로 그는 "사물을 단순하거나 덜 체계적으로 처리하기보다 복합적이고 상세하게 표상화 할수록 기억하기 쉽다"고 주장한다. "일반적으로 부호화 하려는 노력을 많이 할수록 기억하기 쉬운데, 쉬운 문제보다 어렵게 푼 문제가 더 잘 생각나는 원리와 같다"고 그는 말한다(2004:158-161). 연구에 의하면 시각, 언어적 명명과 행동을 통해 정보를 다중으로 부호화 했을 때 기억하기 쉽다고 한다. 따라서 다중 부호화는 사물을 여러가지 방법으로 상세하게 기억하기 위한 하나의 전략이다. 이것은 상대적으로 최근에 발견된 것이며(ibid:240) 순차 통역 듣기에도 적용할 수 있다(다음 말 상자 참조).

적극적 청취는 우리가 평소에 듣는 방식 중 그 어떤 것보다도 강도 높고 집중적인 정보 처리가 수반된다. 이것은 당연히 통역을 용도로 탁마해야 할 자연스런 과정이다. 마치 화가가 사물을 다르게 보고, 영화 평론가가 영화를 다르게 시청하고, 조각가가 손끝의 감각이 남다르듯이 통역사도 다르게 들어야 한다.

적극적 청취는 좋은 통역을 뒷받침하며 의도적인 연습을 통해 학습되고 연마될 수 있다(Ericsson 2007;TG-2.6.2참조). 그러나 담화를 처리하는 능력은 **배경지식, 공감능력**과 **상상력**에 크게 의존한다.

#### 4.2.1.2 관련 지식 가동하기

내가 살고 있는 도시의 지도를 머릿속에 그리고 거리의 장면을 개별적으로 떠올리는 일은 꽤 쉬운 일이지만, 최근에 이사를 온 도시는 더 어렵고, 들어본 적도 없는 도시라면 거의 불가능에 가까운 일이다. 우리가 듣는 것을 이해하려면, 그 언어

뿐만 아니라 다루는 주제나 배경지식에 대한 충분한 지식이 필요하다.

많은 경우에 통역사는 회의 참가자보다 논의 되고 있는 특정 주제에 대해 아는 내용이 훨씬 적을 것이다. 게다가 연사가 주제를 제시하는 것이지 통역사가 하지 않는다. 다시 말해 연사는 회의 참가자가 듣기에 적합하고 명확하게 말하기 때문에 통역사가 알거나 모를 수 있는 공유 지식 또는 전후 사정을 당연하게 전제한다는 것이다. 회의 참가자는 특별한 노력없이 이해할 수 있는 것도 통역사에게는 상당한 추가 분석이 필요할 수 있다. 적극적 청취는 따라서 배경지식을 활성화하고 가동하는데 특별한 노력을 기울여야 한다. 앞으로 보게 되겠지만, 이는 보통 준비가 필요하다는 말인데 무슨 지식이 필요할 지 예상해서 사전에 획득하고, 그런 편안한 인지적 배경 하에서 연사가 말하는 메시지의 논리와 내용을 분석하는 것이다.

#### 4.2.1.3 공감능력과 연사의 의사소통 의도

교통안내 방송의 예는 집중의 강도와 내용의 정확한 기억을 강조하지만 이것은 여전히 통역을 위한 듣기 방법의 1차원적인 추측에 불과하다.

첫째로 그 예의 연장선 상에서, 청자가 정보를 어떤 용도로 사용하고 싶은지 정확하게 알고 있다면 우리는 '통역사'의 사명을 완수한다는 확신을 갖고 그 목적과 관련 없는 정보(잡으려는 하는 경로와 무관한 도시 외곽 순환 도로 밖의 교통상황 등)를 생략할 수 있을 것이다. 그러나 실재 통역 현장에서는 여러 명의 낯선 연사와 청자들이 있고 그들의 목적을 모두 알 수 없기 때문에 내용을 생략하는 것이 불가능하다. 내 통역에 의지하는 사람들은 언급된 내용을 있는 그대로 전달받아 그들이 직접 평가하여 필요한 정보를 선택하기를 기대한다.

둘째로, 예제에서 우리는 이미 정리된 ***정보***만을 전하는 것이었기 때문에 앵커의 단어선택, 기분, 어투, 또는 수사적 효과를 들을 필요가 없었다. 그러나 실재 회의장에서 통역사는 사실관계 그 이상의 차원을 처리하고 재현하여, 연설을 연설답게 만드는 설득, 대인관계와 사회적 기능을 담아내야 한다(TG-5.10.3).

통역사는 따라서 연사의 의사소통 의도에 민감해야 한다. 이것은 단순히 화자가 의미하는 바를 이해하는 것뿐만 아니라 무엇을 의도하고 왜 특별히 그런 서술 방식을 사용했는가 의식적인 사유와 분석을 통해 인지적으로 처리하고 내재화 하는 것을 의미한다.

단어에서 의미를 추출하기 위해 관련 지식이 필요한 것과 같이, 소통의 의도를 파악하려면 상황을 간파해야한다. 어떤 사람이 누구에게, 어디서, 어떤 이유로 말하는가? 발언은 사회적인 행동이며 인간 소통 대부분은 단순히 정보를 표현하는 것보다 훨씬 많은 것을 포함한다. 암묵적으로 또 어떨 때는 노골적으로, 각각의 발언은 엄격히 말해 정보를 주려는 것이라고 볼 수 없는 의도로 하게 된다. 예를 들어 상대방이 환영 받고 소속감이 들게 만들고, 안심시키고, 납득시키고, 설득하거나 만류하고, 은근히 혹은 대놓고 조롱하고, 연민을 보이고, 깊은 인상을 남기고, 자기 권위를 세우고, 불평하거나 감사하고, 경고하거나 격려하고, 비판하거나 칭찬하고, 진심으로 혹은 마지 못해 사과하고, 자랑하거나 겸손하고, 체면을 세우거나 깎거나, 어쩌면 어려운 부탁을 하기 위해 상대방을 미소 짓게 하거나 웃게 만들 수 있다. 가끔은 대화의 의도가 정보를 제공하는 것이 아닌 일부러 상대방을 교란시키기 위한 경우도 있다.

CC-2.1.4에서 살펴보았지만 화자 자신도 그 의도를 완전히 표현하지 못할 수 있기 때문에 화자가 말하는 의도를 온전히 아는 것은 불가능하다. 그러나 그 의도를 오로지 외적 단서와 기타 지식으로 추론할 수 있다. 화자와 그들의 업무를 잘 모르는 경우 그 단서를 찾고, 모으고, 흡수하고, 처리하고, 유추하는데 더 많은 노력이 필요하다. 이런 **심층적 처리과정**은 학생들이 지닌 호기심의 적용 또는 연장선이며 면접관들이 학생들에게서 찾던 자질이기도 하다. 이것은 이론적인 훈련뿐만 아니라 강사의 질문("화자가 왜 이 단어 혹은 말투를 사용했는가? 그 제안을 좋아하거나 싫어함을 암시하는가?")과 시범을 통해 개발해야 하는 자질이다.

화자가 **의도한 효과**를 파악하는 것은 그것을 도착 언어에 반영하기 위해 필요하다. 만약 의도한 효과가 자제된 찬사였다면 통역사는 그것을 전달하는 시도를 해야 하지 아낌없는 찬사를 내뱉는 것은 부적절하다.

만약 의도한 효과가 무례할 수 있을 정도의 혹평이었는데, 그것을 완곡하게 표현하여 약간의 불만 정도로 약화시켰다면 충실하지 못한 통역이 될 것이다. 또 의도한 효과가 친밀감의 형성이었다면, 차갑고 기계적인 통역은 내용이 아무리 '정확'해도 화자의 의도를 제대로 전달한 것이 아니다. 따라서 좋은 통역사는 대화의 의도한 효과를 찾고 적절한 방법으로 전달하기 위해 상대방과 공감하여 (관찰하고) 경청해야 한다.

#### 4.2.1.4 상상력

상상력이라 함은 연상하는 것 외에도 외부 정보를 개인의 경험과 어떤 식으로든 연관 지어 기억에 더 강하게 각인시키는 것을 포함한다. 아이들이 어른들보다 빨리 배우는 이유는 모든 것이 신선하고 새롭기 때문이다. 어른이 되어서는 유머, 충격, 놀람, 기묘함 또는 초현실적 상상 등 어릴 적 미세 외상을 부분적으로 흉내 내거나 유도하여 기억에 각인시킬 수 있다. 아래 말 상자의 예를 살펴보자.

**적극적 청취: 기억에 도움이 되는 것들**

- 최대한 집중한다.
- 관련 주제와 의사소통 상황에 대한 지식을 떠올린다.
- 들어온 정보에서 최대한 의미를 쥐어짜낸다. 화자의 의도와 그것이 어떻게 말에 반영되었는지 분석한다.
- 풍부한 부호화를 위해 여러 방식의 경험을 통해 정신적으로 정보를 처리한다.
  - **시각적 처리**: 가능하다면 공간 표상을 적절하게 활용하여 화자가 설명하는 내용을 머릿속에 그려본다.
  - **구두적 처리**: 노트테이킹을 위한 준비 연습으로 각 요점(아이디어 '단락')을 짧은 단어나 표현으로 꼬리표를 붙인다. 이것은 공간 표상화와 함께 사용했을 때 큰 효과를 볼 수 있다. 한 손가락에 하나씩 혹은 연설의 마인드맵 속에 있는 장소에 하나씩 꼬리표를 붙인다.

- **예상적 처리**: 화자가 다음에 무엇을 말할 지 예상한다.
- **인지적 처리**: 내가 이미 알고 있는 지식과 언급된 내용의 연관점 찾기
- **지각知覺 및 감정적 처리**: 화자가 말하고 있는 상황을 다른 감각을 통해 경험해본다. (크롸쌍이 구워지는 것을 '냄새 맡고', "빈곤의 여성화"라는 말을 들을 때 시골 마을에 남겨진 여성을 그려보고 그 마음을 헤아려본다.)
- **비판적 처리**: 내가 화자의 말에 어떻게 반응하는지 살핀다. (동의하는가? 동의하지 않는가? 논리적인가?)
- **예측적 처리**: 청중이 어떻게 반응할 지 예측해본다.

• 연설을 문단 또는 요점 단위로 해체하고 구성하고 연결고리들을 찾는다.
• 연설의 개요를 머릿속에 구상한다.
• 최종 결과는 화자가 전하고자 했던 말의 의미, 내용과 의도한 효과가 복합적으로 부호화된 일관되고 짜임새 있는 모델이어야 한다.

사람마다 처리하고자 하는 정보, 지식, 그리고 성향에 따라서 때때로 한 개, 여러 개, 혹은 모든 복합적 부호화를 사용할 수 있다. 학생들은 모든 부호화 방식을 배우고, 실험해서 그 중 자기가 가장 효과적으로 사용할 수 있는 방법을 찾아야 한다. 수업 때 강사들은 학생들이 기억술을 연습하고 터득할 수 있도록 요점 별로 짚어가면서 다음과 같이 질문할 수 있다. "이건 어떻게 기억하면 좋을까? 요점을 어떤 키워드로 정리할 수 있을까? 키워드와 어울리는 이미지는 뭐가 있을까? 손가락을 접으면서 기억하는 건 어떨까?" 순차 통역을 할 때 노트테이킹 하는 것이 기억을 굳히고 보조하는 역할을 한다. 하지만 앞서 배운 기억술을 보조하기 위한 기술이지 대체하기 위한 것은 아니다.

요약하자면, 통역의 첫 단계인 적극적 청취는 친숙도, 배경지식과 공감 능력의 상호작용에 의존한다. 포괄적인 청취를 해야 하는 이유는 적어도 처음에는 무엇이 청중에게 적합한 것인지 알 수 없기 때문에 모든 정보가 필요하기 때문이고, 의도

를 파악하기 위해서는 전체 메시지 또는 요점을 놓치지 않으면서 상황적 단서를 찾아야 한다. 의사소통 상황에 관한 지식과 친숙도는 대화 참가자의 이해 수준을 파악하는데 필요하다. 통역사의 표현 능력에 따라 다르겠지만 적극적 청취는 참가자의 이해 수준을 통역사가 유용한 작업을 할 수 있는 한계점 이상으로 올리는데 필요한 보완재이다.

따라서 출발언어와 문화에 대한 통역사의 친숙도에 따라 말에서 단서를 뽑고 의미로 전환하는 능력이 달라질 수밖에 없다. 대화 의도와 수사적 효과를 A 언어로 파악하는 것은 반사적이고 본능적이지만, 습득한 (B 또는 C)언어를 청취할 때는 특히 훈련 초기에 의식적인 분석이 필요할 수 있다. 언어 숙달의 중요한 학습 목표 중 하나는 이 감각을 연마해 자동적으로 튀어나올 수 있게 하는 것이다(CC-7 참조).

잘 듣는 것이 통역의 성공을 좌우하기 때문에 적극적 청취는 들인 노력에 비해 많은 보상을 받을 수 있는 기술이다. 순차 통역은 요점, 구조, 의사 전달 효과를 귀 기울여 듣고 표시해 둘수록 통역이 쉬워진다. 실제로 좋은 순차 통역사가 연사보다 발전된 연설을 하는 것이 드문 일은 아니다. 그러나 아무리 달변가라도 처음에 제대로 안 들으면 제대로 통역을 할 수 없다.

이런 개념을 전제로 입문과정에서 학생들이 적극적 청취 기술을 습득할 수 있도록 몇 가지 연습방법을 고안했다. 이것은 순차 통역을 위한 기초작업에 도움이 되도록 설계되어 있다.

### 4.2.2 적극적 청취를 위한 연습

#### 4.2.2.1 관용적 요지 (B/C → A)

입문 단계에서 적극적 청취를 위해 권하는 첫 번째 연습은 **관용적 요지**이다. 이 고전적인 연습 방법의 목표는 학생들이 단어가 아닌 의미를 듣게 하고 그것을 명확하고 자연스럽게 재표현할 수 있도록 하는 것이다. 다니카 셀레스코비치와 마리안 르데레르(1989:2-7)에 의해 개발된 교습법이며 효과를 극대화하기 위해 우리가 일부 조율했다.

***준비 자료***: 언어적으로 뛰어나고, 세련된 문체를 사용하며[5] 겉보기에 번역하기 복잡하지만 일반적인 주제나 시사 문제를 명쾌하게 다루어 배경 조사를 미리 해볼 필요가 없는 텍스트. (연설문 난이도와 관련하여 TG-2 부록 참조.)

**관용적 요지: 연습 방법**

1. 강사가 주제를 소개하고 배경 지식을 활성화할 수 있도록 잠시 구상할 시간을 준다.
2. 짧은 텍스트를 읽어준다. (기억보다 분석에 초점을 맞출 수 있도록 처음엔 30에서 45초 가량 읽다가 1에서 2분으로 늘린다.)
3. B 또는 C언어로 텍스트를 이해한 학생이 자기 A언어로 명확하고 자연스럽게 다시 말한다.
4. 말한 내용의 ***신뢰도***를 평가한다. 텍스트의 요점과 논리를 제대로 전달했는가? 그리고 자연스러움을 평가한다. 원어민이 듣기에 정상적인 표현이고 이해하기 쉬운가?
5. 글의 요지와 논리를 확인하고 단어와 의미 관계를 파악하기 위해 텍스트를 다시 한번 읽어준다.
6. ***선택 사항***: 다른 학생이 더 완전한 버전으로 통역하게 한다. 그리고 다시 자연스러움과 신뢰도를 평가한다.
7. 다음 텍스트로 넘어간다.

이런 종류의 텍스트에서 피상적 청취는 표면적인 문제에 빠지게 만들 수 있다. 반면에 적극적 청취를 통해 의미를 파악하면 말의 요지를 파악하고 자기 경험과 지식과 연관 지어 간단 명확하고 자연스럽게 전달할 수 있게 된다. 다음은 적정 수

5) 그러나 딱딱한 표현을 사용하는 텍스트나 문학적 텍스트는 특히 B에서 A언어로 통역할 때 피해야 한다.

준의 텍스트를 일부 발췌한 것이다. (아래 4.2.3에서 더 자세하게 설명한다.)

> It is hard to exaggerate the danger in North Korea's finger-on-trigger taunts to America and the world that it already has a few nuclear bombs, is busily producing the stuff to build more, and will make use of them in whatever ways it chooses. Such nuclear swagger from one of the world's reckless squad jeopardizes peace on the Korean peninsula …

주제는 뉴스 헤드라인에 나오고 세상과 담을 쌓지 않았다면 누구나 알 수 있을 만한 것으로 고른다. 그러나 창의적이고 뛰어난 문장을 가지고 있어, 예를 들어 'finger-on-trigger taunts', 'nuclear swagger'와 'the world's reckless squad'와 같은 표현처럼 직역하는 것이 교묘하게 어려워야 한다. 그렇다고 이런 표현들은 특별한 개념적 용어적 지식이 있어야 이해할 수 있는 것이 아니고, 의미를 언어적 특징으로부터 분리해서 더 명확하고 간단하게 전달될 수 있다.

관용적 요지를 연습할 때 두 가지 중요한 특징이 있다.

학생들의 첫번째 목표는 텍스트의 요점을 말하는 것이지 자세한 통역이 아니다. 그렇게 하면 '거시적' 관점에서 텍스트의 의미를 추출하고, 메시지와 논리에 집중해서 부차적인 것과 핵심 요소를 분리해내는 데 도움이 된다. 나무를 심는 비유가 내용의 줄기를 잡는 것이 어떻게 짜임새 있는 구상도를 구축해서 주장과 근거를 기억하기 쉽게 만드는지 보여줄 수 있다.

**나무 옮겨 심기**

자연스럽고, 의도적이고 보조된 기억

통역을 위해 연설문을 기억하는 것은 마치 나무를 옮겨 심어 새 잎사귀가 나게 하는 것에 빗댈 수 있다. 나무의 외엽外葉은 겉 형태를 만들어내지만 그 효과는 내부 구조와 눈에 보이는 잎사귀에 따라 달라질 수 있기 때문에 나무의 전체 골격을 이해하기 전까진 복제해내는 것이 불가능하다. 수간樹幹이 화자의 의도 이자 전달하고자 하는 요점이고, 큰 가지에서 연결고리와 화두 전환, 혹은 예제, 수치, 비유 등의 부연 설명으로 갈라지고, 잔 가지는 부가적인 내용이나 여담이 된다. 이 모든 것이 출발어의 잎사귀로 뒤덮여서 나무의 외형과 왕성함, 정취, 앙상함, 엄숙함, 위압감 등의 느낌을 살린다.

나무를 옮겨 심을 때, 같은 효과를 가진 도착어의 잎사귀로 나무를 재단장해야 한다. (최적화 과정에서 잔가지를 바꾸거나 추가할 수 있다. CC-5.8.4 참조.)

청자는 나무의 내부 구조를 볼 수 없고 화자가 그것이 보여지는 것을 원치 않지 않을 수도 있지만 통역사는 그것을 기억하고 재현하기 위해 알고 있어야 한다. 나무의 몸통을 주시하면서 적극적 청취와 담화 모델링을 통해 가지의 구조를 머리 속에 충분히 각인시켜 놀라울 만큼 내용을 자세하게 기억할 수 있다. 처음에는 강사가 간단하게 내용을 상기시켜 주다가 나중에는 노트나 페이지에 표시한 기호만 봐도 잔 가지 구조까지 기억할 수 있게 된다. 작은 가지와 잔 가지는 잎사귀에 가려져 있거나 특이한 모양을 하고 있어 잊어버리기 쉽기 때문에 확실히 듣고 정확하게 노트하면서 수간과 큰 가지를 놓치지 말아야 한다.

두 번째 목표는 아이디어를 관용적이고 자연스럽게 외국어로 옮길 수 있도록 잘 듣는 것이다. 만약 원문의 단어나 표현에 집착하면 언어적 간섭에 방해 받고 핵심 논점과 구조를 놓칠 수 있다. 아래의 재미있는 테스트를 통해 (제대로 이해 했다 하더라도) 부자연스럽거나 알아들을 수 없게 한 말을 찾아낼 수 있다.

**할머니 테스트**[6]

할머니 테스트는 수업 때 학생들이 말이 되게 통역할 수 있게 만드는 재미있지만 효과적인 연습 방법이다. 요약하거나, 다른 말로 옮기거나, 통역할 때 학생은 할머니가 알아들을 수 있을 만큼 의미를 명료하게 전달해야 한다. (할머니는 A언어만을 사용하며, 단도직입적이고 생전에 허튼소리 안하는 분이다. 그런 할머니가 안 계시다면 가족 중에 비슷한 다른 사람이라고 생각한다.) 간단하고 자연스러운 말을 사용하여 할머니가 머리를 긁으면서 '뭐라고?'하면서 혼란스럽게 할 만한 특이한 문구나 표현은 피한다.

할머니에게 설명한다고 생각하면 학생들이 긴장을 풀고 익숙하고 자연스럽게 말할 수 있기 때문에 효과적인 연습이 될 수 있다. 과제는 간단하고 동기부여가 된다. (반 친구와 달리) 가까운 사람이나 나를 완전히 신뢰하는 사람에게 이해하지 못하는 것을 설명하는 것이다. 할머니라고 생각하면 어색하거나 딱딱한 표현이 '고객'을 혼란스럽게 하거나 아예 듣지 않게 만들 수 있다는 것을 쉽게 알 수 있다.

학생들이 돌아가면서 '할머니' 역할을 맡고, 다른 학생이 통역을 할 때 언어 간섭을 체크하면서, 통역한 내용이 할머니 테스트를 통과하지 못할 때마다 즉 원어민이라면 전혀 사용하지 않을 것 같은 표현이 나올 때마다 귀에 손을 대고 '뭐라고?'라고 크게 말한다.

**예제:**

원문: Yes, country X's economy is in rough shape for the time being, but the government's fiscal stimulus package is clearly starting to make a difference.

학생 A: X国经济目前确实有困难, 但政府的财政刺激方案显然已经开始做出不同.

6) 파리의 ESIT 졸업생들은 셀레스코비치 교수가 학생들에게 "할머니에게 설명하는 것처럼" 설명하라고 하던 모습을 기억할 것이다.

학생 B (어리둥절한 듯이): 뭐라고? 做出不同? (뭐라고? * '다르게 말해 볼래' [중국어 문법에 어긋나는데]?)

학생 A (정정하여): 财政刺激方案已经初见成效了 ('재정 부양책의 효과가 나타나기 시작했다')

원문: Le gouvernement doit accompagner la transition au fioul plus cher pour les families les plus touchées …

학생 A: The government must accompany the transition to more expensive fuel …

학생 B: 뭐라고? 'Accompany the transition?'

학생 A (정정하여): The government must help poorer families cope as fuel oil gets more expensive.

학생들이 출발어와 도착어를 모두 이해하는 수업에서는 청자가 원문을 이해하지 못한 척하고 간섭과 어색한 표현에 대해 고도의 민감성을 유지하는 것이 어려울 수 있다. 한 가지 해결책은 출발어를 들을 때 할머니로 선택된 학생이 방에서 나가 있다가 통역을 할 때 다시 들어오게 하는 것이다. 그렇게 하면 '할머니'가 새롭게 통역을 들을 수 있게 된다.

***언어 문제***: 수업 중에 (i) 모르는 표현의 설명을 물어보거나 (ii) 까다로운 단어를 나중에 통역할 수 있도록 도착어 표현을 물어보고 싶은 유혹이 들 수 있다.

강사가 동의어나 표현을 조금 바꿔서 대답해도 이상하지 않다. 수업 시간은 중요하기 때문에 출발어 관련 지식을 보충하는 것은 자기 시간에 사전을 찾아야 할 것이다. 그러나 CC-7에서 설명한 것과 같이 통역사가 단어를 배우는 태도는 굉장히 구체적일 수 있다. 통역을 하면서 익숙하지 않은 단어나 표현은 (그것이 A언어라도)

모두 뜻을 찾아봐야 하지만 B언어는 제한적이되 충분한 단어와 표현을 숙달하여 능동 어휘로 만들어야 하고 그 쓰임새를 문법적으로나 의미상 이해하는 것에 그치지 않고 함축된 의미와 어감을 숙지하여 정확하게 사용할 수 있어야 한다. 새로운 단어나 표현을 배우게 되면 반드시 수동 어휘로 만들어야 하지만 꼭 능동 어휘로 만들 필요는 없다(CC-7.5 참조).

등가의 표현의 경우 예를 들어 전문용어와 상투적인 표현 등 유용하고 모든 용도로 사용할 수 있는 대응어는 배워 두는 것이 좋지만 딱 들어맞는 대응어는 사전에 없는 경우가 더 많다. 따라서 더 근본적이고 생산적인 전략은 사고의 유연함을 길러 같은 말을 여러 가지 방법으로 표현할 수 있게 하는 것이다.

이를 설명하기 위해 관용적 요지파악 연습과 함께 문장을 듣고 빈칸을 채우는 연습을 한다. 이것은 단어의 감각을 기르기 위해 훈련의 입문과정에서 사용할 수 있지만 꼭 수업 중에 해야 하는 것은 아니다.

### 4.2.2.2 듣고 빈칸 메우기

이 연습은 내용에 부분적으로 공백이 있어도 어떻게 우리가 말을 정확하게 알아들을 수 있는지 보는 것이다. 연습을 통해 학생들은 개별 표현에 집착하지 않고 의미를 전체적으로 듣고 화자의 주장과 논리를 파악(하고 예측까지)하는 능력에 자신감을 키울 수 있다. 이것은 현재 언어 실력 평가 시험과 통역사 훈련 과정에서 사용되는 여러 형태의 빈칸 메우기 시험을 응용한 것이다(예: Kalina 2000:180). 연습을 하다 보면 텍스트에 중복되는 내용이 있기 때문에 텍스트에서 나오는 단어를 일일이 알(거나 들을) 필요가 없다는 것을 알게 된다.

준비 자료: 학생들의 B/C언어로 쓰인 텍스트를 강사가 미리 전략적으로 구멍을 뚫어 똑똑한 청자라면 빈칸을 채울 수 있도록 한다. 학생들이 하면서 자신감을 키울 수 있어야 하기 때문에 빠진 내용이 있더라도 충분히 배경지식을 활용해 추측(하거나 예상)할 수 있도록 한다.

**듣고 빈칸 메우기: 연습 방법**

1. 학생들에게 연사, 연설 주제 및 의사소통 맥락을 설명해주고 강사가 원문을 약 1분 분량으로 소리 내어 읽는다. 공백은 '음' 소리로 처리한다.
2. 강사가 텍스트를 처음부터 다시 읽는다. 공백이 있는 부분에서 멈추면 문장을 이어 말하기 전에 학생들이 빈칸을 가장 유력한 단어로 채운다.
3. 학생 한 명이 빈칸을 모두 채워서 전체 내용을 A언어로 다시 말한다.
4. 다른 학생들이 발표를 평가하고 빈칸에 들어갈 더 좋은 단어를 출발어와 도착어로 제안한다. 학생들은 A언어일 때 빈칸을 자연스럽게 채우는 것이 더 수월하고 어떤 단어가 서로 잘 어울리는지 이해할 것이다.
5. 강사는 금방 채울 수 있던 단어와 더 까다로웠던 예제를 골라 설명하고 텍스트 속 단서, 화자의 어투, 표정, 몸짓 언어, 학생들이 바로 쓸 수 있는 주제 관련 배경지식 등 관련 맥락을 통해 어떻게 어울리는 말을 찾아낼 수 있는지 시범을 보인다.

연습의 난이도를 높이고 싶다면, 전체 텍스트를 읽지 않고 한 문장씩 읽고 빈칸을 채우게 할 수 있다. 어떤 단어를 비워 놓았느냐 에 따라 뻔하거나 정형화된 텍스트에서만 가능한 연습이 될 수 있다. 학생들이 텍스트 유형에 익숙해져야 하기 때문에 훈련의 나중 단계에서 시도해보는 것이 좋다.

아래는 빈칸 채우기 연습의 예제이다.[7] (각 빈칸의 괄호 안에 예시가 있다.)

7) 이 짧은 텍스트는 보여주기 위한 예일 뿐이다. 보통 연설문 전체를 사용한다.

**총재 당선인의 세계보건총회 연설**

This is a moment of great ____________ for me [*honor, pride, happiness*], but also one of ___________ [*gravity, solemn reflection, humility*]. I do not take this __________ lightly [*appointment, mandate, task, mission*]. I have always been proud to work in health, and especially proud to work for WHO.

Now I will ___________ a position of leadership [*be given, be put in, be assuming, be taking up*] that has ______________ the health of humanity [*a direct impact on, responsibility for overseeing*]. That is the power of this Organization, is true greatness. The work we do together saves lives and relieves _____________ [*suffering*]. I will work with you tirelessly to ______________ this world ____________ [*rid…of disease; make…a better place*].

### 4.2.3 담화 모델링 및 개요 파악

'담화모델'은 우리가 텍스트나 연설을 읽거나 들을 때 나중에 기억하기 위해 만들게 되는 복합적 심적표상이다(말 상자와 추가 참고 서적 참조). ***담화 모델링***은 단순한 자연적 현상이기도 하지만 구조화된 기억이 입력(이해, 기억) 정보와 출력(전달) 정보를 보조하는 역할을 하기 때문에 통역사가 개발해야 하는 기술이다. 듣는 단계에서 거시 구조, 즉 중심 내용과 흐름, 요점을 인지하고 파악하는 것은 특히 텍스트가 길어질 때 내용을 이해하고 기억하는데 매우 중요해진다 (Kintsch 1998:167-214). 전달 단계에서는 앞서 이해한 거시 구조를 나침반 삼아 발표하고, 무엇보다 언어 및 비언어적 단서를 활용하여 내 통역에 거시 구조를 명시함으로써 청중이 들었을 때 논리가 살아있어야 한다 (4.5.1.2).

**담화 모델이란?**

담화 이해 분야 전문가들에 의하면 우리가 텍스트를 읽거나 연설문을 들을 때 정보를 처리하고 참고하고 기억하기 위해 정신 모형을 머릿속에 그린다고 한다. 모형이 뚜렷할 수록 청자의 이해 수준이 높고 텍스트 내용을 더 잘 기억한다. '뚜렷함'은 청자에게 텍스트의 개념과 개체를 알기 쉽게 만드는 내용의 완성도, 그리고 각 개념과 개체가 사이의 관계를 나타내는 모형의 논리를 말한다. 게다가 무언가를 읽거나 듣는 것은 필연적으로 텍스트에 명시되지 않은 기억과 지식을 불러일으키고, 또 그것이 없이는 구두 메시지를 이해하는 것 자체가 불가능하다. 이러한 텍스트 밖 국지적, 보편적 배경지식과의 연계와 결합이 텍스트의 뚜렷함에 기여해 이해의 깊이를 더한다.

담화 모델은 다양한 입력 정보를 기반으로 한다. 정보의 출처(화자 또는 필자), 장소, 의사소통 상황 관련 지식과 청중의 기대는 초기 참고 준거를 공급한다. 그 다음 독자/청자가 언어적 의미를 찾기 위해 언어 규칙에 따라 들리는 단어와 구조를 해독하여 기존 맥락과 필요한 정보와 대조하여 말을 해석하게 된다 (TG-12.2.2).

구두 메시지의 내용에 관한 이해는 언어적 의미, 기대, 개념, 기타 지식 등 현재 가용 가능한 모든 단서를 토대로 조금씩 쌓여 단기 및 중기 기억 속에 정보망을 형성하게 된다 (4.2.1.4). 이 정보망은 텍스트의 내용과 메시지의 '모델'이 되고 다른 언어로 기억하거나 해석하게 될 때 준거 기반이 된다. 연설을 듣는 중에도, 끝난 뒤에도 추가적인 신호를 수신하게 되면 메시지의 해석을 수정하거나 조율하게 된다. 어떤 정보는 청자의 기억을 보조하기 위해 삭제, 융합, 혹은 압축된다. 특히 나중에 내용을 기억하거나 요약해야 하는 등 특정 작업을 수행해야 할 경우 그렇다.

담화 개요 파악

학생들에게 담화 구조와 작용 분석을 가장 쉽게 가르치는 방법은 개요를 짜는 것이다.

거의 모든 학생들이 에세이를 작성하거나 발표 준비를 위해 다음 세 가지 층위로 개요를 짠 경험이 있을 것이다. (1) 주요 요점, 핵심 정보 또는 주장; (2) 이차 요점, 주요 요점을 보조, 증명 또는 설명하고 담화의 살을 붙인다; (3) 삼차 요점, 세부사항과 예제. 개요 짜기는 담화를 구상(하거나 분석)할 때 적합하다. 통역사는 일반적으로 더 짧은 텍스트를 다루고, 전통적 학습 환경에서 우리 기억은 의미적 내용에 편향되어 있기 때문에 흐릿해질 수 있는 정보간 연관성을 구체화하고, 논리 구조의 짜임새, 분위기 같은 요소도 포함된 세부적인 분석을 필요로 한다.

**담화 개요 파악**은 잘 짜인 담화의 적극적 청취와 주제의 전개와 논리 구조를 보여주는 요점 개요 작성을 통해 연습할 수 있다.

준비 자료: 강사가 개요/노트를 보고 1-2분 가량 즉흥적으로 연설을 한다. (기억력 증진을 위해 3-4분까지도 해볼 수 있다.) 일반적인 주제를 다루며 구조가 기승전결로 확실하게 구분되고, 각 요점이 명확한 연결고리로 결부되어 있어야 한다. 각 요점은 설명, 근거, 예제, 권고, 증명 등이 적절하게 가미된 뚜렷한 소주제가 포함 되어 있어야 한다.

### 담화 개요 파악: 연습 방법

1. 강사가 연사, 배경, 주제에 대해 설명하고 예상 내용 유추와 배경지식을 활성화할 수 있도록 잠시 구상할 시간을 준다.
2. 강사가 학생들 앞에서 발표한다 (언어: 먼저 A → A를 한 다음 B/C → A 연습). 각 꼭지는 두개 또는 세개의 주안점과 몇 가지 부가 요점을 포함하고 이상적인 연설은 다양한 논리 구조로 연결 되어 있다. (즉흥적 연설은 부가 요점 또는 여담이 있을 수 있다.)
3. 학생들은 노트 없이 ***적극적 청취***를 한다.
4. ***통역***: 한 명이 A언어로 통역한다. 발표 할 때 요점과 부가적 내용을 연

결고리를 적절하게 사용하여 조리 있게 설명하는데 초점을 맞추고 세부 사항은 기억나는 만큼 말한다. 발표 하다가 막히는 부분이 있으면, 강사가 내용이 기억날 수 있도록 질문을 하거나 키워드를 던진다. 통역이 끝난 후, 간단한 피드백을 준다. 피드백은 요점, 논리, 흐름 등 거시구조로 제한한다. 자세한 평가는 입문 과정이 시작 되면 실시한다 (4.4). 연습의 초점은 담화 구조를 잘 분석된 개요문을 쓰는 것이다.

5. ***담화 개요 짜기***: 강사 지도 하에 학생들이 소그룹으로 나뉘어 키워드와 연결고리에 대해 토론을 한다. 들여쓰기를 통해 연설의 개요를 계층 구조로 볼 수 있도록 한다 (아래 예제 참조). 학생들이 담화 분석을 마친 뒤 개요가 조리정연 하고 각 요점과 (명시 및 암묵적) 관련 내용이 다 적혀 있는지 확인한다.
6. ***선택사항***: 연설을 다시 듣고, 칠판에 적은 개요와 비교해보고 세부사항을 추가한다.
7. ***통역 개선하기***: 다른 학생이 같은 꼭지를 다시 A언어로 통역한다. 연설의 담화 분석을 마친 상태이기 때문에 이번에는 더 구조가 명확하고 완전한 통역이 나와야 한다. 기억이 나지 않을 때 잠깐을 제외하고, 학생이 칠판의 개요를 보지 않고도 통역을 할 수 있어야한다.

예제:

담화 개요 파악 연습 용 텍스트 역시 적극적 청취 연습과 마찬가지로 난이도가 높아도 좋지만 구어체로 조금 바꿔줘야 한다 (4.7.1.1 참조). 2003년 5월 1일자 ***이코노미스트***지의 북한 관련 기사를 조금 길게 발췌했다.

IT IS hard to exaggerate the danger in North Korea's finger-on-trigger taunts to America and the world that it already has a few nuclear bombs, is busily producing the stuff to build more, and will make use of them in whatever ways it chooses. Such nuclear swagger from one of the world's reckless squad jeopardizes peace on the Korean peninsula. It also endangers stability in East Asia, where threats hurled at the neighbors risk setting off an arms race and a chain reaction that could tempt several of them, including Japan, South Korea and Taiwan, to turn nuclear at speed. And it aims another damaging strike (after Iraq's testing of weapons inspectors and recent revelations about Iran's uranium enrichment) at the Nuclear Non-Proliferation Treaty (NPT), whose members opened a treaty review this week in an anxious huddle.

Yet it is no big surprise that North Korea should have in effect declared itself the world's ninth nuclear power. America's CIA has long guessed that before an earlier crisis-defusing deal back in 1994, under which the regime agreed to freeze and eventually dismantle plutonium production in return for generous energy assistance, North Korea had probably already got its hands on enough material for perhaps one or two bombs. That crisis had its spine-prickling moments, but this one could be far more dangerous. For, if Kim Jong Il's nuclear claims are true, he may soon have five or six more, with options on others. And more weapons mean enough spares to be able, say, to test one to intimidate the neighbors; or to auction one off to the highest bidder (an Iran, a Libya, or perhaps even an Osama bin Laden). How this crisis unfolds therefore depends on what Mr. Kim really does intend to do with his bomb.

아래 예시는 칠판에 적을 수 있도록 연습 방법에서 설명한 방식대로작성한 담화 개요이다. (편의상 영어로 썼다.)

요점 1:

(Topic): **There is a danger:** North Korea says/threatens:

it has a few nuclear bombs,

is building more,

and will use them anyway it likes.

(Comment): **Danger is great**

BECAUSE

it could: lead to war on the Korean peninsula

trigger a nuclear arms race in East Asia

seriously undermine the NPT

BUT

it is not surprising

BECAUSE

the CIA suspected that North Korea had the materials, from before 1994.

요점 2:

This time the danger is even greater than in 1994

BECAUSE

IF their claims are true

THEN they could soon have 5-6 more bombs

SO

they might: set one off to test and intimidate

sell one to terrorists

연설을 들으면서 요점과 연결고리를 개요로 만들어 나중에 지침으로 활용한다. 통역을 할 때 주제, 맥락, 화자의 의도를 염두에 두고 개요문 첫째 줄부터 시작한 다음 담화의 흐름을 따라 각 요소와 연결시키고 결과까지 발표한다.

칠판에 담화 개요를 쓰는 것이 연습의 끝이 아니고, 그 과정을 통해 요점을 정확하게 파악하는지 확인하고, 내용을 나누고 연결하고, 자기만의 정신 모형 또는 담화 모델을 만들어본다. 그러나 이 연습은 나중에 노트테이킹과 잘 연결되기도 한다 (CC-5).

연설(및 통역)하기 좋은 개요는 연결고리가 있기 때문에 개별 문장의 나열이 아닌 각 논점이 잘 연결되어 하나의 이야기로 구성된 담화를 만들어준다. 연결고리가 명시적이든 암묵적이든, 일부 언어학자들은 이것이 약 12개의 유형으로 나뉜다고 했다 (Kehler 2002; Pinker 2014: 160-169).

- 유사성: *and, likewise*
- 대비: *but, nevertheless, on the other alternatively; although, still*
- 구체화: *that is to in other words, also, notice that, in addition*
- 예시: *for example, such as, including, in particular*
- 일반화 또는 구체화: *but more generally, in particular*
- 예외 (일반화 먼저): *however, on the other hand, then there is*
- 예외 (예외 먼저): *nonetheless, nevertheless, still*
- 연속: before-and-after *(and, then)* or after-and-before *while, when*
- 결과 (원인-결과): *and, as a result, so*
- 설명 (결과-원인): *because, since, owing to*
- 깨진 예상 (저지-결과): *but, while, however, nonetheless, yet*
- 실패한 저지 (결과-저지): *despite, even though*

그리고 모든 연결어 중 가장 단순한 것은, 바로 그 이유 때문에 (마음 속으로 혹은 겉으로) 자주 지적해야 하는 것으로 어떤 서열이나 명단에서 항목 사이에 들어가는 단순한 동격 연결어(and – and –)이다.

그러나 실제 담화에서 모든 연결어가 특정 관계의 1:1 대응어라고 할 수는 없다. 예를 들어, 'in particular'와 'and'는 다양한 의미 관계를 표현할 수 있다. 게다가 'well', 'anyway' 혹은 'after all' 같은 단어도 화용적 의미가 다양하다. 따라서 분석하지 않고는 의미 파악이 불가능하다.

반드시 기억해야 할 것은 연결고리가 항상 단어로 드러나지 않을 수가 있지만 명시적이든 암묵적이든 논리가 있는 연설이라면 아이디어 사이에 연결고리는 항상 존재한다는 사실이다. 그리고 적극적 청취를 통해 분석하여 의식 속에서 (그리고 나중에는 노트로) 관계를 분명하게 만들어야 연설 내용을 쉽게 기억하고 설득력 있게 전달해 주도권을 쥘 수 있게 된다.

담화 개요파악은 첫 번째 주요 연습인 관용적 요지 파악에서 유기적으로 구축된다. 그리고 항상 그렇듯 학생들은 화자가 의도한 의미를 찾기 위해 적극적 청취를 한다. 새로운 점이 있다면 텍스트가 30-60초, 2-3분에서 종종 4분까지 조금씩 길어진다는 것이다. 더 긴 텍스트에서는 특별히 텍스트의 구조와 논리, 각 논점의 관계에 각별히 신경써야 한다. 화자가 각 논점을 어떤 범주, 연결고리, 변환점을 사용해서 구분 짓고, 관련 짓고, 배열하며 어떻게 하나의 담화 구조를 형성하는지 파악해야 한다. 이를 위해 학생들은 머릿속으로 담화의 엑스레이를 찍는 방법을 배우게 된다.

### 4.2.4 명료화, 압축, 요약 및 추상화

다시 말하고 의역하는 연습과 같이 문장의 재구성이 수반되고 기억에 의존하는 연습은 '완전한*complete*' 통역과 '명료화*concision*'된 통역, 그리고 요약 통역의 차이를 구분하는 것이 어려울 수 있다. 강사와 학생들은 오해를 피하기 위해 각 용어의 정의를 알고 있어야 한다.

특히 학생들이 말을 장황하게 했을 때 명료화*concision*와 압축*compession*, 요약*summarizing*과 추상화*gisting*를 혼동해서는 안된다. 이들 용어에 대한 합의가 지금 시점에서 이루어져 있어야 한다.

'효율성*efficiency*' (Jones 1998/2002) 등 많은 용어들이 통역의 '간소화*streamlining*' 정도를 표현하기 위해 사용되었다. 회의통역에서는 간소화가 어느 정도 필요하지만 법정 통역 등 공식 석상이나 대립적인 환경에서는 간소화가 지양된다.

우리는 명시적 혹은 암묵적 메시지를 소실 되는 내용 없이 완전하고도 간결하게 전달하는 것을 명료화라고 한다. 즉 (a) 말을 적게 하면서도 적절한 단어를 잘 선택하고 (b) 구조, 억양, 분명한 연결고리를 활용해서 중언부언 하지않고 간단명료하게 내용을 전달하는 것이다. 명료화를 통해 말을 10에서 25% 정도 줄일 수 있고, 반복되는 내용이 많은 연설문이라면 그보다 더 줄일 수도 있지만, 정보누락이 없기 때문에 '생략*omission*'과는 다르다.

명확성을 위해 우리는 압축('음절 줄이기*syllable-shrinking*', Viaggio 1991) 방법을 사용한다. 더 강력한 '간소화' 방식이며 표현을 최대한 명료화 하고 반복되는 내용을 더 과감하게 삭제하며 불필요한 내용과 '주관적 용다冗多함' 을 줄이거나 생략할 수 있다(Chernov 2004 *passim*). 이는 화자의 의사소통 목적과 다르고 청중에게 익숙하거나 당연하게 여겨지는 맥락 속의 정보, 즉 통역사가 청중의 인지적 환경을 (회담이 거듭하면서 점점 더) 분명하게 파악하고 있다면 생략할 수 있는 정보를 말한다. 특히 빠른 전달이 필요한 순차 통역에서 압축을 사용하면 시간을 절약할 수 있고, 빠른 연사를 따라가기 위해 동시통역에서도 사용할 수 있다(CC-9.2.4). 압축 기법에 숙련된 사람은 원문의 60%까지도 축약할 수 있다.

요약*summary (précis)*은 더 나아가, 찬성, 예시, 보조설명 등과 추가 표현, 삽입절 등 필수가 아닌 2차적인 것으로 간주되는 정보(혹은 효과)를 신중하게 생략한다. CC-2.1.7에서 설명한 바와 같이, 요약은 따라서 통역사의 '기본' 임무가 아니며 다음 세 가지 경우에만 정당화 할 수 있다.

a. 고객이 요구한 경우;
b. 고객의 요구와 의도를 확실하게 이해하고 있다는 전제 하에 특정 상황에서 통역 서비스의 최적화에 적절하다고 판단되는 경우(CC-5.8.4, TG-10.4);
c. 극단적으로 빠르고 밀도 높은 내용을 통역 할 때 메시지의 요지를 보존하기 위한 전략으로, 혹은 위스퍼링 통역과 같이 연사의 말을 제대로 들을 수 없는 상황인 경우(CC-2.2.4.1).

요약은 헤드라인(요점), 주장과 결론 등 메시지의 거시구조만 남을 때까지 내용을 축약하는 것이 가능하며 글자수를 원문의 20-30%까지 줄일 수 있다.

추상화는 내용을 가장 극단적으로 잘라내는 것이라고 볼 수 있다. 고객이 특별히 요청했거나, 내용이 불가능할 정도로 빠르고 밀도높은 동시 통역, 연사가 핵심 메시지 외에는 도저히 알아들을 수 없는 억양으로 말하는 등 엄청난 압박을 받는 상황인 경우에만 통역사가 추상화를 하는 것이 용납된다. 추상화는 주요 헤드라인 또는 결론을 항목 또는 '징검다리'로 활용할 수 있도록 의미를 보존하는 것을 목표로 하고 원문의 5-15%만 남을 수 있다(CC-9.2.4).

이 네 가지 기술은 원문과 비교했을 때 말과 시간을 절약하는 결과로 귀결된다. 그러나 ***명료화***는 앞서 정의했듯이 회의 통역의 기본 조건이고(TG-12.2.2.5), ***압축***은 항상 사용해서는 안 되지만 이따금 유일하게 화자의 메시지를 쫓아갈 수 있는 방법일 때도 있다. 그러나 요약과 추상화는 위에서 설명한 상황에서만 사용할 수 있다. 마지막으로, 법정 통역과 대립 상황과 같이 특정 환경에서는 '제한적' 통역 기준(CC-5.8.4)이 적용되며 명료화를 포함하여 그 어떤 간소화도 금지될 수 있다.

#### 4.2.4.1 압축 연습

압축 기술은 텍스트의 키워드를 마커로 밑줄 긋고, 말로 최대한 간결하게 옮기는 연습으로 훈련이 가능하다. 이 연습은 입문과정의 주된 초점인 분석과 표현의 핵심 준비기술이고, 노트테이킹을 위한 신호어*cue-word* 선택 연습의 전 단계이다(CC-5.3). 같은 텍스트로 시역(4.3.2)을 함께 시작해보면 효과적이다.

***연습 방법***: 강사가 텍스트를 나눠주면, 학생들이 핵심 키워드를 마커로 표시하고 키워드와 키워드를 연결하는 최소한의 연결어를 사용하여 간단한 문장을 완성한다.

아래 (영-영)예시는 텍스트를 성공적으로 압축한다. 원문은 (i)에 일반 글씨로 적혀있고, 압축된 텍스트는 (ii)에 원문에서 가져온 키워드(굵은 글씨)와 전체적인 의미를 전달하기 위해 사용된 추상화된 표현(굵은 대문자)으로 구성되어 있다.

i. 원본 텍스트:

Whereas the financial crisis undoubtedly curbed demand for some goods and services, demand for broadband services has continued to grow. The 2011 Report documents the continuing strength of the sector, highlighting growth in the take-up of high-speed fixed and wireless broadband communications. While some governments injected money into the construction of networks as one of the special measures to stimulate their economies, in most cases this was directed towards greater geographic and social availability and wider social and economic inclusion in the use of services, rather than as a measure to compensate for any reduction in demand for broadband. (99 단어)

학생들이 표시한 키워드는 아래 (ii)에 굵은 글씨로 적혀 있고 문장을 만들기 위해 추가한 단어는 굵은 대문자 적혀 있다. 최종적으로 압축된 문장 (iii)은 메시지를 충실하게 전달할 뿐만 아니라 (이해도가 높은)청중이 곧바로 유추할 수 없는 내용을 빠뜨리지 않을 만큼 완전해야 한다.

ii. 키워드가 (굵은 글씨로) 표시되고 연결어가 (굵은 대문자로) 추가된 텍스트:

Whereas **the** financial **crisis** undoubtedly curbed demand for some goods and services **HAS NOT CUT demand for broadband** services has continued to grow. The 2011 Report documents the continuing strength of the sector **WHICH IS STILL STRONG**, highlighting with growth in the take-up of high-speed **fixed and wireless broadband** communications. While **some governments** injected money into the construction of **HAVE BUILT networks as** one of the special a stimulus measure to stimulate their economies, **BUT in most cases** this was directed towards **TO EXPAND geographic and social** availability and wider social and economic inclusion in the use of services **COVERAGE**, rather than as a measure, **NOT to compensate for any reduction in**

**demand** for broadband.

iii. 최종 압축 문장:

**the crisis HAS NOT CUT demand for broadband, WHICH IS STILL STRONG, WITH growth in [both] fixed and wireless. Some governments HAVE BUILT networks as a STIMULUS MEASURE, BUT mostly TO EXPAND** (geographic and social) **coverage, NOT to make up for any drop in demand** (45 단어)

#### 4.2.4.2 (선택 사항) 재배열 연습

담화 개요 파악연습 직후 학생들에게 직접 쓴 담화 개요를 토대로 텍스트의 정보를 다른 순서 또는 역순으로 다시 설명하는 연습을 하면 좋다. 그렇게 하려면 연결고리를 전부 새로 만들어야 한다. 메시지를 완전히 소화했다는 전제조건 하에서 논리적인 구조를 가진 연설문을 찾는 것은 어렵지 않다. 전형적이고 현실적인 예는 중국인 연사가 예-아니오 질문에 "因为… (왜냐하면…)"으로 답변을 시작해, 몇 분 동안 배경 맥락을 설명한 다음에도 끝까지 예-아니오라고 답하지 않고 암묵적인 이유만을 남기는 것이다. 연사의 말을 재배열 해서 영어로 순차 통역을 한다면, 예-아니오로 문장을 시작한 다음 원문에 내포된 이유를 뽑아내고 접합시켜 내용이 훼손되지 않는 선에서 설명하는 것이다. 이것은 담화 형식의 문화적 차이를 조정하기 위해 정보를 재구성하는 전형적인 예이다. 그러나 언어에 상관없이 잘 적힌 텍스트이면서 (널리 알려져 있지 않지만) 통역사 훈련을 위해 자주 사용되는 텍스트라면 연습해도 좋다.

학생이 만든 담화모델의 견고함과 화자의 메시지를 얼만큼 깊이 있게 이해했는지 테스트해 볼 수 있는 연습 이기도 하다. 연습을 통해 재배열 기술을 터득하고 나면 나중에 논리, 주장과 정보나열 순서의 문화적 차이를 극복하거나(Setton 1993a:252;1994) 두서없는 내용을 개선해야 할 때 반드시 도움이 될 것이다. 그러나 순차 통역에서는 당연히 활용 가능하지만, 동시통역에서는 거의 불가능하다.

## 4.3 '탈언어화*deverbalization*'와 간섭 제거

전문통역을 위한 듣기와 말하기 입문 과정을 배우면서 초보 통역사들은 언어전달 중 생기는 그리고 과거에 배웠던 내용과 상충될 수 있는 언어장벽을 넘어야 할 것이다.

### 4.3.1 탈언어화와 의미이론*Théorie du sens*[8]

초대 회의통역 트레이너들은 출발어로 된 연설문의 메시지를 정확하게 이해하는 학생들조차도 도착어로 자연스럽게 옮기는 데 애를 먹고, 심지어 모국어로 의미를 전달하는 데도 어려움을 느낀다는 것을 발견했다. 이는 언어 간섭이 일어난다는 증거이며 출발어의 표현과 단어에 집착하지 않고 도착어로 자연스럽고 정확하게 옮기는 데 실패했음을 보여준다. 셀레스코비치와 르데레르는 그들이 제창한 의미이론 혹은 '번역의 해석이론*Interpretive Theory of Translation; ITT*'에서 이것이 번역을 순수한 언어 전이로 이해하는 유견謬見에서 비롯되었으며, 좋은 번역[9]은 화자의 말을 단순 변환하는 것이 아니라 맥락 속에서 어떤 의미를 가지는지 해석해야만 가능하다고 밝혔다. 따라서 그들은 원문의 단어들을 무시하거나 잊어버리고 '탈언어화*deverbalizaiton*'하는 정신적 작업이 통역과정의 중심이라고 보았다(Seleskovitch 1975; Seleskovitch and Lederer 1986).

의미이론은 설득력 있고 자연스러운 표현을 사용한 충실한 번역을 하기 위해 번역사(혹은 통역사)가 등가의 표현을 짜맞추기 보다 화자가 의미하는 바를 이해하는 데 방점을 두고 도착어로 자연스럽게 재구성해야 한다고 주장한다. 이제는 유명해진 '파리 삼각형*Paris triangle*'으로 이것을 도식화 할 수 있다(Laplace 1994에서 인용).

따라서 '제대로 통역'하기 위한 첫 경로는 피라미드 꼭대기인 의미와 맥락을 경유하여 표현으로 도착하는 것이다.

---

8) 의미이론*Theory of Sense*
9) 여기서 말하는 대문자로 표기된 번역*Translation*은 최신 관례에 따라 모든 형태의 번역과 통역을 의미한다.

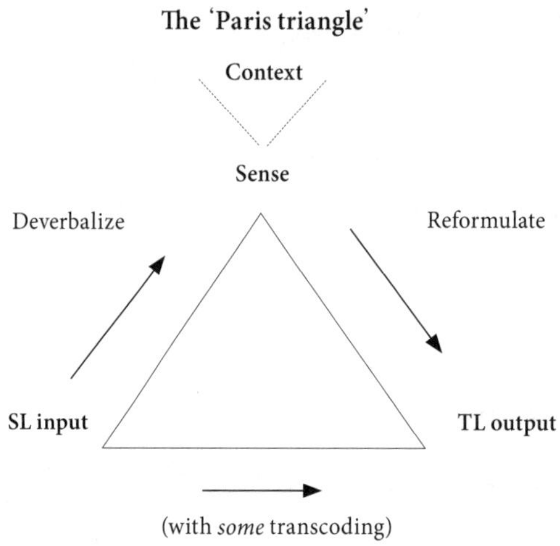


이것은 2차적인 과정에 의해 (SL에서 TL대응어까지 피라미드의 밑변으로 연결된) 직역 *transcoding*이라는 2차적인 과정을 통해 보완된다고 하는데, 텍스트의 종류, 예단 가능한 상황과 맥락에 따라 크거나 작게 영향을 줄 수 있다. 셀레스코비치와 르데레르는 이름, 숫자, 기술 용어 등 담화를 구성하는 특정 항목이 '직역이 가능'하다고 보았다. 즉 도착어로 표준화 된 문맥 독립적 등가의 표현으로 견실하게 번역된다는 의미이다. "발화 내용의 언어적 의미는 주어진 맥락적 의미와 전혀 다르며 개인차가 크다. 그럼에도 어떤 단어들은 액면가 그대로 받아들여야 한다"(Seleskovitch and Lederer 1989:8). 숫자는 직역의 가장 좋은 예이다. 고정된 표현으로 번역되며 받아적(거나 동시로 빠르게 전환되)지 않으면 금방 잊어버린다. 셀레스코비치는 번역 과정을 건포도빵*brioche aux raisins*을 굽는 것에 비교했다. 탈언어화와 재구성이라는 '화학적' 변형을 통해 구워진 빵 반죽에 둘러 쌓여 이 항목들이 아직 실체를 알아볼 수 있다는 것이다.

탈언어화 혹은 개념적 표상화는 통역사가 자연스럽게 말을 재구성하고 언어간섭에서 벗어날 수 있게 해준다. 몇 가지 항목은 항상 언어간 치환이 자동적으로 이루어지지만, 기본발상은 표면적 형태와 구조를 가로질러 맥락적 의미를 파악하고 적절한 도착어로 자유롭고 유연하게 재구성하는 것이다. 강조하고 싶은 점은 탈언어화가 절대 정확성을 희생해가면서 근사치로 옮기는 것이 아니라 반대로 말의 의미를 명확하고 효과적인 도착어로 정확하게 옮기는 것을 의미한다는 것이다.

입문과정에서 전통적으로 사용되는 '간섭 제거' 연습은 아래 소개된 시역이다. 단원 마무리에 언어간섭 현상(4.8.3)을 더 자세하게 관찰하고 통역에 얼마만큼 '직역'이 들어가는지 살펴볼 것이다(4.8.4).

### 4.3.2 시역 입문

언어 간섭의 (때로는 미묘한) 효과에 대한 인식을 높이고 탈언어화 능력을 배양하는 최고의 연습은 시역이라고 할 수 있다. 시역 역시 통역의 한 형태이고, 텍스트 번역이 아니다(CC-6 참조). 시역은 눈에 보여서 언어 간섭이 더 쉽게 일어나는 텍스트를 말로 재구성해야 하기 때문에 특히 강력한 훈련 도구이다.[10] 시역은 교육 과정에서 나중에 동시통역 준비단계로 심도 있게 연습할 것이다.

시역 입문 연습은 세 단계로 이루어진다. 먼저 출발어를 소리 내어 읽고, 출발어를 모국어로 쓰는 학생들이 A → A로 의역해본 다음, 도착어가 모국어인 학생들이 B/C → A로 옮긴다.

시작하기 좋은 텍스트는 쉽지만 교훈적인 내용이 좋다(예: 가벼운 논픽션, 비즈니스 입문서 등). 연습 방법은 위에서 설명한 압축 연습과 비슷하지만 이번에는 의역에 집중한다.

i. 텍스트를 모든 학생에게 나눠준다.

ii. 학생 한 명이 한 문단을 가르치듯 자연스럽게 소리 내어 읽는다. 읽지 않는 것처럼 읽는 것은 연습이 필요한 하나의 예술이다.

iii. 그 다음 학생들이 30초 동안 그 문단을 읽으면서 의역할 때 그대로 가져갈 고유명사와 중요 기술 용어 등 직역(탈언어화 4.3.1 참조) 가능한 단어를 동그라미 치거나 밑줄을 긋는다.

iv. A → A 의역: (출발어를 모국어로 사용하는) 학생 한명이 출발어로 같은 문단을 의역한다. 직역할 단어는 그대로 살리고 나머지는 모두 바꾼다. (4.7.1.1에서 설

10) 언어를 넘나들며 텍스트에서 말로 재구성 할 때 어휘와 통사적 간섭이 일어난다. (세 번째 형태인 다른 언어에 청각적으로 노출될 때의 음운론적 간섭은 동시통역 훈련 때 극복해야 한다.)

명된 학생들이 연마해야 할 구두화 기술과 흡사하다.)

v. 의역한 내용을 학생들이 평가하고 다른 대안을 제시한다. 강사는 의역을 더 쉽고 빠르게 할 수 있도록 몇 가지 패턴을 찾아내고, 개선할 부분을 지적하거나 학생들이 스스로 문제점을 찾을 수 있게 지도한다.

vi. B/C → A 의역: 세 문단에서 네 문단 정도 A → A 의역을 한 다음 (도착어를 모국어로 사용하는) 학생 한명이 출발어 텍스트를 보지 않고 전체 문단을 유창하고 자연스럽게 의역해 본다. (몇몇 학생들은 4.2.2.1에서 설명한 할머니 역할을 맡아 통역이 자연스러운지 확인한다.)

vii. 선택사항: 텍스트의 비판적 분석이 학생들 토론에 포함될 수 있다. 어떤 연사가 누구에게, 어떤 목적으로, 어떤 전제/선입관을 가지고, 어떤 어체/어역을 사용해서 어떤 뉘앙스와 감성으로 전달하고 있는가? 어떤 내용을 생략했는가? 이런 이해관계가 의역/통역에 어떤 영향을 미치는가?

아래는 초급 시역을 위한 텍스트다. 불변의 의미를 가진 용어와 대응어는 밑줄이 쳐져 있다. (예제는 숫자, 'average'같이 정확한 용어, 'eated'같이 텍스트에서 특별히 사용한 독립적인 형태의 단어에 밑줄 그어져 있다.)

A human baby produces its first real <u>words</u> at about eighteen months of age. By the age of <u>two</u>, it has become quite vocal and has a vocabulary of some fifty <u>words</u>. Over the next year it learns new words daily, and by the age of <u>three</u> it can use about <u>1000 words</u>. It is now stringing words together in short <u>sentences</u> of two or three words, calling your attention to objects, requesting this and that. Its command of grammar is already nearly as competent as an adult's, though it will make amusing yet plainly logical mistakes, saying <u>'eated' instead of 'ate', 'mouses' instead of 'mice'</u>, and so on. Then the floodgates open. By the age of <u>six</u>, the <u>average</u> child has learned to use and understand around 13,000 words; by <u>eighteen</u>, it will have a working vocabulary of around 60,000 words. [⋯]

This is an extraordinary achievement. It is no wonder that the machinery which makes this possible is so expensive to maintain. Although your brain accounts for no more than 2 per cent of your body weight, it consumes 20% of all the energy you eat. ⋯

(From Dunbar, Robin (1996/2004),
*Grooming, Gossip and the Evolution of Language*, p.3)

다음은 A → A 의역의 예이다(직역이 가능한 단어는 바꾸지 않음).

An infant will start to speak actual words at the age of around one and a half At two, babies are already pretty talkative, and may know a few dozen words. In the next twelve months the child will widen its vocabulary steadily until at three years old, it knows around a thousand words, and can make simple 2-3 word sentences to name things, or ask for something. At this age, children can already use grammar almost as well as grown-ups. They still make errors that are funny, but are based on rules, like 'eated' instead of 'ate', or 'mouses' instead of 'mice'. But then their learning suddenly speeds up. On average, a six-year old has a vocabulary of over 12,000 words, and nearly five times that when they are eighteen.

This is very, very impressive. So it's not surprising that the brain needs such a lot of energy - in fact a fifth of all the calories you eat! (or, on a pound-by-pound basis, ten times as much as the rest of your body!)

이 연습이 가끔은 ('baby' 대신 'infant', 'about'을 'around'로 고치는 등) 작위적일 수 있지만 연습의 목적은 통역의 핵심인 반사적 의역을 할 수 있도록 하기 위함이다. 시역을 위한 자료는 출발어의 상투적인 언어 구조가 포함된 텍스트로 학기 초에는 쉬운 것부터 연습하다가 학기 말이 되면 어려운 도착어 텍스트도 다루어 본다. 텍스트에 항상 직역 가능한 단어가 있지만 학생들이 언어적 유연성과 충실성 사이의 균형을 찾아가게 되면서 더 이상 강사가 지적해줄 필요가 없어진다.

무엇이 직역 가능한지 또 가능하지 않은지 토론하는 것도 도움이 된다. 학생들은 아직 얼마만큼 성공적으로 의역 하느냐에 따라 도착어로 유연하게 '통역' 되는지 모를 수 있다(CC-6.2.2 참조). 만약 도착어로 너무 직역되거나 어색한 기미가 보이면 이 단계를 다시 연습해야 한다. 먼저 말을 바꾼 다음 통역하는 것이다.

## 4.4 노트 없는 짧은 순차통역

(아래) 전달 기술 입문 훈련을 어느 정도 받은 이후, 학생들은 짧은 순차에 적극적 청취, 탈언어화, 관용적 의역 기술을 사용할 수 있게 된다. 처음에는 10초 분량의 대화 통역을 하다가 나중에 30-40초 분량의 짧은 순차통역을 해본다.

### 4.4.1 준비자료 및 연습방법

초기에는 강사 또는 훈련 받은 원어민 강연자가 (예: 조교 또는 2학년 학생) 명료하고 잘 정리되어 있는 입문 훈련에 적합한 연설문을 준비한다. 진짜 통역을 쉬운 형식으로 맛보게 되면 말하는 사람이 '되는데' 익숙해진다. 학생들은 자신이 전혀 접해 보지 못한 관점 또는 경험담 통역에 도전해봐야 한다. 예를 들어, 남학생은 임신과 모유수유 경험에 대한 연설문을 통역해본다.

연습방법: 차례가 돌아온 학생은 연설이 끝난 즉시 명확하고 유창한 도착어로 통역해야 한다. 진행 속도가 빠른 라이브 통역으로 중간에 멈추거나 도움 없이 학생들이 몇 분간 돌아가면서 통역사와 연사 역할을 맡는다. 통역을 마친 다음 모든 피드백을 노트하여 학생에게 준다. 연습 목표는 정확성과 자연스러움(유창한 관용적 표현)을 동시에 추구하되, 중간에 알맞은 표현을 찾으려고 멈추지 않고 즉석에서 의역하고 재표현할 수 있는 유연성과 연사의 어조와 관점을 포착하는 충실성도 잃지 않는 것이다.

통역 피드백을 줄 때, 장점과 단점을 모두 말해주도록 한다. 강사는 학생의 유창성과 자신감을 칭찬하고, 큰 실수와 내용 왜곡 만 지적한다.

#### 4.4.2 행동수칙: 통역의 기본 규칙

이 초기의 현실적인 통역 연습은 초심자가 통역에서 매우 기본적인 해야할 것과 하지 말아야할 것을 배우는 기회를 제공할 것이다.

1. 연사의 말을 들을 때 과잉 반응을 하지 않는다. 고개를 열심히 끄덕이지 않는다(하더라도 처음 한번만 확인의 표시로 중립적인 자세로 끄덕인다[11]). '네' 하면서 맞장구치거나, 머리를 흔들거나, 놀라거나 반대 하듯 인상을 쓰거나 연사의 농담에 웃지 않는다.
2. 자신이 연사인 것처럼 일인칭으로 말한다.
3. 연사의 어조와 에너지를 적절한 강도로 표현한다. 과장된 행동을 하지 않고, 연사를 흉내내거나 무시하거나 무색하게 만들지 않는다.
4. 내용을 윤색하거나 과잉 해석하지 않는다. 확실하지 않다면 맥락이 드러날 때까지 보류(하거나 연사에게 질문)한다.
5. 청중이 이해할 수 있도록 내용을 명료하게 전달한다. 자기가 이해하지 못한 내용을 덮어놓고 통역하지 않는다.
6. 문장을 마무리 짓고 문장을 다시 말하지 않는다.
7. 필러를 제거하고, 발성, 시선 맞추기 등 좋은 웅변에 필요한 기본기를 따른다.

마지막으로, 이 단계의 학생이 통역하다가 특정 표현이나 절에서 막히면 다음 지침을 줄 수 있다.

- 이해는 했지만 등가의 용어나 표현이 곧바로 떠오르지 않는다면:

11) 예를 들어 처음 연설을 해보거나 수줍은 연사나 통역에 익숙하지 않은 연사에 해당한다.

- 의역하거나 (시간이 있다면) 설명한다.
- 더 일반적이거나 상의어를 사용하고, 말하면서 계속 단서를 찾다가 구체화 할 수 있다면 좋지만, 아니라면 다음 번에 맞는 표현을 쓴다.

• 만약 이해가 되지 않는다면(정말 필요할 때만):
  - 가능하다면 (나중에 동시통역을 할 때 부스실 파트너로부터) 도움을 받는다.
  - 이해하지 못한 부분을 연사에게 다시 설명해달라고 부탁한다.

순차통역을 할 때, 통역사는 통역을 하기 전에 연사에게 사실관계나 수치에 대해 빠르게 물어볼 수 있다. 꼭 질문을 해야 한다면, 말을 짧고 정확하게 하여, 연사가 단답으로 정확하게 필요한 정보를 줄 수 있도록 한다.

• 연사가 길게 설명할 수 밖에 없는 광범위한 질문을 하지 않는다.
• 연사가 민망할 만한 질문은 절대 하지 않는다. 예를 들어, 일부러 모호하게 한 말을 명확하게 해달라고 부탁하지 않는다.[12)]

### 4.4.3 역할과 중재의 문제 (중립성 및 충실성)

이 첫 번째 노트 없는 통역 연습의 목표는 노트테이킹을 배우기 전 학생들이 지금까지 배운 적극적 청취, 분석과 효과적 전달 기술을 복습해보는 것이다. 현실에 가까운 모의 대화 통역은 또한 학생들이 '역할 장벽'(4.8)을 얼마나 잘 극복하는지, 각 연사의 입장을 얼마나 충실하게 전달하는지, 빠른 역할 전환이 있는 대화에서도 유지되는지 확인해 볼 수 있다.

통역 '최적화'에 따른 장단점과 타당성은 나중에 다루게 되겠지만(CC-5.8.4 및 10.4), 모의 통역을 하다 보면 '통역 불가능함', 정당화되지 않는 수정, 검열, 윤색, 과잉 또는 축소 통역, 어려운 상황에서 충실성을 지키기 위한 우선순위 등 더 복잡한 문제에 봉착하게 된다. 학생들은 공부하면서 점차 복잡한 차원의 충실성을 이론

---

12) See e.g. discussion of 'non-denial denials' in 4.4.3.1 below, and TG-10.4.5.1.
아래 4.4.3.1의 '부인 아닌 부인non-denial denial'에 관한 논의와 TG-10.4.5.1 참조.

과 실제에서 발견하게 될 것이다. (마찬가지로 통역사 인증 시험에서 충실성이 어떻게 평가되는지 공부하게 된다.)

#### 4.4.3.1 과잉 통역과 과소 통역

본격적으로 통역을 하게 되면서 학생들이 극복해야 할 문제는 주로 이해력, 기억력, 분석력과 탈언어화이다. 지금 단계에서 통역 문제는 상대적으로 적을 것이다. 자주 접할 수 있는 일반적인 주제를 다루고, 문화적으로 무거운 용어, 미묘한 표현이나 섬세한 메타언어적 효과는 배제되어 있는 연설문을 고르고, 관련 도착어 표현을 구상해 볼 수 있도록 브리핑과 생각할 시간을 주기 때문이다. 그러나 특히 과잉 통역과 축소 통역은 처음부터 발생할 수 있는 문제이다.

**과잉통역**: 연사가 실제로 말하거나 의도한 내용보다 더 강한 표현을 도착어로 부적절하게 사용한다.

**과소통역**: 메시지의 핵심 내용을 도착어로 부분적으로 혹은 제대로 전달하지 못한다.

이 두 용어는 적당주의, 부주의, 나쁜 기억력이나 미숙한 기술로 인한 내용 왜곡 또는 소실을 말하는 것이 아니라 극단적 또는 소극적 단어 선택을 의미한다. 과소 통역의 예는 내용을 간단명료하게 하려는 의도에서 선택한 단어가 오히려 전달 효과, 어조, 의미론적 화용론적 뜻을 퇴색시키는 것이다. 이것은 초보자이기 때문에 특히 연사가 유려하거나 관용적이거나 단호한 문장을 사용할 때 부족한 표현력이 드러나게 되는 것이다. 과잉 통역의 예는 어쩌면 연사가 일부러 절제되거나, 모호하거나, 불명확하거나 불완전한 표현을 사용했는데도 통역사가 열정이 지나친 나머지 연사가 의미한 내용을 아주 상세하게 설명하게 되는 것이다.

예를 들어 어떤 기자가 연구소 CEO에게 후원 자금의 출처를 질문했는데, CEO가 '우리는 장사치가 아닙니다we are not for sale'라고 항변했다고 가정해보자. 이것을 '우리는 중립입니다we are neutral'이라고 옮기면 과소 통역이 되는 것이고, '우리는 매춘부가 아닙니다we are not prostitutes'라고 옮기면 과잉 통역이 되는 것이다.

실수는 의사소통을 원활하게 하려는 좋은 의도에서 일어날 수도 있고 정보 처리 기법을 너무 성급하게 사용해도 발생할 수 있다. 4.2.1.1에서 설명했듯이 익숙한 내용을 들었을 때 기억력이 증진되는 효과는 있지만, 내가 기억한 내용이 오히려 연사가 원래 의도했던 메시지를 훼손할 위험이 있다. 과잉 및 축소 통역은 부주의하게 지름길로 갔을 때 생기는 결과이다.

의사소통의 함정 중 하나는 '부인 아닌 부인*non-denial denial*'으로 "처음 들었을 때는 직접적이고, 명백하고 모호하지 않게 들리지만, 자세히 들어보면 시인도 부인도 하지 않는 것"을 뜻한다.[13] 이것은 정치인이나 기업인들이 어떤 소문이나 혐의를 실제로는 부인하지 않으면서 부인하는 인상을 주기 위해 사용하는 방책이다. 일례로 2013년 가을 백악관 대변인이 성명을 통해 미국은 독일 앙겔라 메르켈 총리를 "도청하고 있지 않으며 앞으로 도청하지 않을 것"이라고 밝힌 것인데[14], 이것은 현재와 미래만을 말할 뿐이며 과거에 도청했다는 것을 부인하지 않는 것이다. 경계심이 부족한 통역사는 연사의 엄숙한 어조와 태도에 영향을 받아 이것을 전면 부인으로 착각하고 무심코 '절대 도청한 일이 없다'라고 말하거나 그런 느낌을 줄 수 있다. 흔한 예로 정치인이 기자로부터 공직 출마 또는 사퇴 의사를 질문 받았을 때 (TG-10.4.5.1 'it must be August'예제 및 통역 전략 참조), 기업 이사진이 인수 계획에 대해 물어볼 때 등이 있다.

'부인 아닌 부인'을 능숙하게 사용하면 사람들이 그 사실에 집중하지 않게 되고, 여러 해석의 여지를 남기게 된다. 이때 통역사는 의도적으로 모호한 언어의 성격을 도착어 담화에 똑같이 담아내고 과잉 설명, 명확화의 함정을 피해 연사의 의도를 가로막는 일이 없어야 한다. (연사에게 해명을 부탁하는 것은 부적절할 뿐만 아니라 큰 폐를 끼치는 것이다! 4.4.2의 기본 규칙 참조.)

학생들은 위의 위험과 내용 왜곡에 민감해져야 한다. 이 문제의 해결책은 첫째

13) 위키피디아의 정의를 인용했다. *The Sunday Times*지에서는 "대개 정치인들이 공식 성명으로 보도 내용을 부인하지만, 동시에 보도 내용이 진실일 가능성을 열어두는 것"이라고 정의한다.

14) http://www.telegraph.co.uk/news/worldnews/northamerica/usa/10400865/White-House-US-is-not-listening-to-Angela-Merkels-phone-calls.html (2016년1월17일 접속). https://www.whitehouse.gov/the-press-office/2013/10/23/readout-president-s-phone-call-chancellor-merkel-germany (2015년12월3일 접속).

무엇보다도 예민한 적극적 청취와 분석이다. 그렇게 한 다음에도 통역 문제가 남았다면 안전한 대응어를 찾거나, 찾지 못했다면 특정 단어에 억양 실어 효과를 살린다.

#### 4.4.3.2 통역사의 역할: 기본

이 단계는 전문 통역사에게 가장 기본적인 불편부당한 역할 관련 규칙을 강화하는 좋은 시기이다. 자기 관점, 동정, 기호 등을 억제해 그것이 통역에 영향을 주지 않도록 한다. 통역사를 그냥 따라하거나 통역사처럼 '행동'하는 (해설과 통역을 번갈아 가며 하는) 방송 해설자와는 달리, 무슨 일이 있어도 통역과 관련 없는 목표를 갖고 해설을 달거나 일부 내용을 삭제해서는 안된다.

더 복잡한 역할 및 중재의 문제는 예제와 사례연구(TG-10)를 통해 CC-10.4에서 다루게 될 것이다. 지금은 기본 중에 기본인 연사의 의사, 입장과 어조를 최대한 충실하게 전달하고, 자의적인 판단으로 특별히 내용을 추가하거나 생략하지 않으며, 아무리 도움이 되더라도 개인적인 해설을 달아서는 안 된다(Jones 1998:18-21). 사적인 의견이나 감정을 내비쳐서는 안 되며, '통역 불가능'한 개념은 간단히 설명하고, 과잉 및 축소 통역은 피한다.

## 4.5 공개 발언/발표 및 전달 기술

메시지를 (적극적 청취로, 나중에는 노트를 통해) 완전히 이해하고 포착하는 것은 여전히 효과적인 전달을 통해 실현시켜야 할 가상의 의사소통 계획일 뿐이다. 통역사가 언변만 좋고 충실한 통역을 하지 않는다면 재앙이지만, 통역이 아무리 정확하고 완전 해도 목소리에 힘이 없거나 자신감이 없으면 청중이 듣지 않게 됨으로 엄청난 낭비다. 의사소통 품질은 청중이 연설문에서 얻을 수 있는 인지적 효과와 처리 노력과의 교환에 의해 결정된다는 전제(TG-12.2.2 적합성 이론 참조)하에 화자의 전달 능력은 사치로 볼 수 없다. 수신자가 메시지를 어떻게 받아들이는지 직접적인 영향을 미치기 때문에 전달력은 통역 품질의 기본 요소이다.

통역사는 자주 음향시설이 좋지 않은 넓은 회의실에서 순차통역을 하게 되는데, 효율적이고 귀에 잘 들어오는 통역을 하지 않으면 귀중한 시간을 빼앗는다고 욕을 먹게 된다. 동시통역은 사용자가 통역사의 목소리에만 의존하기 때문에 연사의 제스처나 얼굴표정을 대체 할만큼 운율과 넓은 음역의 발성이 살아있어야 한다. 정치 지도자의 방송 연설과 같이 노출이 많은 행사는 연사에게서 뿐 아니라 통역사에게도 세련된 공개 발언이 요구된다. 조리 있는 언변은 따라서 통역사에게 필수조건이다. "좋은 통역사는 훈련 받은 연사여야 한다"(Herbert 1952:59).

연설의 준비 및 전달 방법은 청중의 이해도와 직결되며, 통역 난이도에도 영향을 주기 때문에 훈련생들은 화자와 수신자 관점에서의 전달 원리를 둘 다 이해해야 한다.

다음은 우리 경험과 척도의 정량화를 시도했던 학자의 저술을 바탕으로 만든 연설의 간단한 분류 체계이다(Lucas 2004; Pöchhacker 2004).

**연설의 분류체계**

1. 준비가 안됐거나 즉흥적인 연설: "준비를 적게 하거나 준비 없이 하는 연설"(Lucas 2007).
2. 어느 정도 준비된/반즉흥[15] 연설: 연사가 발표 구조와 내용을 미리 생각해두었고, 개요 정도를 준비했지만 상당부분 즉석에서 말을 만들어내야 한다. 이것은 통역에 최적화된 연설 형태이며 공식 연설, 텍스트가 준비된 연설에서 엉성하고 조리 없는 연설까지 훈련과정에서 사용되는 다양한 연설문 중 표준 연설 형태가 될 것이다(CC-8.5, CC-9).
3. 대본 있는 발표
   a. 유사 구두 연설: (대부분의 공식 연설과 축사가 그렇듯) 사전에 준비된 연설문을 훈련 받은 연사가 적힌 그대로 연설과 유사하게 전달하는 것이다. 잘

15) 루카스(2004)는 이것을 '즉석 연설'이라고 부르지만 즉흥 연설과 혼용되기 때문에 사용하지 않았다.

암기한 연설 역시 중복되는 내용의 적은 빈도, 의도된 단어선택, 구조, 운율과 수사적 표현 때문에 정보의 밀도가 높다.

b. 낭송형 원고: 연설용으로 작성되지 않은 원고를 문자 그대로 읽는 것이다 (잘 못 읽거나 너무 빨리 읽어서 연설의 성격을 잃는 텍스트).

연설 형태의 경계는 흐려질 수 있다. 연사가 자기 '노트'에서 문장 또는 문단 전체를 적힌 대로 읽을 수 있고, 만약 연사가 같은 발표를 여러 번 했거나 내용을 완전히 숙지하고 있다면, 아무리 통역 친화적인 단어를 사용하고 (2)번 형태의 연설이라도 속도는 3(b)번 형태의 연설 만큼 빠르고 밀도도 높을 수 있다. 뉴스 방송은 사전에 준비된 대본을 전문 앵커가 유사 연설 형태로 발표하는 것이다. 그러나 뉴스 방송은 연설문이라고 볼 수 없고, 순수 정보 전달 매개체에 가깝기 때문에 대부분 통역하기에 너무 빠르고 정보의 밀도가 높다.

### 4.5.1 발표 요소

효과적인 말하기는 통역의 핵심 기술이다. 그러나 다른 의사소통 기술과 같이, 어떤 부분은 강조되고 어떤 부분은 관련성이 적지만 그럼에도 교육적으로 유용한 측면이 있다. 비록 통역사가 연설문을 직접 준비할 필요는 없지만, 준비 방법을 배우는 것은 매우 유익하고, 수업 안과 밖에서 공부하고 그룹 스터디를 할 때 필요한 도구이다. 발표 준비 방법은 다음과 같다.

1. 주제, 청중의 성격, 의사소통 상황과 목적 선택.
2. 발표 내용 및 실제 배경 조사.
3. 연설 목적, 청중의 성격 등을 고려하여 발표 개요 짜기.
4. 효과적인 의사 전달을 위해 기승전결의 구조 및 흐름 잡기.
5. 강력한 문구, 수사적 효과, 자조적 농담, 익살, 인용구, 통계 등을 삽입.
6. 모의 발표 연습.

7. 준비한 개요를 참고하여 라이브로 청중에게 자유롭고 효과적으로 연설.

단계별 유의사항:

1. 준비 단계: 청중을 바로 알자('청중 설계'). 그들은 누구이며, 무엇을 얼마나 알고 있는지, 그들이 알고 있다고 생각하는 것은 무엇인지, 어떤 선입관을 갖고 있으며 어떤 동기로 내 연설을 듣고 있는가? 물론 (너무 당연하지만 잘 잊게 되는) 내 연설의 목적도 분명히 알고 있어야 한다. 통역 훈련에 사용되는 모든 연설은 목표 관객과 목적이 분명해야 하며, 이것을 발표 전 학생들에게 알려주어 발표 및 통역 전략을 짤 수 있도록 한다.
2. 준비 및 개요 작성 단계: 명확하고 논리적인 구조를 짠다. 청중의 수준에 맞는 연설을 준비한다. 특별한 용어가 있으면 반드시 소개하고 정의해 의미를 명료히 하고, 익숙하지 않은 개념은 불필요한 전문 용어를 배제하고 예제 또는 비유를 들어 설명한다. 청중을 위해 전후 맥락을 분명히 하고 중요한 내용은 다른 말로 반복한다. 상대가 동의하지 않거나 반박할 수 있는 부분을 미리 예측하고 피할 수 있는 방법을 찾는다.[16]
3. B언어로 발표한다면 문화적 관습에 유의한다. 예를 들어 영국이나 스칸디나비아 사람들은 말하기 전에 준비, 지식, 말재주 등이 부족하다며 겸손한 태도를 보이지만 북미 사람들은 전혀 그렇지 않고, 격언, 시, 고전 문학을 인용할 가능성이 더 적다.
4. 연습 단계: 모의 연설을 녹음해서 비판적으로 들어본다. 시간을 재보고 연설 속도를 맞춘다.

웅변은 수 세기 동안 거의 변하지 않은 오래된 기술 중 하나일 것이다(추가 참고 도서 참조). 서구 사회에서 수사학의 전통은 다른 많은 기원이 있겠지만 근대 국제 담화는 아리스토텔레스의 '설득의 3요소'인 '에토스*ethos*', '로고스*logos*'와 '파토스*pathos*'

16) 제레미 도노반의 *How to give a TED talk* 등 발표 관련 최신 핸드북, 데일 카네기 사회자 지침서, 전통 웅변기술 관련 서적을 읽으면 도움이 될 것이다. 추가 참고 도서 참조.

에서 비롯되며 통역 훈련에도 적용된다. 에토스와 로고스는 통역사에게 중요한 웅변의 두 가지 층위, 즉 전달과 논리를 말하며 발표 입문의 두 개의 중점 이기도 하다. 세 번째 파토스는 '스타일'(및 관련 최적화 요소)에 어느 정도 적용됐지만, 기본 통역 기술을 숙지하기 전까진 중점적으로 다루지 않을 것이다.

#### 4.5.1.1 전달 기술 ('*에토스*')

첫째 무엇보다도 예비 통역사들은 언어 및 비언어적 층위의 좋은 전달 기술에 숙달해야 한다.

여기서 말하는 전달 기술은 발성, 시선 맞추기, 자세, 음성 조절 등 아래 기술한 '준언어'적 층위를 포함하지만 단어나 선택은 제외된다. 전달 기술은 즉흥적이든 노트를 참고하든 원고를 읽든 최소한 자기를 변호하는 것만큼이나 통역에 중요하다. 통역사에게 통제권이 가장 많이 주어지고 그만큼 소통 전문가로서의 신뢰성과도 직결되는 연설의 한 측면이 바로 그것이다.

비언어적 측면 중 필수 요건은 다음과 같다.

a. 청중과 눈을 맞추고 청중의 이해도, 반응 등 기타 비언어적 피드백을 시각적으로 모니터링한다. (카메라를 포함해 객석 전체를 돌아가면서 한 명씩 몇 초간 눈을 맞춘다.)
b. 바른 자세와 태도를 취한다. 똑바로 서거나 앉아서 (그렇다고 뻣뻣하게 굳어 있지 말고) 당당하고 개방적인 몸짓 언어를 사용한다. 움츠리거나, 꼼지락거리거나, 펜이나 다른 물건을 만지작거리지 않는다. 머리를 만지거나, 주머니에 손을 넣는다거나, 기대거나, 발을 바꿔가며 무게중심을 옮기거나, 눈알을 굴린다든지, 인상을 쓰지 않는다.
c. 조의를 표하거나, 열정적인 세일즈맨이 물건을 팔거나, 비밀을 털어놓는 등 내용에 어울리는 제스처, 몸짓과 얼굴표정을 짓는다. 강사가 직접 시범을 보여주고 좋은 연사의 비디오를 오디오를 키고 끈 상태에서 관람한다. 보통 친절하고 성실한 태도를 취하면 된다.

언어적 측면:

d. (관심 없는 사람부터 귀가 어두운 사람까지) 모든 청중이 들을 수 있도록 크고 또렷하게 발성한다. 복식호흡을 연습하면 소리지르지 않고도 큰 소리를 낼 수 있게 된다.

e. 필러(음, 어, 아; euh, bon; ese-e…, ano-o-o…, 这个, 那)를 모두 제거한다. 차라리 침묵하는 것이 낫다.

| 목소리 톤, 음질, 울림, 발성, 발음, 호흡(스트레스 조절), 말 버릇 등을 개선하기 위해 보컬 트레이너에게 음성훈련 받는 것을 모든 학생들에게 최소한 하나의 선택사항으로 해줘야 한다. |
|---|

f. 말하는 속도를 조절한다. 숨도 고르지 않고 곧장 발표하지 않는다(사람들이 긴장해서 자주하는 실수다). 그렇다고 너무 천천히 말해서 상대방이 지루함을 느끼게 만들지 않는다(자주 있는 일은 아니지만 똑같이 성가시다). 청중을 사로잡기 위해 다양한 리듬을 사용하되 메시지에서 벗어나지 않도록 한다. 예를 들어 질문 이후, 중요한 포인트 전, 앞 내용을 요약하고 난 뒤, 그리고 새로운 주제 전환 전에 의도적으로(그러나 과장 되지 않게) 쉼표를 넣어줄 수 있다.

g. 음색을 다양하게 한다. 단조롭게 말하지 않는다. 억양을 살려 키워드를 강조하고, 메시지에 효과를 주어 청중이 내 말에 공감할 수 있게 한다. (언어마다 운율에 패턴이 있는데, 이것은 전문 연사의 연설 녹음파일을 듣고 섀도잉을 통해 연습할 수 있다. CC-7.4.2 참조)

h. 또렷이 발음한다. 말을 흐리거나 웅얼거리지 않는다. 특히 이름, 제목, 특이한 용어, 숫자 등을 신경 써서 발음한다(예: 17과 70, million과 billion).

i. 메시지 전달과 언어 관습에 따라 각 문장의 필요한 단어를 강조한다. 예를 들어 영어에 내제된 특징인 대조 강세*contrastive stress*와 억양은 학부 단계에서 도외시되는 경향이 있다. 강세를 줄 대조어를 밑줄 그은 뒤 텍스트를 읽어보는 연습을 한다. 만약 강세가 잘 안 들어가면 원어민에게 녹음 파일을 들려주어

교정을 받도록 한다. (잘 연습해 두면 나중에 굉장히 빠른 속도의 연설을 요약할 때 도움이 될 것이다. CC/TG-9 참조)

j. 문장을 수정하지 않는다. 문장을 시작했으면 마무리를 짓도록 한다. (나중에 동시통역을 할 때 강사와 학생 스스로 엄격하게 감독하고 모니터링해야 한다.)

k. 전반적으로 당당하고, 성실하고, 자연스럽게 행동한다. 자신감은 신뢰를 얻는 비결이다.

연설 연습(첫 2-3주간)에 있어 초기 최우선 순위는 각 학생이 가진 전달 능력의 부족한 점을 파악하고 고치는데 주어져야 한다(처음에는 A언어로 발표하고 나중에는 다시 말하기 연습을 한다). 반복적인 필러 사용, 잦은 문장 수정, 단조로운 말투, 힘 없는 목소리 등 학생들은 저마다 특유의 나쁜 습관을 가지고 있다. 가장 눈에 보이고 귀에 잘 들리는 문제를 찾고 고치는 것만해도 절반은 해낸 것이다.

짧은 (반즉흥) 연설, 일화, 교훈이 있거나 억울함을 호소하는 짧은 이야기를 발표로도 충분히 연습할 수 있다. 녹화해 두었다가 발표가 끝나면 곧바로 재생해서 평가를 받은 다음, 고쳐야 할 부분을 개서해서 강사가 시범을 보인다. 강사가 한 말을 학생들이 따라해보거나, 만족스러운 결과가 나올 때까지 몇 번 반복해서 발표해도 좋다. 매 수업 코칭을 할 때, 한 번에 한 가지씩, 학생이 발표한 즉시 피드백 주고, 반복 학습을 하는 '의도적 연습*deliberate practice*' 원리를 따라도 좋다(TG-2.6.2).

눈에 띄는 문제를 고치고 난 뒤에는, 앞서 설명한 언어 및 비언어적 층위의 전달 기술의 개선과 최적화에 초점을 맞춘다. 이것은 오랜 시간과 연습이 필요한 작업이고 상세한 피드백과 반복 학습이 도움이 된다. 전문가 수준의 발표 실력을 갖추려면 (특히 사회화 및 문화화 과정에서 몸에 벤 습관을 고치기 위해[17]) 꼼꼼한 강사와 함께 한 학기 동안 주기적인 연습과 파트너 피드백이 필요하고, 전체 훈련 과정 동안 꾸준히 모니터링하고 실력을 갈고 닦아야 한다.

몇 주간 기본 발표 기술('에토스')을 익힌 뒤, 다음 단계인 '로고스'로 넘어간다. 여

17) 예를 들어, 어떤 문화권에선 전통적으로 젊은 여성은 항상 작고 가녀린 목소리로 말하도록 가르친다.

기서 구조, 흐름, 구성에 초점을 맞추고 더 길고 짜임새 있는 연설문을 다루면서 이미 배운 '에토스'를 꾸준히 모니터링하고 연습한다.

#### 4.5.1.2 구조와 푯말 세우기 ('로고스')

발표에 확신을 주는 두 번째 도구는 '로고스', 또는 발표 내용의 순서, 구성과 구조라고 할 수 있다. 앞서 통역을 할 때 연설의 구조를 파악하는 것이 기억, 분석, 에 어떻게 도움이 되는지 이미 살펴보았다. 발표를 할 때 명확한 구조는 발표의 신뢰도를 높인다. 일반적으로 좋은 연설은 발단, 전개, 결말이 있다.

1. 시작*opening*: 연설의 첫머리는 사람들의 관심을 모으고, 화자의 말에 신빙성을 주고, 청중과 유대감을 형성하여 발표 주제가 주의를 기울일 만 한 가치가 있다는 확신을 주어야 한다. 뛰어난 연사는 충격적인 문구, 인용구, 통계, 수사적 질문, 또는 재미있는 일화 등으로 연설을 시작한다. (TED Talks, Vital Speeches, C-Span 비교 및 추가 참고 도서 참조)
2. 연설의 몸체*body of the speech*: 연설의 전개는 명시적 구조가 드러나게 잘 정리되어 있어야 한다. 요점과 주장이 깔끔하게 연결되고, (연대순, 공간, 인과관계 등) '인지 친화적인' 순서로 전개되어야 한다. 훈련용 연설문은 3개나 4개 정도의 요점을 포함할 수 있다. 연결고리, 주제 전환을 알리는 '푯말 세우기'의 중요성은 회의 통역에서 아무리 강조해도 부족하다. 이 언어 및 음성 푯말은 청중이 최소한의 노력으로 집중하고 주제를 따라갈 수 있도록 도와준다.

   '미리보기-보기-다시보기*preview-view-review*'구조는 의사소통을 증진시키고 청중이 메시지를 잘 기억할 수 있게 해준다고 알려져 있다. (무엇을 말할 지 고지하고, 본론을 말한 다음, 말한 내용을 복습한다.) 연설은 글처럼 다시 읽을 수 없기 때문에 '미리보기'와 '다시보기', 특히 어렵고 복잡한 내용이라면 중간중간 부분 요약을 해주는 것이 필요하다.

   연사(와 통역사)는 'right, next I'd like to talk about…(자, 다음 드릴 말씀은…)'처럼 주제 전환 등을 알리는 어구의 레퍼토리가 풍부해야 한다. 좋은 연사의 어구를 꾸준히 수집하는 것도 좋다(CC-7.3.3).

> 내용의 순서
>
> 내용의 순서를 '논리적'으로 또는 듣기 편하게 정하는 방법을 간단하게 소개해보겠다. (Trzeciak과 Mackay 1994 참조.)
>
> - 중요도가 높은 것에서 낮은 것 순으로
> - 과거에서 현재 순으로
> - 행사나 과정의 단계 순으로
> - 잘 알려진 것부터 덜 알려진 것 순으로
> - 간단한 것에서 복잡한 것 순으로
> - 일반적인 것에서 구체적인 것 순으로
> - 광의에서 협의, 거시에서 미시, 또는 그 반대 순으로
> - 문제 제기 및 해결 순으로
> - 원인에서 결과 순으로
>
> 이것은 모두 특히 서구권에서 전형적으로 사용되는 구조이다. 조금 더 성숙한 단계에서 대칭 또는 순환 논리를 선호(하고 높이 평가)하는 문화도 일부 있다. 예를 들어 정립-반정립-종합이 순환되는 헤겔의 정반합의 논리는 유럽 수사학에서 으뜸으로 여겨지고, 비슷하게 나선형으로 통합되는 논리가 일부 아프리카 담화에서도 우세하다.

3. 결말*conclusion*: 이야기가 끝을 향해 나아간다는 신호를, 예를 들어 요점 반복을 통해 무대를 떠나기 전에 청중이 생각해보거나 '가져갈 만한' 메시지를 주거나 행동을 촉구해야 한다. 청중이 마지막으로 듣게 되는 내용인 만큼 기억에 남는 결말을 제시해야 한다. 학생들은 인용구, 호소, 도발, 명확한 교훈, 혹은 예상 밖의 전환 등 여러 가지 실험을 해봐야 한다. 특별히 효과적인 (그러나 남용돼서는 안 될) 기술은 원점으로 회귀하여 루프를 형성하거나 첫머리에 던진 질문의 대답으로 연설을 마무리 짓는 것이다.

전형적인 연설문 패턴, 수사적 기법, 정치 담화에 자주 사용되는 고차원적 논증과 반증은 수업 시간 중에 살펴볼 만한 가치가 있다. 수업 밖에서는 잘 알려진 명연설문을 찾아서 읽는데 시간을 투자해야 한다(추가 참고 도서 참조). 그렇게 하다 보면 학생들이 연설문의 느낌과 구조에 민감해지고 익숙해지면서 다음 내용을 예상할 수 있게 된다.

4. 시간 분배: 발단, 전개 (그리고 주장과 하위주장), 결말에 시간을 얼만큼 할애하느냐 하는 것도 연습이 필요하다. 여기서도 요점을 미리 정리하는 것이 중간에 시간이 부족하든지, 너무 세부적인 내용에 집착해서 큰 그림을 보여주지 못하는 등의 흔한 실수를 피할 수 있도록 도와준다.

   기본적인 구조와 패턴이 어느 정도 갖춰지면, 논증과 설득, 논리의 오류와 논증 담화의 일반적 문제 등 '로고스'의 또 다른 측면을 공부해보는 것도 학생들에게 도움이 될 것이다. (예: 인과관계, 애매한 용어, 잘못된 비유, 순환 논리의 헷갈리는 상관관계. Weston 2000 참조.)

#### 4.5.1.3 언어, 표현, 수사법 ('파토스')

아리스토텔레스의 설득의 3요소 중 '파토스'는 청중의 감정에 호소하는 것이다. 우리는 이 용어를 통역사의 언어 및 수사적 능숙도, 즉 스타일을 말할 때 사용한다. 이것은 화자의 어투, (가능하다면 문화적인 특징을 살린) 단어선택, 수사적 기교, 유머, 뉘앙스, 역설, 어감, 의도적 모호함, 완곡함, 암시 등을 통역사가 얼마나 도착어에 잘 반영하여 화자의 성격과 느낌을 효과적으로 전달했는지를 의미한다. 이 세 번째 층위는 통역사가 전달하려는 것 중 가장 어렵고, 또 정보의 단순 보고가 아닌 연설을 연설답게 만드는 요소이기도 하다.

이미 예상했겠지만 입문 단계에서 목표 성과인 파토스에 이르기까지는 아주 먼 길을 가야 한다. 연설하기와 그 후 다시 말하기에서 '에토스'와 '로고스'를 숙달한 다음, 순차적인 포획 및 전달*capture-and-rendering* 기술을 강화하고 통역의 최적화 범위를 수업 피드백에서 집중할 수 있다(CC-5.8.4). 그러다가 다듬는 단계에서 파토스의 중요성이 점점 커지게 된다.

그러나 이 세 번째 층위는 제대로 된 연설문이라면 금방 눈에 띄고, 수업에서 실제 연설문을 분석하고, 통역하고, 평가하고 재통역하는 과정에서 이 부분에 더 민감해지게 될 것이다. 현대 수사학과 설득기법 개관수업을 통해 학생들의 작업언어에서의 인식 수준을 높이고, 통역수업에서는 꾸준하고도 엄격한 지도를 통해 학생들이 연사의 의도, 다채롭거나, 모호하거나, 문화적 성격이 강한 표현, 몸짓 언어의 '특별'한 효과 등 다양한 수사적 기법 및 효과를 파악할 수 있도록 한다.

발표 훈련 맥락에서 학생들은 직접 청중과 목표를 고려해 청중을 사로잡고 감동시키는 발표를 준비하고 실행하기 위한 감각을 키우게 된다. 다음 체크리스트를 참고하자.

- 청중과 행사성격에 적합한 언어역을 사용한다.
- 언어를 정확하고 솜씨 있게 사용한다. 특히 A언어에서 다채롭고, 효과적이고 '꼭 맞는 표현*le mot juste*'을 쓰도록 노력하자. (의도적으로 한 것이 아니라면) 의미에 모호함의 여지가 있어서는 안 된다.[18]
- 뉘앙스에 각별히 신경 쓴다. (특히 정치 담화에서 뉘앙스 자체가 메시지 인 경우가 많다.)
- 장황함은 피한다. 하지만 반복은 요약 또는 강조 등 목적에 맞게 사용한다.
- 정치 연설문의 작성 방법을 공부하고, 각 나라의 여러 사안을 다양한 정치적 각도에서 비춰보는 좋은 연설문을 읽고 분석한다.
- 평행구조, 두운법, 비유, 상호텍스트성 등 수사적 기법을 (특히 B언어에서) 숙지했다는 전제 하에 효과적으로 사용한다.

청중 인지도(혹은 '청중 설계', CC-9.2.2; TG-10.5.3 참조)는 학생들에게 같은 내용을 다른 청중들이라 가정하고 발표해서 확인해 볼 수 있다. 수용적 청중 대 회의적 청중, 전문가 대 일반인, 중학생, 영어가 제2외국어인 청중*ESL listener* 등 다양한 청중을

18) 연사가 의도적으로 모호하거나 불명확한 표현을 쓴다면, 통역사는 이것을 알아채고 도착어에 같은 효과를 재현해내야 한다(CC-5.8.4).

예상해볼 수 있다.

마지막으로, 감정에 호소하는 연설과 힘찬 웅변이 어려운 이유는 도착어에서 같은 효과를 전달하기 위해 어느정도 위험을 감수해야하기 때문이다. 따라서 이 분야를 마스터하려면 여러 경우와 상황에서 최적화(CC-5.8.4)의 '적정성'을 잘 이해하여 과잉 또는 과소 통역의 위험을 줄일 수 있는 선택을 해야 한다.

연설 작성 방법 관련 자료는 이 장 끝에 추가 참고 도서에 수록되어 있다.

### 4.5.2 공개 발언: 요약

공개 발언 훈련은 회의 통역을 대표하는 연설문 형태, 즉 내용과 구성은 미리 준비하지만 말은 (개요나 노트를 참고해) 즉석에서 대부분 만들어내는 반半즉흥 발표 초점을 맞춰야 한다.

공개 발언은 발표 기술을 완전히 익힐 때까지 A언어로 먼저 훈련을 받아야 한다. 그러나 모든 작업언어에서 발표 연습과 피드백은 반드시 필요하고 전체 교과과정이 심화될 수록 B언어에서 신뢰감을 주는 것에 더 집중하게 된다. 표현력, 스타일, 수사적 기법('파토스')에 있어서 A와 B언어에 요구 되는 기대수준은 당연히 다를 수 밖에 없고, B언어에서의 유기적 연결에 더 많은 시간을 투자 해야겠지만 기본적인 전달 능력('에토스')과 조리('로고스')는 양쪽 모두 비슷한 수준이 기대된다.

통역의 핵심 기술 중 하나인 말하기의 기본기는 일찍 다져 놓아둬야 나중에 열매를 많이 거두게 된다. 첫째, 청중 앞에서 발표하는 연습을 일찍 할 수록 학생들이 목소리, 자세, 발성, 시간 안배, 체력 등의 준어적 능력을 더 빨리 기를 수 있게 된다. 둘째, 발표를 준비하는 과정에서 각 주제를 깊이 탐구하고 지식 지평을 넓힐 수 있다. 셋째, 훌륭한 연설문을 분석하다 보면 효과적인 발표를 위한 연설 구조와 기법을 이해하게 된다. 연사의 관점에서 의사소통을 공부하면 각 단계마다 다방면으로 도움이 될 것이다.

## 4.6 모든 것을 한꺼번에 놓기: 듣고 파악하고 말하기

적극적 청취와 분석, 공개 발언, 통역사의 역할과 관련하여 훈련을 어느 정도 받고 나면 마침내 내용에 충실하고 모든 중요한 사항을 전달하면서 진짜 연설처럼 들리는 순차 통역을 노트 없이 할 수 있게 된다.

### 4.6.1 노트 없는 순차 통역: 준비자료, 연습방법 및 피드백

준비자료: 아직까지는 짜임새 있는 반즉흥 구두 연설을 사용한다. 연설문은 주장과 근거가 명확하고 하위 논거가 있으며 (하지만 어려운 이름이나 숫자가 없는) 시사 주제나 일반적인 주제를 다루어야 한다. 어려운 단락은 1분 분량으로 끊어서 읽어주고, 쉬운 단락은 2분 분량으로 읽어준다.

연습방법: 이제부터 통역과 발표의 기본 규칙을 모두 지키도록 한다. 주제 지식 활성화를 위해 잠시 토론할 시간을 준 다음 한 꼭지씩 읽어준다. 학생 한 명이 강연대에 서서 통역한다. 청중은 정중한 태도로 듣고 중간에 떠들거나 발표를 거들지 않는다.

발표하는 학생이 말문이 막히면, 강사가 빠르게 기억을 상기시켜줄 단어를 던져준다. 하지만 가급적이면 학생이 발표를 완전히 마칠 때까지 간섭을 하지 않는 것이 좋다. 학생들은 자기 기억에 의존해서 처음부터 끝까지 도움 없이 발표하는 것에 익숙해져야 한다.

피드백: 현재 단계에서 주의하고 고쳐야 할 문제들은 크게 다섯 가지로 분류된다.

- 큰 의미 왜곡
- 중요 정보의 생략
- 논리의 개연성 또는 일관성 부재
- 탈언어화 실패로 인한 어색한 도착어 표현
- 심각한 과잉 또는 과소 통역, 편향성 및 그 외 통역사의 역할에 벗어나는 문제

이중 어느 한 가지 항목이라도 해당하는 문제가 있다면 강사의 유도 질문의 도움을 받아 발표한 학생이 스스로 고칠 수 있어야 한다. 학생이 스스로 정정한 다음 강사가 문제의 원인을 설명해주어야 한다. 그 뒤 자세, 몸짓 언어, 발성, 필러 사용, 연결고리, 전달력 등 발표 기술에 관한 피드백을 주도록 한다.

노트 없는 순차 통역이 입학 시험과 똑같아 보일 수 있지만, 6주간 입문 과정에서 집중 훈련을 받았기 때문에 입시 때 학생들에게 부족했던 자질과 약점이 소거된 상태여야 한다. 학생의 발전 정도를 다음 네 가지 관점에서 측정해 볼 수 있다.

i. 완성도: 주장 및 하위 주장, 그리고 중요한 세부사항이 모두 포함되어 있다.
ii. 일관성과 소통력: 연설처럼 들리는 통역을 한다.
iii. 신뢰도: 폭 넓은 주제와 다양한 연설문에 대한 이해 수준이 높다.
iv. 임기응변 능력: 예를 들어, 이름을 놓쳤을 경우 'my colleague, the previous speaker(종전에 발표했던 제 동료)' 등의 표현으로 대체하고, 숫자의 경우 비슷한 규모의 표현으로 대체하여 지혜롭게 대처하는 것이 가능하다.

학생들이 자신 있게 적극적 청취와 담화 개요 파악을 활용해 연설문의 요점과 연결고리를 충실하고, 명료하고 조리 있게 도착어로 전달할 수 있게 되면 노트테이킹을 배울 준비가 된 것이다.

#### 4.6.2 입문 과정: 목표

지금 단계에서 학생들은 듣기, 분석 및 발표 기술의 향상과 더불어 통역사의 에토스를 채택해 통역의 기본 관례에 입문했을 것이다. 또한 일부 발췌한 아래 AIIC 전문 국제회의 통역사를 위한 실용 지침서에 기술된 통역사의 기본 정신을 이론상 완전히 이해하고 있어야 한다.[19]

---

19) http://aiic.net/page/628/practical-guide-for-professional-conference-interpreters/lang/1#33 (2016년 1월 18일 접속)

회의통역은 전문적인 의사소통 서비스로 통역의 품질은 하나의 의사소통 기능이다. 통역사는 연사가 의도한 메시지를 최대한 **정확하고 충실하며 완전하게** 전달할 의무가 있다. 동시에 내가 발표하는 것처럼 연설을 **명확하고 생생하게 전달해야 한다**. 회의통역사는 의사소통 전문가로써 유창한 표현력과 소통력을 갖춘 발표자가 되어야 한다.

몇 가지 측면에서 좋은 통역은 연기하는 것과 비슷하다. 연사의 분신으로써 연설 내용의 요지, 강조점, 어조, 뉘앙스를 회의 참여자들이 마치 원문을 듣고 있는 것처럼 연사의 메시지를 명확하고 효과적으로 전달해야 한다. 회의 참여자들의 반응을 살피고 **정확할 뿐만 아니라 설득력 있게** 전달하여 청중을 사로잡도록 한다. 회의 참여자들이 통역사를 통해 연설문을 듣고 있다는 사실을 잊어버려야 한다.

실제 상황에서 늘 짜임새 있는 구조의 연설문을 접할 것이라는 기대를 해서는 안 된다. 그렇기 때문에 통역사는 일반 청중과 달리 들을 때 깊게 탐구하고 분석해야 하고, 이해를 돕기 위해 구조를 도입하거나 창조해야 한다. 만약 일시적으로 단어가 떠오르지 않는다면, 깊게 처리하여 이해한 맥락 기억을 통해 알맞은 표현을 찾을 수 있어야 한다. 이런 경우에 진정한 의미의 '통역' 요소가 극대화 됐다고 할 수 있다.

## 4.7 자기주도 학습: 첫 단계

### 4.7.1 개인 공부 및 연습

수업에서 최대한 많은 것을 얻어가고 개인 공부 및 연습 시간을 최대로 활용하려면, 학생들은 최대한 빨리 혼자서 효율적으로 학습하는 방법을 익혀야 한다. 강사는 반드시 예비 교육과 명확한 지침을 제공해야 한다.[20] 강사의 지도 없이 학생

20) 이론 수업 첫 강의 때, 강사와 학생이 통역 기법, 목표 등을 토론할 때 사용하는 용어의 '메타 언어적'

혼자 연습하게 되면, 방향성을 잃거나 의미 없는 오히려 역효과가 날 수 있다. 입문 과정에서 학생들이 곧바로 습득해야 하는 습관과 일과를 소개하겠다.

- 적극적 독서와 청취: 한 문단 또는 두 문단을 읽고 내용을 요약하거나, 30-60초 분량의 연설을 듣고 요약한다. 가끔씩 의역, 통역, 시역을 바꿔가며 연습한다.
- 발표 연습: 문헌과 시청각 자료를 활용하여 발표 개요 또는 노트를 준비한 다음 즉석에서 발표해 본다.
- 구두화: 텍스트를 한번 읽고 말로 옮기는 연습을 한다(4.7.1.1 참조).
- 언어 및 지식 숙달: 주기적이고 체계적으로 수동 어휘와 능동 어휘를 구분하여 언어 능숙도와 배경 지식 향상에 힘쓴다. (CC-7의 지침, 우선순위, 연습 방법 참조.)
- 시사 상식: 신문과 뉴스 청취도 좋지만 특히 양질의 논평, 분석, 사설을 자주 읽어 시사에 밝아야 한다. 모든 작업 언어로 대조하여 해당 국가의 굵직굵직한 사건의 주요 용어 관련 글로서리를 만들도록 한다.
- 주제 심층 탐구: 금융시장, 글로벌 및 현지 트렌드, 세계화의 영향, 빈곤 퇴치, UN의 역할, 교섭의 기본 원리 등 시사 주제 관련 서적을 읽거나 청취한다. 내 목표 시장에 따라 강조되는 영역이 달라질 수 있다. (예: 동시통역 위주의 국제기관 대 금융 허브의 사기업 시장 조사)

학생들이 1학년 때 공부해야 하는 주제는 정치 지리학, 문화, 역사 및 지식 전통, 거시경제, 무역, 금융시장 관련 기초 지식, 정부와 기업의 구조, 민주주의 외 기타 정부 형태, 경영 및 행정 등이 있다. 경제학 개관 수업과 함께 경제 텍스트 분석과 용어를 미리 정리해 무미건조한 경제 이야기도 재미있게 전달할 수 있다면 좋다. 2학년 때는 과학 연구 보고서와 발표, 예산 관련 용어, 국제회의 절차, 국제기구내 일상 및 용어 등을 공부하게 된다.

---

정의를 확실히 정립해 두는 것이 좋다.

#### 4.7.1.1 구두화 연습

텍스트를 말로 옮길 수 있는 능력은 시역 뿐 아니라 수업 밖에서 연설문이 없거나 녹음 해둔 파일이 없을 때 특히 도움이 된다.

구두화는 "텍스트를 읽으면서 단어와 통사 구조를 바꿔 의역해 즉흥 연설의 색을 입히는 것이다"(Gile 2005:136). 즉석에서 구두화하는 것이 초심자에게는 어려운 일이지만, 동기 학생들이 내가 의역한 것을 듣고 연습할 수 있도록 몇 분간 텍스트를 읽은 다음 낮은 목소리로 연습한다. 만약 시간이 더 있다면 "순차 통역처럼 노트테이킹을 한 다음, 노트를 보고 발표하여 즉흥 연설과 같은 효과를 낼 수 있다"(ibid.). CC-5장 부록 C에 소개된 그룹 스터디 지침 3번을 참고한다.

#### 4.7.1.2 그룹 스터디

학생들이 발표 기술을 적당히 익혔을 4주차 또는 5주차 수업부터 마지막 주까지 3-4명의 소그룹으로 일주일에 최소한 세 번씩 모여서 수업시간에 했던 방식 그대로 연습하도록 한다. 그러나 효과적인 연습을 위해 반드시 지침을 엄격하게 따라야 한다(CC-5, 부록 C).

## 4.8 공백 메우기: 학생들을 위한 이론

### 4.8.1 입문 과정의 3개 초점: 이해, 중개, 전달

입문 과정에서 첫 번째로 다루게 될 통역 모델(그림 4.1)을 살펴보면 통역의 3단계가 소개되어 있다.

1. 이해: 출발어와 맥락을 바탕으로 연사가 의미하는 바를 이해하고 통역을 위해 각별한 주의집중, 연상과 분석을 통해 이해한 것(의도와 내용)을 풍부한 담화 모델로 표현해 청중에게 해당사항이 있는 내용을 담아낸다.
2. 중개: 청중이 이해할 수 있는 메시지로 전환하기 위해 통역사가 뛰어넘어야 할 세 개의 장벽이 있다.

i. 언어 장벽: 청중이 최소한의 노력으로 메시지를 이해할 수 있도록 탈언화를 통해 자연스러운 형태의 부호로 전환하는 작업이 필요하다.

ii. 인지 장벽: 서로 다른 문화 또는 지식적 배경을 가진 청중이 내용에 공감할 수 있도록 적합성(TG-12.2.2)을 높이는 화용적 최적화 작업을 한다. ('인지 장벽'은 통역 뿐만이 아니라 모든 의사소통에 해당된다.)

iii. 역할 장벽: 각 연사의 의사소통 의도를 고려하여 연사를 대신해 (가능하다면 모든 대화 참가자가 동의하는) 통역 관례에 따라 1인칭 시점으로 내용을 전달한다.

3. 전달 (발표 기술): 청중이 최소한의 노력으로 연사의 의미를 최대로 이해할 수 있도록 언어와 맥락을 활용하여 발표한다.

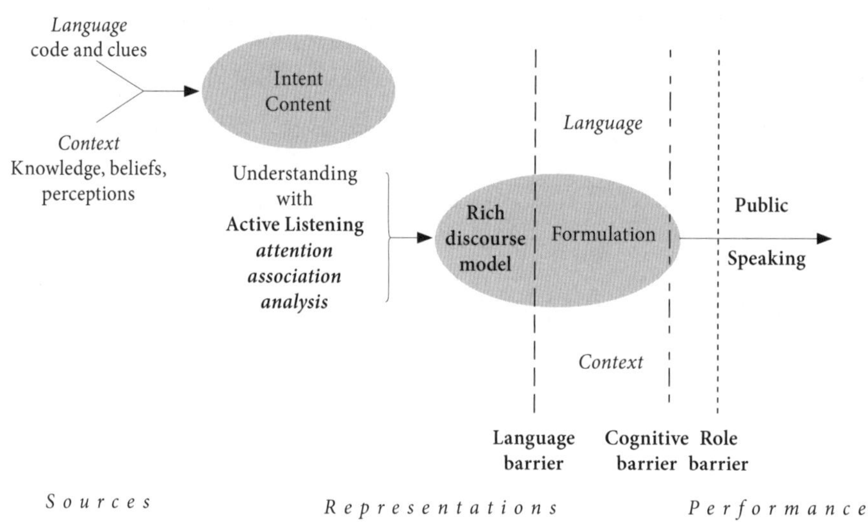


그림 4.1 첫 번째 통역 모델

### 4.8.2 '의사소통 플러스'로써의 통역: 한가지 모델

위의 세 가지 장벽은 언어 간*interlingual*, 문화 간*intercultural* 중재자로서 극복해야할 장애물이다. 언어장벽에 걸리지 않고 넘어 간다는 것은 단순 메시지 전달이 아닌 언어 간섭을 뛰어 넘어 자연스러운 도착어로 전달한다는 것을 의미한다(4.8.3). 역할 장벽을 넘는 다는 것은 자신의 이해관계, 친분, 기호, 콤플렉스, 의견을 내려놓고 연사가 되는 것을 의미한다.

인지 장벽을 극복하는 것은 모든 의사소통 참여자의 과제이며, 통역에서 이것은 언어 전환과 문화적 간극을 고려했을 때, 통역의 최적화 성격과 정도를 판단하는 것을 의미한다.[21)] (CC-5.8 및 CC/TG-10.4 참조)

### 4.8.3 언어 간섭

우리가 알고 있는 언어들에 같은 형태와 의미를 지닌 단어, 표현, 문형이 있는 것처럼 보이지만 실제로는 그렇지 않을 수 있다. 그래서 한 언어로 읽고 듣고 다른 언어로 말해야 우리는 이런 착각이 주는 함정을 피하는 노력을 기울여야 한다.

앞서 설명한 '파리 삼각형' (번역의 해석 이론, ITT)으로 보면설명했듯이 탈언어화(출발어 망각)와 마치 우리가 직접 말하는 것처럼 도착어로 자연스럽게 옮긴 것이 아니라 단어 대 단어, 구조 대 구조로 게으르게 잘못 옮긴 것이다. 해석하는 과정(사고 및 의미 파악)을 통해 정확하고 자연스러운 표현으로 옮겨야 했는데 (게으르고 기계적인) 전환 과정으로 의해 대체되어 어색하거나 이해하기 어렵거나 완전히 잘못된 도착어로 표현한 것이다. 이것을 어떻게 예방할 수 있을까?

신경 과학의 측면에서, 의미를 이해하기 위한 신경 경로의 활성화 하고 비슷한 의미 및 형태와 직결되는 신경 경로를 비활성화 하는 방법을 찾아야 한다고 볼 수 있다. 이것은 상당한 노력이 필요하다. 왜냐하면 연사가 특정 상황에 언급한 말의 의미를 파악하려면, 하나의 소리에서 다른 소리로의 짧은 경로를 지나는 것이 아니라 뇌의 여러 부위에서 우리가 아는 것, 보는 것 등의 정보를 불러오기 위해 갖가지 신경 경로를 활성화해야 하기 때문이다. (맞춤식 대구對句에 대한 학습된 동의어만 연결해 내뱉기만 하는 것보다 의미를 체험하는 것이 훨씬 지적으로 보람을 느끼는 것은 당연하다. 다행히도 통역은 이 둘을 합쳐 놓은 것이다.)

---

21) 의소소통을 목적으로 한 모든 통역은 도착어의 단어 선택에도 최소한의 '최적화'가 포함 될 수 밖에 없다. 연사가 '지시한 것*ostension*'을 도착어에 복원하기 위해 특정 화용적 장치가 필요하기 때문이다. (CC-2.1.5; TG-12.2.2; Setton 1998:188)

인간의 인지를 진화적 측면에서 이해하려는 저자들에 의하면, 구어든 문자든 그것을 접하는 순간 보편적 능력의 특수화라고 간주될 수 있는 두 가지 정신적 자원이 저절로 활성화된다고 한다.

i. 번역의 해석 과정에 지배적으로 사용되는 맥락 속 지시적 신호로부터 의도된 의미를 해석하는 능력(TG-12.2.2)

ii. 언어 지식 (두 언어의 상호 연결된 문법과 어휘)

하지만 번역의 경우, 해석이 주가 되고 직역이 적절하게 보완할 수 있도록 이 둘의 관계를 제어해야 한다.

말은 아무래도 목소리, 표현력, 연사의 자세와 몸짓 언어 등 다양한 언어적 신호가 있기 때문에 글보다 일반적 해석('마음 읽기') 활동을 강하게 유발할 것이다. 반대로 글은 언어 정보가 압도적으로 많지만 글을 번역하는 사람이 읽는 것을 멈추고 잠시 생각할 시간을 갖고[22] 떠올리고 분석하고 다시 텍스트로 돌아와 필요하다면 이번에는 언어적 측면에서 정확한 동의어를 찾아볼 수도 있다. (CC-9.2.3.2, 그림9.1)

그러므로 통역사가 다른 곳을 볼 여유가 없이 텍스트를 보면서 통역(시역 또는 텍스트 있는 동시통역)해야 할 때 언어간섭의 위험이 가장 크다. 순차의 경우 통역사가 새롭게 만든 복합적 정보(노트와 기억, 다음 장 참조)에서 개념과 언어 정보의 균형을 찾는다면 간섭이 덜할 것이다. 그러나 대부분의 연설은 언어적 신호가 지배적이고 부담이 크기 때문에 '자유' 동시통역을 하더라도 언어간섭을 극복하기 위해 처음에 많은 노력이 필요하다. 실제로 셀레스코비치는 길레(1997, 2009)와 반대로 이 '노력'이 동시통역에서 가장 많이 혹은 유일하게 필요하다고 했다.

언어적 부호를 분리해서 생각하는데 노력이 필요한 이유는 (놀랍지 않게도) 언어 정보가 통역에 최적화된 방식으로 자연스럽게 정리가 되지 않기 때문이다. (다중언어 사용자의 뇌가 언어 정보를 정리하는 방법을 소개한 문헌 정보는 TG-7.5.4 참조.)

---

22) 지그문트 프로이트는 번역을 할 때, 한 문단을 읽은 다음 책을 덮고, 내용을 요약한 다음 다시 다음 문단을 읽기를 반복한 다음 최종적으로 책과 요약 내용을 둘 다 펼쳐 놓고 비교했다고 한다.

### 4.8.4 통역과 직역: '준비된 대응어', 과연 도움이 될까?

빠르고 정확한 통역을 하려면 '개념의 중재*concept mediation*'와 '단어 연상*word association*'이 필요하다(Setton 2003b). 탈언어화를 자유자재로 쓰는 전문 통역사들도 글로서리를 준비하고 관련 정보를 미리 읽어서 뇌의 정보를 활성화 시킨다. 구체적인 용어는 금방 잊게 되겠지만, 시행착오를 거쳐 이미 검증된 용어와 표현은 기억에 남기 때문에 시간이 지나면 '이중언어 표현 사전(혹은 유의어 사전)'이 될 만큼 축적된다. 이것을 잘만 활용하면 담화의 정례적인 부분과 기술적인 부분 외에도 (특히 B 언어로 통역할 때 도움이 되는) '전환 가능한' 말뭉치, 공식, 문장 오프닝 문구, 프레이밍 장치들을 사용하는데 힘이 덜 들게 될 것이다. 통역사의 머릿속에 있는 표현 사전은 1:1 대응어만 있는 것이 아니라 1:다수로 연결되어 있고, 주어진 각 맥락에서 몇 가지 유용한 TL 대응어 중에 고르게 된다. 특히 판에 박힌 연설문을 통역할 때, 건포도 빵 공장의 건포도 활송장치처럼 맥락의 적절성에 주의한다면 통역의 품질 저하 없이 통역의 수고를 덜어줄 것이다.[23]

요약하면, 우리 뇌의 제약과 가능성의 이론적 전제를 훈련과 연습에 접목하기 위해 다음 세 가지 과제를 해결하기 위한 현실적이고 효율적인 전략이 필요하다.

i. 직역이 가능한 부분에 사용할 단어, 표현과 말뭉치를 미리 준비하고 활성화 시킨다.
ii. 정보의 흐름을 좇아가면서, 메시지의 핵심을 분석하고 처리해서 '새로운' 표현을 재구성한다.
iii. 언어 간섭(어휘, 구조 또는 리듬/운율)에 의해 통역의 품질이 훼손되지 않고 청중이 편하게 이해할 수 있도록 정확하게 전달 되는지 모니터링한다.

이 복합적인 과제는 통역 현장에서 집중력의 안배 과정으로 해석할 수 있다(길레의 노력 모델*Gile's Effort Model* 비교, Gile 2009:157ff 참조). 그러나 훈련과 준비 과정에 필요

23) TG-8 부록 B 그림 8.1에 나온 개략적 처리 모델*schematic process model*에서 이것은 두 언어의 어휘 사이를 가로지르는 '지름길'로 나타나있다.

한 몇 가지 전략이 있는데, 그중 B언어의 '언어적 준비태세'를 보장하기 위한 현실적 의식적 접근방식이 중요하다(CC-7).

### 4.8.5 지식: 통역하는데 얼만큼 필요한가?

너무 순식간에 일어나기 때문에 늘 자각하기 어렵지만 우리가 단어에 부여된 의미만을 해석하기 위한 것 외에도 다른 여러 지식이 있어야만 말 또는 글을 이해할 수 있다는 것은 이제 널리 받아들여지고 있다. 언어는 의미를 부호화하기 위한 정교한 시스템이지만, 말은 항상 부정확성과 모호성을 남길 수 밖에 없다. 이것은 우리의 기억과 그 상황에 대한 지식을 동원해야만 해소되고 적합한 의미를 만들어 낼 수 있다. 신문의 헤드라인이 그 예('무가베 시복식 위해 로마에 가다*Mugabe in Rome for beatification*')가 되겠지만 이것은 편집자가 의도적으로 사람들의 호기심을 자극하고 판매부수를 늘리기 위해 인위적으로 모호한 표현을 쓴 것이다. 모호성을 제거하기 위해 현장 지식이나 일반 지식이 필요한 실제 사례는 많이 있다. 예를 들어, 불어로 '*la Commission*'은 어떤 위원회나 유럽 집행위원회를 지칭한다.

이해를 위한 맥락이 필요한 경우, 외부인 인데다 직업상 모호성을 빨리 해소해야 하는 통역사에게는 더더욱 치명적일 수박에 없다. 회의 참가자들은 서로의 내부 지식을 당연하게 생각하고 생략을 하면서 대화한다. 주제, 시급한 문제, 회의 참가자의 역할에 관한 배경 및 '현장' 지식은 이해의 깊이를 더하고 확장시키며(담화 및 상황 모델 또는 의미의 표상화를 풍부하게 함), 암묵적 의미를 파악함으로써 어휘의 선택 폭이 넓어져 가장 효과적인 표현을 사용하여 의역할 수 있는 시간을 벌어준다.

상호보완적 지식에 의존하는 의역, 동의어와 일반화의 도움 없이 통역은 불가능하다. 호주 대사가 북방 털코 웜뱃이 처한 운명에 대해 말한다면,[24] 적당한 단어를 찾느라 말을 더듬거나 당황하지 말고 '호주 멸종 위기종' 또는 '토착 유대목 동물'이라고 말할 수 있으면 좋다. 따라서 '반식자半識者 우환(선무당이 사람 잡는다)'는 말은 부분적인 정보로 추측을 하는 사람에게 따끔한 경고가 될지 모르지만, 모호함

24) 최근 거시경제 정책 회담에서 인용된 실례이다.

을 없애거나 차선의 통역을 할 수 있게 해준다면 통역사는 약간의 지식이라도 있는 것이 아주 없는 것보단 낫다. 사물이 속한 범주를 알거나, 정확한 숫자가 기억이 안 났을 때 자릿수라도 기억한다면 의역 또는 일반적인 표현을 사용해 적당히 넘길 수 있다.

물론 가끔은 이해를 하지 않고도 언어적 층위에서 통역이 가능하지만 이것은 통사 및 어휘적 부호화가 명시적으로 드러나고 맥락에 영향을 받지 않는 해당 언어쌍의 표준 대응어를 모두 알고 있을 때나 있는 일이다. 하지만 정확하고 자연스러운 통역을 원한다면 이것은 부분적으로만 맞는 말이다. 린(2008:63)은 직역이 가능한 구문의 예시를 다음과 같이 들었다.

> … The key information aspect there is signaling systems. Under this question, test methods are to be developed for different traffic model networks; and also, a test specification is to be created both inside the domain, and end-to-end when using intra-domain communications.

그러나 이 텍스트조차도 몇 가지 표현(예: Under this question; creating a test specification end-to-end)들이 자세히 봤을 때 명확하지 않은데다가 일부 언어에서는 직역을 통해 통역처럼 들리게 블러핑을 하는 것이 불가능하다. 단순히 두 언어의 용어, 표현, 구조의 동의어 쌍을 외우는 것이 안전한 전략이 아니란 것쯤은 최소한 알 수 있을 것이다.

여기서 핵심은 내 지식 수준을 파악하고 있어 (a) 안전한 표현 또는 추측을 사용하고 풀어서 설명하는 것이 가능한지, (b) 내용이 충분히 '부호화' 되어 있고 맥락을 충분히 알고 있어 위험부담 없이 직역을 할 수 있는지, (c) 그것이 불가능하다면 전문적인 투명성을 위해 묻거나 무지를 인정하는 것이다(4.4.2 및 CC-9.3.2 참조).

### 전문 지식과 통역

다양한 분야의 전문가가 통역사가 외부인이고 그 분야의 전문가가 아니기 때문에 쓸모 있는 통역을 할 수 있을지 의심할 때가 있다. 좋은 품질(또는 최소한 납득할만한 수준)의 통역을 제공하기 위해 전문 통역사는, 특히 프리랜서의 경우, 시사 상식, 국제기구 및 각종 기업, 사용하는 언어의 국가 및 공동체, 통역할 주제와 배경과 관련하여 CC-2.4에서 설명한 'K' 역량의 다섯 가지 항목을 충족해야 한다.

이 모든 주의사항을 다 지키더라도 대화 참가자 만큼 내용을 완전하게 이해하기는 여전히 힘들다. 그렇다 하더라도 훈련 받고 준비된 통역사들은 '내부자'들도 감탄할 만큼 만족스러운 통역서비스를 꾸준히 제공하고 있다.

확실히 통역사가 암시된 내용을 모두 알고 있어야만 하는 것은 아니다. 하지만 통역사의 이해 수준은 최소한 통사 단위로 신뢰할 수 있을 만큼은 되어야 하고, 허튼 소리를 안하고 의미가 보존된 의역을 하기 위해 지시 대상에 대한 기본 지식이 있어야 한다. 출발어를 본능적으로 이해하거나 논리적 대비를 이해할 정도의 수준이라면 강조점도 살릴 수 있다. 그리고 목소리의 효과로도 비슷한 분위기를 만드는 것이 가능하다.

CC-9에서 살펴보겠지만, 극단적인 경우 굉장히 난해한 주제를 다루게 됐을 때 이 역량과 대응어의 지식을 통해 그리고 운이 좋으면 발표 슬라이드와 도표를 활용해서 전문가라면 의미를 충분히 유추할 수 있을 만큼의 통역을 제공하는 것이 충분히 가능할 것이다.

## 4.9 요약

통역사는 기본적인 각 통역 단계에 요구되는 기본적인 인지 및 의사소통 능력인 적극적 분석 청취, 풍부하고 탄탄한 작업 기억, 유창하고 확신을 주는 발표 기술을 숙지하고 있어야 한다. 하지만 다른 언어, 배경 및 관점을 가진 화자들 사이의 간극을 좁혀 주려면 언어, 인지, 역할의 세 가지 장벽을 극복해야 한다.[25] 입문 과정에서는 실용가능하고 재미있는 연습과 간단한 이론을 통해 통역사답게 듣고, 의미와 구조를 파악하고, 언어 간섭의 함정을 피하면서 명확하고 확실하게 표현하며, 공정한 중재자로서 각 연사의 역할과 지위에 맞는 표현을 사용하는 방법을 터득한다. 이는 순차 통역 기술을 습득하기 위한 필수 기본 능력이다.

추가 참고 도서 (상세 정보는 권말 참고 도서 참조)

공개 발언

1. *Classical sources*:

(1) Aristotle's On Rhetoric: see Kennedy 1991 (for references in other languages, see also http://plato.stanford.edu/entries/aristotlerhetoric/

(2) Cicero: *De Oratore* or *Selected Works*

(3) Quintilian (Quintilianus): see e.g. Murphy 1987

2. *History of rhetoric*

(1) Fontanier 1830/1977: Les figures du discours

(2) Enos 1996: Encyclopedia of Rhetoric and Composition

(3) Fumaroli 1999: Histoire de la rhétorique dans l'Europe modern

(4) Corbett & Connors 1999: Classical Rhetoric for the Modern Student

3. *Contemporary public speaking and oratory*

(1) Vital Speeches of the Day: http://www.vsotd.com

(2) Lucas 2004: The Art of Public Speaking

(3) Carnegie 2005: Public Speaking for Success

(4) Donovan 2014: How to deliver a TED Talk

25) 예: 언어, 지식, 또는 신념 차이로 인해 사람들을 분리 시키는 것(그러나 목적의 차이로 인한 문제 해결은 전문 교섭가의 영역이다).

(5) Gallo 2010: The Presentation Secrets of Steve Jobs

(6) Harvard Business Review 2011 on communicating effectively

담화 구조, 형식, 구성

1. Pinker 2014: The Sense of Style
2. Trzeciak & Mackay 1994: Study Skills for Academic Writing
3. Weston 2000: A Rulebook for Arguments

추가 참고 도서 URL 모두 2016년 2월 16일 접속

담화 이해, 정신 모델, 지식 스키마, 기억, 다중언어 관련하여 TG-5의 추가 참고 도서 참조.

# 제5장 순차 통역

## 5.1 서문

### 5.1.1 역사와 특이성

순차통역은 다양한 형식으로 고대부터 행해져 왔다. 현대의 '본격' 또는 공식 순차통역은 노트테이킹 기술에 힘입어 연설의 난이도와 관계 없이 5에서 10분 분량의 통역을 소화해낼 수 있다. 노트 기술은 1919년 파리평화회의와 두 세계대전 사이, UN의 전신인 국제연맹*League of Nation*에서 활동했던 소수의 불-영 통역사[1]에 의해 고안되었다. 감탄할 만큼 놀라운 언변과 뛰어난 기억력을 가졌던 그들은 최소한의 노트만 하면서 30분 분량의 연설도 통역해냈다. (이른바 '영웅시대*the heroic age*'와 관련해 Baigorri-Jalón 2004a/2014 및 CC-2 추가 참고 도서 참조.)

UN에서 순차통역은 (물론 다툼이 없지는 않았지만) 금새 동시통역으로 대체되어 모든 대형 국제 회의의 표준이 되었다. 그러나 소규모 회담에서는 여전히 순차통역이 사용되고, 많은 이들은 자격 있는 통역사라면 갖춰야 할 필수 기술이자 통역의 정

1) 폴 망투, 장 허버트, 카민커 형제, 앙투안 벨레만, 조르쥬 마티외 등 (Baigorri-Jalón 2004a/2014).

수精髓로 간주하고 있다. 영웅시대 이후로 담화 형태는 길이뿐만 아니라 내용과 밀도 측면에서도 변화했고 현대에는 더 완전하고 체계적인 노트테이킹을 요구하게 됐다. 그러나 본격 순차통역은 여전히 동시통역 만큼이나 숙달이 어렵다.

오늘날 순차통역은 기념식과 현지시찰 등 짧고, 친밀한, 즉흥 회담에서 사용되는 경향이 있고, 정확도와 감시가능성*monitorability*을 이유로 법정의 진술 통역, 양자 외교 및 협상, 기자회견에 사용된다. 일반적으로 순차통역은 두 언어 사이 통역이 필요할 때 실용적이다. (항상 그렇지는 않지만) 본격 순차통역이 필요한 행사는 다음과 같다.

- 외교관, 관료, 지도자간 비/공개 양자 회담
- 다양한 비즈니스 미팅 및 협상
- 간부 회의실, 만찬, 자동차, 비행기 또는 화상회의에서 단체장 사이의 사적 담화
- 리셉션, 연회, 수여식, 취임식, 준공식 등 공식 행사 연설
- 학술 및 기술 발표 토론 세미나
- 강의 및 연수회
- 기자회견, 미디어 스크럼, 또는 원탁 회의
- TV 또는 라디오 인터뷰, 토크쇼 (최근에는 동시 목소리입히기*voice-over*가 보편화되고 있다.)

짧은 순차 또는 대화통역은 관광안내, 현지시찰(공장, 광산, 박물관, 성당, 쇼핑), 법정 및 형사절차(증인 또는 피의자의 진술 및 심문), 복지 및 공공서비스 인터뷰(망명신청, 복지 혜택 신청 등), 의료 인터뷰 및 상담, 전화 통역 등 공공서비스 통역과 연락*liaison* 통역에서 주로 사용된다.

위의 목록만 봐도 알 수 있듯이 현대의 화려한 동시통역 보다도 본격 및 짧은 순차 통역이 여전히 상황과 용도 측면에서 그리고 사회 각계각층의 공식 및 비공식 행사에서 가장 널리 사용되며 앞으로도 그럴 것이다. 이유는 다음과 같다.

- 비용: 통역사 한 명이 순차통역 서비스를 제공할 수 있고 통역장비 대여가 필요 없다.
- 이동성 및 편의성: 순차는 이동이 용이하고 탄광이나 움직이는 차 안에서 비행기까지 언제 어디서든 통역이 가능하다.
- 프라이버시 또는 친밀함: 순차는 기계의 간섭 없이 소수의 대화참여자간 면대면 의사소통을 가능케 한다. 노변[爐邊]외교나 레이건과 고르바초프의 유명한 숲 산책*walk in the woods*처럼 의사소통이 단 두 사람의 이해당사자와 통역사(들)로 제한될 수 있다. 순차통역은 전자기기를 통한 도청이 힘들기 때문에 동시통역보다 기밀 및 보안 유지가 용이하다고 볼 수 있다.
- 정확성 및 감시가능성: 많은 사람들이 동시보다 순차가 정확도가 뛰어나다고 생각한다. 확실한 기준은 없지만 동시통역에 비해 순차통역이 고객 또는 그의 보좌관이 양쪽 언어에 대한 지식이 있을 때 정확도를 쉽게 검증할 수 있다. 바로 이 문제 때문에 초기에 국제 회의장 내 동시통역 사용에 저항이 있었고 오늘날까지도 민감한 양자회담에서는 순차통역을 사용하게 됐다.
- 속도: 역설적으로 대화 참여자가 생각할 시간을 벌어주기 때문에 협상과 외교석상에서 순차통역이 선호될 수 있다. 때때로 단순히 의전을 위해서나 의도적으로 시간을 끌기 위해 순차통역을 사용하기도 했다.
- 순차통역은 더하면 더했지 회의통역 훈련과 시험에서도 여전히 사용된다.
- 전문 채용시험: 국제기구에서 순차통역은 거의 사용되지 않지만, (세계에서 가장 큰 회의통역사를 고용하고 있는) EU의 통역사 채용험도 1차로 본격 순차통역 시험으로 걸러낸다.2) 이 사실 하나만으로 유럽의 회의통역사 지망생들은 사용 빈도와 무관하게 순차통역 기술 숙달에 상당한 시간을 투자해야 한다.
- 동시통역을 위한 준비훈련: 순차통역은 (시역과 함께 할 때) 동시통역의 훌륭한 기본기가 된다(TG-3.3.5.1).

2) 하지만 UN에서는 그렇지 않다.

### 5.1.2 본격 순차통역 대 짧은 순차통역

실제 현장에서 순차통역은 몇 초에서 30분 분량까지 모든 길이로 제공되고 여러 상황적 제약과 관례에 따라 장단점이 다르다.

아주 짧은 순차: 5-10초 분량의 (문장 단위나 구 단위) 짧은 담화는 순차통역으로 충분할 수 있고, 통역사가 노트를 할 줄 모르거나, 고객이 순차통역을 모르거나 상황이 급할 경우에도 순차통역이 요구되거나 선택될 수 있다. 그러나 역설적으로 동시통역 훈련을 받은 전문 회의 통역사가 최적의 순차 서비스를 제공할 수 있다.

짧은 순차: 한 번에 몇 문장씩 보다 완성된 아이디어를 전달하지만 30-40초를 초과하지 않는다. 비즈니스 통역에서 보편적으로 사용되며, 대부분의 비공식, 지역 공동체 및 법정 통역에서 가장 많이 사용되고, 분야별로 인증 시험(NAATI, FCICE, LTTC[3])을 통과해야 한다. 짧은 분량이기 때문에 기억에 부담이 적고 노트도 필요 없지만 메시지를 효과적으로 이해하고 전달하기에 충분한 맥락을 제공한다. 그러나 일부 연사들은 통역사를 배려해 30초마다 기계적으로 말을 멈추는 것이 탄력을 떨어뜨리고 생각의 흐름을 끊기 때문에 성가시다고 느낄 수 있다.

중간 길이 순차 (45-90초): 특히 정보의 밀도가 높고, 내용이 복잡하거나 익숙하지 않다면 노트 기술이 어느 정도 필요하지만, 중간 길이 순차는 자연스럽게 말하고 소통하는 것이 가능하고 내용이 조금 더 짧거나 길어도 통역사가 문제 없이 소화하길 기대하는 고객에게 인정을 받는다. 여기서부터 '진짜' 순차통역이 시작된다.

노트 있는 본격 순차(2분 이상): 긴 독백 혹은 발언 분량이 긴 담화에서 질적으로 비교우위를 가진다. 연사가 방해 받지 않고 생각을 더 완전하게 전달할 수 있고 즉석에서 추가 예제나 통계를 제시할 수 있고, 통역이 진행되는 동안 청중의 반응을 지켜보면서 다음 말을 생각할 시간을 가진다.

본격 순차는 통역사가 여유가 많아 구사할 수 있는 문맥도 많아져 짧은 순차(나 동시)보다 일관성 있고 정리된 내용을 전달할 수 있다.

순차통역이 동시보다 시간이 더 걸리는 것이 당연하지만 보통 사람들이 생각하

3) 대만 언어 연수평가 센터*Language Training and Testing Center*

는 것처럼 회의시간이 두 배로 늘어나는 것은 아니다. 숙련된 통역사는 연사보다 더 빠르고 명료하게 말하고, 중간에 머뭇거리거나 문장을 다시 시작하거나 불필요한 내용 반복을 하지 않고, 회의가 진행될수록 패턴에 익숙해 지기 때문에 고객이 원한다면 요약도 가능하다. 통역사를 신뢰하는 연사라면 어조, 내용 또는 의사소통 의도의 훼손 또는 희석이 없는 한 일관성과 유창성이 증가하는 것에 반대하지 않는다. (그러나 법정 통역처럼 통제되거나 대립적 상황에서 통역사의 자의적인 내용 가감은 금지된다.)

'아주 긴' 순차 (5분 이상): 특히 (영어의 경우) 양쪽 언어를 이해하는 대화 참여자가 늘어나면서 자칫 회의가 지루해질 수 있기 때문에 사용빈도가 줄어들고 있다.

현장에서 더 짧은 분량의 순차가 선호되는 이유는 다양하다. 당연히 말을 자주 주고 받는 대화, 인터뷰 또는 담화나 중간에 해명이나 (고객 또는 통역사의) 질문을 자주 받아야 하는 경우에, 그리고 방송 기자회견이나 외교 정상회담처럼 정치인 및 유명인사들이 주목 받아야 하는 상황에서도 짧은 순차가 선호된다. 비공식 회담에서도 연사가 통역 없이 너무 오랫동안 말하면 듣는 사람이 피곤할 수 있고, 반대로 통역사 입장에서 양쪽 언어를 사용하는 대화 참가자 여럿이 중간에 끼어들면 혼란스러울 수 있다. 대립적이거나 이해 관계가 높은 상황(법정, 외교)에서는 고객이 내용의 정확성을 원할 수 있으므로 발언 분량이 적을 때 상대적으로 수월하다.

따라서 최근에는 전통적인 '본격' 순차 통역에서도 1-2분 분량이 보편화되고 있다. 그러나 전문 회의통역사는 아주 짧은 것에서 긴 것까지 다양한 분량의 연설을 통역할 준비가 되어 있어야 한다. 훈련을 목적으로 5-7분 분량으로 통역역량을 시험해볼 수 있다.

순차통역이 동시통역과 뚜렷이 구분되는 또 하나의 특징은 노출도露出度이다. 참석자들과의 근접성, 다양한 대화형식과 역동적인 대화 순서가 언제나 마이크 사용의 질서와 절차로 제약을 받지 않기 때문에 (보건, 의료, 복지, 이민 관련 통역은 이해관계자의 삶에 직접적인 영향을 줌) 통역사의 유연성과 대처능력이 시험대에 오를 수 있고, 공식적이고 정해진 절차가 있는 동시통역보다 세심한 역할 및 상황 관리 능력이 필요할 수 있다.

물론 일부 회의통역사들은 (국제기구에 채용될 경우) 나중에 순차를 거의 안 하게 되겠지만, 여전히 노트 있는 순차통역이 동시통역 준비에 좋다는 사실은 변함이 없다(TG-3.3.5.1 참조).

### 5.1.3 (노트 하는) 본격 순차통역은 어떻게 하나?

본격 순차통역은 노트가 보완해 주는 기억에 의존한다. 오늘날 대부분의 훈련받은 전문통역사들이 사용하는 노트 기술은 20세기 초 통역이라는 분야를 개척한 당시 통역사들에 의해 개발되었다. 1950년대 1960년대 활동했던 통역사들(Herbert 1952; Rozan 1950; van Hoof 1962)이 집필한 책 중에는 로잔의 저서가 가장 상세하고 잘 알려져 있다.[4] 근래에는 마티셱(1989)이 제안한 노트 기법이 일부 학교에서 수용되고 있다. 비록 같은 원리에 기반하고 있지만(Ahrens 2005), 노트 기호와 부호의 조합이 더 정교하고 체계화되어 있다. 로잔의 기법이 개인의 취향과 편의에 맞게 응용되고 담화의 성격과 장르에 맞게 변형을 줄 수 있을 만큼 적당한 바탕을 제공하기 때문에 순차통역을 위한 노트테이킹의 '표준기법'으로 불릴만 하다는 것이 전문가들의 견해이다.

물론 이 기법은 항상 개인이 재단하지만, 대부분 이 기본 지침에서 착안된 구조, 골자, 축약, 기호를 사용하고, 같은 약자와 기호를 쓰는 경우도 많다. 노트테이킹 기법을 고안한 통역사들이 최선의 노트를 위해 입을 모아 강조한 것은 다음과 같다.

노트테이킹은

- 축자적[縮字的] 기록이 아니라 아직 연설문이 통역사의 기억에 선명하게 남아있을 때 기억을 보조하는 도구이다.
- 속기법이 아니다. (속기법은 애초에 중간에 수정하거나 훑어보거나 읽어볼 여유가 없

4) 후일 마이어(1976), 류(1993/2008), 길레(2005)가 발표하고, 논평하고, 예제와 함께 갱신했다.

고 해석하는데 걸리는 시간을 지연시키기만 한다.)

- 기본 지침을 바탕으로 개발된 개인적인 체계이다.
- 들려오는 메시지의 분석능력에 결정적으로 의존한다.
- 단어가 아닌 아이디어와 담화구조를 기록한다.
- 아이디어 내용만큼이나 아이디어 사이의 연결고리를 충실하게 기록해야 한다.
- 바로 말로 옮길 수 있도록 내용이 한눈에 들어와야 한다.

로잔은 순차통역의 각 단계마다 노트의 역할이 있다고 말한다. 받아 적으면서 생각이나 그림을 형상화하여 머리 속에 각인시키고 통역을 할 때 기억을 상기시켜 조리 있게 말할 수 있게 한다. 제일 중요한 원칙은 통역사가 노트의 첫머리로 돌아와서 통역을 시작할 때 이미 내용의 심층분석을 끝마친 상태여야 한다는 것이다. 들은 내용의 분석과 노트의 명료함과 정확함이 통역의 성과를 판가름 낸다. 로마자(1956) 체계의 '7가지 원칙과 20가지 기호' 부록 A에 요약했다.

다음은 로잔의 노트테이킹 원칙과 노트의 예시이다.

로잔(1956)의 노트테이킹 원칙과 노트 예시

| | |
|---|---|
| ***아이디어를 수직으로 정렬한다.*** | |
| 'the report on/concerning Western Europe is interesting' | <u>Rpt</u> <u>int$^{g}$</u><br>W Eur |
| ***같은 내용을 반복해서 적지 않고 다음 줄에 들여쓰기를 해 시간을 아낀다. 노트는 아직 유효한 윗줄의 한 요소를 위해 공간을 남기는 것처럼 아래 줄에 쓰는데 반복되어 나온 것처럼 보이게 한다. (명료성을 위해 예시는 일부만 축약했다.)*** | |
| 'during 1954, prices rose less rapidly than wages, resulting in a net increase in households' revenue' | 54, px↗<br>but______no = income<br>so ______popn ↗ |
| ***부수적인 내용은 괄호 안에 넣는다.*** | |
| 'this has led to fresh investments, particularly in the area of transportation…' | → + inv$^{ts}$<br>(esp Tport) |

| *강조, 부정, 접두사, 접미사 등은 마크와 축약어를 사용한다. 밑줄로 강조한다.* | |
|---|---|
| 'examine very closely' | <u>exam</u> |
| 'I want to state/assert quite categorically/ emphatically that…' | I <u>say</u> |
| '(this study is) extremely interesting': | <u>int</u>[9] |

로잔의 기법은 구조, 지면 배정, 설계 원리를 설명하고 정보를 경제적으로 포착하는 방법을 제안한다. 숙련된 통역사가 (로잔의 제안처럼) 정확하면서도 창의적이고 유연하게 사용했을 때 다음과 같은 노트를 생산할 수 있다.

- 통역사가 분석한 연설문의 구조와 논리를 명확하게 반영한다.
- 분당 발화수가 130-150인 꽤 밀도 높은 연설 내용도 따라갈 수 있을 만큼 응축되어 있다.
- 거의 모든 연설의 관련 정보, 뉘앙스, 세부사항을 모두 기억할 수 있다.
- 연설문이 아직 뇌리에 남아 있을 때 한눈에 훑고 도착어로 조리 있게 옮길 수 있다.

통역사 개개인은 이러한 원칙적인 틀 안에서 자기만의 규칙, 기호와 축약어를 고안해 노트 기법을 완성할 것을 기대하고 권장한다. 마찬가지로 이 책에서 제시한 모든 노트 예시는 단순히 예시일 뿐으로 수업 때 강사가 보여줄 수 있다.

'표준 기법'은 두 가지 보조 기능이 있다.

1. 지면 공간 배정: 수직정렬*verticalization*, 들여쓰기*indentation*, 쌓기*stacking*, 포장*boxing*을 해서 노트의 구조를 효과적으로 배치한, 말하자면 체계의 '구문화'
2. 정보포착: 노트테이킹 '어휘*lexicon*'인 큐워드*cue-word*, 간소화*simplification*, 약어*abbreviation*, 기호*symbol*를 영리하게 사용해 내용을 경제적이지만 효과적으로 적기

이 두가지 특징은 상호보완적 관계이다. 지면배정(방식의 '구문')은 메시지를 한 눈에 볼 수 있도록 구조와 논리를 잡아주고, 연설이 아직 생생하게 기억날 때 모두 즉각 인지되는 약어와 기호(노트의 '어휘')는 연사의 주장과 근거, 뉘앙스와 어조를 모두 효율적으로 기록할 수 있게 해준다.

좋은 순차 노트는 속기, 요점만 나열된 개요, 기억하기 힘든 내용의 목록이 아니라 내용의 구조화되고 응축된 의미가 차례대로 적혀있는 신호 체계이다. 연설에 대한 통역사의 분석을 반영하고, 기억을 대체하는 것이 아니라 보조하는 역할을 한다(정신적 담화 모델은 마지막 장에서 다룬다). 연사가 통역을 위해 말을 멈추면 곧장 읽어 내려갈 수 있으나 몇 주가 지나고 나면 아무 의미 없는 노트가 되고 만다. 내용의 압축 정도는 정해져 있지 않고 내용이 얼만큼 반복 되느냐에 따라 달라진다. 순차 노트 세트의 기본 패턴은 일반적으로 의미의 최소 단위인 신호(어, 기호, 약어)가 모여서 하나의 완전한 (문장 길이의) 아이디어 단위가 된다. 그러나 나중에 살펴보겠지만 한 단어만 적어도 아이디어 전체가 생각나는 경우가 있는가 하면 문장마다 큐워드를 적거나 문구 전체를 받아 적어야 하는 경우도 있다.

전문 통역사의 노트는 약어, 기호, 그리고 화살표, 괄호, 동그라미, 수평/수직선과 같은 부호, 주제 전환, 연결고리, 분위기, 강조 등이 표시되어 있다는 연구(TG-6.8.1 참조) 결과가 있다. 셀레스코비치(1975)는 구두 완충제*verbal padding*보다 이름, 숫자, 목록같은 확실한 정보는 더 충실하게, 연결고리와 구조는 더 명확하게 적는 다는 것을 발견했다. 하지만 하나의 이야기를 기억하는데 간단한 스케치나 단어 하나만으로 충분한 경우도 있다. 노트의 양은 발화수에 비례하지 않으나 기억하기 얼마나 힘드냐에 따라 정해진다. 따라서 회의가 진행됨에 따라 주제와 상황에 더 익숙해지고 담화의 적합성을 분간해 냄으로써 노트가 더 간결해진다. 알블-미카사(2008)는 원 연설이 어떻게 노트로 압축되는 지를 보여준다. 아직 연설이 기억날 때 통역사는 생략되고 조각난 임시 텍스트처럼 보일 수 있는 이 노트에 살을 붙여 도착어로 전달하게 된다.

비록 효율적인 노트를 위한 기본 원리가 같고 일부 기호와 약어가 널리 쓰이고 있지만, 학생들은 반드시 초기 훈련을 마친 뒤에 강도 높은 훈련을 통해 각자 자기만의 노트 기술을 개발해야 한다.

순차통역: 단순 모델

순차통역을 할 때 노트가 가장 눈에 띄지만, 과정의 일부에 지나지 않는다. 아래 그림은 효과적인 순차통역 중 연설(또는 독립된 절)이 포착되고, 처리되어 도착어로 옮겨지는 과정을 보여준다. 언어 입력과 처리과정이 정보 포착 단계에서 동시에 이루어지고, 전달 단계에서 산출 과정이 이루어진다.

좌측 열의 입력*Input* 정보는 당연히 연설 내용이지만, 정확하게는 통역사가 연설 내용을 이해하고 분석한 경험이라고 볼 수 있다. 그 이해(적극적 청취, CC-4.2.1)의 산물이 구조화된 내용의 뭉치(사각형)가 언어와 비언어적 단서를 통해 인지된 의도(타원)에 의해 운반된다. 이것을 우리는 '어체*style*'라고 한다.

중앙의 처리과정*Processing*은 어떻게 구조화된 내용이 이해한 경험의 기억(타원)으로 저장(화살표)되는지 보여준다. 이것이 기억력을 향상시키는 적극적 청취와 구조화된 정보를 기록하는 노트(사각형)에 의해 확장된다. 여기에 분위기와 의도를 보여

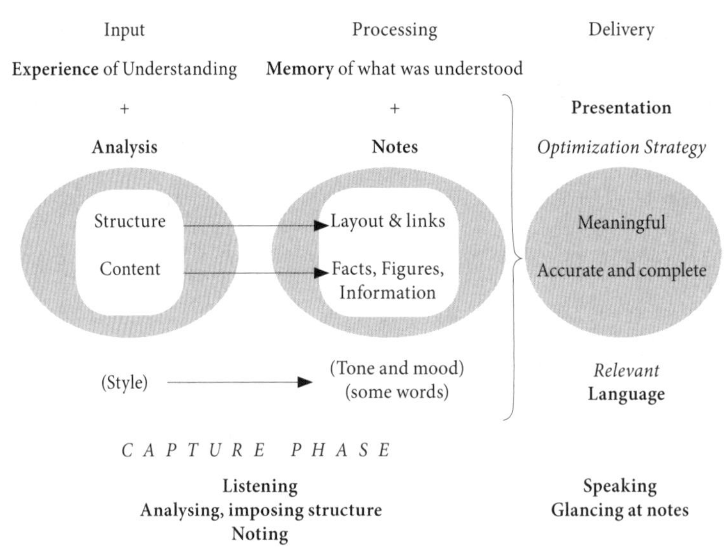


그림 5.1 순차통역

주는 몇 가지 표현과 특이한 단어나 표현이 추가된다.

전달 단계에서 통역사가 기억과 노트에 의존하여 내용을 재생산할 때 아직까지 연사의 의도, 분위기, 어체가 일화 기억*episodic memory*에 생생하게 남아 있어 자연스럽게 도착어로 옮기는 것이 가능하다. 이때 노트는 구조, 정보, 언어적 효과 또는 장치를 제공함으로써 메시지의 내용과 의도된 효과의 충실성을 최대화한다. 여기에는 통역사가 청중과의 적합성 여부를 모를 수도 있는 사실관계가 포함될 수 있다.

통역 산출물이 청중에게 의사소통 이해를 위한 입력 정보가 되기 때문에 통역의 목표가 적합성을 최대한 살리는 것이어야 한다(적합성 이론*Relevance Theory*, TG-12.2.2). 즉 청중이 최소한의 노력으로 최대한의 인지적 효과(메시지의 '의미')를 누리는 것을 의미한다. 달리 말하면 청중이 언어적 그리고 개념적으로*presentationally* 이해할 수 있도록 충실성을 유지하면서 일관되고 편안하게 내용을 전달해야 한다.

위의 단순한 도식은 순차통역의 중요한 몇 가지 층위를 보여주지 못한다. 첫째 통역사의 관여도*degree of involvement*는 일반 대화 참여자에 비해 동시에 높거나 낮다. 통역사는 자기 지식과 의사소통 능력을 총동원하여 듣고 말하는 데 집중해야 하지만 자기 신념 또는 편견이 절대 산출물에 절대 반영돼서는 안 된다. 이것은 입문 과정에서 청취, 중개, 말하기 연습과 기본 행동 수칙(CC-4.4.2)을 배우면서 터득된 통역의 자세이다. 순차통역은 이 상충되는 역할을 수행하기 위한 기술적 자격요건을 함양 시킨다.

동기부여가 충분히 된 보통 청중은 전체적인 인상, 분위기, 메시지, 특정 이미지와 단어 또는 놀라운 사례, 통계, 일화 등을 기억하지만, 통역사는 여기에 연설구조, 효과적 언어 장치, 어조, 정취 등 무슨 말을 어떻게 했는지 까지도 기억해야 한다. 연설의 자연기억*natural memory*은 적극적 청취라는 훈련된 기억*trained memory*과 좋은 노트로 보강되어야 하는 바, 이는 통역사가 완전히 이해한 연관성 있는 연설의 측면뿐 아니라 통역사가 완전히 인식하지 못한 연관성 있는 의미를 청중이 추론할 수 있도록 한다.

둘째로 도식을 살펴 보면 순차통역이 포착과 전달 두 단계로 이루어져 있음을 알 수 있다. 통역사 입장에서 아무래도 듣고, 분석하고, 구조를 파악하고, 노트테이킹을 동시에 수행해야 하기 때문에 포착 단계(좌측열과 중앙렬)가 더 부담이 된다. 전달 단계에서는 말하기와 노트 참고가 연동되고, 포착 단계에서 전향적 사고의 성립 정도에 따라 '번역' 또는 재구성을 위한 추가적인 노력이 필요할 수 있다. 바로 이 통역의 인지 관리 측면이 길레(2009:175-179)가 노력모델에서 가장 중요하게 생각했던 부분이다(TG-6.8.3.1).

도식에 나타나있지 않은 통역의 세 번째 측면은 기억과 노트의 상호의존성과 이 둘에 대한 산출물의 의존성이다. 노트는 말을 기록하기만 하는 것이 아니라 연설의 주장, 내용과 구조를 기억에 새기는 역할을 한다(아래 말 상자 참조). 이 과정의 결정적 요소는 다음과 같이 정리할 수 있다.

- 언어 이해
- 분석
- 노트 분별력 (신호어의 효과성과 완성도는 기억과 분석에 달림)
- 노트의 품질 (배치, 가독성)
- 언어적 준비태세 (노트로 도움 받을 수 있는, 사전 계획의 완성도)
- 발표 기술 (눈 맞춤, 어조, 리듬, 속도)

이는 (누증되어) 최종 산출물의 품질을 결정하기 때문에 반드시 훈련 받아야 하는 기본자질이다. 이것이 확립되고 나면 언어의 뉘앙스, 스타일, 기교 그리고 '최적화'의 통괄 능력 향상으로 더 세련된 통역을 할 수 있게 된다(5.8.4).

**노트테이킹을 배우는 이유: 노트의 세 가지 기능**

적응단계*Coordination phase*에서 학생들이 예외 없이 노트에 치중한 나머지 듣기에 소홀해지고 다른 사고 능력이 눈에 띄게 감퇴하기 때문에 일부 강사들은 노트테이킹 가르치기를 조심스러워 한다.

그러나 분별 있게 사용하면 노트는 세 가지 유익한 기능을 제공할 수 있다. (a) 분석 증진 효과로 기억이 향상되고, (b) 기록을 통해 단기 및 중기 기억을 보완해 완성도를 높이고, (c) 말하기 개요를 통해 효과적으로 말을 전달할 수 있게 한다.

1. 분석 증진효과: 분석을 행하는 그 자체와, 의미와 그 의미의 담화 구조내 위치의 표상을 선택하는 것은 이해한 내용을 완전히 흡수하고 기억하는데 도움을 준다. 생각하거나 번역하는 것이 듣기를 방해해서는 안되지만 분석은 그 무엇보다 중요하고, 들은 내용의 분석 없이는 노트를 봐도 의미 있는 기억이 남아 있지 않을 것이다. 배경지식을 동원해 분석하고, 처리하고, 구조화하고, 의미를 찾는 행위는 그 자체로 기억을 강화하고 노트 의존성을 줄여준다.
2. 기록 기능: 노트는 일반 단기 기억의 공백을 메우는 역할을 한다. 단순한 연설문을 기억해내려고 해도 우리는 이름, 숫자, 기술 용어, 목록 등 셀레스코비치의 건포도 빵 비유에서 말하는 '건포도'를 놓치는 경우가 많다. 뿐만 아니라 순서와 논리구조를 왜곡시키거나 개념적 내용이 유실될 수도 있다 (Taylor 1989).[5]
3. 말하기 개요: 이런 테일러의 연구결과는 최소한 노트를 통역을 위한 말하기 개요로 정리하는 것이 왜 기억하기 힘든 내용을 기록하는 것만큼이나 중요한지를 보여준다. 이런 이유로, 기억을 보조하기 위해 노트에 구조를 추가해 명시화 하는 것이 좋은데, 최종 산출물에 비계를 설치하면 결국 적절한 문체적 효과를 띠게 된다. 이는 자연 발생적 '분위기' 기억으로부터 나오는 것이고 청중에게는 원문과 다른 점이 더 이상 드러나지 않는 것이다.

순차통역에서 '서로 경합하는 모순된 노력'이라는 과제가 있는 한, 전체 메시지

5) 트리에스테에서 교편을 잡고 있는 테일러(1989)는 노트 없이 어떻게 담화를 기억 하는가(van Dijk and Kintsch 1983, 테일러의 실험 참조)를 연구하던 중 유실되는 담화 요소가 셀레스코비치의 '건포도'임을 확인했다. 회의 연설처럼 주제가 계속 바뀌고 발생순서대로 서술되지 않는 경우, 특히 연사가 논제에서 벗어나거나 전형적인 발표 순서(문제제기-원인-결과-문제해결)에서 벗어나면 논리 구조가 왜곡되고 내용이 유실되기도 했다.

를 보고 세부 내용을 듣고 노트를 하는 세가지 작업이 서로 간섭 받지 않도록 확실히 하는 것이 중요하다. 그것은 바로 학생들이 몇 개월에 걸쳐 반드시 개발해야 하는 곡예 같은 기술이다.

### 5.1.4 개관: 다섯 단계의 순차 전문성 키우기

순차통역을 제대로 하면 보람을 느낄 수 있지만 기본자질을 갖추려면 몇 개월이 걸리고 전문가 수준으로 하려면 1년에서 2년 정도 훈련 받아야 한다. 그 외 복잡한 변수에 대처할 수 있을 만큼 숙달하려면 몇년이 걸릴 수 있다. 다른 모든 기술과 마찬가지로 순차통역은 단계를 거쳐 습득된다. 먼저 듣기, 말하기, 축약형 쓰기 등의 요소적 능력 개발이 선행돼야 하고, 그 다음 점진적으로 실제 상황에 적용될 수 있도록 조율되어야 한다. 그러나 (약어 등 노트테이킹 세부사항의 기계적 연습을 제외하고) 의사소통에 요구되는 통역의 생명선을 언제라도 놓쳐선 안된다.

도식의 상단과 하단에 있는 청취, 분석, 기억력, 발표 등의 기본 능력은 이미 통역 입문과정(CC-4)에서 습득했다. 이제 아래 다섯 단계를 통해 본격 순차통역 기술을 배울 준비가 되었다.

I. 노트테이킹 입문

첫 단계는 꽤 기계적인데 학생들은 정지 또는 슬로우모션 환경에서 노트테이킹 방식의 요소들을 습득한다. 기초 원리와 구성 요소는 처음에 한 명의 강사가 한 주일 정도 1 또는 2회 수업을 통해 가르치는 것이 최선이고, 그 후 모든 수업에서 몇 주일 안에 (첫 학기 5-9주차 수업) 노트테이킹(I, II, III)을 전부 배우게 된다.

노트테이킹 I은 걸음마 단계로 노트와 듣기를 동시에 하면서 생길 수 있는 문제에 집중하고 큐 단어와 연결어를 잡는 초기 연습부터 하게 된다. 노트테이킹 II는 표준방식의 두 가지 기본 및 보충적 특성을 소개하는 바 구조화된 배치와 경제적인 정보 파악이 그것이다. 이 기술을 어느 정도 익히고 나면 노트를 더 상세하고 완전하게 쓸 수 있게 되고 필요하다면 각 정보를 명제*proposition* 수준[6]으로 포착할 수 있게 된다. 마지막으로 노트테이킹 III에서 내용의 일관성*cohesion*, 효율성*efficiency*, 뉘앙스*nuance*, 정확도*precision*를 향상시키고 분위기*mood*와 강조*emphasis* 표현하는 방법을 배운 다음 학생들이 자기에게 맞게 응용한다.

## II. 적응 단계

3단계 개론 수업을 통해 노트 기법을 배운 뒤 수업 중 강사의 감독하에 노트테이킹 연습을 상당기간 해야 한다. 처음에는 보통 속도지만 고의적으로 일관성이 뚜렷한 ('훈련용') 연설문으로 연습을 하도록 한다. 적응 단계의 목표는 다음과 같다.

- 노트를 받아 적기 전에 생각하고 분석하는 방법을 터득한다. (단어가 아닌 아이디어를 적어야 한다.) 이것이 가장 중요하다. 모든 과정에 걸쳐 학생들은 듣기를 멈추지 않고 연설의 어조, 분위기, 어체, 의도를 파악하면서 똑똑하게 내용과 세부사항을 노트하는 방법을 이해해야 한다. 바꿔 말하면, 우리 도식에 있는 타원들이 항상 사각형들의 배경으로 항상 존재해야 한다.
- 명료하고 간결한 노트를 위해 몇 주 동안 단계적으로 노트테이킹 기법을 완성시키도록 한다.
- 어떻게 분별 있는 노트를 할지 배워야 한다. 그러나 이것이 더 복잡한 이유는 정신적 스키마*mental schema*, 배경지식, 주제 친숙도, 담화의 참신성 및 중요도 인식에 개인 편차가 있어서 무엇이 기억하기 쉽고 어려운지, 그래서 기억하는데 어떤 단서가 필요한지 사람마다 다르기 때문이다. 여기가 강사와 학생의 간극이 가장 커지는 지점인 바, 강사가 선택한 노트를 학생들이 받아들일 수가 없는데 학생들은 강사의 노트가 어떻게 정보를 불러오게 하는지 반드시 이해하지는 못할 것이기 때문이다.

6) 의미 단위*semantic unit*로, 문법에서 말하는 어구*clause*나 문장*sentence* 단위와 항상 겹치는 것은 아니다.

강사의 역할은 두 가지다. 시연을 통해 학생들이 따라할 수 있도록 해주면서, 학생들이 연설을 주의 있게 들으면서 때때로 깊이 분석 하고 집중을 유지할 수 있는지 확인한다.

다른 통역 연습과 마찬가지로, 노트 있는 순차 연습도 (B나 C언어에서) A언어로 먼저 연습한다. A→B 연습은 몇 주간 A언어 연습을 통해 기본 원리를 습득한 다음에 쉬운 훈련용 텍스트로 시작하도록 한다. 보통 1학기 1/2선에 시작하게 된다(강의 일정은 TG-3.3.5, 표3.1 참조).[7]

### III. 실험 단계

들으면서 노트 하는 것에 적응 되고 나면, 다양한 종류의 실제 연설문으로 몇 달간 수업과 스터디 중에 집중적인 연습을 하고 노트 기법을 실험하면서 자기가 편안하게 사용할 수 있도록 기술을 서서히 조율하게 된다. 반드시 엄격한 지침을 따라서 자료 준비, 모의 연습, 확인 및 피드백을 하도록 한다(부록 C 참조).

집중력, 분석 및 노트의 균형 잡힌 안배를 완전히 익히면 노트가 연설의 친숙도와 밀도를 높이는 기능을 더 하게될 것이다. 실험 단계에서 강사는 메시지 전달이 불충분하거나 이해를 완전히 못 했을 때, 심각한 오역과 생략이 있을 때, 말을 장황하게 하거나 횡설수설 할 때만 개입 하도록 한다. B언어 심화 연습은 2학기부터 시작하고, 2학기 중반(강화 단계)부터 집중 연습을 하게 된다.

### IV. 강화 단계

실험은 강화 단계로 이어진다. 이제 노트 기법이 완전히 자리 잡히고 충분히 내재화 되어 (발표 기술은 아직 다듬어야 하겠지만) 전형적인 연설문을 자연스럽고 정확한 A언어와 B언어로 옮길 수 있는 여유가 생겨야 한다. 이 정도 수준까지 올라오려면 조금씩 실제 연설 난이도에 가깝게 수백 시간의 의도적이고 집중적인 연습을 스터디 파트너와 함께 해야하고(TG-2.6.2 참조), 수업의 초점이 나중에 동시통역으로 옮

---

7) 예상 훈련 기간은 TG-3.3.5에 있는 2년 강의 일정의 '선택 A'와 일치한다. 훈련 기간을 1년 속성 과정으로 압축시킬 수도 있다.

겨가도 같은 강도를 꾸준히 유지해 연습해야 한다.

V. 고급 순차 및 갈고 닦기

마지막 학기가 되면, 피드백의 초점이 표준 실제 연설[8]의 최종 통역 산출물에 대한 어학 및 수사적 품질에 맞춰지게 된다. 그 밖에도 순차통역 중에 발표 슬라이드의 문장구역을 하거나, 무대에 서서 통역(CC-9)하는 등 더 복합적이고 현실적인 모의 연습을 하게 된다. 마지막으로, 순차통역은 대화 참여자와 가까운 거리에서 수행해야 하므로 역할 관리, 상황 판단, 문제 해결, 외교 및 의사소통 최적화를 위한 리스크 관리 능력을 발휘해야 하는 상황에서 모의 연습을 하게 된다(CC-5.8 및 10.4 참조).

## 5.2 노트테이킹 입문 단계 (1학기 5/6-9주차)

순차 노트는 마치 연사가 말하는 모든 것을 기록하고 모든 통역 문제를 해결해 줄 것만 같은 마법의 도구처럼 보인다. 이것은 안타깝지만 착각에 불과하기 때문에 노트 연습 시작을 조급하게 생각해서는 안 된다. 오히려 말의 의미와 의사소통 의도를 주의 깊게 듣고, 담화의 논리와 구조 분석이 선행 됐을 때 좋은 통역이 가능해진다. 비록 노트테이킹이 통역의 보조 기술이고, 적극적 청취와 정신 모델(특히 정보를 분류하고, 문장을 해체하고 연결할 때)의 확장이지만, 잘 모르는 주제의 정보 밀도가 높은 어려운 연설을 다룰 때 약어와 기호를 효율적으로 사용한 노트가 반드시 필요하다.

하지만 노트테이킹은 집중을 방해한다. 노트를 시작하는 순간 통역 품질이 곤두박질 칠 수 있고, 최소한 듣기와 노트 사이에 주의력을 잘 안배하는 방법을 익히고, 자주 나오는 내용은 자동으로 노트할 수 있도록 해야한다. 따라서 처음에는 노트 없이 순차 연습을 하고, 통역 없이 느리게 읽어주는 연설을 노트하는 '느린

8) 연설 난이도 관련 표는 TG-2 부록에 수록되어 있다.

노트' 연습을 통해 노트 양을 점차 늘리는 것이 최고의 전략이다.

장비와 시설

순차 노트테이킹에 필요한 장비와 시설은 다음과 같다.

- 조용한 교실
- 학급 전원이 앉을 수 있는 회의실 탁자 (없다면 교실 책상과 의자를 사각형이나 원으로 배치한다.)
- 화이트보드와 여러 색깔 마커
- 연설과 통역을 녹음하고 재생할 디지털 녹음 장비와 스피커
- 교탁
- 초시계
- 가능하다면, 노트를 곧바로 스크린에 쏴서 학생들이 보면서 토론하고 분석할 수 있는 영사기. 나중에 학생들이 훈련용 연설문을 졸업하고 나면 연설 비디오를 보면서 통역하는데 사용할 수 있다.
- 순차 노트테이킹을 위한 스프링 노트(가로 15cm, 세로 22cm 정도 크기에 짧은 쪽으로 스프링이 감겨 있는 무선 속기 공책[9]), 연필 또는 여러 색의 볼펜 몇 자루, 별도의 공책 (언어, 기법 등을 공부하기 위한 유선 노트)
- 이상적으로는, 연설을 녹화하고 마무리 단계에서 발표기술을 분석하기 위해 학생의 통역을 녹화하는 비디오 카메라

9) 안타깝지만 이런 공책은 점점 찾기가 힘들어지고 있다. 선 안에 생각이 갇히지 않고 그림을 그려가며 노트를 최대한 자유분방하게 할 수 있도록 가능하다면 선이 있더라도 희미한 것을 고른다.

## 5.3 노트테이킹 I: 큐 워드 및 연결어

- 목표 (과정):
  - *주제와 연결고리(각각 한두 단어)를 포착하기 위한 큐 워드, 연결어 및 구조를 경제적으로 노트한다*
  - *적극적 청취와 노트테이킹 사이에 집중력을 안배하는 방법을 터득한다.*
- 목표 (결과):
  - *(주장을 개진하되) 사실 기반의 근거를 포함한 객관적 논술 형식의 일관성 있고 상당히 완전한 형태의 짧은 구문.*

이 첫 번째 연습에서 학생들은 간단하게 개요만 노트한다. 연설문의 각 주장을 정선된 한두 개의 큐 워드로 정리하고, 연결어(예: however, therefore, consequently, also, on the other hand, for example, that is to say, more generally…etc.)는 모두 받아 적도록 한다. 그 다음 노트를 보거나 보지 않고 통역한다.

달리 말하면, 입문 단계(CC-4.2.3)에서 연습했던 개요와 비슷하지만 더 단순한, 뼈대만 남아있는 담화개요를 적는다는 뜻이다. 다른 것이 있다면 실시간으로, 적은 단어로 경제적으로 기록하는 점이다.

5.3.1 준비자료 및 연습방법

이 단계에서 사용할 연설문은 독립적이고, 일반적인 주제를 다루고, 명료하고 분명한 구조를 가지고 있고, 정보의 밀도가 높지 않고, 몇 가지 주장이 명시적인 연결어로 이어져 있고, 새로운 정보의 밀도를 비교적 낮게 유지하기 위해 각 주장이 일종의 구두 완충제와 장황함으로 꾸며져야 한다. 강사 또는 출발어가 모국어인 연사(예: 조교, 2학년 학생, 박사과정 지원자)가 이 통제된 '훈련용' 연설문을 읽어준다. 아래는 연습에서 사용할 연설문의 예시이다. (연사가 말하면서 구어체로 바꿀 수 있다.)

*Ladies and Gentlemen,*

*The last two years have seen a worldwide increase in the price of food that has now reached crisis proportions, causing unacceptable levels of extreme poverty and hunger.*

*The situation is expected to deteriorate further in 2011, with estimates putting the total number of malnourished people at around 15% of the world population by the end of this year.*

*The food security crisis of2007-2008 and its return last year have brought to the fore the importance of agriculture not just as a producer of food, fuel and fiber but also, as a sector that can generate income for the poorest segments of the population, 75% of whom live in rural areas.*

*The recent focus an agriculture has concentrated mainly on short-term programs and policies to alleviate the immediate consequences of high food prices, such as food aid or subsidies for inputs such as seeds, fertilizer or irrigation to boost immediate agricultural production. However, this risks obscuring the long-term challenge of how to ensure food security for 9 billion people in 2050. Agriculture's challenge will not only be to provide adequate food, fuel and fiber for increasing populations but to meet those demands in the face of a limited resource base and changing climatic conditions.*

'큐 워드 및 연결어' 단계에서의 노트:

last 2 years
food prices up
crisis: extreme poverty hunger

will worse 2011
guess 15% underfed by end

2007-8 crisis + now 2010
show agr important:
produce fuel, food, fiber
BUT also
income for poorest, 75% rural

Recent focus
short-term help:
food aid,
subsidies for seeds, fertilizer, irrigation
Aim = boost production

BUT
miss long-term
how feed 9B in 2050?

Ag must
provide FFF for more people
+ with limited resource, changing climate

연습방법

1. 발표 준비: 늘 그렇듯, 주제지식 활성화를 위해 토론을 몇 분간 진행한다(TG-2.5.6). 학생들이 순차 기술만 연습할 수 있도록 언어 또는 배경지식 부족으로 인해 발생할 수 있는 문제를 사전에 제거한다.

2. 연설문 발표: 연사는 먼저 간단히 제목과 자기소개를 하고, 주제에 대해 설명한다. 현재 단계에서는 한 꼭지당 1-1.5분이 이상적이고, 주장 또는 주제 전환 등 확실한 논리적 분기점에서 멈추도록 한다. 각 주장은 미사여구와 반복이 들어가 있는 것이 좋다. '쳇바퀴' 구조는 때로 아이디어를 간단한 큐 워드로 요약할 수 있게 도와준다.

3. 노트테이킹: 학생들은 큐 워드(연설 내 각 주장 별로 한두 단어)와 모든 연결어를 받아 적고, 가능하다면 도착어도 사용하면서 빈약한 노트를 한다. 최대한 경제적으로 노트하고 (수직정렬을 통해) 한 눈에 들어오는 개요를 적기 위해 폭이 좁고 긴 종이 조각 또는 공책의 한쪽 열(가로 15cm, 세로 22cm 공책 절반 정도의 폭)만 사용해서 연습해본다.

4. 통역: 학생 한 명을 호명해 통역하게 한다. 노트를 볼지 여부는 강사가 정한다.

5. 토론:

a. 유도 및 자기수정: 강사는 학생들이 실수를 스스로 고칠 수 있도록 유도 질문을 한다.

b. 노트 검사: 학생 몇 명의 노트를 칠판에 적거나, 프로젝터로 보여주면서 다음을 확인한다.

i. 연습의 목표를 달성하였는가 (주장 별로 한두 단어의 키워드와 연결어만 적혀있고, 알아볼 수 있는 글씨로 수직정렬을 지키며 쓰고, 가능한 곳에 도착어를 사용함)

ii. 큐 워드와 연결어가 정확하고 효과적인가.

c. 선택사항: 강사의 지도하에 학생들이 간단한 담화 개요

### 5.3.2 연결어 노트하는 방법

큐 워드와 연결어 모듈 연습 동안, 짧고 단순한 단어와 함께 연결어를 노트하는 몇 가지 고정습관을 개발하기 시작해야 한다. 예제:

as, coz,∵ = since, because, given that, considering that, due to...

thus, ∴ = therefore, hence, consequently, as a result, for this reason

| | |
|---|---|
| tho | = although, despite, notwithstanding, etc.<br>(general function: opposition or concession) |
| but | = however, on the other hand, nonetheless, nevertheless…<br>(general restriction) |
| if | = assuming that, suppose that, let's say that, were it the case that |
| then… | = consequence (what comes after IF clause) |
| so | = in conclusion, as a result, from the above it can be seen that<br>(general conclusion) |
| to | = in order to, with a view to, with the intention/aim of |
| wrt, re: | = with respect to, as regards, as far as…is concerned, on the subject of… |
| e.g. | = for example, for instance, take…X…, say, as a case in point |
| i.e. | = that is to say, in other words |
| +, | = additionally, moreover, a further/additional point, another thing, I should add… |

일반적으로 읽거나 듣거나 연습할 때, 모든 작업 언어로 어떤 다양한 연결어가 있는지 관찰하면서 종류별로 분류해서 기록해보자(연결어와 관련하여 CC-4.2.3참조).

그러나 논리적 연결고리가 암묵적일 뿐인 경우가 간혹 있다. 연습의 목표 달성을 위해 암묵적 연결어와 명시적 연결어를 분석하여 모두 받아 적도록 한다(노트의 활용과 관련하여 5.7.2 참조).

- 노트는 명확하고 큰 글씨로 해독 가능하게 적어야 한다.
- 노트는 수직으로 위에서 아래로 흘러가야 한다. 이제 페이지 전체를 활용해서 노트를 해도 좋다. (하지만 페이지를 나눠야 한다면, 연결어를 적기 위해 왼쪽에 더 좁은 폭으로 여백을 만들도록 한다.)

어떤 언어로 노트를 해야 할까?

순차 노트를 출발어로 해야 하냐 도착어로 해야 하냐는 아직 논란의 여지가 많은 질문이다.

'처리되지 않은' 출발어 단어와 어구를 그대로 받아 적는 것은 지양된다. 왜냐하면 언어를 전환하고 재구성하는 일을 통역을 하기까지 나중으로 미룬 것이기 때문이다. 더 심각한 것은 너무 많은 단어를 적게 되면 언어 간섭에서 벗어나기 어려워지고, 그 중 최악은 내용을 유추할 수 없는 형편 없는 출발어 단어 선택이다.

만약 노트된 단어, 기호, 또는 약어가 이미 이해한 내용의 상징적 큐*symbolic cue*라면 그것이 출발어든 도착어든 관계가 없다. 의미 있는 노트, 즉 의미를 상기시킬 수 있는 노트를 하기 위해서는 적극적 청취와 적절한 큐 워드를 선택하는 능력이 출발어냐 도착어냐의 문제보다 중요하다.

다른 한편으로는, (기호를 조금씩 활용하면서) 도착어로 노트를 하는 것이, 아무 생각 없이 출발어를 직역하는 것을 피할 수 있게 해주고, 도착어로 생각하는데 도움을 줘 통역할 때 더 여유로워진다. 윌렛(1974)은 이해한 것이 아니라 발표할 내용을 적으라고 권장한다. 포착 단계에서 도착어로 생각하고 노트하면 전달 단계에서 언어 전환과 재구성을 하는 데 여유가 생긴다. 최소한 도착어 표현이 듣는 중에 떠올랐다면 그것을 적어둬야 발표할 때 생각해둔 표현을 쓸 수 있게 된다.

그러나 다른 한편으로, 듣기와 노트테이킹은 말하기보다 더 많은 노력이 필요하고, 통역과 달리 연사에 의해 속도가 조절되기 때문에 들을 여력을 남기기 위해 출발어로 노트를 하는 것이 더 도움이 될 수 있다. 동시통역을 시작하면 민첩하게 도착어로 생각하는 습관을 들여야 한다. 그렇게 되면 도착어로 노트를 하는 것이 더 쉬워지므로 듣거나 이해하는데 집중이 안된다면 지금부터 도착어를 쓰려고 애쓰지 않아도 된다. 그러나 이것은 아이디어가 처리되어 똑똑한 노트를 한다는 것이 전제되어야 한다.

B언어로 통역할 때 A언어로 노트하는 것에 편견을 가질 수가 있지만(Dam 2004), 이것은 일종의 간섭 '항력抗力'을 추가하게 된다는 말이다. 이것은 B언어로 생각하고 노트하려면 추가적 노력이 필요하다는 것을 의미한다. (특정 언어쌍의 경우, 가용성*availability*과 가독성*legibility*이 학생들의 최우선 고려사항이 될 수 있다.

결국, 우리는 아직 "노트는 가능하면 도착어로, 필요하면 출발어로(AIIC 1994:21, Dam 2004에서 인용)하라,"고 권장한다. 기호는 효과적인 경우에만 쓰기를 권장하지만 통역사마다 사용하는 기법이 다르기 때문에 반드시 따라야 하는 것은 아니다. 그러나 먹어봐야 맛을 아는 것처럼, 경험이 오랫동안 축적되어야 자신에게 가장 잘 맞는 노트 방법을 찾을 수 있게 된다. 어떤 통역사는 A언어 기반의 노트에도 불구하고 언어간섭을 제거하는 방법을 익히기도 하고, 어떤 통역사는 자유롭게 출발어와 도착어를 혼용하기도 하고, 어떤 통역사는 자기가 아는 다른 언어를 활용할 수 있고(예: 영-불 통역을 할 때 한자를 씀), 기호를 많이 사용하는 통역사도 있을 수 있고, 도착어 기반의 노트만 하는 통역사도 있다. 마지막으로, 연설문의 성격이 결정요인으로 작용할 수 있다. 따라서 노트를 많이 하느냐 적게 하느냐, 어느 언어로 하느냐, 노트를 단순한 큐로 사용하느냐 실제 통역 내용으로 하느냐 어느 쪽이 전달 결과가 좋은지 실험해 보아야 한다. (훈련 시 이 문제 관련 내용은 TG-6.8 및 TG-6의 추가참고도서 참조.)

### 5.3.3 바른 큐 워드 선정: 연습 방법

이 모듈 수업 중 별도로 큐 워드 선정 연습을 추가하면 노트 기술 강화에 도움을 줄 수 있다. 연습 방법은 숙어적 요지(CC-4.2.2.1)를 파악하는 방법과 동일하다. 난이도와 문체를 고려한 텍스트[10]의 구절을 강사가 읽어주면 학생들은 어떤 큐 워

10) 입문 단계(CC-4.2.2.1, 각주 5번)에서는 공식적이거나 문어체로 쓰여진 텍스트는 특히 B/C→A로 통역할 때 피하는 것이 좋다. 문체적 그리고 언어적 정교함이 구문과 화용에 국한 되어야 B나 C언어에서 옮길 때

드를 받아 적을 지, 어떻게 경제적으로 받아적을 지를 토론한다. 예를 들어, "Attendance is mandatory and is not subject to personal preference(출석은 필수고 개인사정은 고려되지 않습니다)"라는 말을 'must go(필참)'이라고 단순하게 기록할 수 있다. 이 연습은 큐 워드를 재치 있게 선택하는 능력을 강화시킬 뿐 아니라 내가 노트에 쓴 단어를 통역할 때 반드시 사용할 필요가 없다는 것을 뜻한다. 통역사가 'must go'라는 단어를 보고 "Being there is not optional, so kindly ensure that you present yourself at the designated place and time(출석은 선택이 아니므로 지정된 장소와 시간에 맞춰 나와주시기 바랍니다)"라는 딱딱한 표현으로 바꿔 말할 수 있다.

표 5.1 노트테이킹 I: 필수사항

| |
|---|
| 1. 적극적 청취: 단어 ≠ 메시지. 단어에서 의미를 적극적으로 추출해낸다.<br>2. 탈언어화: 큐 워드, 또는 쉽고 빠르게 쓸 수 있는 축약어, 기호, 화살표 등을 활용하여 아이디어를 단순하고 명확하게 포착할 수 있는 노트를 한다.<br>3. 각 단락의 구조와 논리를 분석하고 그것이 전체 연설의 맥락에 어떻게 부합하는지 살펴본다. 심층 처리*deeper processing*를 통해 맥락을 더 확실하게 파악하고 더 나은 통역을 하게 된다. 연결고리와 접속어에 특히 주의한다. 명시 혹은 암묵적 연결고리를 모두 적는다.<br>4. 경제적으로 노트한다. 가능하다면 하나의 아이디어를 한두 개의 큐 워드나 기호로 기록해보자. 노트는 기억을 상기시키기 위한 큐이지 연사가 말한 내용의 축자적 기록이 아니다. 이해가 되지 않고 있다면 연사를 보면서 듣도록 한다. |

일단 큐 워드와 연결고리 접근법 모두에 숙달한 다음(그 전에는 안됨) 점차 정보가 많고 반복되는 내용이 적은 연설문을 연습하도록 한다. 그리고 이것이 적극적 청취와 분석에 방해가 되지 않을 때 노트 내용도 늘리도록 한다.

---

어려움을 피할 수 있다.

연설문에 세부내용이 많아질수록 큐 워드와 연결고리 외에도 '직역'이 필요한 요소(CC-4.3.1)를 적어두는 것이 도움이 된다는 것을 발견할 것이다. 이것은 내용의 전개와는 상관 없는 별개의 정보이기 때문에 기억하기 어려운 요소들이다.[11] 가장 분명한 사항들은 다음과 같다.

- 숫자
- 이름
- 전문용어
- 목록 (위 세 가지로 구성될 때도 있지만 항상 그렇지는 않다)
- 동기가 있는 표현으로 연사가 어떤 목적을 가지고 특정 단어를 사용한 것이기 때문에 반드시 유념해 두어 통역을 할 때 뉘앙스를 살리지 못해 연사의 의도를 전달하지 못하는 일이 없도록 한다.

이 첫 번째 연습은 연사의 말을 절대 놓치지 않도록 듣기에 집중하고 아무런 고려없이 받아 적지 않고 노트하기 전에 분석하고 이해해 간단하고 경제적인 순차 노트테이킹을 위한 올바른 습관을 들일 수 있게 해준다. 그러나 노트 기술은 점진적으로 습득되는 것이기 때문에 일정하지 않은 노트와 듣기와 말을 재구성하는데 집중할 여력이 부족하다는 것을 고려하면 다음 연습 단계는 조금 더 어려울 수 있다.

글씨체를 읽기 힘들어서 노트가 힘든 학생들은 표준 기법을 배우기 전에 악필교정을 받도록 한다. 펜을 잡는 것부터 종이 방향, 글씨체, 쓰기 속도까지 상세한 지침은 사순과 브리엠*Sassoon and Briem*(2014)의 저서를 참고하기 바란다.

11) 그러나 예를 들어 굉장히 낯선 고유명사, 기관명, 제목, 다多음절의 화학물질명, 약품명, 동식물의 학명은 순차통역을 불가능하게 만든다. 그러나 동시통역은 예외다.

## 5.4 노트테이킹 II: 표준 기법

### 5.4.1 역사와 특징

학생들이 2분짜리 연습용 연설문을 큐 워드와 연결고리를 사용해 노트하는 것이 편해지면 '표준 기법'(Rozan 1956, 부록 A)에 입문 하도록 한다.[12] 지면 배정 원리를 먼저 배운 다음 연설 내용 포착 기법을 배우고, 그 다음에 어체, 어조와 분위기를 파악하는 방법을 배운다.

### 5.4.2 지면 배정

***수직정렬, 들여쓰기, 쌓기, 가로 긋기로 효과적인 노트 구조 만들기.***

큐 워드와 연결고리 연습에서 학생들은 '수직 정렬'을 사용해 최소한의 노트를 했다. 이제 노트테이킹의 구조화 기법을 배울 준비가 되었다. 오른 쪽으로 들여쓰기[13], 목록과 등위의 항목 쌓기, 수평선으로 각각 적절한 논리연결로 내용 나누기를 한다. 동시에 꼭 필요한 세부 내용을 노트에 포함할 수 있도록 한다.

**지면 배정의 기본 원리**

1. 가로 긋기: 노트를 수직으로 써내려 간다. 하나의 아이디어가 끝나면 가로선을 그어 정보를 한눈에 들어오게끔 하나의 말 상자로 묶친다. 하나의 가로선은 대략 한 문장이 된다. 연설의 한 단락 또는 주제 전환이 있을 때는 두 줄을 긋는다.
2. 연결고리: 연결어(THO, BUT, COZ, SO, IF, TO, +, e.g., RE:)는 각 말 상자의 좌측 상단에 쓴다.
3. 들여쓰기: 노트의 각 요소를 분절하기 위해 오른쪽으로 들여쓰기를 하면서

12) 다양한 노트테이킹 기법에 관한 논의는 TG-6.8 참조.
13) 우횡서로 쓰는 것이 익숙한 학생은 우측 상단에서부터 왼쪽으로 들여 쓸 수 있다. (그러나 전체 문장을 노트하는 경우는 드물다.)

위에서 아래로 써내려 간다. 가로 긋기를 하면 다시 같은 방법으로 쓴다.

전형적인 패턴은 다음과 같다.

주제

코멘트

---

주어

동사

목적어 (또는)

동사

목적어 1

목적어 2…

---

연결어

동작주 – 동작

(수식어구: though…, which…)

4. 쌓기: 등위의 목록이나 짧은 예제는 들여쓰기를 하지 않고 수직으로 쌓아야 한다.
5. 명료화: 페이지의 구조는 멀리서도 한눈에 들어올 수 있어야 한다.

들여쓰기는 들여 쓴 내용이 하위 개념이거나 종속 관계임을 표시한다. 오른쪽으로 들여쓰기를 더 자주하고 체계적으로 사용하면 각 항목이 구별이 되기 때문에 보기가 편해진다. 종속관계가 분명하지 않더라도 상관이 없다. 발표를 할 때 시간이 걸리거나 헷갈리거나 종속관계가 아닌데 종속관계인 것처럼 말하지 않기만 하면 된다. 어떤 학생은 들여쓰기를 더 많이 할 수 있지만, 반드시 확실한 들여쓰기를 해야한다. 그렇게 해야 좀 더 명료하고 보기 편한 노트가 된다. 너무 빽빽하게 노트하면 특히 통역 초기에 이것이 방해가 된다.

제대로 사용한다면 지면 배정은 연설 내용을 문장과 단락 단위로 구분 짓고, 적절한 연결고리와 구성 요소가 확실하게 분류되고 분리되어 정보가 한 눈에 들어올 수 있게 된다.

예제:

Just a few years ago, people in the United States wouldn't have believed you if you'd told them there was a middle class in China. Today, though, the Chinese middle class is already larger than the entire population of the United States. And in fifteen years, the Chinese middle class is expected to reach 800 million. For companies that want to sell to China, now the timing is right and momentum is strong. In China, Western companies have advantages in big-ticket items such as automobiles, luxury goods and technology products because of their quality and reputation. However, they will face more competition from Chinese domestic firms in consumer goods sectors such as food and beverages, household appliances and personal care products.[14)]

14) 2011년 1월 Forbes.com에 개재된 헬렌 왕의 "Times Have Changed: No More 'China Produces and America Consumes'"에서 각색한 텍스트이다. http://www.forbes.com/sites/helenwang/2011/01/27/times-havechanged-no-more-china-produces-and- america-consumes/

---

Few years ago

US people ~~believe~~

'middle class' in China

---

But

now

>

whole US pop!

in 15 years

will reach

800m

---

For companies

/sell to China

time right

momentum strong

---

Western advantage:

'big ticket'

e.g. cars

luxury

tech

coz

quality

reputation

---

But

more competition/Chinese firms

in consumer goods

e.g. food & bev

white goods

personal care

---

예제의 노트는 대부분 단어 전체를 사용하고 모두 출발어로 되어있는데 일부러 약어나 기호, 도착어 항목들을 빼서 순차 노트테이킹을 조금 더 단순하게 만들었다. 지금 단계에서는 이 정도의 노트를 하는 것이 좋다. 이제 관계 구문을 사용한 구조의 명시화 방법을 한두 개 정도 사용해볼 수 있다.

1. 상호 참조와 항목 반복: 참조*reference* 혹은 기억*recall*선(Gillies 2005) 이라고도 불리는 '호응선*agreement line*'(van Hoof 1952)은 길이와 모양이 정해져 있지 않고 화살표가 없는 선이다. 이 선은 이미 언급된 내용을 반복해서 쓸 필요가 없게 끌어오는데 사용한다(Myers 1976: 108-111). 예제에서는 the middle class in China를 두 번째 말 상자의 …is bigger than…을 표시하는 부등호에 끌어왔다.
2. 빗금: 사선 또는 빗금 또는 '관계' 빗금 /은 종속관계를 보여주거나 같은 층위의 내용을 연결해준다. 예를 들어 명사구/관계절('that', 'which') 또는 명사구/전치사구('by', 'for', 'of', 'per'…)를 연결한다. 위의 예시는 which sell to China의 'which'와 from Chinese companies의 'from'을 빗금으로 표시했다.

지면 배정의 한 가지 원리, 가령 들여쓰기만 하고 나머지를 무시해서는 안 된다. 예를 들어 처음에는 길거나 복잡한 문장을 보고 지레 겁을 먹고 무작정 들여쓰기만 하면 문제가 해결 될 거라 착각할 수 있다. 하지만 페이지 가장자리까지 공간을 다 써버리면 어떻게 될까.

복잡한 문장 구조가 장애가 되지 않는다는 것을 보여주기 위해 강사는 긴 문장의 연설을 가져와서 동작주, 동작, 목적어, 양태와 같은 하위 요소 또는 종속, 예증, 조건, 양보 등과 같은 차상위 요소의 의미 관계 파악을 위해 지면 배정의 원리가 어떻게 적용되는지 보여줄 수 있다.

예를 들어,

- 기능어 또는 수식어(동사 또는 형용사)를 그것의 대상이 되는 항목 옆에 배치한다.
- 국지적 종속 관계(예: 'by…' 또는 'which')를 보여주기 위해 같은 줄에서 빗금을 사용한다.
- 등위절을 다음 줄로 분리해서 큰 글씨로 'and'와 'but'을 쓴다. (두 번째 등위절은 동일한 중요도를 가질 수 있기 때문에 반드시 들여 쓸 필요는 없다. 그러나 접속사 BUT 뒤로 오는 절은 앞 문장보다 중요하거나 긴 문장에서 진짜 말하고 싶은 내용일 수 있다.)

가장 중요한 것은 이러한 의미 및 논리 관계가 (그리고 나중에는 상대적 역점이) 노트에 명백하게 드러나야 한다는 것이다(Gillies 2005 참조). 간단하게 표시하는 것도 도움이 될 수 있다(아래 참조). 문법 구조가 언어마다 다르겠지만 논리 관계는 보통 바뀌지 않는다.

아래는 짧은 문장과 긴 문장의 정보의 배치에 관한 예시이다. (학생들이 이미 자기만의 약어를 쓴다고 가정한다.)

*The secretariat will revise the report, but we must have)/our comments by December 15th.*

Sec to revise Rt

but

must get comments by Dec 15

*Although companies are investing more, unemployment is still high.*

Tho firms invest +,

    Jobless still high

*The ministry says that fishing could resume in some areas if radiation falls to safe levels, but we cannot expect exports to recover for several years.*

Min: OK fish again some areas

IF rads ↓

safe

BUT no hope exports up b4 <u>years</u>

*Unfortunately, despite all our predictions, and with no prospect of a reversal of their decision, Burnham Limited have decided to sign one deal without us.*

| | |
|---|---|
| ☹ vs all predic$^{ns}$<br>&<br>as no hope chge mind | Burnham will sign w/o us |

이제 학생들은 쉽고 간단한 저속[低速] 노트를 할 수 있지만 현재로서는 지면 공간 배정 연습에만 집중한다. 강사가 텍스트를 한 문장씩 읽어주면 학생들이 의미있는 항목 선택과 정확하고 깔끔한 지면배정에 집중해서 출발어로 단어들을 온전하게 적을 수 있다.

노트테이킹에서 지면 배정이 약어나 기호를 사용하는 것보다 중요하다. 따라서 서두르지 않고 차근차근하게 지면 배정 연습을 해야 한다.

연습: '저속 노트'

준비자료: 연습용 연설문은[15)] 익숙한 주제의 조리 있게 적힌 텍스트여야 한다. 이번 연습은 상대적으로 정보가 더 많지만 잘 쓰인 (가능하다면 장·단문이 혼합된) 문장으로 반복 없이 꼭 필요한 것들로 반드시 통역에 나와야 할 내용이 있는 텍스트

15) TG-2 부록의 SDI 참조.

를 사용하도록 한다. 기술 혹은 문학을 주제로 한 모호한 텍스트나 전달하고자 하는 내용이 확실하지 않아서 의미에 관한 여러 해석이 나오는 텍스트는 지양한다.

강사는 천천히 한번에 30-45초 분량의 짧은 문단을 읽어주고 학생들이 지면배정을 효과적으로 사용했는지 노트를 꼼꼼하게 체크한다.

연습방법: 학생들이 짧은 문단을 효과적으로 노트할 수 있도록 시간을 준 다음 번갈아 가며 각자의 노트를 비교하고 토론한다. 칠판에 적거나, 프로젝터 화면에 띄워서 반 전체가 볼 수 있게 하고 그날 배운 노트 기술이 어떻게 적용됐는지 살핀다. 처음에는 지면배정에 집중하고 나중에는 정보 포착(약어, 기호 등)에 초점을 맞춘다.

수업에서 약어 사용을 다루고 있다고 가정해보자. 학생들의 노트를 체크할 때 반드시 (a) 축약할 수 있는 긴 단어나 표현 그리고 (b) 헷갈리거나 불분명한 약어가 있는지 확인해야 한다. 이때 학생들의 노트를 비교하면서 토론해볼 수 있다. 기본 원리를 사용하고 노트를 경제적으로 바로 알아볼 수 있게 썼다면 노트가 다르더라도 모두 용인된다. 그 중에서도 효과적인 노트는 학생들과 공유하여 새로운 시각으로 노트를 볼 수 있게 해준다.

교육의 초점: 큐 워드와 연결고리 연습을 시작으로 노트테이킹에 입문하기까지 몇 주간 노트 기술을 실험해보면서 자기가 가장 쓰기 편하게 맞추도록 한다. 또 효과적인 지면배정을 연습하면서 자기만의 기호와 약어를 만들어본다. 이 시기에는 아직 노트에 정신이 쏠려 있기 때문에 청중과 시선을 맞추고 매끄러운 전달까지 하라고 요구하는 것은 불합리하다.

### 5.4.3 정보 포착

***단순화, 축약, 기호를 똑똑하게 사용해서 정보를 경제적이지만 확실하게 포착하는 방법.***

노트테이킹 '구문*syntax*'이라고 할 수 있는 지면배정에 익숙해지면 표준 기법의 정보 포착을 위한 '어휘*lexicon*'라고 할 수 있는 설계적 특성을 접목할 수 있게 된다. 노트의 기본 요건은 각 의미의 요소를 빠르고 확실하게 선택해서 곧장 알아보고 읽을 수 있게 적을 수 있는 능력이다. 가독성이 무엇보다 중요한데 노트를 나중에 알아볼 수 없거나 의미가 없다면 노트를 하는 의미가 전혀 없다.

연설의 속도나 정보의 밀도가 모두 다르기 때문에 탄탄한 노트 체계를 갖춰서 사실과 수치 정보가 있는 경제 보고서, 산문, 추상문, 전형적이거나 웅변 형식의 분당 발화 수 130-150단어의 약간 속도감 있는 연설문 정도는 다룰 수 있어야 한다. 통역을 할 때 단어보다는 (분석을 통해 포착한) 아이디어를 노트하지만 그럼에도 어떤 연설문은 분석을 했음에도 압축할 수 없는 단어와 항목이 있다. 분당 30-40 단어를 알아볼 수 있게 적을 수 있는 사람은 극히 드물기 때문에[16] 통역사는 다음 두 가지 방법을 통해 부족함을 채워야 한다.

i. 현명한 단어 선택

ii. 단어 압축 및 축약 규칙

단어 선택: 큐 워드와 연결고리 연습은 내용의 뼈대만 적는 최소한의 노트테이킹이었다. 이제는 세부적이고 완전한 노트(로잔의 예시에서 보여준 것과 같이 대략 2-4개의 출발어 단어당 한 개의 노트)를 때때로 필요할 때 쓸 수 있도록 한다. 좀 더 기계적이고 압축적인 측면의 노트 기법을 자유자재로 쓸 수 있게 하려면, 의미 전달에 기여하고 반복되지 않는 요소를 모호하지 않고 명확하게 적을 수 있도록 하는 일련의 습관적인 방식을 배우고 익힐 필요가 있다.

압축 및 축약 방법: 강사가 시범을 보여준 순차 노트 예시처럼 출발어와 도착어 단어, 약어, 비언어적 기호 등을 자유롭게 혼용하여 연사의 아이디어를 경제적으로 노트할 수 있다. 정보는 여러가지 방법으로 압축될 수 있다.

a. 단순화: 노트 하기 전에 단순화할 문구의 의미 분석을 한다.

b. 축약: 노트할 단어를 기계적으로 축약한다.

---

16) 전문 속기사의 타자 속도는 분당 50에서 80단어 정도이다. http://en.wikipedia.org/wiki/Words_per_minute#Handwriting '대표 토론자들은 분당 발화 수가 350에서 400단어 정도 되는데 이는 숙련된 경매인이 말하는 속도와 비슷하다. http://www.nytimes.com/2006/03/19/magazine/319debate.html?pagewanted=all

c. 기호

다음 단계에서 학생들은 언급된 각각의 노트 기술을 하나씩 배우게 된다.

### 5.4.3.1 단순화

단순화는 나열된 단어들을 단순하고 적합한 큐로 요약하는 것으로 순차 노트테이킹에서 가장 중요한 기술이다. 예제:

| | |
|---|---|
| 수용가능한*acceptable* | OK |
| 놀라운*amazing, impressive* | wow |
| 증거*evidence* | proof |
| 개시*commencement* | start |
| 복사*replicate* | copy |
| 종료*terminate* | end |
| 연장된*protracted, extended* | long |
| 열망*aspiration* | hope, wish |
| 현 시점에서*at the present time* | now |
| ~의 가시성 달성*achieve visibility with respect to* | show, see |
| ~할 능력이 있어*have the ability to* | can |
| 원조하다*render assistance to* | help |
| 상해를 입혀*cause injury to* | hurt |
| ~할 가능성이 있어*there is a possibility that* | might |
| 내재하는 그 이유로*in terms of the underlying reason* | coz |
| ~할 목표로*with the objective of being able to* | to |
| ~그럼에도 불구하고*despite the foregoing, there are nonetheless* | but |
| ~하는 생각 관련*with regard to the idea that* | re: |
| 몇가지 실례를 들면*let me give a couple of illustrations* | e.g. |

언어에 따라 차이가 있을 수 있지만, 영어는 최소한 단음절의 앵글로색슨 어원의 단어(특히 동사)가 많다. 중국어/일본어 문자(한자)도 쓰기 쉽고 모호하지 않게 효과적으로 선택하면 동일한 역할을 수행할 수 있다. 긴 단어나 표현을 짧은 동의어로 대체하는 방법은 여러가지 평이한 문체 지침에서 찾아볼 수 있다. 신문 표제어나 전문체[電文體]에서도 풍부한 영감을 얻을 수 있다(Ilg and Lambert 1956 참조).

모호함이 없다면 출발어와 도착어를 자유롭게 섞어 써도 좋다. 따라서 긴 불어(중국어, 혹은 러시아어…) 표현 대신 짧은 영어 동의어를 사용할 수 있고, 반대도 가능하다.

짧은 동의어로 대체하는 간단한 연습을 따로 해봐도 좋다. 강사가 위의 목록처럼 준비해온 긴 단어나 표현들을 읽어주면 학생들이 같은 의미의 짧은 출발어나 도착어 단어를 적어본다. 연습은 몇 번 정도면 충분한데, 이 연습의 목표는 단순히 기법을 활성화 하기 위한 준비작업으로 아무런 맥락 없는 정보 조각이 아니라 반드시 연설문으로 연습하고 익혀야 하기 때문이다. 복잡한 텍스트를 정확하게 요약하여 원문을 압축하는 연습을 하면 더 효과적이다. 순차 연습을 할 때 강사가 언제든지 학생들이 쓴 노트를 보고 너무 길거나 복잡한 단어와 표현을 더 짧은 동의어(모든 언어 가능)로 대체하여 개선할 여지가 있는지 확인할 수 있다. 예를 들어 다음과 같이 개선해볼 수 있다.

"*To what do you attribute this change?* (이 변화는 어디서 기인한다고 보는가?)"

→ why (Liu 1994: 108)

"*The most elegant strategy for terminating the present contract would be to propose a more productive arrangement to replace it.* (본 계약을 종료시키기 위한 가장 훌륭한 전략은 그것을 대체할 더 생산적인 조치를 제안하는 것이 될 것이다.)"

→ best way kill deal = swap better one

"*Admittedly, the purpose of the exercise was defeated to some extent by the fact that*… (분명히, 그 연습의 목적은 어느 정도 ~라는 사실 때문에 무시되었다.)"

→ sure, plan spoiled by…

단순화는 언어적 연습이 아니며 맥락 내 의미를 상기시키기 위한 짧은 단어(또는 약어/기호) 몇 개를 쓰는 것이기 때문에 정확한 동의어를 찾는 것보다 조금 더 쉽다는 것을 이해하는 것이 중요하다. 통역을 할 때 통역사는 노트에 적힌 그 단어를 실제로 사용하지 않는다. 단지 기억을 보조하기 위한 것이기 때문에 보기만 하고 말을 할 때는 정확한 사용역의 적합한 도착어를 사용하게 된다.

#### 5.4.3.2 축약

의미 분석이 필요한 단순화와 달리 축약은 기계적인 사용(고정적인 축약어), 최소한 자동화가 가능하다(예: 위 첨자 사용). 단어, 표현, 숫자, 날짜 등의 축약법, 접두사와 접미사 같은 문법적 장치, 부정문, 시제, 조동사, 정도 부사 등도 포함된다. 이러한 장치들은 순차 노트에만 사용되는 것이 아니다. 강의를 들으면서 필기할 때 이미 써본 것들도 있을 것이다. 각각의 축약 방법을 몇 번의 수업을 통해 배우고 시도해볼 수 있다.

단어와 구문의 축약

단어와 표현을 축약할 때 이미 존재하는 약어를 사용하거나 몇 가지 원칙을 적용하여 즉석에서 약어를 만들 수 있다. 고정적으로 사용되는 약어는 다음과 같다.

i. 표준 약어와 두문자어: UN, IMF, USA, PRC, BBC, CIA, VIP, CEO, ATM, BRIC, GDP, P5(5개의 상임이사국), Q4(4분기), B2B(기업 대 기업) 등이 있다.
ii. 표준 약어: 라틴어 약어인 cf., i.e., e.g., NB, QED, etc., et al., stat이나 Fe, Au같은 화학기호, cm, kg, kWh같은 측정단위, 국가/도시 코드 (차량 번호판, 공항 코드) 등이 있다.
iii. 이메일과 문자 등에 사용되는 비공식 약어: asap (as soon as possible), btw (by the way), ok (= agreement, success), ko (knock-out = failure), FYI (for your information), FYR (for your review), IMHO (in my humble opinion)··· 심지어 충격적인 것을 표현하기 위해 WTF을 사용할 수도 있다.

iv. 준표준 약어 또는 개인적 약어: gov (government), dept (department), nec (necessary), msg (manufacturing), big (banking), mkt (market), w/ (with), w/o (without) 등이 있다. 학부 때 사용했던 자기만의 약어도 모호하지만 않다면 사용해도 좋다(아래 참조).

약어는 기호와 마찬가지로 출발어나 도착어에 관계 없이 어떤 언어나 체계를 사용해도 무관하다. 스페인어로 there is 를 뜻하는 hay, 독일어로 출처를 뜻하는 Quelle의 첫 글자인 Q, 불어로 '물론'을 뜻하는 bien sûr의 두음문자인 bs도 편리하게 사용할 수 있는 약어들이다. 그러나 반드시 통역사가 이미 사용하고 있는 약어와 혼동할 위험이 전혀 없고 100%숙지된 상태에서만 사용해야 한다.

순차통역을 공부하는 학생들은 일상에서 이런 예들을 찾아보고 노트테이킹에 시도해봐야 한다. 문헌(Ilg and Lambert 1996)에서 찾을 수 있는 기타 기호와 약어의 예시를 부록 B에 수록하였다.

즉석 약어: 원리와 주의사항

대부분의 긴 단어는 표준 약어가 존재하지 않는다. 그러나 단어 형태의 몇 가지 규칙성이 축약을 가능하게 만든다. 표준 기법은 긴 단어(4-5글자 이상)를 축약하는 두 가지 접근 방식을 제시한다.

a. 모음 삭제: report → rprt; toujours → tjrs ; perfect → prfct

b. 어간 + 위 첨자: 그보다 긴 단어는, 어근을 적은 뒤 어미를 위 첨자로 적는다(Matyssek 1989 참조). 이 방법은 모호함을 없애고, 많은 긴 단어를 4-6 글자로 줄여준다.

예제:

| | | | |
|---|---|---|---|
| production: | prod$^{n}$ | government: | gov$^{t}$ |
| producer: | prod$^{er}$ | governor: | gov$^{r}$ |
| product: | prod$^{ct}$ | governance: | gov$^{ce}$ |
| productivity: | prod$^{ty}$ | governing: | gov$^{g}$ |

'pre', 'pro'나 'trans'같은 일반 접두사의 경우 전부 다 적는 것이 좋다.

축약을 위한 암호의 혼합

약어를 만들 때 출발어 및 도착어 요소와 기호를 자유롭게 섞어 형태를 더 간결하게 의미도 더 명확하게 만들 수 있다. 한영 또는 한일 통역을 하는 학생의 경우[17] 아래와 같이 의미 성분을 한자를 표시하여 약어를 만들 수 있다.

| | | | |
|---|---|---|---|
| economist | ec$^{人}$ | capitalism | cap$^{义}$ |
| economics | ec$^{学}$ | populism | pop$^{义}$ |
| academic | ac$^{人}$ | most dangerous | 危$^{est}$ |
| businessman | bus$^{人}$ | more drawn-out | 长$^{er}$ |
| employer | emp$^{主}$ | urbanization | urb$^{化}$ or 市$^{化}$ |
| employee | emp$^{员}$ | globalization | ⊖$^{化}$ |
| rural residents | rur$^{人}$ | | |

한 가지 언어로도 같은 노트 기법을 사용할 수 있다.

17) 한영통역도 포함.

공산당원　　共$^{人}$

그러나 즉석에서 약어를 만드는 것은 위험할 수 있고, 어떤 것은 더 안 좋을 수 있다.

i. 가장 큰 위험은 인식하지 못하는 것이다. 약어가 무엇을 의미하는지 기억하지 못하거나 (더 안 좋게는) 잘못 인식하는 것이다. 예를 들어 연방준비은행이 금리인상을 한다는 내용을 기억하기 위해 'Fed'를 적었는데 통역할 때 연방정부*the federal government*가 금리인상을 한다고 말하면 미국 통화정책의 자율성을 한 방에 부정하게 되는 것이다!
ii. 약어의 의미를 불러오기 위해 조금이라도 노력해야 하거나 통역이 지연된다면 순차 통역을 할 때 불리해질 수 있다.

즉석으로 만든 약어가 쓸모가 있으려면 의미가 확실하고 모호함이 전혀 없어야 한다. 단어의 앞머리만 쓰는 것이 가장 쉽게 축약할 수 있는 방법이다. 예를 들어 'especially'를 'esp'로 적을 수 있다. 같은 방식으로 자기만의 약어를 만들어도 좋지만 한 가지 의미만을 뜻해야 한다. (그렇다고 한 가지 단어만을 뜻할 필요는 없다. 예를 들어 'nec'은 관련 'necessary, necessitate, necessity, necessarily' 등 관련 단어를 모두 지칭할 수 있다.) 이것은 그 형태-의미 쌍이 자기 약어 체계에 완전히 자리를 잡아야 사용할 수 있다. 즉석에서 사용하면 약어를 알아 볼 수 없게 되거나 기억하는데 어려움을 느껴 통역이 지연될 수 있다. 쉽게 혼동할 수 있는 단어는 다음과 같다.

cons – consumer, consumption; (***반대의미!***) conserve, conservation; consider; pros & cons; consolidation; construct(ion) constitution(al)…

cont – containing/contents; continue/continued/continuing; contribute/contribution; [continent/-al]…

exp – expert, expertise, experience, export, expect, expel…

stat – statistics, statute (-try), state, status, statement, station, immediately (medicine)…

eco – ecology vs. economy.

분명히 문맥에 따라 위의 이론적 오류를 대부분 피할 수 있다. 하지만 문맥을 알더라도 의미가 모호해질 수 있으며 그리고 반드시 (머피의 법칙대로) 최악의 타이밍에 헷갈리는 불상사가 생기게 된다. 예를 들어 에너지 소비*energy consumption*를 'cons'로 줄여 쓰면 통역할 때 정반대 의미인 에너지 절약*energy conservation*으로 잘못 말할 수 있다. 에너지 절약을 논하지 않는 연설문이 있던가? 비슷하게 '환경*ecological*'을 '경제*economic*' 문제라고 잘못 통역하면 심각한 오해를 불러일으키게 된다. 이런 종류의 실수를 초심자의 노트에서 가장 자주 볼 수 있다.

문법적 요소의 표시

일부 문법적 요소들, 특히 한 연설에 표현된 시제와 행동양식, 즉 will, did, would, could, may, might, should, must 등은 문맥 상 언제나 분명하거나 자연스레 기억되지는 않는다. 따라서 비교적 긴 구절에서는 문법적 요소들을 눈에 띄게 표시해두기를 권한다. 우리의 경험상 시제 그리고 특히 조동사를 정확하고 꼼꼼하게 처리하지 않는 것은 순차통역 상급반 학생들도 흔히 범하는 실수다. 특히 이를 표현하는 방식이 다른 언어 사이에서 자주 일어난다. 체계적으로 표시하는 방법을 집중적으로 반복해서 연습하면 효과가 있을 것이다.

과거, 현재, 미래, 진행형, 완료형 시제와 의문문과 조건문을 표시하는 세 가지 방법이 있다.

i. 다양한 언어의 발음 구별 기호: 예를 들어 상당 수의 유럽 언어에서 사용되는 양음부호*acute accent*, 억음부호*grave accent*와 곡절부호*circumflex*를 독립적으로 사용하거나 결합하여 각각 미래, 과거, 조건 및 추측을 나타낼 수 있다. 기호를 이중으로 사용하면 완료된 행위를 나타내고, 진행형은 단어 또는 기호 위에

수평선으로 표현한다. (선택적으로 화살표를 그어 지속시간을 강조할 수 있다.)

| | | |
|---|---|---|
| sée: (양음부호) 'will see' | sèe: (억음부호) saw; | sêe: (곡절부호) would see |
| s$\overline{ee}$: 'is seeing' | sèè: 'has seen' | sèê: would have seen |

ii. 어간 + 위 첨자: 특정 언어의 시제 어미를 사용할 수 있다. 예를 들어 영어의 과거 시제 어미 –d와 불어의 미래 시제 어미 –ra 를 사용하면 swapd (=교환했다*exchanged, swapped*)와 swap$^{ra}$ (교환할 것이다*will exchange*) 등을 만들어 볼 수 있다. 진행형도 go$^{ing}$ 또는 go$^{g}$로 표현할 수 있고, 미래 시제도 go$^{ll}$로 쓸 수 있다.

고정된 축약어, 기호, 글자 또는 한자:

| | |
|---|---|
| should: | d (라틴어), soll, 应 |
| must: | d (밑줄), m (독일어), 必 |
| can: | can, k (독일어), p (라틴어), 可 |
| future: | will |
| past: | 已 |

위의 축약형을 사용하거나 자기만의 기호체계를 만들어도 좋다. 몇 가지 예를 더 들어보겠다. (예제의 impl은 implemented를 줄여쓴 것이다.)

| | |
|---|---|
| The project is being carried out. | Proj $\overline{impl}$ |
| The project will be carried out. | Proj impl |
| The project was carried out. | Proj impl |
| The project will be completed by August. | Proj fini ⊣ Aug |
| The project should be completed by August. | Proj d fíni ⊣ Aug |
| The project must be completed by August. | Proj m fini ⊣ Aug |
| The project should have been/was expected to be completed by August (but wasn't). | Proj d̈ fini ⊣ Aug |

| | |
|---|---|
| The project can be completed by August. | Proj k fíni ⊣ Aug |
| The project could have been completed by August (but wasn't). | Proj $\overset{/\wedge}{k}$ fíni ⊣ Aug |

지속시간이나 동작과 사건의 시점을 나타내는 데 기호를 사용할 수 있다.

| | |
|---|---|
| 과거: | .\| |
| 현재: | † |
| 미래: | \|. [수직선 위에, 그리고 전후에 점을 찍음] |
| ~까지: | --\| |
| 부터: | \|-- |
| 1982년 이래: | 1982 → |
| 2017년 까지: | → 2017 |

기능의 축약: 강조, 정도, 부정

강조와 정도(most, extremely, very, more, somewhat, less, not, 혹은 음성상의 강조나 은연중의 강조)는 하나 혹은 밑줄 두개로 강조하고, 점선의 밑줄로 완화하거나 약화시키고, 취소선으로 부정의 의미를 보여줄 수 있다.

regrettable

| | |
|---|---|
| somewhat regrettable | pity |
| very regrettable | pity |
| extremely regrettable | pity |
| not regrettable | ~~pity~~ |
| more regrettable | pity$^{+}$, pity$^{>}$ |
| less regrettable | pity$^{-}$, pity$^{<}$ |
| most regrettable | pity$^{!}$, pity$^{est}$ |

| | |
|---|---|
| Not bad | ~~bad~~ |
| Not the worst | ~~bad~~! |

숫자의 표시

연구 결과 통역에서는 실수가 집중되는 대상이 숫자임이 드러났다(e.g. Pellat 2005). 숫자는 아직 음향기억*echoic memory*이 남아 있을 때 즉시 주의해서 받아 적어야 한다. 연속된 0의 개수를 축약하는 방법은 다양한데 예를 들어 천은 k, 백만은 m, 십억은 b로 쓸 수 있다.

삼십칠만 오천*three hundred and seventy-five thousand*: 375k
이억 사천만*two hundred and forty million*: 240m
삼십칠억*three point seven billion*: 3.7b
구조 오천억*nine and a half trillion*: 9.5tr

지루하더라도 주기적으로 숫자 연습을 집중으로 하게 되면 순차통역 품질이 눈에 띄게 개선되고 특히 동시통역에서 확연한 차이가 드러나게 된다. 숫자 연습은 아시아-서방 언어쌍을 공부하는 학생들에게 필수사항이다. (아래 말 상자 참조)

**아시아-서방 언어쌍에서의 숫자 통역**

한국어, 중국어, 일본어같은 동양언어는 숫자 체계가 서양 및 중동 언어와 다르다. 동아시아 언어에서 숫자는 일, 십, 백, 천, 만, 억의 배수로 표현되지만 백만*million*, 십억*billion*의 배수로는 표현되지 않는다. 만(104) 또는 억(108)의 배수로 표현된다(인도는 전혀 다른 숫자 체계를 갖는다).

따라서 이들 언어쌍을 공부하는 학생들은 시간을 갖고 큰 숫자를 받아 적지 않고 듣는 즉시 말로 바꾸는 연습을 틀리지 않고 입에서 자동으로 튀어나올 때까지 연습해야 한다. 이것은 이들 언어쌍을 다루는 통역사라면 반드시 숙달해야 한다.

만약 연사가 '백만*million*'단위를 생략하고 뒤의 숫자를 말하거나 큰 숫자를 분수와 섞어서 쓸 경우(예: 'two-thirds of a million', 'three-quarters of a trillion') 해당 언어쌍에서 숫자를 실수할 가능성이 높아진다.

순차통역에서는 숫자 변환을 노트를 하면서 하거나 전달 단계에서 할 수 있다(출발어 대 도착어 노트테이킹 위 말 상자 참조). 그러나 어느 쪽을 선택하든지 노트하는 방법을 확실하게 정해야 한다. 예를 들어 'seventeen point three million'은 17.3m(전달단계에서 변환) 또는 1730만(노트단계에서 변환)으로 받아 적되 처음에는 '영어'로 썼다가 나중에 '중국어'를 쓰는 등 헷갈리는 일이 없도록 한다.

전력 단위의 통역은 훨씬 더 어렵다. 중국에서는 전력을 킬로와트의 배수로만 측정하기 때문이다. (비록 최근에 메가와트, 기가와트와 테라와트를 차용한 단어가 새로 생겼지만, 그로 인해서 또 혼선이 빚어지기도 한다.) 전형적인 예제를 아래에 소개한다.

배경지식, 맥락과 지역적 분석이 있다면 숫자를 환산하는 데 당연히 더 도움이 되고 최소한 0자리 수 정도는 맞게 추측할 수 있게 되는데 특정 상황에선 이것이 허용된다. 그러나 숫자는 빠르게 노트해서 자리 수를 바꾸는 훈련을 통해 맥락이 없어도 기계적으로 통역이 가능하다. 이것은 점진적 현실주의 접근방법에서 예외적인 요소이지만 숫자 체계가 다른 언어쌍 사이에서 반드시 필요한 훈련이다.

날짜의 축약

나라별로 날짜 표기 방식이 다르다는 점을 반드시 인지하고 있어야 한다. (유럽, 북아메리카, 중국은 각각 연월일을 나열하는 방식이 다르다.) 따라서 숫자를 노트할 때 한 가지 표기 방식을 일관되게 사용하는 것이 중요하다. (예: 6/8이 6월 8일을 뜻하는지 8월

6일을 뜻하는지 정확하게 알아야 한다.)

이름 받아 적기

세상의 모든 문화별 사람, 장소, 국가 또는 기관의 이름들이 국제적인 담화에 자주 등장하는데 고유명사는 축약이 거의 불가능하다. 그리고 익숙하지 않은 고유명사일수록 제대로 받아 적는 것이 어렵다. (바로 그런 이유로 제대로 된 통역을 서비스를 제공하기 위해 참가자 명단 등의 문서가 필요하다.)

지금 단계에서 강사들은 수업자료 내 고유명사를 최소화하고 불가피한 경우 수업 시작 전 브리핑 중에 고유명사를 미리 알려주고 (필요하다면 철자까지 읽어줌) 이것을 학생들이 커닝 페이퍼에 따로 적어둔다. 나중에 더 많은 연습이 필요할 것이다 (5.7.3).

#### 5.4.3.3 기호, 스케치 및 조합

축약과 함께 기호는 정보를 빠르게 포착하는 또다른 주요 수단이다. 기호는 속기가 가능하고 비언어적 기표라는 점에 있어서 중요하고 그렇기 때문에 '탈언어화'가 가능하다. 노트테이킹 기법 중 가장 특이하고 가르치는 데 있어서 가장 논란이 많기도 하다. 어떤 강사들은 기호가 학생들 스스로 가장 잘 이해 할 수 있는 형태여야 한다고 믿어 기호를 전혀 가르치지 않는가 하면 어떤 강사들은 학생들에게 여러가지 기호를 가르쳐야 한다고 생각한다.

우리의 경험상 수학, 구두법, 음악 기호, 이정표, 이모티콘 등 익숙한 여러 분야의 기호를 먼저 복습하는 것이 가장 효과적이었다. 이런 기호들의 장점은 학생들이 대부분 이미 알고 있기 때문에 사용하기가 더 쉽다는 것이다.

예제:

|  |  |
|---|---|
| ↑ | 증가 *increase, growth, upward trend* |
| ↓ | 감소 *decrease, decline, drop off* |
| > | ~보다 크다 *greater than, more* |
| < | ~보다 작다 *less than, less* |
| = | 같다 *equals* |
| ~ | 대략 *approximately* |
| ? | 질문 *question* |
| $ | 달러/돈 *dollars OR money (decide!)* |
| ✓ | 승인 *approval, agreement* |
| ∡ | 보다 *parse, examine, look at* |
| ! | 중요하다 *important* |
| △ | 변화 *change, uncertainty [math] or 'danger/beware'* |
| ∞ | 무한 *infinite, unending, boundless* |
| © | 저작권 *copyright* |
| ☺ | 기쁘다 *happy, pleased* |

Rx 처방전 *doctor's prescription (hence, 'solution', 'response' [to a problem])*

→ ~을 야기하다 *resulting in, causing, leading to*

시간이 지나면서 자기만의 유용한 부호와 기호를 축적하게 된다. 개인에게 특화되어 반드시 자기에게 의미가 있어야 한다. 가장 의미 있고 기억하기 쉬운 것은 학교에서 썼던 것이거나 학부생 때 사용한 기호들이다. 동기들이 사용하는 괜찮은 기호를 빌려도 좋지만[18] 직관적으로 알아볼 수 있는 것이 아니라면 다른 사람이 만든 특이한 암호를 굳이 외울 필요는 없다. 흥미로운 기호 중에는 오므린 손이 아래로 향하면  '공급supply'을 손이 위로 향하면  '수요demand'를 의미하는 것이 있고, '균형balance'(국제수지, 무역수지 등)을 기울어진 저울로 , 변화는 물결무늬로, 전쟁이나 재난은 번개 모양 등으로 표현하는 것이 있다. 룬이나 신성문자에서 동파문자까지 고대 상형문자를 알고 있는 학생들은 자기만의 자료 공급원이 추가로 있는 셈이다.

레퍼토리 쌓기: 주기적으로 자기 노트를 분석하면서 고정된 축약형이나 기호가 있으면 도움이 될 것 같은 반복되는 개념이 있는지 살펴보고 마땅한 기호를 찾아보거나 만들어본다. 여러 분야에서 이미 사용되고 있는 기호가 있는데 여기에 고정적인 의미를 부여해서 노트에 활용하면 일반적인 개념을 표현할 때 요긴하게 쓸 수 있다.

직관적으로 알아볼 수 있는 기호를 만드는 방법에 대해 수업 중 몇 차례 논의해 본 다음 학생들은 어떤 기호를 사용할 지 정할 수 있다. 어떤 학생들은 기호의 매력에 빠져서 방대한 양의 기호를 사용하게 될 수 있다. 또 다른 학생들은 기호는 적게 사용하고 짧은 단어와 축약형을 선호할 수 있다. 이것은 개인의 취향의 문제이고 노트가 통역을 효과적으로 보조하여 명확하고 산출물을 낼 수 있다면 문제 삼을 필요가 없다.

18) 전문체의 신문기사 헤드라인(ban, bar, nix…), 차량 번호판, 키보드, 휴대폰 등 기호 및 축약형과 관련된 추가 자료는 일그와 램버트*Ilg and Lambert*(1996) 참조.

상당 수의 '순차통역 전문가들'을 대상으로 비공식 설문조사를 진행한 결과 노트를 할 때 고정적으로 사용하는 기호의 수가 적게는 50에서 많게는 300개까지 사용하며 숙련된 통역사일수록 기호를 적게 쓴다는 것을 알 수 있었다(Obst 2010:52). 로잔은 20개의 기호만 사용할 것을 권했고 그 중에서도 꼭 필요한 것은 10개 밖에 없다고 했다.

로잔의 기호 20개 (Rozan 1956)

***표현을 위한 네 가지 기호:***

| | | |
|---|---|---|
| : | 생각하다*think (claim, feel consider. . .)* | *I:*    *UK:*    *we:* |
| " | 말하다*say, talk, take the floor, address the meeting; (make a) statement…* | |
| ⊙ | 논의하다*discuss, debate, deal with, consider, examine…* | |
| OK | 승인하다*approval, agreement* | |

***동작을 위한 세 가지 기호: 세 개의 화살표***

| | |
|---|---|
| → | 방향 또는 전달*orientation or transmission: give, supply, lead to, . . etc.* |
| ↗ | 증가*increase (development, improvement, progress, recovery,* |
| ↘ | 감소*reduction, decrease, fall, slide, slowdown.* |

***상관관계를 위한 여섯 가지 기호:***

| | |
|---|---|
| / | 관련되다*relation: which; by (e.g. somewhat affected by tax cuts: inf) / taxi)* |
| = | 대등하다*equality, equivalence, similarity* |
| ≠ | 차이*difference* |
| [] | 한정*framing; in which; containment (e.g. 'situation which we find ourselves': sitn [we])* |
| + | 추가*additional, new, furthermore, moreover, also…* |
| - | 차감*less, reduced, removed, cut (budget) etc.* |

공통적인 개념(최소한의 권고)을 위한 '실질적 기호'

| | |
|---|---|
| 국가*country, nation(al)* | □ |
| 국제*international* | □ - □ or ⊖ |

| | | |
|---|---|---|
| 세계world, global, universal | W | |
| 질문question, issue, problem | ? | pb |
| 참가자members, participants | Ms | |
| 무역trade, commerce | TR | |

스케치: 그림 하나 쯤 그려볼 만하다

상징적으로 정보를 포착하는 마지막 방법은 간단한 스케치나 도식으로 연사가 설명하는 것을 그려보는 것이다. 이것은 연사가 거리, 방향, 도면, 노선, 차원 등 시공간[視空間] 정보를 전달할 때 특히 효과적이다. 예를 들어 천동설과 지동설의 역사를 설명하는 연설에서 말하는 태양계의 다양한 천체와 궤도를 간단한 그림으로 나타낼 수 있다. 당연히 시각적 성향이 있으면 이 기법을 곧바로 쓸 수 있겠지만(CC-4.2.1.1의 '복합적 부호화' 참조), 그렇지 않더라도 통역사의 도구함에 추가하면 매우 유용하다

의미를 그리기 위해 노트의 공간을 이용하는 간단한 예: 연사가 X가 Y만큼 증가하여 Z가 됐다고 설명을 했다고 가정하자(초보 통역사는 단번에 알아듣지 못할 수 있다). 화살표가 위로 향하게 크게 그린 다음, 숫자를 적당한 위치에 쓴다.

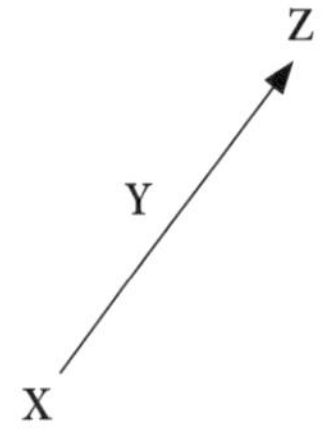


위에서 설명한 단순화, 기호 및 도식화는 제대로 응용하면 정보를 더 간결하고 명료하게 포착할 수 있게 해줄 것이다. 이것을 지면배정과 함께 사용하면 의미뿐만이 아니라 구조와 논리도 한눈에 알아볼 수 있게 된다.

조합과 확장

축약, 단순화, 또는 유용한 기호에 대해 논의할 때 반드시 유념할 것은 이것들이 일반적으로 의미를 기억하기 위한 큐로 쓰이고 아주 드물게 단어나 문구 자체를 지칭한다는 점이다(직역하거나 문자 그대로 옮겨야 하는 이름, 숫자, 수사적 효과, 짧은 코멘트 *soundbite*, 인용구 등).

즉 사용하는 기호와 축약형의 수가 적어야 하고 어떤 단어를 지칭하기 보다 전체 개념을 상징해서 문맥에 따라 유연하게 사용할 수 있어야 한다. 예를 들어 콜론은 생각 뿐 아니라 고려, 판단, 추측, 견해 등 일반적인 믿음을 상징할 수 있다(Myers 1976: 90-1).

노트 방법은 개인이 재단하기 나름이기 때문에 특히 기호를 조합하는 창의력을 발휘해서 자기만의 기호를 만들 수 있다. 개발 단계를 거친 뒤에는 기호가 구체화되어 안정적이고 일관되게 사용할 수 있어야 한다.

강사는 학생들에게 자신의 기호를 보여주되 강요해서는 안된다. 이렇게 하면 고정적인 기호가 필요한 개념이 어떤 것인지 알 수 있다. 예를 들어 강사가 우산 모양의 기호를 '보호, 방어, 보존, 피난처' 등의 의미로 사용할 수 있다. 학생들이 같은 개념을 나타내기 위해 이 기호를 사용할 수 있지만 동시에 그 의미론적 범주의 필요성을 알게 된다. 해당 개념의 기호를 만들고 싶다면 강사의 우산 기호를 모방하거나 직관적으로 떠오르는 다른 기호를 찾을 수 있다.

희랍 문자 같이 전통적인 기호에 의미를 부여할 수 있다.

예제:

γ (gamma) 정부*government*

π (pi) 정치*politics, political*

θ (theta) 이론*theory, theoretical*

기호끼리 조합하는 것도 가능한데 기호의 우측 상단에 첨자를 다는 형식으로 만들어 볼 수 있다.

예제:

⊖는 '세계', '글로벌', '국제'; 한자 化는 '-되다'; 따라서 ⊖$^{化}$는 '세계화'를 의미

⊙는 '회담', '만나다'; 따라서, ⊙$^{ed}$는 '만났다' (과거 시제); →⊙는 '회의에 참석하다'; →$^{g}$⊙는 '회의에 가는 중'; ⊙$^{g}$ '회의 중'을 의미

?$^{ble}$는 '의심스러운*questionable*'

△는 '매우 위험한', '중대한 위협요소' 등

한 가지 공통적 개념을 두고 가족 같은 여러 기호의 범주를 만들 수 있다.

예제:

□ '국가' →□ '수입' □→ '수출'

↗□ '개발도상국' □↗ '선진국'

시간이 지나면서 다른 학생이나 통역사가 사용하는 노트테이킹 기호와 다양한 형태의 조합을 보는 것은 항상 흥미롭고 도움이 된다. 따라서 학교의 강사들은 수업 때 자기 노트의 샘플을 보여주고 학생들 앞에서 노트테이킹 시연을 해주어야 한다. (어쩌면 특히) 다른 언어쌍의 통역을 하는 강사의 노트도 볼 수 있어야 한다.[19] 그러나 새로운 노트 기호는 차곡차곡 배워야 하고 내가 쉽게 이해할 수 있을 때에만 사용해야 한다.

저속 노트 연습을 몇 번씩 해보면 각 노트를 사용할 것인가를 판단하고 새로운 노트를 자신의 레퍼토리에 주입하는 데 도움이 될 것이다.

19) 놀랍게도 60년간 회의통역을 가르치면서 아직까지 실제 연설과 베테랑 통역사의 통역 라이브 녹화 자료, 순차 노트와 노트테이킹 기법을 직접 해설하는 자료의 전집을 만든 사람이 아직까지 아무도 없었다.

### 5.4.4 노트테이킹 III: 기술의 완성

최종단계를 마치면 반복되는 항목에서 시간을 절약하고 노트에 결속력과 명료성을 더하고 말의 분위기와 강조를 표시하고 더 정확하고 섬세하게 디테일과 뉘앙스를 포착해서 노트 기법을 완성할 수 있게 된다. 대부분은 강사 시연을 통해 본적은 있겠지만 특별히 배우거나 연습해본 적은 없을 것이다.

나머지 상용되는 유용한 기술들을 소개한다. (표준기법 및 추후 보완책)

1. 화살표: 화살표는 인과관계나 결과 (수평선), 증가 또는 감소 (수직 또는 곡선) 등 변형을 주어 강도와 속도를 표기하는 등 쓸모가 많은 도구이다. (유럽 통번역학교와 기관들에서 돌고 있는 미출간 자료집에서) 제라드 일그[Gérard Ilg20)]는 기울기, 굵기, 점선, 물결선, 이중 화살촉 등 화살표의 다양한 표기 방법을 통해 특히 경제 동향에서 사용되는 여러 종류의 움직임을 표시했다.

급락하다[plunge] ↓ 바닥을 치다[bottom out] ⟶ 정체되다[plateau] ⟶

2. 괄호:

i. 소괄호()는 (통역사가 요약을 해야 하는 상황이 아니라면; CC-4.2.4참조) 생략하지 않는 이차적인 정보, 여담, 삽입 어구, 심지어 '버리는 말' 등을 더 빠르거나 덜 강조하며 사용할 수 있다. (시역 및 동시 텍스트에 괄호를 사용하면 핵심내용과 이차적인 내용을 한 눈에 구분할 수 있다. CC-9.2.3.1참조.) 예제:

연사: 'This is my first time here – though admittedly I did come through the airport once back in the 90s – and I am delighted…':

My 1st visit (ok airport 1ce 90s)

☺

20) 전 ECB 및 BIS(바젤 소재) 수석통역사, 에지트(파리), 에티(제네바) 통역학교 통역사 훈련관

ii. 중괄호{} 또는 수직선을 통해 하나의 단일 '운영자*operator*'가 적용되는 항목을 묶어줄 수 있다. 예제:

'In the next few years the government will need to tackle unemployment, transport infrastructure, higher education and social services, all of which are suffering from chronic under-funding'

Nxt yrs

Gov D fix ~~jobs~~<br>
Tr infr<br>
Hi Edu<br>
Soc Serv<br>
/ → funded

기분과 감정이 어떤 연설문에 국한해 표현되어 있다면 반드시 기록을 해야 한다. 이것은 구두점과 스마일과 같은 기호를 사용해서 쉽게 표시할 수 있다. 예를 들어 ??는 놀람/충격/어리둥절함, !는 만족/흥분, △는 (느낌표와 병기할 수도 있고 안 할 수도 있음) 위험/주의/권고, ☺는 기쁨/반가움/희소식, ☹는 안타까움/불만족/나쁜 소식 등을 나타낸다.

반복되는 핵심단어들에 대한 임의 기호: 연설 또는 문맥내 출현 빈도가 높은 중요한 키워드는 즉석에서 짧고 간단한 축약어나 기호를 만들어서 사용한다. 예를 들어 의료분야 연설 브리핑을 할 때 의료*healthcare*는 HC, 의사*doctor*는 D, 복지(급여)*welfare(payment)*는 W($)라고 미리 정해 놓고, 정부*government*를 뜻하는 gov, 국민건강보험*national health service*의 약자인 NHS, 보험*insurance*을 뜻하는 insc 등 일상적으로 사용하는 축약어도 물론 사용하면서 통역을 할 수 있다.

### 5.4.5 시범과 연습

학생들의 노트를 비교하고 분석하고 논의해본 다음 강사가 직접 칠판에 노트를 적어서 노트 기법이 어떻게 활용되는지 시범을 보일 수 있다. 이 시점에서 강사의 노트를 베껴 쓰기보다는 효과적으로 노트 하는 방법을 참고하기만 하면 된다.

이 단계에서 여러 강사(또는 상급반 학생)들의 노트를 접하다 보면 노트테이킹에 대한 감이 생길 것이다. (괜찮은 기호가 있으면 빌려 쓰고 요령도 터득할 수 있다.)

이같은 '이상적인' 저속 노트테이킹을 통해 새로운 기법을 응용해보는 연습을 할 수 있다. 표준 기법의 기술적인 요소를 모두 배운 뒤 저속 노트를 통해 완전히 체득하고 나면 속도를 내서 연습할 수 있게 된다.

다음 단계인 적응 단계에서 텍스트 길이와 발표 속도를 점진적으로 늘려 3분 이상의 자연스러운 속도로 읽은 연설도 편안하게 노트하고 중간에 막힘 없이 통역을 할 수 있게 된다.

순차 노트의 1단계 연습이 이제 마무리 되었다. 표준 기법의 모든 요소를 단계적으로 습득했고 이것을 저속 노트에서 편안하게 사용할 수 있게 됐으며 일정 속도의 훈련용 텍스트는 쉽게 노트할 수 있게 됐다. 다음 단계에서 우리는 듣는 동시에 노트하는 방법을 배우게 된다.

## 5.5 적응단계 (1학기 중반)

### 5.5.1 연습목표, 준비자료 및 주안점

적응단계에서의 주안점과 연습목표는 다음과 같다.

- 과정상의 목표: 정상 속도의 훈련용 연설문을 누락 없이 듣고, 분석하고 및 실시간으로 노트하는 것에 익숙해진다.
- 산출물로 본 목표: 내용의 (핵심만이 아닌) 세부사항을 사실관계와 논리 구조 측면에서 정확하고 완성도 있게 통역할 수 있다.

준비자료: 한 꼭지당 2-3.5분 분량의 조금 더 긴 훈련용 텍스트를 중간에 멈추지 않고 읽는다. 명확한 구조의 연설문을 강사가 처음에는 천천히 나중에는 점진적으

로 속도를 올려 읽어준다.[21] 하지만 아직까지는 강사의 지도와 피드백 하에 수업 중에만 다루도록 한다. (수업 밖에서 하는 스터디는 적응 단계를 마친 뒤에 하도록 한다. 5.5.4 참조.)

### 5.5.2 순간적으로 선택하기

텍스트가 길어지고 듣기 속도도 빨라지면서 노트를 선택적으로 해야하는 압박이 생긴다. 그러나 취사선택을 하는 과정에서 내용을 재구성하기 위해 중요한 요소를 빠뜨리는 우를 범해서는 안 된다. 따라서 아직까지는 강사가 중간중간 체크하면서 내용을 완전하게 기억하기 위해 필요한 부분을 빠뜨리지는 않았는지 살펴본다. 노트를 더 명확하게, 단순하게, 간결하게 하는 등 개선의 여지가 분명한 경우 강사는 이를 반드시 지적하도록 한다.

핵심 토론 질문은 다음과 같다.

▶ 반드시 노트해야 할 정보는 무엇인가?

- 연설의 각 논점/주제/정보에 적합한 큐/키워드를 사용하고 아래 요소는 빠뜨림 없이 모두 기록한다.
  - 연결고리
  - 숫자, 이름, 날짜, 기술 용어, 목록
  - 단어 선택이 중요한 인용구, 감탄사, 의도된 표현들

▶ 어떻게 각 요소를 가장 명확하고 경제적으로 포착할 것인가?

- 간소화, 축약, 기호, 그림 (출발어보다 도착어가 선호됨)

▶ 내용의 구조가 드러나게 지면 배정을 했는가?

- 수직 정렬, 들여쓰기, 쌓기, 가로 긋기

21) 연설 난이도 지표*Speech Difficulty Index; SDI*와 '훈련용 연설'은 TG-2 부록 참조.

### 5.5.3 기법과 개인차

전문적으로 순차 통역을 하다 보면 자연스럽게 지면 배정, 구조 및 경제성의 원리를 지키는 선에서 자기만의 특화된 노트 기법을 개발하게 된다. 기법을 재단하는 과정 중에 단어만으로 그 단어가 내포하는 의미론적 분야와 관련어들이 떠오를 수 있도록 개념적 확장*conceptual extension*을 최대한 이끌어내고 창의적인 발상을 하도록 한다.

영감이 필요하다면 관련 서적을 읽어보고 연구해보는 것도 지금 단계에서는 아무런 해가 되지 않는다. 이소룡처럼 "유용하다면 차용하되 그렇지 않다면 버려라. 그리고 너만의 색을 입혀라." (단원 끝에 추가 참고 도서 참조.)

### 5.5.4 그룹 스터디

기본기를 갖춘 뒤에는 집중적인 훈련을 꾸준히 해야 한다.[22] 그러나 비생산적인 개별 연습을 피하려면 다음 조건을 만족한 뒤에 시작해야 한다.

충분한 연습을 위해 그룹 스터디를 하는 것은 중요하다. 하지만 스터디를 하다가 도리어 좌절감을 느끼지 않고 유용하고 자극이 되는 연습을 하려면 지침을 따라 정확하게 연습해야 한다. 이 장의 끝에 수록한 부록 C에 세부지침을 참고하도록 한다. 이상적인 것은 수업을 대신해서라도 강사가 그룹 스터디를 연습 초반에 함께 참여해서 학생들이 지침에 따라 목표를 정확하게 이해하고 연습할 수 있도록 감독하는 것이다. 일반적으로 일주일에 수업 듣는 시간만큼 (8-10시간) 그룹 스터디를 하라고 학생들에게 권한다.

## 5.6 실험 단계 (1학기 후반, 2학기 초)

### 5.6.1 연습목표: 적용과 융통성

암기와 노트의 비중은 통역사마다 개인차가 크고 통역 주제, 방해 요인, 언어쌍,

---

22) 의도적 연습(TG-2.6.2)과 마찬가지로 모든 통역 기술의 전문성 확보의 핵심임.

훈련방법 및 개인의 성향에 따라 그리고 업무 경험에 따라 달라질 수 있다.

(Weber 1989:164, cited in Liu 1994:110/Liu 2008:159)

노트테이킹을 체계적으로 가르쳤던 사람들의 공통된 견해는 노트테이킹이 극히 개인적이지만 모두 효율성과 경제성이라는 상식적인 규칙에 기반한다는 것이다.

(Ilg and Lambert 1996:78)

표준 기법의 기본적인 내용을 습득하고 (적응단계에서) 몇 주간 쉬운 텍스트로 연습을 마친 지금 기법을 얼마나 자유자재로 쓸 수 있는지 시험해본다. 정보전달부터 강한 추장까지 그리고 인상적인 것부터 변덕스러운 것까지 다양한 질감의 텍스트에 노출됨을 통해 기술을 더 발전시키고 적용해야 한다.

인지과학의 난제 중 하나는 (비록 인류의 창의성과 적응능력 측면에서는 축복이지만) 개인별 능력 차이이다. 인간이 언어를 구사하는 것은 기본적인 언어 구사능력과 관련 지식뿐만 아니라 기억력, 반응속도와 지식의 개요에 의존하게 된다. 내용의 상대적 반복성과 그에 필요한 집중력과 처리능력은 그 사람이 얼만큼 주제, 내용, 어투에 익숙하냐에 따라 꽤 주관적이다.

학생들은 자라온 배경과 개인의 특성에 따라 각기 다른 것이 쉽거나 어려울 수 있고, 상이한 속도로 발전하고, 전문기술에 상이한 절차와 지름길을 개발하고, 같은 내용을 듣더라도 노트하는 방식과 언어를 처리해서 말하는 방식도 제각각이다. 테일러(1989:178)는 짧은 연설을 노트 없이 기억에 의존해서 말하게 했을 때 학생들이 각각 다른 방식으로 기억해서 말하는 것을 발견할 수 있었다.

### 5.6.2 준비자료 및 연습목표

준비자료: 선별된 실제 연설문을 어느정도 준비한 상태에서 말로 전달하는 연습을 한다. 하지만 연설문의 장르, 어체, 정보의 밀도(질감), 사실적 아니면 개념적 내용, 주제 그리고 (연습용 연설문에 비해 어렵고 가변적일 수 있는 학생이 직접 쓴 연설문을 포함한) 전달력 측면에서 훨씬 더 다양하고, 읽는 속도도 점점 더 빨라질 것이다.

이제 논리에 더 몰입해 때때로 4-5분까지 가는 더 긴 꼭지를 다룰 수 있다.

연습목표(과정): 자신의 노트테이킹 기법을 여러 종류의 실제 연설문에 실험해보고 적용해본다. 청서시차*ear-pen span*; 聽書時差, 최대 및 최소 노트 분량, 언어 및 시각적 기억 등을 고려해서 표준 기법을 기호에 따라 맞춤화한다.

연습목표(결과물): 명확한 지면배정과 큐워드를 사용한 노트를 보고, 접속사와 운율을 살려 통역의 구조, 의미와 메시지가 전달되도록 한다.

지금쯤이면 연설의 종류에 따라 어떤 노트가 얼만큼 필요한지, 또는 쓰기보다 얼만큼 더 듣기에 집중해야 하는지 알고 있어야 한다. 실제 연설은 연사가 통역 실습생을 위해 속도를 늦추거나 내용을 간추리지도 않는다. 실제 상황에서 마주칠 수 있는 다양한 연설과 연설 중 정보의 밀도나 속도의 전환이 일어나면서 노트 방식도 바뀔 수 있다. 처음에 논증을 조심스럽게 전개하다가 갑자기 고유명사, 제목, 숫자, 슬프거나 재미있는 일화 또는 문학의 인용이 포함된 예시를 들 수 있다. 이러한 전환에 민감하게 반응하고 듣기, 분석, 노트테이킹과 전향적인 기획이 효과적인 순차통역의 열쇠다.

이제 연설이 이루어지는 경우와 연설의 질감 및 장르가 요구하는 대로 사용되는 말든 노트를 상이한 범위에서 맞는 위치에 하기 시작해야 한다. 경제 보고서처럼 정보가 많은 연설문의 경우 사실관계와 숫자를 정확하게, 설득력 있고 강한 논증 구조를 가진 연설문은 연결고리, 내용의 순서와 대비 효과를, 사회, 종교 또는 행사 연설문(축사, 외교, 고별사)의 경우 단어 선택에 유의해야 한다.

이따금 같은 주제를 조금 더 길게 통역해보면 처음에는 노트가 빽빽하다가 시간이 지날 수록 통역사가 회의 내용을 내부자처럼 알게 되면서 점점 노트할 것이 적어지는 것을 확인할 수 있다.

### 5.6.3 시간과 동작: 청서시차의 다변화

예측 가능한 텍스트를 처리할 수준의 기본적인 '귀-생각-손'*ear-mind-hand* 협응을 터득한 지금 순차통역을 할 때 연설의 종류에 따라 노트의 '시간과 동작' 혹은 노트를 '언제 어떻게' 하는지, 즉 청서시차(동시통역의 청성시차*ear-voice span; EVS* 비교)의 한계를 시험해서 장단점을 파악해야 한다. 주의력 안배와 더불어 기억에 더 오래 그리고 짧게 남는 것이 있다는 것을 알 수 있게 된다. 마찬가지로 맥락에 따라서 그리고 평소에 주제에 대해 얼만큼 생각했는가에 영향을 받는다. 특히 이름, 숫자, 목록과 기술 용어 등 휘발성이 강한 요소는 아직 청취기억이 남아있을 때 즉시 받아 적어야 하고, 어쩔 때는 노트를 다 적지 못하고 나중에 다시 돌아와서 빈 부분을 채워 넣어야 할 때도 있다.

연사가 하는 말의 의미와 중요성, 기억 또는 통역 난이도를 정확하게 분석하고 고려했다면, 연설의 밀도와 구조의 변화가 노트의 양과 형태, 그리고 타이밍에 영향을 줘야 한다. 일화, 시각적 묘사 또는 심상, 우화 또는 농담의 경우 (간단한 큐나 키워드로 표시하는 것 외에 특별히) 노트를 하지 않는 편이 기억이 더 잘 날 수 있다. 반대로 사실과 수치는 내용의 정확성을 위해 창의 및 인지적인 처리에 의존하기 보다 집중해서 꼼꼼하고 효과적인 노트를 적어야 한다.

타이밍의 경우, 지문 이해에 필요한 분석 정도와 기억 가능 여부가 청서시차에 변화를 준다. 정보가 많은 지문은 시차가 짧고, 개념의 이해가 필요하거나 반복적인 내용의 지문은 시차가 길어진다. 일부 연설패턴은 오래된 정보와 새 정보 사이에서 왔다갔다 하면서 꽤 예측가능하고 보편적인데 더 대화체 연설의 경우에는 더 규칙적이고 더 운율적인 특징이 있다.

요약하면, 순차 통역사는 연사와 담화에 대해 익숙하지 않거나 사실과 수치 등 정보가 많은 연설을 통역할 경우 상대적으로 꼼꼼하게 노트하고, 기억과 맥락에 의존할 수 있는 연설의 경우 주로 큐워드와 연결고리를 사용하는 선택적인 노트테이킹을 할 수 있어야 한다. 좋은 순차통역에 필요한 제어 능력의 핵심은 주제 전환에 대한 주의력과 지속적으로 연사의 의도(말하고자 하는 바*vouloir-dire*)를 파악할 수 있는 능력이다.

이 단계에서는 단기 기억의 일부 보편적인 특징들이 더 분명히 드러나야 한다.

- 사실, 이름이나 숫자를 노트하는 경우 논리적인 순서를 포착하는 것보다 시간과 노력이 적게 들고, 우아한 표현(개방형)을 찾는 것보다 시간이 적게 든다. 가

장 쉬운 것을 먼저 처리하는 것이다.

• 빠른 목록을 노트하는 경우 초두성 효과*primacy effect*와 신근성 효과*recency effect*를 사용하여 노트 순서를 정하도록 한다. 하지만 반드시 연설문의 원래 순서대로 적어야 한다. (예를 들어 연사가 1-2-3-4-5의 순서로 말했을 때 1-2를 먼저 적고 5를 적는다 하더라도 둘 사이에 공간을 둬서 나중에 돌아와 3-4를 채울 수 있도록 해야 한다.)

### 5.6.4 학급 편성과 피드백

이제 수업의 초점이 본격 순차에 맞춰지고 시역은 가끔씩 하게 된다. (시역은 나중에 더 많이 연습하게 된다. CC-7 참조.) 수업 밖에서 학생들은 부록 C의 지침에 따라 스터디 그룹을 짜서 규칙적으로 순차 통역 연습을 해야 한다. 수업 중 피드백은 무엇이 맞고 틀렸는지 통역의 정확도 보다는 개인별 통역 문제점과 조언을 구체적으로 제시하여 학생들이 문제를 개선시킬 수 있도록 해야 한다.

### 5.6.5 연습: 본격 순차 (1학기 말)

연습 방법

1. 연설문: 수업 전에 항상 연사를 정한다. 연사는 학생 이어도 좋고 조교가 맡아도 좋다(CC-4.5, TG-5.6 참조). 연사는 총 20-25분 분량의 연설문을 준비한다. 이것을 3-4분씩 6꼭지(또는 반 학생 수만큼) 정도로 균등하게 나눈다. 일반적인 주제를 선택하도록 하고 반 즘은 준비된 구어로 발표되어야 한다. 연사는 주제, 실제 연사, 회의와 청중의 성격, 배경 정보, 핵심 용어와 전문 용어 등 연설문에 대한 간단한 브리핑을 해준다. 브리핑 내용은 수업 2-3일 전에 반 학생들에게 공개해서 준비할 수 있도록 한다. 실험 단계 중반부터 실제 연설의 녹음 자료를 사용할 수 있다. 비디오 자료가 있다면 더 좋다.
2. 준비 방법: 학생들은 주제 관련 자료를 출발어와 도착어로 읽어서 배경지식을 습득하고, 수업 때 들을 연설 내용과 주안점을 예상해보도록 한다. B언어 순차의 경우 양방향 용어집을 준비해오고, B언어로 주제와 관련된 유용한 표현

과 연어를 활성화시킨다.

3. 준비 전략 토론 및 맥락의 활성화: 수업 중 학생들이 공부해온 내용을 공유할 수 있도록 한다. 수업 준비 과정 중에 어떤 중요한 내용을 찾았는지, 유용한 정보를 양쪽 언어로 어디서 어떻게 찾았는지 (그냥 인터넷에서가 아니라) 구체적으로 설명하게 하도록 한다. 서로 준비해온 용어집을 공유해서 내용을 비교해보고, 연사의 능력과 배경, 회의와 청중의 성격, 주제 관련 논란, 맹점, 민감한 문제, 또는 숨겨진 의제 등을 고려해 연사가 어떤 내용을 발표할 지 예상해본다.
4. 발표: 연사는 연설의 내용을 철저히 준비해서 연설의 개요 또는 순차식 노트만 보고 반 즉흥으로 발표를 할 수 있도록 한다(CC-4.5의 연설의 분류체계 참조). 발표할 때 연설을 녹취한다. 강사와 함께 반 학생 전체가 노트테이킹을 한다. 연사는 3-4분씩 통역을 위해 발표를 멈춘다. 발표 시간을 기록한다.
5. 통역: 통역할 학생을 선택한다. 통역 내용을 녹음하고 시간도 같이 기록한다.

1학기말 또는 2학기초의 이 시점부터는 수업 중 연습이 실제 회의에서 실제 통역을 하는 것처럼, (준비과정과 맥락화를 포함해) 연설문도 실제 상황에 가깝고 통역 품질에 대한 기대도 높아진다. 다음 규칙을 모두 준수한다.

- 통역사는 연단에 서자 마자 지체없이 통역을 시작한다.
- 통역사는 필요한 경우, 한 개에서 최대 두 개까지 확인을 위해 연사에게 빠르게 질문할 수 있다. (연사의 언어로 프로답게 질문해야 한다.)
- 통역사는 중간에 멈추지 않고 도움 없이 통역을 마쳐야 한다.
- 청중(즉 학생들, 강사, 조교, 참관인)은 통역 중 침묵을 지킨다. 도움을 주거나 통역사의 주의력을 분산시키는 행동을 하지 않는다.
- 통역사는 또렷한 목소리로 발표하고, 필러와 백트래킹을 지양하는 등 일반적으로 좋은 발표 기술을 사용하도록 한다.

6. 청중: 통역사가 통역할 때, 나머지 학생들은 다른 색깔 펜으로 노트와 통역 내

용을 비교하여 통역 품질을 개선하기 위해 필요한 부분(실수, 누락, 어색한 표현 등)을 노트에 표시하도록 한다.

7. 피드백과 토론: 통역이 끝나면, 강사는 통역한 학생에게 자기 평가를 하도록 질문할 수 있고, 그 다음 전반적인 코멘트와 세부적인 피드백을 줄 수 있다. 나머지 학생들도 실수나 모순되는 내용 등을 지적하여 통역사가 문제점을 그 자리에서 수정해볼 수 있게 한다.

   스터디 중 (강사가 없는 경우) 피드백과 토론 방법은 부록 C에 수록되어 있다.

8. 과제: 연설문의 녹음 자료를 학생들과 공유한다. 수업이 끝나고 학생들은 녹음한 연설문을 듣고 수업 중 노트한 내용을 비교해보고 노트의 경제성, 구조, 명확성/가독성, 탈언어화, 디테일과 뉘앙스 포착 등을 고려해서 노트를 개선할 방법을 연구해본다. 학생들은 각자 통역한 내용을 녹음해서 다시 들어보고 크리틱을 해본다.

### *통역을 위한 노트의 활용*

발표 중 기본적으로 노트를 보는 방법을 이제는 알고 있어야 한다. 하지만 실험 단계가 끝날 무렵 노트 활용법을 전문가 단계까지 끌어올려야 한다. 통역의 흐름, 일관성, 연속성을 위한 노트 활용법에 관한 지침은 다음과 같다.

노트를 통해 통역을 할 때,

1. 미리 읽고 고개를 들어라: 첫 번째 말 상자를 본 다음 청중을 보면서 통역한다. 그리고 말 상자의 내용이 끝날 무렵 다음 말 상자를 본다. 노트보다 청중을 더 오래 보고 있어야 한다.
2. 또렷하게 전달하라: 자신감 있게 말하고 분명히 표현하고 생동감있고 자연스럽게 말하라.
3. 리듬을 조절하라: 탄력의 필요성은 알고 있다. 이제 수사학적으로 적절한 곳에서 짧은 멈춤, 가속 등으로 통제력을 높여라. 하지만 회의의 성격에 맞게 목소리 톤, 속도와 완성도도 조절하라.

4. 간결하고 신뢰성 있게 말하라: 통역 초반에 필요한 말보다 길게 통역하는 것이 입을 푸는데 도움이 될 수 있다. 하지만 말할 내용이 분명해졌다면 최대한 간결하게 말하도록 한다. 통역 중 필요하다면 노트의 내용을 수정할 수도 있는데 연설 내용을 들으면서 알게 된 맥락을 활용하도록 한다. 중간에 통역을 멈추지 않도록 하고, 발표 중 모순되거나 반복되는 내용을 제거한다(5.7.2에 추가 설명).

연설 중 나중에 파악한 맥락을 활용해서 같은 단락 내 내용 충돌이나 오해를 불러일으킬 만한 부분을 수정하는 방법의 예시를 들어보겠다.

연사: "When China will actually overtake the US economy in terms of absolute size is hotly debated. But what int in debate is that on current projections, Chinas economy is likely to be the largest in the world before the end of the third decade of this century. <u>On a significant number of measures, China already stands well above the rest</u>."

[여기서 밑줄 친 부분의 노트를 "No. 1" 또는 "in the lead in many ways"라고 했을 수 있다.]

연사가 다음 단락에서 중국이 첫 번째는 아니지만 선두 그룹에 있다는 내용의 예를 들 수 있다.

'In 2010, China was the world's largest merchandise exporter…'

'China was the world's second-largest merchandise importer in 2010…'

'China is also home to the world's largest automotive market…'

'In 2010, China was the fourth-largest exporter of commercial services…'

'…it was the third-largest importer of commercial services'; etc.

위의 내용을 들으면서 밑줄 친 내용의 뉘앙스를 수정할 필요가 있다는 것을 눈치챘을 것이다.

특히 노트의 내용을 최대한 반영할 수 있도록 문장을 구성하도록 노력한다. 그렇다고 노트에 있는 단어 하나에 문장 하나씩 말하지 않는다! 다음 예제는 노트의 내용을 한번에 하나씩 처리했을 때 할 수 있는 실수 유형이다. 발표를 할 때 다음 말할 내용을 미리 내다보고 말 상자 안의 내용을 전체적으로 보고 문장을 구성해야 한다.

> We firmly believe that this goal, this goal to help people achieve better sanitation standards in their environment, is a goal that can be realized. Every year, actually to achieve that goal we, as the World, would only have to invest 9.5b dollars every year. And that is extremely affordable to us as the international community.

예시의 통역은 한 문장으로 "This goal of achieving proper sanitation for all could be achieved for as little as 9.5b dollars a year."라고 표현할 수 있다.

***노트장의 관리***

점점 더 길고 빠른 지문을 통역하게 되면서 통역 속도를 개선하고 실수를 줄이기 위해 노트를 잘 관리하는 습관을 들여야 한다. 연설이 끝나자 마자 곧장 통역을 시작할 수 있도록 노트의 시작점을 바로 찾을 수 있도록 다음 습관을 들이도록 한다.

i. 연사가 말을 멈추면 노트에 두 줄 또는 세 줄을 그어 표시한다. 노트를 여러 장 했다면 페이지를 180도로 넘겨 책상에 펼쳐진 상태로 놓아 통역을 시작할 때 넘겨진 페이지를 한번에 뒤집어 노트의 첫 단락을 찾는다.

ii. 통역을 하면서 노트를 넘길 때 중간에 통역을 멈추지 않고 다음 내용을 미리 볼 수 있게 페이지 하단 끝을 잡아서 페이지 모서리가 위를 향하도록 한다. 그렇게 하면 페이지 끝과 다음 페이지의 내용을 동시에 볼 수 있다. 페이지를 넘기면서 소리가 크게 나거나 마이크를 스치지 않도록 한다.

iii. 통역이 끝나면, 통역한 부분의 노트를 공책 뒤로 넘긴다. 이정도만 해도 충분히 실수를 피할 수 있지만 통역을 하면서 말한 부분에 줄을 그어 지워 나가겠다면 표시가 안 나게 줄 긋는 소리가 마이크를 타고 흘러나가지 않도록 조용히 한다.

***일어선 상태에서 노트 하는 방법***

불편한 차선의 상황이 유감스럽지만 빈번하게 일어난다. 모든 종류의 기념식, 환영식과 만찬회에서 연사를 위한 강연대나 연단은 제공되지만 통역사는 없는 경우가 많다. 이런 경우, 노트를 팔 위에 올려 놓고 글 쓰는 손이 노트 위로 올라가게 한다. 그렇게 하면 알아볼 수 있게 쓸 수 있는 부분이 좌단의 2/3정도가 된다. 2절판 위에 공책을 올려서 지지대를 만들어주는 것도 도움이 된다. 어떤 통역사는 일어서서 통역할 때 손 안에 들어오는 수첩을 더 선호한다.

### 5.6.6 실험 단계: 요약

실험 단계에서 사실, 논증, 묘사 등이 혼합된 유형의 연설문, 다양한 유형의 연사, 비공식 및 공식 연설, 낭독 속도가 조금 더 빠른 실제 연설 녹화 자료, 더 긴 지문 등 각각 다른 노트 전략이 필요한 연설문을 연습해보았다. 여러 연설 유형을 접하면서 노트테이킹 기술을 더 자기 것으로 만들었을 것이다. 강사들이 순차 통역의 일관성을 증진시키고, 모순되는 내용을 제거하고, 중언부언하지 않는 방법, 다음 통역할 내용을 미리 내다보고 준비하기 위한 노트 정리 및 활용법, 그리고 도착어에서 사용할 단어 및 표현 선택 방법을 보여주었을 것이다.

통역사는 노트테이킹 기술과 집중력의 안배를 자유자재로 제어해서 다양한 유형과 밀도의 연설문 뿐만 아니라 실제 다양한 연설 상황도 소화할 수 있어야 한다. 예를 들어 어떤 상황에서는 노트테이킹을 멈추고 10에서 20초가량 연사를 봐야 하는데, 초심자에게는 상상도 할 수 없을 만큼 무서운 일이지만 그게 나중에는 이상해 보이지 않게 된다. 반대로 이름과 숫자를 나열할 때는 정신없이 노트할 준비가 되어 있어야 한다.

지금 단계에서 학생들은 더 자주 상세한 피드백을 받아야 한다. 왜냐하면 노트테이킹의 문제를 모두 제거해 학생들이 통역 내용에 더 집중할 수 있어야 하기 때문이다.

## 5.7 강화 단계 (2학기 중반부터)

> 노트테이킹을 숙달하는 것은 쉽지않다. 그러나 통역사의 저력은 노트테이킹 기술에서 나오지 않는다. 연설의 분석, 의미 파악, 적절한 뉘앙스를 찾는데 필요한 노력에 비하면 숙련된 통역사에게 노트는 그리 중요해지지 않는다.
>
> (셀레스코비치와 르데레르 1989:27)

### 5.7.1 학습 초점, 목표 및 자료

첫 두 학기 동안 강도 높은 훈련을 병행했다면 2학기 말 학생들은 각자 어느정도 유연한 노트테이킹 기술을 개발했을 것이다. 강화 단계에서 (계속 평가 또는 중간 시험을 거쳐: TG-3.4참조) 동시통역 훈련에 필요한 준전문가 수준의 순차통역을 할 수 있게 될 것이다. 강화 단계의 학습 초점은 두 가지이다. 첫 째는 폭 넓은 연습을 통해 개별 노트테이킹 기법의 신뢰도, 정확성, 일관성, 플로우와 가독성 측면의 강화이고, 둘 째는 순차 통역에서 흔히 접하게 되는 모든 연설 유형을 다루어 보는 것이다. 즉 공식 및 비공식 연설문과 기념식 축사를 실제 난이도와 속도로 연습할 수 있게 된다는 뜻이다. 강화 단계의 목표는 다음과 같이 요약될 수 있다.

과정: 기술 연마와 제어력 강화

- 목표 시장에서 공통적으로 접하게 되는 모든 종류의 연설을 통역 연습하면서 노트의 범위를 더 넓혀라. 사실적 묘사와 추상적이고 양식화된 연설 뿐만 아니라 복잡한 논리와 논증을 사용한 만연체의 연설문과 의례화된 기념식 연설이 여기에 포함된다. 중요한 것은 일부 연설은 이제 (부분적으로) 원고가 있는 상태로 읽게 되어 더 충실한 노트테이킹을 해야한다는 것이다.

- 뒷내용을 예측해볼 수 있는 본격 순차 통역의 장점을 활용해 (강조를 위한 반복을 제외한 의도치 않은 내용 충돌 또는 반복 삭제 등) 내용을 다듬어 통역 꼭지 전체의 일관성을 유지하라. 통역 전반의 통제력을 강화하고, 부드럽고 자연스러운 통역을 위해 머리 속에서 연설 내용을 전형적인 도착어 담화 구조에 맞춰 재구성해보고 말하기 개요를 짜보는 연습을 해본다.

결과: 속도, 정확성과 청중 유도

- 통역: 이제 통역도 명료하고 속도감 있게 전달할 수 있어야 한다. 연설 시간과 통역 시간도 날마다 재야 한다. 통역 시간은 연설 시간보다 짧아야 하며 내용이 너무 많지 않다면 일반적으로 연설 시간의 70-80% 정도여야 한다. A언어로 통역한다면, (절대 시간에 쫓기듯이 말하지 않고) 스마트한 표현을 섞어가며 유창하게 전달해야 한다.
- 숫자, 이름, 전문 용어를 정확성을 조율하고 통역의 전반적인 명료도를 높인다.
- 통역의 최적화(5.8.4): 까다롭거나 섬세한 단어나 표현을 공부하는 데 시간을 투자하고 모호한 (예: 문화적) 표현도 필요하다면 확실히 해두도록 한다.

연습 자료: 순차 통역 연설 자료는 장르, 속도, 일관성 등의 측면에서 다양해지고 연습 분량은 4-5분에서 최대 7분까지도 길어진다. 강화 단계에서는 실제 연사의 강연 또는 녹화자료 등 회의 통역사가 현장에서 실제로 접하게 되는 연설을 다루어야 한다.

### 5.7.2 일관성: 순차 통역의 장점 유지

통역에 대한 압박은 담력을 요구하지만 주의력 또한 필요로 한다. 순차 통역의 장점을 활용하는 방법도 배워야 하는데, 이것은 각 통역 꼭지를 얼만큼 전반적으로 확실하게 통제하느냐에 달려있다. 순차 통역은 (동시 통역과 달리) 통역을 시작하기 전에 연설의 맥락을 파악하는 것이 가능하고, 통역할 꼭지 내용의 반복이나 모순을 제거할 수 있다. 그러나 반대로 한 꼭지 내내 불분명한 요소가 남아있을 수도 있다.

통역사는 긴 꼭지도 완전히 처리할 수 있을 정도의 제어 역량을 길러야 한다. 뒤에서 들은 정보를 앞에서 들은 내용 보완과 수정에 사용하고 통역을 시작하기 전에 말할 내용이 긴밀하게 연결되도록 만드는 것이다. 예를 들어 네 가지 포인트 중에 마지막 포인트가 불확실했다던지 들은 단락의 끝에서 불분명한 내용이 등장했다면 연사에게 질문을 할 수도 있다. 그러나 뒷부분이 계속 불분명할 경우, (대화를 주고 받고 있는 상황이 아니라면) 그것이 확실해졌을 때 그 부분을 나중 꼭지에 덧붙여 말할 수 있다. 예를 들어 앞에서 1-2-3만 통역하고 4를 나중에 연사가 5, 6, 7을 설명하면서 내용이 분명해졌을 때 뒷부분과 연결해서 4+5678을 한꺼번에 통역하는 것이다. (통역이 끝나지 않은 상태에서 연사가 말을 시작했을 경우에도 해당된다.)

### 5.7.3 정확성

원문의 뉘앙스, 디테일, 섬세한 의미 차이, 어감이나 모호함을 가감없이 도착어로 전달하는 것을 지향하는 전문 통역사의 특징은 정확성이다. 모호함이 더해지는 것이 학생 통역에서 자주 보여지는데 더 가까이 듣고 효과적으로 노트테이킹을 해서 모호함을 없애야 한다. 긴 지문에서 학생들은 자주 연사가 주장한 내용이 단호했는지 모호했는지 표시하지 않거나 잊어버린다. 예를 들어 연사가 'We will probably have to tell them no (어쩌면 거절해야 할지도 모른다)'라고 말했는데 통역은 'We will have to tell them no (거절해야 한다)'라고 말하거나, 'these measures often/sometimes do not work (이 방법은 자주/가끔 효과가 없다)'를 'these measures do not work(이 방법은 통하지 않는다)', 'have limited effect(이 방법은 제한적으로 통한다)'고 통역할 수 있다. 그리고 그 역도 성립한다. 모호함은 (점선 등으로) 노트에 항상 표시 해두어 표시가 안된 문장은 분명하게 말할 수 있게 만들도록 한다. 문장의 강도(extremely, somewhat, not un-…)와 조동사(will, could well, might…)를 정확하게 표현하는 것 역시 통역의 충실성을 결정하는 요소이다.

모든 연결고리, 암시적 명시적 내용을 노트해두면 연설문의 구조를 이해하는 데 도움을 준다. 그러나 노트한 연결고리를 그냥 직역하는 것은 도움이 되지 않는다.

예를 들어, 노트에 'so'라고 적었으면 통역할 때는 'for this reason, …'이라고 말하고, 'coz'는 'There's an explanation for this:…'로 맥락과 통역의 방향에 따라 바꿔 말할 수 있어야 한다. 그리고 가끔은 노트에 구조 이해를 위해 명시적으로 표시하더라도 연사가 그 내용의 연관성을 넌지시 말하고 싶은 느낌이 든다면 통역할 때 암묵적으로 표현해야 한다.

어체: 연사가 일부러 문체 및 수사적 효과(또는 기술적 정확성 및 정치적 정당성)를 위해 선택한 용어나 표현만 그대로 받아 적도록 한다. 이 것이 확실한 경우에 도착어 표현을 미리 적는 것이 더 좋지만 기호나 약어 보다 들은 표현을 정확히 기록해야 한다(Ilg 1982, 1988; Myers 1976; Orlando 2010).

강화 단계에서는 청중이 듣게 되는 통역 산출물에 더욱 더 집중해야 한다.

- 먼저 완전성과 정확성 측면에서 통역 실수와 누락을 완전히 없애도록 한다. 실수와 누락은 이해 부족, 집중력 저하 (주의력 안배 실패) 또는 노트테이킹 기술 부족에서 기인할 수 있다. 하지만 메시지의 심각한 왜곡이 사소한 문제나 의역이 누적되어 발생할 수 있는데, 이것은 반 친구들과 강사의 도움으로 찾아서 고쳐야 한다.

  시작과 끝에 특별한 주의를 기울이도록 한다. 새로운 연사가 등장하거나 첫 회의인 경우 각 항목의 맥락과 적합성을 파악 할 때까지 노트를 충실히 해야 한다. 또한 각 통역 꼭지 또는 연설 마지막 몇 마디를 제대로 듣고 노트하도록 주의해야 한다. 이제 곧 통역을 시작해야한다는 압박감으로 인해 놓치기 쉽기 때문이다. 그리고 끝에 덧붙이는 듯한 말처럼 보여도 아주 중요한 사실이나, 결론 또는 그 문장의 핵심인 경우도 있다. 마지막 문장을 받아적기 위해 통역 시작 시간이 5초 (최대 10초) 정도 지연되는 것은 허용된다. 꼭 급하게 시작할 필요는 없다(Seleskovitch and Lederer 1989: 30).
- 포장과 발표의 측면에서 전체 통역 시간과 리듬을 통제할 수 있어야 한다. 순차 통역을 할 때 부차적인 내용을 너무 오래 설명하지 않도록 주의하고 (주로 노트나 말을 구성하는 문제일 수 있음) 전체 통역의 균형을 유지하도록 한다.

## 5.8 다듬기와 고급 순차 통역 (2학년, 3-4학기)

### 5.8.1 학습 초점, 목표 및 자료

학습 초점: 2학년에는 주로 동시통역에 학습 초점이 맞춰져 있지만 순차통역 기술을 완성시키는 것도 소홀히 해서는 안 된다. 전문 통역사 데뷔가 가까워지면서 학생들은 실제 통역 상황과 가까운 연습을 통해 순차 통역의 조건과 제약을 좀 더 제대로 체감해볼 수 있어야 한다. (실제 통역사가 일하는 회의 현장을 참관하는 것이 어렵겠지만 소중한 경험이 될 것이다.) 의뢰인의 기대 사항과 청중의 반응도 인지해야 한다. 목소리, 음량, 속도, 음의 높낮이, 발음, 유창함 등 청중이 무엇을 듣게 되는지 그리고 표정, 자세, 시선, 제스처, 움직임, 외모, 노트와 자료 사용 등 무엇을 보게 되는지 신경 써야 한다.

마지막 1마일 훈련의 목표는 세 가지이고, 각각 별개의 수업을 통해 다양한 난이도의 자료와 통역 상황을 훈련한다.

1. 통역 다듬기: (일반적인 통역상황이지만 어려운 연설문을 사용했을 때) 내용이 정확하고 완전할 뿐 아니라 잘 다듬어진 표현의 사용과 속도감 있지만 듣기 편안하고 청중의 얼굴을 보면서 통역하는 것을 목표로 한다.
2. 극심한 스트레스 관리법 터득: 어려운 상황에서 통역해야 하는 부담을 견디고, (파워포인트나 시역이 동반되는 발표 등 연설, 슬라이드, 텍스트가 혼합된) 복합적인 통역 업무의 요구사항을 만족시키는 방법을 배운다.
3. 의사소통 최적화: 통역사가 순차 통역 중 의사소통을 최적화하기 위해 주도적인 행동과 책임을 완수하고 그에 따르는 위험과 제약을 이해한다.

실제 순차 통역에서 기대되는 조건을 만족시키려면 유연하고 역동적인 노트테이킹과 노트 활용이 선행되어야 한다.

### 5.8.2 통역 다듬기

2학년이 되면 듣기에 여유가 생겨서 도착어 표현까지 미리 적으면서 노트테이킹을 할 수 있을 것이다(새롭게 습득한 동시통역 기술이 반사신경처럼 작용해서 도움이 됨). 또한 연사의 어조와 어체를 여과 없이 보여주기 위해 명시적 암시적 메시지를 최대한 반영하면서 원문의 언어적 수사학적 효과를 재현해내도록 한다. 미묘한 강조와 대조 뿐만 아니라 유머, 심각성이나 역설도 노트에 (☺, ?! 등으로) 표시할 수 있으며 적절한 단어 선택, 억양과 리듬, 그리고 (매우 긴장도가 높은 환경이 아니라면) 몸짓언어를 통해 재현하는 것이 가능하다.

정보 포착의 숙달도를 확인하는 한 가지 방법은 CC-4.2.4.2에서 설명한 재배열 연습을 노트에 시도해 보는 것이다. 노트의 박스 안에 있는 요소를 재배치해서 문장 단위로 내용을 재구성하는 것뿐만 아니라 전체 연설의 메시지를 훼손하지 않고 전체 아이디어 또는 문단을 재배치해보는 연습을 한다. 당연히 엄선된 텍스트로 연습해야 하고 이 방법은 실제에서는 신중하게 사용해야 한다.

전달 단계에서 이제는 학생들이 발표하기 전에 노트를 한 단락 씩 휙 한번 보더라도 통역이 가능해야 한다. 이때 (최소) 70% 눈 맞춤과 (최대) 30% 노트를 읽는 70/30 규칙을 지킨다. 학생들은 자기가 통역하는 모습과 (가끔 TV방송에 나오는) 전문가가 통역하는 모습을 비디오로 녹화해서 보도록 한다.

### 5.8.3 압박감 관리

현장에서 전문적인 통역 업무에 직면했을 때 개인의 역량과 자세가 중요해질 것이다. 듣기(빠르기, 내용의 밀도, 불확실성, 기술성 등)와 형식 면에서 그리고 갑작스런 말 끊기, 의뢰인의 요약 통역 및 조언 요청 등 대응하기 어려운 상황을 현장에서 마주할 수 있기 때문이다. (돌발 상황과 통역사의 역할에 대한 논의는 각각 9장과 10장 참조.)

성미가 급한 (양쪽 언어를 유창하게 사용하는) 의뢰인이 있는가 하면 아무 예고 없이 문서와 발표 슬라이드를 사용하는 의뢰인도 있고 중간에 끼어들지 않는 이상 통역사의 존재를 완전히 잊어버리고 계속 말하는 의뢰인도 있다. 통역사로서 항상 프로 답고 자신감 있는 모습을 보여줘야 하지만 사전 준비를 위한 문서와 통역할 때

배석 위치 등 필요 조건을 관철시킬 줄도 알아야 한다. 통역 시장의 현실을 마주하기 전에 다음 사항을 미리 훈련해두어야 한다.

- 질의응답과 양자 논의 중 발언 순서 관리
- 오버헤드 프로젝터나 파워포인트 슬라이드 등의 시각 자료 활용
- 순차와 시역의 혼합
- 부분적, 전체적, 또는 요청에 따른 요약 통역
- 문서 관리 (참석자 명단, 호칭, 시역 자료 등)

높은 난이도의 연설을 통역하게 될 경우 지각적 경험을 포함하여 뇌의 모든 부분을 활성화해야 한다. 단어와 정보를 띄엄띄엄 들어가며 전부 다 받아 적으려고 노트에 코를 박고 쓰면서 점점 뒤처지는 것보다 연사를 바라보면서 연설을 직접적으로 경험하는 것이 오히려 통역에 더 도움이 될 수 있다. 다음은 특정 상황에서 사용할 수 있는 전략적 대비책이다.

1. 굉장히 빠른 연사: 확실하고 명확한 '디딤돌'을 포착해서 노트하는 것에 만족한다. 의뢰인이 요약 통역을 요청할 경우에도 활용할 수 있다.
2. 수사적 어려움: 통역을 하면서 말이 떠오를 것이라는 믿음을 갖고 연사를 보며 수사적 효과를 직접적으로 느끼도록 한다. 하지만 순간 떠오르는 도착어 표현이 있다면 바로 적도록 한다. 시각 기억, 정서 기억과 일화 기억에 의존하는 것이 뇌의 언어영역에만 치중해서 단어를 번역하는 것보다 더 빠르고 자연스럽고 나은 표현을 떠올리는데 도움이 될 수 있다.
3. 밀도가 높은 연설: 새로운 정보만 노트하도록 하고, 즉석 축약어를 (가급적이면 주제를 알게 된 즉시 준비해서) 사용한다. 명시적 연결고리를 잊지 않도록 하고, 필요하다면 그림과 미니 스케치도 활용한다. 만약 너무 노트에만 골몰하지 않고 잠시 멈추고 들었다면 연사가 농담을 한 부분 또는 위험했던 상황을 사실적으로 묘사한 부분에 별표나 스마일 기호를 사용해서 표시하는 것만

으로 그 내용을 떠올리는 데 충분할 것이다.

4. 애매성(나쁜 억양이나 혼란스러운 연설): 이 때도 연사를 보면서 듣도록 한다. 잠깐 얼굴을 보고 듣는 것만으로도 생각보다 이해에 도움이 된다. 통역사와 연사 사이에 피드백 회로를 만드는 것을 잊지 않도록 한다. 예를 들어 연사를 향해 눈썹을 살짝 치켜 올리면, 청중의 이목을 끌지 않은 상태에서 연사가 그것을 보고 했던 말을 환언하여 설명해 줄 수도 있다.

복잡하고, 여러 가지가 혼합된 유형의 순차(예: 시역이 있는 순차) 통역은 마지막 학기에 소개하고 연습할 것이다(CC-9.2.3.1참조).

### 5.8.4 의사소통 최적화

순차통역은 공식 및 비공식 행사에서 사용되며 (동시 통역에서는 불가능한) 의사소통을 최적화 해줄 것이라는 기대를 받고, 또 그럴 수 있는 다양한 기회를 가지게 된다. 통역사의 책임과 그럴 수 있는 재량은 행사의 구체적 환경(CC/TG-10.3, 10.4)과 의뢰인의 성격(협조적 vs. 비협조적, 문화 및 정치적 성향 등)과 주어진 상황에 따라 달라질 것이다.

전문 순차 통역사는 의뢰인의 중재 니즈를 판단하고, 주어진 상황에 따른 자기 재량권을 이해하고, 자기 재량을 행사하는 데 따르는 위험 및 이익을 따져보고, 신중하지만 효과적이고 책임감 있는 선택을 해야 한다. 이것을 우리는 '최적화의 범주範疇 *optimization continuum*'이라고 부르며 다음 절에서 좀 더 상세하게 다룬다.

마찬가지로 기본적 과정의 충분한 처리 능력을 갖추어야 단어 선택 등 다른 융통성(구조, 순서, 요약)에 주의를 기울일 수 있고, 이것은 특히 순차의 노출이 더 심한 입장에서 면대면 대응, 전략, 외교 또는 대비되는 문화 규범 등의 문제에 대처하기 위해 필요한 현장 내 의사소통 및 윤리적 판단에 선행되어야 할 조건이다. 모두 전문성에 포함되며 언어, 지식, 및 통역 기술로 구성되는 세 가지 기본 요소를 보완한다. 여러 통역 상황 속에서 통역사의 역할 규범과 유연성에 대한 이해, 그리고 좋은 음향 상태, 통역사의 배석 위치, 의자 및 마이크 유무, 필기 작업대 제공 등 적절한 근무 환경 확보, 그리고 직업 윤리의 포괄적인 이해가 수반된다. 전문성을 갖추기 위한 최종 단계는 CC-10과 CC-11장에서 소개되어 있다.

최적화의 범주

TG-12.2.2에서 우리는 '인지적 효과'가 통번역학에서 말하는 '메시지'라는 적합성 이론(Sperber and Wilson 1986/1995)을 토대로 통역사의 기본 목표를 다음과 같이 제시한다.

> 통역의 기본 목표: 연사가 의도한 인지적 효과를 이해하면서 합리적인 인지적 처리 비용 및 위험을 감수하고 청중이 이해하는 맥락 내에서 필요한 모든 의사소통 수단을 사용하여 도착 언어로 청중에게 전달하는 것.

CC/TG-9장에서는 통역사가 위의 기본 조건을 도저히 만족하기 어려운 상황에서 연사의 의도 또는 메시지를 전달하기 위해 다양한 전략과 대비책을 동원하여 최소한의 충실성만이라도 확보해야 하는 경우에 대해 설명한다.

법정 통역 등 특정 규범이 있는 경우에 통역사로 하여금 청중이 이해할 수 있는 맥락 안에서 통역하기보다 의사소통 수단이 제한된 상황에서 축자적인 통역을 하게 만든다.

그에 반해 '최적화'는 의사소통의 질을 향상시키려는 목적으로 자기 재량껏 또는 그것이 권장되는 상황에서 통역의 기본 조건 그 이상을 충족하기 위한 노력을 일컫는데 이것은 청중의 인지적 처리 비용을 줄이거나 유도할 수 있는 인지적 효과를 강화함으로써 얻을 수 있다. 다시 말해, 연사가 의도한 의미를 청중이 인지할 수 있도록 하는 것이다.

따라서 절충적 통역, 제한적 통역, 기본 통역과 최적화 통역은 일종의 연속선상에 있다고 볼 수 있다(표 5.2 참조). 마지막으로 회의 참가자가 합의에 이르도록 돕거나 의뢰인을 변호하는 등 통역사가 적극적으로 개입할 것이 요구될 때도 있다. (관련 논의는 10.4.2 참조.)

표 5.2 최적화의 범주

| 대응적 통역<br>*Coping* | 제한적 통역<br>*Constrained* | 기본 통역<br>*Default* | 최적화 통역<br>*Optimization* | 강한 중재 통역<br>*Strong mediation* |
|---|---|---|---|---|
| 너무 빠르거나, 내용이 너무 많거나, 연사의 억양이나 발음 등 연설의 성격 때문에 통역사가 통역의 기본 목표를 만족하기 어려움. | 통역사가 외부적으로 요구되는 충실성과 역할 규범에 제약을 받음. | 특별한 문제 없음. 충실성을 최대한 살림. | 연사가 목표 청중과의 소통에 어려움을 느낌. | 양 당사자가 공감대 형성 또는 합의를 이끌어내는 데 어려움을 느껴서 통역사의 도움을 필요로 함. |
| 피해를 최소화하기 위한 대응책(CC-9.3.1). | 예: 법정 통역에서의 '축자성'이라는 제약. | 통역의 기본 목표 (위의 말상자 및 TG-12.2.2.5 참조). | 형식 내용 처리과정<br>5.8.4.1 및 TG-10.4 참조. | 중재 및 변호 |

언어 속에 문화가 내포되어 있기 때문에 다른 언어를 사용하는 사람들 사이의 상호 소통을 가능하게 하려면 문화 및 언어적 차이에 관한 지식에 의존하여 판단하고 조율하고 재구성해서 단어 전환만으로는 불가능한 소통의 간극을 좁혀야 한다(Viaggio 2005/6 al-Zahran 2007: 152-3, 256; Pöchhacker 2008). 회의 통역사의 업무 관련 표현의 주류는 미묘한 문화적 간극을 좁힌다는 점에서 최적화 과정이 필요하다는 점을 인정한다.

> …문화적 어려움은 명시적으로도 암묵적으로도 드러날 수 있다. 명시적인 어려움은 연사가 정치, 사회 및 학술 기관과 제도, 지식 개념 또는 텔레비전 선전 문구 등 청중의 언어로 등가의 표현이 없고 전혀 알려지지 않을 수도 있고 또 그렇기 때문에 청중에게 아무런 의미가 없는 정보를 인용하는 것이다. 통역사의 역할은 원문에 의미를 부여하여 목표 청중에게 전달하는 것이고 필요하다면

(또 가능하다면) 연사가 인용한 내용의 부연 설명을 하거나 연사가 의도한 메시지를 전달하는 선에서 전혀 다른 표현을 사용해서 통역하는 것이다. 암묵적인 어려움은 주어진 문제를 접근하는 방식, 즉 연사가 자기 생각을 표현하기 위해 사용하는 수단이 연사의 문화적 배경에 따라 결정된다는 것이다. 절제, 과장, 역설 등 어떤 표현은 상황에 따라서 연사의 의도를 왜곡하지 않고 다른 언어로 옮기는 것이 불가능할 수도 있다.

(Jones 1998/2002:3-4)

동시에 과잉 해석에 대해 다음과 같이 경고한다.

회의 통역사는 원문과 일치하는 충실한 통역을 제공할 수 있어야 한다. 원문에서 벗어나는 표현은 청중의 이해를 도와 연사가 의미하는 바가 잘 전달 될 경우에만 가능하다.

(Jones 1998/2002: 4)

표에서 볼 수 있듯이 언어를 변환에 필요한 말의 재구성부터 형식 또는 내용의 의식적인 조율, 면대면 통역 절차 또는 과정의 촉진까지 모두 최적화 과정의 연속선상에 있다고 할 수 있다. 마지막으로 의견조율, 분쟁해결과 변호와 같은 적극적 중재는 통역사의 기본 역할이 아니지만 특정 상황에서 윤리적으로 정당화되거나 요청에 의해 해야 할 수도 있다(CC-10.4.2; TG-105).

#### 5.8.4.1 최적화의 종류와 정도

최적화(또는 중재)의 연속은 이 책에 소개된 이론적 토대 중 하나로 경험, 관찰과 근거를 토대로 만든 것이고 교육 보조 자료 용도로 소개되어 있다.

우리가 일상 대화를 이해하기 위해 복잡한 추론을 하는 과정 모두를 의식적으로 알 수 없듯이 통역사가 제공하는 중재 역할이 모두 통역사의 의식적인 통제 하에 있지 않다. 통역사의 최우선 목표는 연사가 의도한 메시지를 빠르게 변화하는 상황에서 라이브로 전달하는 것이고 통역을 하는 와중에 의식적으로 어떤 중재 전략을 사용할 지 정하는 일이 항상 가능한 것이 아니다.

또한 통역의 '최적화 지표optimization index'가 항상 0에 맞춰질 수는 없다. 왜냐하면 순수하게 언어적 중재만 하는 것이 불가능 내지는 의미가 없기 때문이다. 각 언어는 서로 다른 인지 및 문화적 세계관을 형성하므로 통역은 잠재의식적 최적화에서 벗어날 수 없다. (물론 반대로 이것이 의사소통을 저해하는 요인이 될 수도 있다.)

그러나 인식 정도가 향상되면서 특정 상황에 대한 중재 수준이 확실해질 수 있고, 의식적이고 의도적인 최적화 전략을 쓸 여유가 생길 수 있다.

표 5.2에서 연속선상의 중간 부분에 있는 의식적 최적화의 정도와 종류가 통역 대부분에 해당하며 현 단계의 훈련 목표이다. 표의 오른쪽 마지막 열의 강한 중재 통역은 통역사의 역할 범주를 넘어선 것으로 간주되며, 이러한 개입은 별개의 요소로 본다(CC-2.1.7; TG-10.5 참조).

각각의 최적화는 즉흥적으로 의사소통을 명확하게 하려는 시도에 의해 발생하거나 청중에게 더 효과적으로 전달하기 위해 의식적으로 할 수도 있다. 최적화는 시간 제약 또는 판단에 따라 다양한 방법으로 이룰 수 있다.

여러 책의 예를 통해서 입증 되었듯이 통역사가 현장에서 실제로 사용하는 형식, 내용 및 처리 과정의 최적화와 그 절차를 아래 명시해 놓았다(eg. Wadensjö 1998; Angelelli 2004a; al-Zahran 2007; Wang 2012). 이 연구에서 알 수 있는 것은 각각의 최적화가 통역 상황에 따라 허용되는 정도가 다르다는 것이다. 따라서 훈련 받은 통역사는 무의식적으로 언어, 인지, 문화 및 사회적 간극을 좁히려는 등의 최적화를 하려는 성향이 있지만 이것을 의식적으로 자제하거나 강화해야하는 상황도 있고 위험한 상황도 있다. 그것이 어떤 영향을 미칠지 이해한 후에는 통역사의 판단, 환경과 상황에 따라 최적화 여부를 결정할 수 있다.

## 5.9 요약

5장에서는 고급 순차 통역을 위한 다섯 단계의 연습 방식과 수업 방식을 소개했다. 전문 통역사가 사용하는 대표적인 노트테이킹 기법의 핵심 원리와 특징들을 먼저 알아보았고, 끝으로 의사소통 참가자와 가까운 거리에서 통역을 제공해야 하는 순차 통역사의 역할 및 중재에 관하여 알아보았다.

단순 모델(그림 5.1)은 순차 통역을 정보 포착과 전달 두 단계로 나누어 각 단계의 처리 과정을 보여주었다. (관련 연구 자료는 TG-6.8 참조.)

노트테이킹의 기본기(5.2-5.5)를 갖춘 뒤에는 수업 밖에서 스터디를 통해 순차 통역 연습을 점점 더 실제에 가깝게 난이도를 올려서 졸업시험 때까지 꾸준히 해야 한다. 밑의 부록 C는 스터디 그룹 연습 지침을 제공한다.

본격 순차통역과 시역을 위해 연마한 기술이 동시통역을 준비하는 데 도움이 된다. 그러나 통역 부스 안에서는 연사의 속도에 맞춰 이해하고 분석하고 말해야 하기 때문에 언어적 유연성과 민첩성이 더 중요해진다. 다음 두 장에서는 동시통역을 준비하기 위한 다양한 시역 연습(CC-6)과 언어 및 지식 숙달 연습(CC-7)을 상세하게 설명한다.

추가 참고 도서 (상세 정보는 권 말 참고 도서 참조)

학생들을 위한 순차 통역 참고 도서

학생들이 다음 책을 읽기 권한다. 전문 통역사가 노트 하는 방법, 기억의 원리, 인지 부담, 두 단계에 걸친 집중력 안배 등 순차 통역을 더 깊이 공부하고 싶은 학생들은 TG-6.8의 참고 서적과 개요를 참조하기 바란다.

1. Rozan 1956: La prise de notes en interprétation consecutive [In English and Polish: Rozan 2002. Note-taking in Consecutive Interpreting]
2. Bowen and Bowen 1984: Steps to Consecutive Interpreting
3. Dam 2004: Interpreters’ notes: on the choice of language

4. Gillies 2005: Note-taking for Consecutive Interpreting: A Short Course
5. González et all. 2012: Fundamentals of Court Interpretation: Theory, Policy and Practice (Chapter on Consecutive)
6. Ilg 1982, 1988: (two articles in French)
7. Ilg and Lambert 1996: Teaching Consecutive Interpretation (See Appendix B below)
8. Jones 1998: Chapter 3 on Note-taking in Consecutive Interpreting
9. Liu 1993/2008: (in Chinese)
10. Matyssek 1989: Handbuch Der Notizentechnik
11. Myers 1976: Introduction to consecutive interpretation
12. Seleskovitch 1975: Langage, lanuges et mémoire: Etude de la prise de notes en interpretation consecutive
13. Sassoon & Brien 2014: Improve Your Handwriting

## 부록 A

**The Rozan method of note-taking for consecutive interpreting**

Rozan described notes for consecutive as a sketch of the speech "which the context illuminates and fleshes out with meaning/sense", and summarized his method in **seven principles** and twenty basic symbols to cover all needs.

The seven principles are:

1. **Recording and rendering the idea rather than the words.**
2. **Rules of abbreviation:** Abbreviated forms must be clear and unambiguous. If there is time, spell out the whole word; if not, note the first and last letters. Use short but precise words (like *aid* or *help* for 'make a contribution'). Use marks for tenses; abbreviate common prefixes and suffixes.
3. **Links and continuity:** Links should always be noted either by ***short words*** (a few are enough to cover the main links found in discourse: *as, why?, tho, but, if, as to/re:, so,* + for 'moreover, also', = for 'likewise', ≠ for 'in contrast'), or by ***arrows*** and ***connecting lines*** (see below).
4. **Negation** and (dis)approval are key features that must be clearly noted (e.g. *OK, no* or a slash).
5. **Emphasis** can be shown by underlining once (or twice), attenuation by dotted underlining.
6. **Verticalization**: Notes should be organized *down* rather than *across* the page, and items can be superposed (for lists); grouped, or shown as subsidiary, using brackets; or hierarchically structured.
7. **Indenting** should be used to show subordination of ideas and to avoid repetition.

Rozan proposed using a small stock of **symbols** for recurring common concepts (*think, say, discuss, approve, want/can/should, meeting, before, after, now, trade, policy, energy*). Functional or relational symbols were classified in three types:

- ***expression,*** e.g. : for *think, claim, feel,* " for *say, talk, take the floor, discuss, debate, consider*;
- ***movement,*** e.g. up, down and horizontal ***arrows*** for *reduction, decrease, fall, slide, slowdown; cause or transmission*;
- ***correspondence,*** e.g. / by, = same as, ≠ different from, [] 'in which'.

Connecting ***lines*** can be used to connect items and avoid noting twice, and ***mood signs*** like ! △ ☺ can tag local tone and effects.

## 부록 B

Ilg and Lambert (1996) list a dazzling range of sources of abbreviations and symbols, of which just a small selection is given in the box below:

> **Some sources of abbreviations and symbols** – for selective use (Ilg & Lambert 1996)
>
> Common acronyms and short forms: ASAP, BTW, OK, PR, HQ, hi-fi, VIP, info, lab, QED, RIP, ID…
> Greek and Latin prefixes: lex, pax, iso-, tox, psy, tele, iso-, sync…
> Colloquialisms and slang: hi!, bye!, wow, biz,
> Typographical signs, smileys ('emoticons'): ?!, !!, ☺, ☹
> Headline monosyllables: act, aid, aim, ban, bar, bet, bug, cap, cut, hike, jam, pay, key, nil, rep, win…
> (and verbs: cow, dub, eye, gag, ink, nix, spur, spurn, tap, vet, vie)
> Paired quasi-words: M&A, Q/A, E/W, I/O
> Abbreviations: eco, agr, pol, soc, Gvt, cf., re, viz
> Institutional initialisms: UN, EU, US, NDRC, LLDC, NYSE
> Keyboard signs (used according to personal code): //, [], %, $, #, @, &, “, +, ~
> Mathematical and scientific signs: <, >, Hz, ±; and superscripts, subscripts, etc.

## 부록 C

### Guidelines for group practice

These guidelines focus mainly on practice in Consecutive (and Sight Translation) since it is in this phase (mid-late S1) that students will begin to practice outside class in groups. From S3, instructors will provide guidance for practicing in SI and SI-text (see CC-8.4.6), but some basic rules have been added here.

#### 1. Forming groups

Ideal size: 3 or 4 students. If possible, the group should include one student with an A in each of the other students' source (passive) languages. Students working into B can then be checked for language quality by students whose A is the target language (TL).

#### 2. Group session frequency, duration and time management

Students should devote at least 8 hours per week to group practice (all modes). Examples:

2-student group: 1h30 per session

3-student group: 1h30-2h per session

4-student group: 2h per session

For maximum fairness and efficiency, try to keep track of time so that each participant gets a chance to be 'lead' interpreter (if speeches are being done into more than one language) once or twice in each session – assuming that at least 15 minutes will be needed for each full consecutive: for example, 5 minutes for delivery, 5 minutes for interpretation, and 5 minutes for feedback and discussion (perhaps more with recording and playback).

3. Choice of speeches

Golden rule: Work from 'semi-prepared speech', where the speaker has thought about the structure and content of his presentation, has prepared and delivers from an outline and/or notes, but is to a significant extent verbalizing spontaneously (see 4 (iv) below). Avoid using read-out written texts until the advanced stage of training (second year, see CC-9).

Language direction: Practice into you're a language only for the first few weeks before starting to work into B.

Speech types: Students should practice regularly and frequently on speeches with a discursive or argumentative structure, i.e. which present a reasoned argument with data and examples, using information as a tool of persuasion. This is the most common form of discourse found in international conferences, and includes most presentations in the political, academic and corporate worlds. Narrative discourse, which tells a story, is used in some oratory, but should be readily handled by interpreters who have mastered the discursive genres.

Other genres which occasionally feature in conferences, and should occasionally be practiced, include

i. descriptive: for example, presenting the provisions of a new law, or the structure or functions of an institution;
ii. speeches/texts with numerical content: e.g. economic or business reports comprising numerical data, statistics, etc. (an important challenge requiring quite a lot of practice, especially in SI, where teamwork is recommended);
iii. ritual and ceremonial: opening speeches, speeches of welcome or congratulations (as at launches, inaugurations, opening ceremonies, signing ceremonies); and toasts, tributes or eulogies, which should usually only be attempted into a native language (A).

Members of the practice group take turns to prepare speeches and act as speakers in the practice session (see next point). For a discursive speech, for example, the speaker will present arguments for and/or against a point of view, or on a topical issue (or a traditional ethical or moral issue: cloning; separatism; religious freedom; euthanasia, etc.) with examples; report on a debate seen on TV or in parliament; make an appeal for a specific government policy; etc.

The best speeches contain a clear thread of argument, with some (but not excessive) details such as proper names, figures, qualifying expressions, and exemplification.

Avoid:

- over-local content (localized social issues which members of the speech community would usually discuss only among themselves);
- over-specific or technical matter (stock market movements and strategies), including culturally specialized material (fashion, humor, popular music…);
- information unlikely to be communicated orally, still less interpreted (excessively dense facts and figures, weather forecasts, sports results and commentary);
- translations.

In an average daily newspaper or magazine, this will probably leave around 15% of the articles as raw material for oralized presentations (CC-4.7.1.1).

4. The Speaker…

i. Chooses the topic: Use the opportunity of taking the Speaker's role to explore new or unfamiliar topics, even though they may appear dry and unappealing at first sight (e.g. insurance, accountancy, sports contracts, drug certification…), and introduce your classmates to them by explaining the context before speaking.

ii. Prepares enough speeches (or speech segments) to give each student in the group an opportunity to work from that language. In any given practice session, each student should be able to interpret two passages.

iii. Sets the scene, describes the (simulated) speech context and situation before starting, having thought up a plausible scenario for this particular communication, imagining who might be telling this story, giving the description, or defending this point of view, to what audience, in which situation, and if appropriate where, when etc. S/he should also give any unfamiliar proper names, keywords and in the case of technical subjects, any technical terms; students can then briefly brainstorm for relevant vocabulary.

iv. Does not read or recite text (in consecutive or free SI): A speech based on a written text (such as a newspaper or magazine article) should be at least 'oralized' (CC-4.7.1.1), or better still, assimilated in advance and presented from notes. Do not read out written text! – except, obviously for SI-with-text or sight translation; however, even in these cases, the speaker must first have read through the text carefully to her(him)self, to ensure natural and meaningful delivery (intonation, pausing, etc.).

v. Times her/his speech and the consecutive renditions, and informs the group afterwards, during evaluation and discussion.

vi. Is responsible for recording the speech and renditions(s).

For SI and SI-text, the speaker should not wear headphones, nor try to monitor the interpretation, and while speaking, should not look at the interpreters in the booth, but at the audience (e.g. two or more students, TAs or visitors listening to SI as users).

5. Feedback, discussion, objectives

It is helpful to fix clear and precise objectives at the start of each session, and to concentrate feedback on these points. Comments should focus on the objectives set for the current week or month in the course.

Remember that examination juries follow three 'macro-criteria' in assessing performances:

- fidelity: the rendition must be complete, and accurate (free of distortions, unjustified additions and omissions);

- clarity and quality of expression;
- presentation (delivery): fluency, momentum (Consecutive, ST), posture.

# 제6장 시역

## 6.1 서문

시역은 쓰여진 텍스트를 읽기 전이나 읽은 후에 구두로 번역하는 것으로, 이럴 경우 원문이 연설 전 또는 후에 통역사에게 넘겨질 수 있다. 시역은 따라서 텍스트 있는 동시통역(CC-9.2.3.2)과는 구별된다. 후자는 연사가 연설문을 읽거나 참고하여 발표할 때 통역사가 도움을 받기 위해 텍스트를 미리 받기는 하지만 연사가 텍스트와 다른 말을 할 수 있으므로 여전히 듣기에 방점을 두기 때문이다.

시역은 종종 순차로 통역되고 있는 회의 현장에서 텍스트를 읽을 때 시행되므로 통역사가 능숙하게 처리해야하는 통역방식이다. 시역은 눈으로 텍스트를 읽지만 동시에 충실하고 자연스럽게 통역하기 위해 언어 간섭 현상을 극복해야 하므로 통역훈련에도 많은 도움이 된다. 이 때 우리는 처음으로 한 언어로 된 텍스트를 다른 언어로 말하면서 처리해야 한다. 청중은 유창함과 자연스러움을 평가하고 기대하므로 시역은 아주 좋은 동시통역 준비이기도 한데, 특히 구절별 처리나 예측을 격려하려고 앞서 보는 양을 통제하거나 정확하지만 자연스럽게 들리는 통역의 요건을 맞추기 위해 속도를 점점 더 빠르게 하는 경우에 그러하다.

시역은 어찌 보면 문어와 구어를 하나로 처리하기 때문에 그 둘의 차이를 더 명확하게 해준다.

a. 한 언어에서 다른 언어로
b. 읽기를 위해 쓰여진 텍스트로부터 연설의 기술을 동원해 청중이 편하게 따라올 수 있는 구두 연설로

달리 말하면 동시통역에서는 한 쌍의 매개(텍스트, 제1언어)로부터 의미를 파악해 다른 쌍의 매개(연설, 제2언어)로 전달하게 된다. 이 언어와 매개의 이중 변환은 출발어 텍스트 형태에 대한 거리감 또는 '탈언어화'를 요구한다. 순차나 동시보다 적게 쓰이긴 하지만 제대로 된 시역(일정한 속도로 문장을 구성하는 적하식[滴下式]과 구분됨)은 동시와 텍스트 있는 동시를 할 때 진가를 발휘하게 된다. 단 일반적인 텍스트 번역과 달리 시역은 텍스트를 기반으로 중간에 끊김 없이 한번에 연속적인 통역을 한다. 일정 속도와 거리를 유지하면서 정확하고 충실한 통역이 가능한 전문가 수준에 도달하려면 특별한 노력이 요구된다.

## 6.2 본격 시역의 단계적 훈련

대부분의 학교에서 1학년부터 시역을 하는데 조금씩 난이도를 올려 나중에는 더 길고 어려운 텍스트를 통역하는 것을 목표로 한다. 본 교과과정 입문 단계에서 시역을 하는 이유는 언어 간섭 현상(CC-4.8.3)의 위험을 강조하기 위해서다. 수업에서는 주로 표현의 명확성, 탈언어화, 구문 및 어휘적 모사*syntactic and lexical calques*의 회피에 수업의 초점이 맞춰져 있다. 모사에는 동계어[同系語]에서 골칫거리가 되는 잘못된 짝*false cognates (faux amis)*뿐만이 아니라 본질적으로 다른 두 언어임에도 표면적 유사성 때문에 헷갈릴 수 있는 다양한 요소들이 포함되어 있다. 입문 단계에서는 따라서 의미 전달에 더 집중할 수 있도록 반드시 출발어로 바꿔 말해본 다음에 도착어로 통역을 한다. 이 단계에서 시역은 수업에서 가끔 다루고 수업 시간의 25%을

초과해서는 안된다.

1학년 2학기 중반 쯤 학생들이 기본적인 순차 기술을 완전히 습득한 다음에 (강화 단계) 2학기 말까지 준전문가 수준의 시역(4-5분)을 아래 단계를 거쳐 갖추도록 한다.

i. 1학년 1학기 중반부터 통역 전에 출발어로 바꿔 말하는 연습을 한다. 통역할 텍스트를 읽은 다음에 아직은 통역하기까지 충분한 시간을 주지만 1학기 후반부터는 시간을 줄여나가도록 한다.
ii. 1학년 2학기 초부터 텍스트의 난이도를 올려 정치 지도자, 외교부 장관, 기관장 등의 (국내외 청중을 위한) 주제 연설문, 관료집단(예: G20, OECD, 싱크탱크 등)의 국제현안에 관한 브리핑 문서, 그 외에도 (개회사, 폐회사, 건배사, 특별 행사 연설 등의) 기념사를 다루어 본다.
iii. 1학년 2학기 중반부터 본격적인 탈언어화와 재구성이 필요한 공식 문서를 시역해본다. 분절, 구문의 단순화, 개방적 문법 등의 기본기술(6.3.2)은 유창한 시역을 위해 반드시 필요하다.
iv. 동시 통역 준비를 위한 통제된 시역 연습은 아래 설명되어 있다.

### 6.2.1 통제된 시역

통제된 시역의 수업 진행 방식 및 강사와 학생의 역할:

i. 텍스트

프로젝터를 통해 화면에 학급 전체가 읽을 수 있도록 큰 글씨로 텍스트를 띄운다. 학생 한 명을 호명하여 한 문단을 큰 소리로 읽게 한다.

ii. 모사 파악하기

텍스트를 너무 가까이 읽을 때 생길 수 있는 어색함을 보여주기 위해 강사가 먼저 직역을 하면 그것을 듣고 (도착어를 A언어로 사용하는) 첫 번째 학생이 자연스럽게 바꿔 말해본다. 그리고 토론을 시작한다. 처음에 학생들이 모사를 파악하고 더 낫고 자연스러운 도착어 표현이 모국어라 해도 있다는 사실을 받아들이기까지 시간이 걸릴 수 있다. B언어 학생들은 상투적인 표현을 완전히 없앨 수 있는 좋은 기회가 된다.

iii. 탈언어화

두 번째 학생이 같은 문단을 최대한 다른 표현과 구조를 사용하여 통역해본다. 그러려면 고정관념을 깨고 창의적인 사고를 해야하고 약간의 힌트와 자극이 필요할 수도 있다. 강사는 '품사를 바꿔서 명사를 동사로 써보자'라고 말하면서 발견적 학습을 유도해볼 수 있다. 텍스트에 따라 필요하다면 사용역도 바꿔가며 한두 번 정도 더 시도할 수 있다.

iv. 유연성과 '다르게 시작하기'

그 다음 문두에 다른 단어를 사용해서 학생들이 문장을 새로 말해볼 수 있도록 강사가 단어들을 제시한다. 예를 들어, '문장을 "Were it not for…"를 사용해서 시작해보자. 이번에는 "Had X failed to…"를 사용해보자. 이번에는 "Absent…"로 시작하자. 이번에는 "Without…"을 써보자'라고 제시해볼 수 있다. A언어 학생과 B언어 학생이 같이 있는 학급에서는 B언어 학생들이 먼저 쉬운 단어로 해보게 한 다음 A언어 학생들이 더 어려운 단어를 사용해서 말하게 한다. 아니면 (또는 추가적으로) 학생들이 문장을 두 번째 단어 (또는 문구), 세 번째 단어 (또는 문구), 네 번째 단어를 사용하여 시작해보게 한다. '새롭게 시작하기'는 동시 통역 초기 단계에서 출발어 구문의 간섭을 깰 수 있는 강력한 발견적 학습법으로써 나중에 실제에 가까운 생동시를 할 때 다시 연습하게 되는 기술이다(CC-8.4.1).

v. 압축

마지막으로 같은 표현을 더 간결하게 말하는 연습을 한다. 언어를 압축적으로 사용해 반복되는 내용을 제거하고 문단을 (핵심만 뽑아서) 요약한다. 무엇을 우선순위로 두어야 할지 그것이 정말 필요한지 토론해본다.

1학기 또는 2학기말에 통제된 시역을 (수업시간의 50-70%를 할애하여) 수업 때 몇 번 다루게 된다. 시역의 속도를 점차 늘리고, 원문과 비교하여 발표 시간을 재도 좋다.

### 6.2.2 본격 시역 (1학년 2학기)

본격 시역 때 사용할 텍스트는

a. 학생들에게 미리 몇 분 정도 훑어보게 하거나
b. 한번 읽어주고 주거나
c. 바로 주고 읽어준다. 준비 시간을 추가로 주거나 주지 않아도 된다.

텍스트를 (a)나 (c)처럼 먼저 줄 경우, 학생들은 현명하게 마킹*marking*하는 방법(텍스트 있는 동시를 할 때 유용한 기술)을 배울 수 있다. 한번 읽어주고 텍스트를 주는 (b)의 경우, 귀 기울여 듣고*listen hard* 담화의 구조화된 정신 모형*structured mental model*을 만든 다음 텍스트를 훑어보면서 두 가지 표상을 결합하여 통역을 최적화할 수 있게 해준다.

연습의 목적을 위해 텍스트는 변형하지 않도록 한다. 연사는 텍스트를 적힌 그대로 읽되 웅변하듯이 명료하고 자연스럽게 발표하도록 한다.

## 6.3 교육학 관점에서의 동시를 위한 시역의 변형 (2학기와 3학기)

시역의 창의적이고 상호작용적 변형은 학생들이 한 번에 말 뭉치 하나씩 명확하고 의미 있고 '연결*joined-up*'된 통역을 해야하는 적하식 텍스트의 상충되는 제약을 극복하기 위한 기법을 터득함으로써 동시통역에 대비시킨다. 시역 연습은 구두로 또는 시각적으로(문장을 컴퓨터 화면에 조금씩 공개 함) 작은 텍스트 단락을 처음에는 편안하고 의미 있는 단위로 자르다가 점진적으로 어색한 어학적 단위의 텍스트 단락을 잘라서 학생들이 동시통역의 주된 제약 조건인 제한된 내다보기, 정신적 담화 모델에서 단서를 긁어 모아야할 필요성, 그리고 문장을 구성할 때 대담함과 조심성 사이의 균형 등을 경험하게 된다. 학생들이 초반에는 인위적이고 제한적인 연습이 도움이 된다는 강사의 말을 일단 믿고 봐야 하지만, 동시통역을 시작하게 되면 그것이 명확 해진다.

시역 연습은 '개방적 문법*open grammar*'(6.3.2), 문장의 해체와 구성*chunking and joining*, 기다리거나 지연시키거나 예측하는 시점, 즉각적 문제해결('X의 정확한 대응어가 생각이 안 나거나 Y가 불분명할 때 어떤 말을 할 것인가') 등 비즉각적 형식으로 다양한 동시통역 기술을 도출해내기 위해 설계되었다.

### 6.3.1 텍스트로부터의 순차

또 다른 방법은 읽어준 텍스트를 학생들이 순차통역 때처럼 노트테이킹을 한 다음 텍스트를 주고 노트가 아니라 텍스트를 보고 통역하게 하는 것이다. 이 연습이 단순히 강사의 장난이 아니라 노트테이킹 중 분석의 중요성을 상기시키기 위한 것이라는 점을 설명해 둬야 한다. 아직 담화모델이 기억에 남아 있을 때 텍스트를 쭉 훑어보고 단지 언어 정보를 대응어로 변환하는 것만이 아니라 기억을 상기시킬 수 있는 큐도 같이 찾아볼 수 있다.

## 6.4 요약

문어체를 유창하고 정확하고 전달력 있는 구어체로 표현하는 기술은 전문 회의통역사에게 당연히 기대되는 것이고, 텍스트를 미리 보여주지 않더라도 그것이 가능해야 한다. 그러나 시역의 세 가지 특징은 또한 훌륭한 훈련 도구로써의 역할을 하게 된다.

- 시역은 두 단계로도 가능한데 먼저 텍스트를 읽거나 들은 다음 시역을 함으로써 노트를 하면서 순차를 하거나 동시통역처럼 동시에 여러 가지 업무를 수행해야 하는 압박으로부터 자유로울 수 있다.
- 시역은 출발어의 어휘나 구조에 얽매이지 않고 단어에서 의미를 추출하여 자연스러운 도착어로 재현해내는 능력을 가늠케 해준다.
- 시역은 텍스트를 분할하고, 속도를 지연시키거나 가속화하여 처리할 수 있기 때문에 텍스트의 도움이 없이도 유창하고 타협 없는 동시통역을 할 수 있게

준비시켜 줄 수 있다.

시역 응용의 마지막 단계에서, 강사가 통제된 조건에서 시역을 연습 시키되, 학생들이 학기 내내 주기적으로 본격 시역을 다양한 유형으로 연습해보고 텍스트를 보고 준비하는 시간을 점진적으로 줄이고 속도, 유창성과 정확성을 단계적으로 높일 수 있게 해주어야 한다.

추가 참고 도서 (상세 정보는 권 말 참고 도서 참조)

1. Agrifoglio 2004: Sight translation and [other modes of] interpreting: comparative analysis
2. Dragsted & Gorm Hansen 2007: Exploiting synergies between translation and interpreting
3. Lee Ji Eun 2012: Skills for sight translation
4. Weber 1990: The importance of sight translation in interpreter training

# 제7장 언어 및 지식 숙달

## 7.1 서문 및 개관

언어는 통역사에게 있어 가장 중요한 장사 밑천이다. 그 어떠한 직업도 통역사만큼 언어를 더 풍부하고, 유연하고, 민첩하게 구사해야 하는 직업이 없을 것이다. 그러나 언어적 재능이 아무리 많아도, 통역 실습생이라면 누구나 언어 숙달 과정을 통해 단순히 단어를 더 많이 배우는 것이 아닌 통역사에게 기대되는 요구사항을 만족시키기 위해 실력을 정진해야 한다.

- 첫째, 이해의 범위(어체, 발음 등)가 넓고, 아무리 연사의 속도가 빨라도 심도 있고 편안하게 이해할 수 있어야 한다. (C 언어에 가장 시간을 많이 투자해야 하지만 B언어도 마찬가지다.)
- 둘째, 명료하고 유창하고 수준 높은 표현을 쓰기 위해 노력해야 한다. (B언어 숙달이 당연히 더 강조되고, 특히 B언어 동시*Bsim*에서 속도와 유연함에 더 신경써야 한다.)
- 셋째, 언어적 유연성 증진과 상시 사용 가능한 머릿속 대응어 용어집 축적을 통해 전달력 향상시켜야 한다. 물론 생각 없이 아무 단어를 써서는 안 되지만

상투적 표현 뿐만이 아니라 연어, 연결어, 주류 담화에서 공통적으로 사용되는 문장 구조 등과 같은 표현 방식도 숙지하고 있어야 한다.

언어 및 지식 숙달은 함께 발전할 수밖에 없다. 왜냐하면 주제 친숙도가 이해와 직결되고 결국 말할 때 자신감으로 이어지며 연사의 메시지에 더 잘 집중할 수 있게 하기 때문이다. 지식은 언어 재구성, 내용 예측 또는 압축 등에 필수조건이기도 하지만 대처 능력(CC-9.3.1) 범위를 넘어서는 상황에서도 큰 도움이 된다. 스스로 연구하는 부분도 있지만 학교에서 경제와 금융, 국제공법, 의회운영절차, 예산결산 등의 회의 통역 핵심 분야에서의 주제 지식과 용어를 위한 수업을 제공해야 하고, 연구 분야의 언어 및 연구 관례 또는 현지 목표 시장과 관련하여 구체적인 브리핑을 제공해야 한다(TG-7.4.3 참조).

이번 장에서는 통역을 위한 언어(지식)숙달의 특이성과 목표에 대해 간략하게 설명한(7.2) 다음 이해력 증진(7.3), 표현력 증진(7.4)과 어휘력 증진(7.5)을 위해 이상적으론 까다로운 코치의 감독하에 자습, 파트너 또는 소그룹 스터디에서 해볼 수 있는 연습 방법을 소개한다. 공간이 부족하기 때문에 예제 대부분이 영어로 되어 있고 많은 참고자료와 문헌들도영어가 대부분이다. (B 또는 C언어로써 영어는 가장 숙달이 필요한 언어이자 C언어로 사용하는 통역사들이 B언어로 꼭 승격시키고 싶은 언어이다.) 그러나 제시된 자료는 모두 다른 언어 및 언어쌍에 금방 적용시킬 수 있다.

이번 장이 이미 통역 언어쌍으로 인정받은 언어 능력 유지 및 향상을 위한 수업 방식에 초점이 맞춰져 있다는 점을 염두에 두자. C언어를 추가하거나 C언어를 B언어로 Bcons에서 Bsim으로 승격시키기 위한 훈련방법(개별 스터디 또는 통역사로 활동 중 단기 과정 이수 등) 관련 조언은 TG-14.3.2에서 찾아볼 수 있다.

## 7.2 통역사를 위한 언어숙달: 특이성과 목표

### 7.2.1 통역을 위한 언어숙달의 특이성

통역을 위한 언어는 특수목적언어*language for a specific purpose; LSP*이다. 특정 영역에 집중 한다기 보다 직업 특성 상 언어 사용에 요구되는 점들에 초점이 맞춰져 있다. 통역 언어는 주류 언어 교육에서 말하는 언어1, 언어2, 언어3의 사용보다 더 구체적인 응용에 특화돼야 한다.

1. 통역사의 능동 언어는 특별히 민첩하고, 신속하고 유연해야 한다. 연사가 어떤 말을, 어떻게, 얼마나 빠르게 할 지 통제하는 것이 불가능하고 통역사는 통역 과정이 아닌 결과물로 평가받기 때문이다.
2. 능동언어와 수동언어의 목표는 달라야 한다. A언어는 자연스러움과 호소력에, B언어는 원어민에 가까운 구술능력을 추구하고, 각각 편안하게 이해하고 빠르게 읽는 것이 가능해야 한다.
3. 항상 두 언어를 한 번에 처리하기 때문에 언어 간섭이라는 악마에 항상 대항해야 한다(CC-4.8.3).
4. 통역사에게 있어 언어능력이란 바로 언어적 준비태세를 뜻한다. 언어를 아는 것과 제때 정확한 표현 최소한 납득할 수 있는 표현을 쓸 줄 아는 것은 다른 능력이다. 여기에는 장기 유지 관리, 단기 영역별 표현 습득, 급속 활성화의 세가지 결합된 기술이 필요하고 이 기술을 보조하기 위한 (읽는) 습관과 도구(용어집)를 갖춰야한다.
5. 마지막으로 작은 팁을 주자면, 통역을 위해 다음 네 가지 영역에서 동일한 수준의 능력을 꼭 갖출 필요는 없다는 것이다. 이해력과 구술능력은 결정적인 역할을 하지만 속독은 할 수 있으면 좋고 작문(산문 등) 실력은 굳이 필요하지 않다.

이런 특징들이 언어숙달 과정에서 무엇에 특별히 집중해야 하는지 말해준다. 곧 편안한 이해, 속도, 유연성, 해박함, 어휘 활성화와 언어 간섭 내성이다.

특히 통역을 위한 현실적이고 효율적인 언어숙달에는 이 서로 다른 능력의 섬세한 관리와 수동(이해) 및 능동언어(표현) 능력 함양에 각기 다른 연습이 필요하다. 통역 품질에 있어서 실력을 가꾸고 유지하는 것이 특히 통역 압박이 있을 때 더 어려운 B언어에 더 많은 노력과 주의를 쏟아야 한다. (심지어 모국어라 할지라도) 늘 내가 말할 수 있는 것보다 더 많이 이해하게 되는데 사춘기 이전의 언어습득 최적의 (또는 결정적) 시기를 지난 시점에서 유년기와 교육을 통해 습득된 모국어만큼 구사하는 것이 어려운 B언어의 경우 현실적인 언어숙달 목표와 제한적이지만 A언어보다도 명확하고 신뢰할 수 있는 능동 언어를 구사할 수 있어야 한다(Paradis 2004: 59-60; TG-7.5 참조). 특이한 것은 아무리 훌륭한 구사능력을 갖추어도 반드시 전략적인 사용과 꾸준한 자양분 공급과 유지가 필요하다는 것이다.

아무리 대화할 수 있는 수준 이상 또는 교육과 강연할 만큼의 고차원적인 유창함을 갖추어도 학습된 언어는 순차 또는 동시 통역 압박 속에서 무너지기 쉽고, 엉성하거나 어색하거나 수고롭거나 모호해지기 쉽다.

또한 언어 전문가로써 통역사는 원어민 보다도 더 높은 수준의 언어 능력을 갖춰야 한다. 회의 참가자가 동료의 '완벽한' 영어 실력을 칭찬할 수 있지만 회의 통역사의 B언어보다 약하거나 용납될 수 없는 정도의 숙달도일 수도 있다. 더 확실한 예는 반기문 유엔 사무총장이 한국어가 유엔의 공식 언어가 아니기 때문에 영어로 활동하고 유엔 공식 회의를 영어로 진행하지만 같은 수준의 반기문 사무총장만큼의 영어 구사능력을 갖춘 회의 통역사는 '진짜 B언어'로도 인정받지 못한다.

그렇다면 학습된 비모국어가 국제회의 동시통역에서 요구되는 모국어에 가까운 탄탄함과 설득력을 갖추는 것이 가능한가? 어른이 돼서 습득된 언어라면 이것이 굉장히 힘들다. 왜냐하면 아무리 열심히 공부해도, 그것이 최근이라 해도 대략 사춘기 이전인 '결정적 시기*critical period*'에 습득된 암묵적 구문 및 화용적 능력을 능가할 수 없기 때문이다(Penfield and Roberts 1959; Lenneberg 1967). 결정적 시기를 지나 학습된 언어는 덜 유연한 능동언어로써 협소한 키보드와 특정 주제에 대한 대화의 폭이 굳어져 있고 지배적인 언어의 간섭에 취약하다. 그러나 이 점을 받아들인다는 전제조건 하에 (많은 실제 사례가 입증하듯이) 충분한 동기부여, 노출과 연습이 병행된다면 학습된 언어도 통역을 할 수 있을 만큼의 표현력과 실력을 갖추는 것이 가능하다는 이중언어 관련 연구결과가 있다(과학적 근거는 TG-7.5 참조).

### 7.2.2 통역을 위한 언어(지식)숙달 목표

언어(및 지식)숙달은 회의 통역사 훈련 과정의 어느 한 단계가 아니라 입학 전부터 앞으로 평생 해야 하는 것이다. 그러나 명확한 목표설정이 훈련 과정에서는 필요하다.

편안하게 이해할 수 있는 연설 스타일과 내용의 폭은 되도록 넓은 것이 좋지만 지역과 시장에 따른 약간의 차이와 함께 회의 통역에서 가장 보편적으로 다루는 영역과 어역을 우선순위로 두는 것이 좋다.

표현력에 관한 한 풍부하고 다채로운 언어 실력이 당연히 도움이 되지만 통역특화기술 측면에서 특별히 민첩함도 일정 부분 필요하다. 예를 들어 순차 통역 중 특정 개념 또는 부분에 대한 노트가 도착어에 마땅히 표현이 없더라도 일단 통역을 시작하면 그 시점에 내 시선이 놓인 노트의 한 부분을 보고 문법적으로 정확한 문장을 구성하고 끝마칠 수 있어야 한다. 더욱이 동시 통역에서 역시 연사의 다음 할 말이 처리 가능한 수준인지 알 수 없고 문장을 시작할 수 있는 부분을 찾은 다음 정보가 더 들어오면 그것에 맞추어 문장을 마무리 지어야 한다. 대체로 긴 문장으로 끊어서 그 안의 요소를 재배치하고 연어와 대용어*anaphora*('this', 'that', 'it', 'do so')로 군더더기 없이 연결하여 도착어로 전달하게 된다. 이런 '구문조작술*syntacrobatics*'은 실시간 언어 전환의 필연적 결과로 특히 도착어가 B언어인 경우 지연 없이 정확한 단어를 찾는 것이 더 어렵기 때문에 두드러질 수 있다. 그리고 당연히 우리가 빠르거나, 일관성이 없거나, 내용의 밀도가 높거나, 반복이 너무 많거나 머뭇거림이 많은 연설(CC/TG-9)을 통역할 때 환언, 압축, 추상화와 압축이 필수 생존 기술이 된다.

통역의 첫 번째 전제는 이해를 하는 것이기 때문에 학생들은 B언어와 C언어로 편안하게 들을 수 있는 연설 종류와 내용의 범위를 넓히고 이해의 깊이를 늘려야 한다. 그러나 언어숙달의 중점은 특히 전문 회의 통역사가 가장 많이 접하는 주제 영역과 어역에 맞춰 B언어를 활성화 하고 재단하는 일이 될 것이다. 학습된 언어숙달의 자연적 제한으로 인해 B언어 숙달은 더 집중적이고 현실적인 훈련이 필요하다.

언어숙달 목표는 통역기술과 달리 숙달 정도와 수업 과정 중 특정 시점에서 요구되는 수준을 고려하여 점진적으로 설계하는 것이 어렵다. 주제 영역에 따라 친숙하거나 낯설 수 있고 사용해야 하는 어역과 어렵고 복합적인 통역 업무를 수행하다 보면 처리 과정에서 과부하가 걸려 도착어 품질이 떨어질 수 있는 것도 한 몫 한다. 언어의 특성상 언어숙달이라는 과제는 평생 숙제나 다름 없다. 그러나 아직 젊은 통역 훈련생들은 아직 다리미가 뜨거울 때 옷을 다리고 시냅스가 형성될 수 있을 때 뇌 신경망을 만들어줘야 한다. 평생 공부이고 끝이 없지만 언어숙달 목표는 모두 최대한 빨리 달성해야 한다.

훈련 초기에 일반상식을 아는 것만으로도 새로운 기술을 배우는 동시에 새로운 정보를 처리할 수 있는 양에 큰 차이를 가져올 것이다. 달리 말해 이미 장기기억 속에 적절한 지식 스키마가 자리잡고 있다면, 더 좋기는 도착어 표현과 연결되어 있어 용어집 등 프로젝트를 준비하는 과정에서 작업기억에서의 접속이 용이해졌다면, 연사의 말을 듣는 순간 완전한 지식 스키마가 작동되어 연사가 논의하게 될 내용과 관련된 여러 개념, 고유명사, 관련 사안 등이 자동으로 떠오르게 되어 생각하기 위한 노력을 추가로 더 할 필요가 없게 된다.

지식은 일반*general*, 사회문화*socio-cultural*, 구체영역*domain-specific* 및 구체맥락*encounter-specific*(CC-2.4) 지식으로 분류될 수 있다. 첫 세 가지 범주는 이번 장에서 설명될 일반 및 선별적 읽기와 듣기를 통해 조금씩 깊이를 더하고 범위를 넓힐 수 있다. 훈련 과정에 경제와 법 관련 수업을 제공하거나 목표 시장에 특화된 영역 주제 수업을 필수과목으로 제공하는 것도 좋지만(TG-7.4.1) 이 수업을 듣는 것만으로는 부족하다. 네 번째 '구체맥락' 지식은 각 통역 과제를 얼마나 잘 준비하느냐에 달려있다. 지식 숙달을 접근하는 데 있어 다음 두 가지 규칙을 지키면 좋다. 첫째, 각 통역 과제를 준비할 때 연사가 무엇에 관해 말하게 될 지 예측하며 철저하게 준비한다.

둘째, 통역 과제를 마친 뒤 이해를 가로막았던 부분을 필기 해두고 공부해서 나중에 같은 부분에서 다시 막히는 일이 없도록 한다.

### 7.2.3 자습 및 연습

통역 수업 중 언어(주로 B언어) 관련 피드백과 언어 숙달 수업을 통한 집중 훈련 외에도 언어 숙달의 세 번째 중요한 요소는 학생들의 개인 시간에 친구들과 함께 자기에게 필요한 언어쌍(내 A언어가 상대방의 B언어인 경우와 반대 경우, 혹은 더 큰 언어권의 다양한 언어를 사용하는 경우)으로 공부하는 것이다. 똑같거나 보완적 언어쌍의 스터디 파트너는 사전에 안 나오는 단어 사용을 설명해줄 수 있고, 새로 배운 단어를 맥락에 맞게 사용해보고 적절하고 자연스러운지 봐주거나, 소리 내서 읽기, 따라하기/섀도잉, 추상화, 환언하기, 말 만들기 등 다양한 연습을 할 때 비판적으로 듣고 같은 실수를 하지 않도록 틀린 부분을 다시 말해 줄 수 있다.

다음 절에 설명된 연습 방법은 언어숙달 수업에서 강사가 먼저 학생들에게 설명하고 시연해야 한다. 너무 당연해 보이는 것도 지침에 따라 정확하게 따르는 것이 중요하다. 예를 들어 청해 연습을 통역 연습과 혼동해서는 안 된다.

Bsim 학생들은 (B언어) 언어 숙달 수업 외에도 일 주일에 최소 6시간을 언어 및 지식숙달 연습에 매진해야 하고 8-10시간을 둘 또는 소 그룹으로 연습해야 한다 (TG-13, 표13.2 참조).

사회적 맥락 속 언어 사용

사람이 일만 하고 놀지 못하면 만족감을 못 느끼기 때문에 학교 밖에서 통역사 지망생들은 동아리, 시민 단체, 연극이나 토론 그룹, 또는 자원봉사 등 편안한 사회적 맥락에서 즐겁게 B언어를 사용하도록 한다. 그러면서 원어민들이 내가 한 말을 넌지시 혹은 무의식 중에 고쳐 말하는 것을 주의 깊게 듣도록 한다.

## 7.3 이해력 증진 (B언어와 C언어)

### 7.3.1 목표

외국어 학습 배경만으로 통역을 배우는 초보 학생들은 언어를 왜곡된 관점으로 보고, 통역이 마치 단어를 많이 알아서 직역만 할 줄 알면 되거나 현장에서 각각의 연사가 각각의 다른 상황에서 사용하는 언어가 얼마나 다른지 또는 반대로 공식 및 법률 텍스트의 밀도나 요구되는 어역의 수준을 간과하는 경우가 있다.

연설은 서면이나 구두로, 준비되거나 즉흥적으로, 공식 또는 비공식적으로, 일반적이거나 기술적으로, 빠르거나 느리거나, 일관되거나 횡설수설하거나, 유창하거나 어눌하게, 표준어나 사투리로, 형식적이거나 독창적으로, 내용이 많거나 반복이 많을 수도 있다. 연사 각각의 개성을 통역사가 선택하거나 통제할 방법은 없다. 주의력 분산을 피하고 집중하려면 이해하려는 목표를 높이 잡고 현실적으로 제한해야 한다. 회의 통역사 답게 통역하려면 난이도의 고하를 막론하고 아무리 문법적인 오류가 있고 헷갈리더라도 최소한 내용의 핵심을 뽑아내거나 대화의 의도를 전달할 수 있어야 한다. 그러나 기술적인 내용을 아무런 준비 없이 (통역 또는) 이해하기를 기대하는 것은 아니다.

이해력 증진의 목표는 처음에는 (언어 학습자 또는 언어학자처럼) 언어를 듣는 것*listening to the language*에서 (아직은 좀 불편하지만) 언어가 들리는 것*hearing the language*, 그 다음에는 (어느 정도 노력을 해서) 의미를 듣는 것*listening for meaning*, 마지막으로 (모국어처럼) 의미가 들리는 것*hearing the meaning*을 목표로 삼아야 한다. 이해는 통역의 한 부분일 뿐이다. 최고로 집중해서 듣지 않더라도 실시간으로 연설의 메시지를 이해하고, 말의 분석, 기억 및 재구성을 위해 여분의 주의력을 편안하게 안배할 수 있어야 한다(Gile's Effort Models [Gile 2009] 비교: CC-8.1.3, TG-8.6.1.2 참조).

이상적인 목표는 최소한 전문 회의 통역에서 일반적인 영역과 어역만이라도 원어민과 같은 수준의 이해를 하는 것이다. 이 목표는 (엄격히 다지면 달성할 수 없지만) 통역이 목적이라면 충분한 목표가 되고, 과거 자신의 언어 수준이나 반에서 잘하는 학생들을 벤치마크했다면 대체되어야 한다.

더 구체적이고 현실적인 이해력 증진 목표는 다음과 같다.

1. 각양각색의 어투, 속도, 난이도 및 특이성을 가진 다양한 주제, 연설 종류, 어역의 구두 담화를 신뢰할 수 있는 수준으로 자신 있게 이해한다.
2. 읽기 속도와 텍스트에서 의미와 정보를 효율적이고 효과적으로 뽑는 능력을 향상시킨다.
3. 문화적 암시, 문학 속 문구, 기타 사회 정치적 전통, 신념, 역사, 민속, 이야기, 아이들의 놀이, 구어, 방언, 속어를 포함한 자료를 통해 문화 이해력을 향상시킨다.
4. 행간을 읽고 그 문화 특유의 패턴 및 신호(몸짓 언어, 설득술, 역설 등)를 해석하는 능력을 키우고, 뉘앙스, 어조, 미묘한 가치의 표현에 대한 민감성을 기른다. (Leaver와 Atwell [2002:270]의 설명과 ILR 레벨 4 이문화 의사소통 및 청취능력 관련 설명으로부터 따옴.)

읽고 듣고 때때로 다양한 장르특화 텍스트에 대한 심층분석도 하고 일상생활에서 언어를 능동적으로 이해하는 것이 이해력 증진에 도움이 된다.

C언어의 기능적 정의도 알아둘 필요가 있다. C언어란 충실하게 이해할 수 있지만 반드시 자기 의사를 표현할 수 있을 정도의 실력을 말하지 않는다. 우리가 일반적으로 언어를 배우는 방식을 생각해보면 좀 이상하고 인위적인 정의처럼 보인다. 우리 뇌에서 능동지식과 수동지식이 확실하게 구분되는 것은 아니다. C언어로 큰소리로 읽고 말하면 C언어에 대한 감각도 분명 발전할 수 있다.

### 7.3.2 언어 및 지식숙달을 위한 읽기

독서 방법은 여러 가지가 있지만 LKE를 위해선 의도적으로 집중하여 읽어야 한다. 가장 보편적인 독서 방법은 정독*intensive reading*과 다독*extensive reading*이 있다.

정독은 텍스트의 언어에 초점을 맞춘다. 의도적으로 정한 난이도의 텍스트를 정독하는 것은 전통적인 언어 교육에서 장기간 유일한 독서 방법으로 여겨져 왔다.

내 어휘와 독해 수준보다 조금 더 높은 수준의 텍스트를 천천히 꼼꼼하게 모든 표현을 찾아보면서 분석하고 요약하고 모든 측면에서 텍스트를 이해하는 것이 분명 B또는 C언어 실력을 굳히는 데 도움이 된다.

다독은 반대로 읽기 목표가 최대한 많은 분야의 주제를 다양하게 읽는 것이기 때문에 새로운 표현이나 새로운 점들을 표시만 해두고 다 읽고 나중에 돌아와서 확인하는 것이다. 최근 연구에 의하면 다독하는 것이 일반적인 이해력 향상에 최소한 정독하는 것만큼은 효과적이라고 한다. 다독을 하면 같은 시간에 사전을 찾아가며 짧은 텍스트에 집중하는 것보다 더 많은 표현을 접하게 되고 문맥에 비추어 의미를 유추하는 능동적인 과정을 통해 학습이 되기 때문이다.

국정, 공공정책, 보험, 보건, 범죄예방, 무역, 이주, 기업재무 등 처음에 흥미가 가지 않는 주제라도 호기심을 가져보도록 노력하자. 이따금씩 양질의 시사 잡지를 가장 흥미 없는 기사부터 하나씩 모두 읽어보자. 모든 기사를 끝까지 읽어야 하는 건 아니다. 지금 단계에서 스포츠, 패션, 엔터테인먼트 등의 주제는 (내가 특별히 관심 있는 것이 아니라면) 크게 신경 쓰지 않아도 된다. C언어 학생들은 고등학교 물리, 생물, 사회, 역사 교과서와 입문서로 다양한 주제에 관해 다독해서 이해의 폭을 넓히고 수동 어휘를 키워야 한다. B언어 학생들도 마찬가지로 다독하되 능동 어휘를 키우도록 한다.

최대한 저자의 의도를 파악하면서 언어 사용(구조, 어체, 수사적 효과)에 집중해서 읽는 적극적 독서는 큰 소리로 읽든 (누군가에게 읽어주듯이) 작은 소리로 읽든 B언어 활성화에 좋은 방법이다. 특히 속도조절, 끊어 읽기, 어조, 강조, 흐름 등에 신경 써서 읽으면 좋은 표현과 패턴이 기억에 남게 된다. 공들인 정치 연설과 같은 반半구술 담화*pseudo-oral discourse*로 연습하는 것이 가장 효과적이고 섀도잉과 청취의 관계처럼 이 연습은 광범위한 독서와 연관이 있다.

세 가지 읽기 방법 모두 따라서 통역사에게 필요하다. 수동언어 숙달(B와 C언어)와 지식의 지평을 넓히기 위해 다독을 중점적으로, 정독은 간간히, 그리고 추가로 능동언어(B) 숙달을 위해 적극적 독서를 한다.

독서 자료로 적합한 책들을 몇 가지 제안한다.

1 단계: 배경지식 및 예비교육 (1학기 까지)

- 경영, 경제, 사회 이슈, 국제 현안, 역사, 자서전, 문화, 대중 과학 등 양질의 논픽션 책(특히 최신 베스트셀러)
- 양질의 경제 및 경영(예: *The Economist, Harvard Business Review*), 외교(*Foreign Affairs, The Diplomat*), 과학 및 기술 관련 시사 잡지
- 현대 지정학, 국제관계, 거시경제, 경영, 법률, 사회과학, 협상 관련 입문 교재
- A언어 문화(역사, 사회, 지리 등)에 대해 B언어로 기술된 혹은 반대 경우의 책과 기타 텍스트

2 단계: 일반적이지만 회의 통역과 관련된 전문 텍스트 (2학기부터 교과과정 내내 그리고 그 이후까지도)

- 일반적인 논픽션 및 시사 이슈에 관한 책 외에도 학생들은 전문 통역사가 다루는 텍스트에 집중해서 읽기 시작해야 한다.
- 정부 지도자, 국제기관장 및 저명한 지식인들의 최신 연설과 기사
- '고위급 관료' 또는 '저명인사로 구성된 패널'에 의해 작성된 세계 현안 및 권고사항 등을 다룬 주요 국제기구 보고서, 세계은행의 세계발전보고서*World Development Reports; WDRs*와 OECD의 경제전망*Economic Outlook*과 한 눈에 보는*At a Glance* 시리즈 등의 정기 보고서
- 화이트 페이퍼, 즉 특정 이슈에 관한 정부 정책 입장 표명문
- 싱크탱크, NGO, 다양한 정치적 성향의 각국 이익집단의 최신 이슈 관련 보고서
- 컨설팅 기업과 금융 기관 등에서 발행한 다양한 산업 분야 및 시장 연구 보고서
- 주요 기업 연례 보고서

학기별 프로젝트를 진행하는 학교 뿐만이 아니라 일반 통역 수업에서도 학생들이 특정 장르의 텍스트 수집과 함께 어휘, 상투적인 표현, 용어 등에 대한 회의 언어, 정부 언어, 국제사회 언어, 마케팅 언어(변화 속도 빠름), UN 언어, 경영 컨설팅 언

어 등 사회 계층별 방언*sociolect*의 한 방향 또는 양방향 대응어 용어집을 만드는 과제를 내줄 수 있다.

3 단계: 특수 텍스트 (3학기부터)

- 2학년이 되면 독서의 폭이 더 넓어지고 다음 장르를 포함해야 한다.
- 다양한 정부간 회의(UN 및 산하기관, EU, OECD, 세계은행, G20, IMF 등)에서 발행하는 문서, 보고서 및 성명서
- 국제기구 규약, 회의 절차상 모든 방면에서의 진행 규칙 및 회의 진행을 위한 의장의 노트
- 난해한 경제 보고서 (예: IMF, 연준)
- 법률 텍스트 (특히 국제 관례 및 국제기구 채택 결의안, 사업 계약서, 준비서면, 판례 등)
- 학술지 및 다양한 학문의 과학적 연구 보고서

그렇다고 스포츠, 패션, 영화, 연예인 가십, 취미 등 관심있는 주제에 관해 읽는 것을 멈추라는 뜻은 아니다. 그런 내용도 통역을 하다 보면 반드시 나오기 때문이다. 이것은 위에서 설명한 문화 이해력에 도움이 될 수 있다.

일반적인 독서 원칙

다독을 할 때 모든 단어를 다 이해하고 넘어가야 하는 것은 아니다. 처음에는 의미를 이해하는 것에 집중한다. 주변 맥락을 살펴도 모르는 단어를 보게 되더라도 계속 읽어 나간다. 낯선 지식 영역을 다룰 경우 A언어로 된 입문서를 먼저 읽고 B언어로 된 자료를 읽도록 한다. 이렇게 하면 언어 및 지식 숙달을 한꺼번에 얻을 수 있다. 애초에 배경지식이 "텍스트 학습의 결정적 요소이고 효과적인 학습을 하려면 과거 지식, 장기기억, 또는 개인적인 경험과 연관시켜 정보를 습득하기 때문이다"(Kintsch 1998:330).

다음 연습은 통역사가 오프라인으로 강도 높은 연습을 할 때 병행할 수 있다.

- 주기적으로 읽는 것을 멈추고 주요 개념, 주장과 논리를 요약한다.
- 텍스트의 핵심을 소리 내어 자기 자신에게 말하거나, 개요 형식으로 필기한다. "추론하고, 빈 부분을 채우고, 거시 구조를 형성하고, 자세하게 설명하는 등 주도적인 학습(Kintsch 1998: 330)"을 할 수록 읽은 내용을 체화할 수 있다.
- 읽으면서 낯선 단어 및 표현에 밑줄 긋고 나중에 찾아보도록 한다. 맥락 상에서 모두 이해할 수 있게 만든 다음 내가 능동어로 사용하고 싶은 단어 및 표현을 몇 개 고르도록 한다. 연습 방법은 아래 7.5.2의 '어휘의 (재)학습 방법'에 설명되어 있다.
- 이해의 문제가 항상 어휘 또는 아예 언어적인 문제가 아니라는 점을 명심하자. 친숙하지 않은 주제 일수록 내용을 완전히 이해하기 위해서는 단어를 찾는 것 외에도 주제 관련 배경 조사를 해야 한다.

시간이 지남에 따라 독서 속도를 점차 늘리도록 한다. B/C언어 텍스트를 눈으로 신속하고 효율적으로 스캔하는 능력을 기른다. 텍스트에 주제문, 핵심 주장, 연결어, 대비, 결론을 최대한 빠르게 형광펜으로 표시하는 연습을 해본다. 그 다음 텍스트를 A언어로 소리내어 요약하는데 필요하다면 형광펜으로 표시한 부분을 봐도 좋다.

### 7.3.3 듣기

주기적으로 양질의 구두 담화를 귀 기울여 듣도록 한다. 내가 사용하는 언어 중 특히 B와 C언어로 들어서 이해의 깊이와 폭을 향상시키도록 한다. 시사 논평 및 분석, 토크쇼, 강의, 발표, 토론, 의회 회의 및 재판(TV 법정 드라마 포함), 기자회견, 그리고 가능하다면 질의응답을 포함한 공식 연설 및 활발한 토론이 오가는 회의 녹취록 등을 들을 수 있으면 좋다. 듣기 연습은 (통역 연습의 일환이 아니라) 듣기에만 집중하고 20-30분 분량씩 끊어서 들어야 한다. 하루에 두 꼭지부터 시작하면 좋을 것이다.

1학년 때 억양이 강한 연설도 조금씩 들어 둬야 한다.

1 단계 (1학기 까지)

• 원어민 연사가 보통 속도로 말하는 일반 주제 관련 대담, 강연 및 발표(즉흥 및 반즉흥 연설)
• 일반 청중을 겨냥한 토크쇼, 뉴스 분석, 시사 논평(즉흥 및 반즉흥 연설)
• 뉴스 속보 (공식, 대본 의존)
• 경제, 사회 이슈, 국제 현안, 경영, 역사, 자서전, 문화, 대중 과학 등의 논픽션 장르 오디오북 및 팟캐스트

2 단계 (2학기부터 교과과정 내내 그리고 그 이후까지도)

• 각국 정부 지도자, 장관, 대사 등의 공식 연설
• 기자회견 및 미디어 인터뷰
• 정치 토론
• 청문회(예: 미 의회 청문회)
• 교양 있는 청중을 겨냥한 인터뷰 및 토론(예: BBC의 Hard Talk, Dateline London, World Debates 등)
• 다양한 억양의 원어민 연사와 준수한 억양의 비원어민 연사의 수준 높은 대담 및 발표
• 어려운 담화의 전문 녹취록(예: 이코노미스트 오디오 에디션)

3 단계 (3학기부터)

• 비원어민 연사의 국제기구 회담 공식 성명서. 속도와 억양의 난이도는 점진적으로 강화(예: UN 녹취록)
• 의회 회담 및 토론
• 준비가 필요한 주제의 기술적인 내용 발표
• 구어체, 방언, 속어, 농담 또는 문화적 표현 등이 포함된 내부자를 겨냥한 속도가 빠르고 자연스러운 연설
• 느슨하고 일관성이 떨어지는 연설 (내부자간 편안하고 내용을 생략해가며 말하는

속도 빠른 패널 토론)

• 적절한 경우 문화적으로 어려운 자료

일반적인 듣기 연습 원칙

1. 각 항목별로 처음에는 속도가 느리고 친숙한 주제와 명확한 억양의 연설로 시작하고 점차 속도가 빠르고 낯선 주제와 듣기 어려운 억양의 연설로 옮겨 간다.
2. 전체 또는 이해하기 어려웠던 부분의 녹음파일을 완전히 이해할 때까지 반복해서 듣는다. 여러 번 시도한 뒤에도 맥락 속에서 풀리지 않았던 부분만 다른 사람에게 질문하도록 한다.
3. 모르는 단어 및 단락, 놓친 문화적 맥락, 뉘앙스, 습관 등에 대해 원어민 친구의 도움을 받는다.
4. 또는 한마디도 다르지 않은 원고를 사용한다. C-SPAN, UN, 미 국무부 및 CNN 웹사이트에서 다수의 연설문 전문을 제공한다. (이코노미스트 오디오 에디션 같이) 문어체를 읽은 녹취록의 경우, 원문 기사를 보고 공부하면 된다.
5. 전문 또는 원문을 공부할 때 다양한 듣기/읽기 조합을 시도해본다. 예를 들어 한 번 들은 다음 원문을 읽고 모르는 단어를 찾은 다음 다시 듣는다.
6. 전체 내용을 한 번 들을 뒤에, 1에서 2분 꼭지씩 끊어서 듣고 A언어로 요약하는 연습을 한다.
7. 때때로 훌륭한 연사가 연설문의 논리와 구조를 잡고 "지시, 주장, 설득, 만류, 협상, 조언 및 공감"을 하기 위해 사용하는 언어 및 수사적 표현에 집중해서 듣도록 한다.

인터넷 혁명 덕분에 통역과 학생들은 그 어느때보다도 전 영역을 망라하는 연설문 원문에 쉽게 접근할 수 있고 오디오, 비디오, 전문 자료를 온라인 상에서 구할 수 있다. 일부 명문 대학교에서 무료 인터넷 강의를 제공하는데, 예일대의 경우 입문 강좌를 비디오, 오디오, 전문 형식으로 폭 넓게 제공하고 있다. (기타 자료는 추가 참고 도서 참조.)

특히 유럽언어 통역과 학생들은, EU의 연설문 저장소*Speech Repository*에 접속하면 가입된 학교 학생들에 한하여 EU 통역사가 선별하여 등급을 매긴 '훈련용' 연설문을 포함한 수백 개의 연설문을 EU언어 및 기타 언어로 볼 수 있고 e-러닝 도구를 통해 학생들이 모의 통역을 녹음하여 강사에게 파일을 전송할 수 있다.

통역사에게 굉장히 긍정적인 트렌드가 지속될 것으로 보이며 디지털 네이티브 세대 학생들은 강사들보다도 온라인 자료를 더 잘 찾을 수 있을 것이다. 미래에는 강사들의 역할 중 자료를 찾는 역할의 비중은 낮아지고 학생들이 훈련 단계에 적합한 자료를 공부할 수 있도록 선별하는 역할을 중점적으로 하게 될 것이다.

## 7.4 표현력 증진 (A와 B언어)

다음은 표현력 증진을 위해 우선적으로 달성해야 할 목표들이다. A언어의 경우 매일 통역 연습을 하면 자연스럽게 실력이 늘지만 B언어의 경우 정확한 목표를 갖고 의도적으로 연습을 해야 한다.

i. 문법적 실수가 없는 원어민에 가깝게 정확성과 유창성 향상
ii. 복잡한 개념도 쉬운 말로 효과적으로 전달할 수 있는 환언, 추상화 및 단순화 전략 개발 (적게 말함으로써 더 큰 효과를 가져옴)
iii. 고차원 언어 처리에 필요한 언어 자원 개발 및 전달력/유창성 향상을 반사적 언어 사용 (물론 통역을 하기 전에 내용을 분석하고 이해해야 함)
iv. 운율, 어조, 두드러지거나 효과적인 어순, 연결어, 거슬리지 않을 정도의 지연, 어감 완화, 논리적 장치 등 언어의 화용 담화 장치적 특징 (설득력 및 응집력) 사용 능력 습득
v. 보편적이고 유용한 연어, 표현, 패턴이 통째('조립식' 어휘 또는 '기성 언어')로 그리고 한 언어로 여러 개의 비슷한 표현이(언어내 혹은 유의어적 층위, 딱 떨어지는 B언어 표현 학습) 한 번에 떠오를 수 있도록 머릿속 사전 재구성

vi. 안정적이고 신뢰할 수 있는 고가용성 교차언어적 머릿속 용어집 형성. 모든 언어쌍에 해당되지만 특히 B언어로 통역할 경우 직감과 탈언어화에만 의존할 수 없고 일부 준비된 단어들 즉 총알이 장전되지 않으면 요구되는 수준의 속도와 자연스러운 통역을 기대하기 어렵다(Gérard Ilg, p.c.).

특히 B언어의 경우:

i. 형식 상의 오류들을 근절하거나 적어도 최소화한다. 발음, 발성, 어휘, 문법 등 학생마다 실수 유형이 다르므로 맞춤 솔루션이 필요함.
ii. 잘 사용하지 않는 문장 구조 또는 문법적 장치, 특히 A언어 대응어가 없기 때문에 B언어로 바로 통역할 수 없는 부분 활성화 한다(예로, 한국학생이 영어로 할 때).

### 7.4.1 A언어 숙달

통역사는 타인이 자기만의 표현과 속도로 말한 생각을 전달하기 때문에 통역사의 A언어 사용이 일반 원어민보다 더 풍부하고 유연하다는 것이 사소해 보일 수 있다. 또한 모국어의 억양, 리듬과 문법은 유년기에 각인된다고 볼 수 있지만 어휘는 연습과 노출 정도에 따라 확장되거나 축소될 수 있다. 한 번도 관심 가져보거나 생각해보지 않은 것에 대해 유창하고 설득력 있게 말할 수 있는 능력을 당연하게 여겨서도 안 된다. 좋은 통역사가 되기 위해 변호사, 의사, 엔지니어, 정치인 또는 금융 전문가가 될 필요는 없지만 그들처럼 말할 수는 있어야 한다.

A언어 실력은 항상 개선될 여지가 있다. 자라온 배경과 교육환경에 크게 의존하지만 의도적 연습 기법을 적용한(Ericsson 2007; see also TG-2.6.2) 다음 연습과 습관을 따라하면 통역의 강력한 도구로써 모국어 실력을 향상시키고 유지할 수 있다.

i. 위의 지침에 따라 훌륭한 저자의 책을 읽고 훌륭한 연사의 연설을 듣는다. (특히 2 단계 독서 목록에서 어체와 어역에 주의해서 읽는다.)

ii. 비판적 청중 앞에서 복합적이거나 공식적인 내용을 발표하는 연습을 한다.

iii. 특이한 어휘, 격언 또는 인용구를 쓰기 전에 그 주제에 관해 명백하고 정확한 문장으로 설득력 있게 전달할 수 있도록 한다.

iv. 글을 자기 말로 옮기고, 요약하고, 번역하고, 작문도 하고, 내 글이나 다른 사람의 글을 수정해보거나 다른 사람에게 내 글의 수정을 부탁해본다. 이 연습은 자기 모국어 실력을 가늠해보고 표현력을 확장시킬 수 있는 좋은 방법이다.

v. 통역사로 활동하면서 고별사, 추모사, 수상 소감, 헌사, 기념사 등을 빈번하게 통역하게 되므로 행사 또는 의례에서 사용하는 언어에 대한 기본 소양을 갖추도록 한다. 행사 통역은 (특별한 변수가 없는 한) A언어로 통역할 때 제일 좋은 결과를 얻을 수 있다.

vi. 공식 어투를 구어체 또는 비공식 어투로, 구두에서 관료적/공식적/서면으로 또는 그 반대로, '기사체를 중립적인 어투로'(Mackintosh 1989) 어역*register*을 바꿔서 통역해보는 연습을 한다. 영어의 경우, 어려운 단어(라틴어 어원 영어)를 더 쉬운 1음절 단어(게르만어 어원 영어)로 또는 그 반대로 바꿔보는 연습을 할 수 있다.

vii. 어체, 수사학, 연설문 작성술 관련 지침서를 공부한다. 잘 쓰인 정치 연설을 분석하고, 뉘앙스, 웅변술, 설득의 미학에 대한 감각을 익히도록 한다. 이것은 통역사가 평생 공부해야 하는 부분이다.

### 7.4.2 B언어 강화 훈련: 연습과 활동

가지고 있는 B언어 능동 어휘 및 문장구조 지식이 더 적기 때문에 더 확실하게 알고 유연하게 사용할 수 있어야 한다. B언어 사용자는 능동어 지식이 어떻게 구문에 활용되는지 그리고 외연적 의미와 함축적 의미를 정확히 알고 있어야 한다.

B언어 숙달에는 예전에는 반만 알고 있던 단어와 표현의 정확하고 제대로 된 용법을 공부하고 숙지하는 작업이 상당부분 필요하다. CC-3.4에서 통역사 지망생들을 위한 연습 지침과 우리의 경험과 자료에 기반하여(Déjean le Féal 1976; Mackintosh

1994; Donovan 2002; Gillies 2013) 이번 절에서 B언어 실력 향상을 위한 훈련 방법에 대해 기술했다.

다음은 B언어 실력 향상을 위한 공략법이다.

1. 모방 및 몰입: 양질의 원어민 연사의 연설 반복 학습 및 섀도잉, 계획적인 B언어 국가 체류 및 어학 연수, 정기적인 B언어 사회활동.
2. 언어 교정 및 보완: 문법, 화용론, 어역, 어휘, 용법 등 문제의 집중 공략.
3. 탈언어화 또는 '간섭내성강화*interference-proofing*' 연습: 시역과 응용, 환언하기 (통제된 단순화), 글을 말로 바꾸기, 요약, 추상화, 어색한 문장 재고 및 재구성.
4. 통역 피드백: B언어 사용에 초점 맞추어 수업 또는 스터디 그룹에서 표현력 향상을 위해 미흡했던 부분 재통역.
5. 전체 과제 연습:
   a. 발표 준비 및 정식 발표 후 (비판적) 질의응답
   b. 기사 요약 발표 후 내용 평가 및 반박
   c. 발표한 내용에 대해 냉정하게 평가받고 당황하지 않고 자기 논리 방어 (B언어로 구두 방어)
6. B언어로 빠르게 번역한 것을 파트너가 수정.

상세한 연습 방법은 아래 부 단원에 설명되어 있다.

#### 7.4.2.1 모방 및 몰입

큰 소리로 읽기 (1 단계, 입학 전부터 – CC-3 참조)

읽어본 적 없는 텍스트를 최대한 발표하듯이 읽어 보자. 잘 쓰여진 구조 잡힌 텍스트를 골라 적당한 속도로 유창하고 크게 읽는다. 텍스트의 키워드를 강조하고 쉼표를 잘 지키도록 한다. 연습의 목적은 저자 또는 연사에 감정을 이입하여 저자의 어조, 논리 전개, 주안점, 어휘 선택 등을 이해하고 설득력 있게 전달하여 스스로도 텍스트를 쉽게 요약하거나 바꿔 말하고 점차 다음 내용을 미리 알 수 있도록 연습하는 것이다.

이와 같은 통제된 읽기는 발음과 언어의 리듬을 탈 수 있는 훌륭한 훈련 방법이다. 발표 능력을 키워주고 구체적으로는 또렷한 발성, 정확한 강세 및 억양, 긴 문장에서 효과적인 리듬을 위해 눈으로 미리 읽는 능력을 키워준다. 나쁜 습관을 강화시키는 것을 피하려면 A언어 스터디 파트너가 봐주는 것이 가장 좋다. 읽는 속도는 빠르게 할 때와 느리게 할 때 각각 어려운 점이 다르므로 다양하게 시도해본다. 읽은 것을 녹음하여 평가한다.

읽을 때 좋은 표현이나 설득, 농담, 강조, 일축 등의 수사적 장치, 경제적으로 말하는 방법 등이 보이면 기억해두도록 한다. 표시를 해두거나 공책에 적은 다음 능동 어휘로 만들고 싶은 단어를 선별하여 활용해본다.

암기 및 재사용

텍스트를 한 문장씩 읽은 뒤 보지 않고 복기한 다음 문장을 분석하고 통역할 때 다시 쓰고 싶은 유용한 문장 패턴, 구조 및 표현을 암기한다.

반복 및 섀도잉

양질의 원어 연설의 순차적인 '반복' 또는 동시 섀도잉한 것을 녹음하여 평가하고 약점을 보완하고, 가능하다면 원어민의 피드백을 받도록 한다. 이 연습은 운율(영어에서 특히 중요함), 억양, 강세, 발음 등을 고치는 데 특히 유용하다.

1 단계: 반복

차근차근 듣고 완전히 이해한 연설 음원을 이어폰을 끼고 1-2문장씩 끊어서 연사의 자연스럽고 유창한 발음과 억양을 최대한 똑같이 따라 해본다. 연사가 의식적으로 또는 무의식적으로 자신이 한 말을 어떻게 수정하는지 주의 깊게 듣도록 한다.

2 단계: 축어적 (음운적) 섀도잉 (3학기: 동시 통역 훈련을 몇 주간 하고 난 뒤부터 만 할 수 있음)

연사가 한두 단어 정도 말한 뒤부터 곧바로 연사가 한 말을 그대로 따라한다. 연사의 억양과 연설을 자연스럽게 이어나가기 위해 사용하는 어조와 강세에 집중한다.

3 단계: 스마트 섀도잉

연설을 이어폰으로 들으면서 연사가 의미하는 바를 바꿔 말하거나 문장 구조를 바꿔서 같은 언어로 동시통역을 해본다. 동의어로 바꾸는 것부터 시작한 다음 조금씩 문장을 재구성하고 압축하다가 차츰차츰 완전히 다른 문장으로 의역해본다.

반복/섀도잉 연습을 위한 일반 원칙

- 원어민 연사가 읽은 양질의 음원을 찾아 듣고 가능하다면 한 가지 억양을 고수하도록 한다(예: 영국식 영어, 미국식 영어). 유명한 연설가(예: 블레어, 클린턴, 오바마) 또는 전문 오디오북을 듣도록 한다.
- 내가 연습한 것을 녹음하고 원어민의 피드백을 받는다.
- 마찬가지로 낯익은 주제를 천천히 읽는 연설부터 듣다가 조금씩 빠르고 낯선 주제를 듣도록 한다.

계획적인 B언어 국가 체류 및 어학 연수

B언어 국가에 방문하는 것이 B언어 실력 향상에 도움이 된다. 언어와 문화에 몰입할 수 있는 환경에서 계획적이고 체계적으로 꾸준하게 언어를 공부하고 연습한다. 현지 주민 또는 강사에게 설명을 듣는 것도 도움이 된다. "목표 언어/문화에 단순히 노출되는 것만으로는 이해할 수 없는 질문에 대한 대답과 설명"을 학생들이 들을 수 있어야 한다(Angelelli & Deguelldre 2002: 92-93). CC-3.5에 효과적인 언어 연수에 관한 지침을 찾아볼 수 있다.

B언어 사회 활동

B언어 국가에서 체류하는 것이 어렵거나 불가능할 경우, 문화회관 자원봉사, 대학교 연극 동아리 등 B언어 문화 및 사용자와 정기적으로 접촉할 수 있는 활동을

찾아서 참가하도록 한다. 예를 들어 B언어가 불어라면 대학교 내 불어 연극 동아리에서 불어를 A언어로 사용하는 친구들과 함께 드라마 제작, 조직 및 리허설을 하고 같이 사교 활동을 한다.

#### 7.4.2.2 언어 교정 및 보완

문법 및 용법 등 상대적으로 약한 부분 개선과 잘 사용하지 않는 문형 활용을 위해 (특정 언어쌍에서) 언어 교정 및 보완이 일반적으로 필요하다. 다음 항목에 대한 보완이 필요할 수 있다.

구문 생성 속도 및 범위

i. 문법적 장치의 활용:

- A언어에서는 필요 없지만 B언어에 필수적이지만 문법 (영어의 시제 및 주술호응 또는 불어 대 중국어)
- A언어에서 찾아볼 수 없지만 B언어에서 사용되는 문장 구조 (영어의 –ing 등) 및 구조적 대안

ii. 문법의 자기교정:

B언어에서 자주 실수하는 문법을 제거하기 위해 실수를 할 때마다 바로 알아차리고 실수를 하지 않을 때까지 반복하도록 한다.

- 1학기 때 통역을 녹음하면서 강사가 문법을 지적했던 부분을 다시 듣고 고친 다음 교정한 문장을 다른 사람과 확인하도록 한다.
- 2학기가 되면 한 번에 한두 문장씩 강사, 언어숙달 강사 또는 스터디 파트너와 함께 B언어로 시역을 한다. 문법을 지적 받은 부분을 스스로 고쳐본다.
- 3학기가 되도 필요하다면 '즉석 빈칸 메우기*Online Cloze*' (CC-8.2.1)를 연습하도록 한다. 강사 또는 B언어 스터디 파트너가 예를 들어 관사 또는 시제를 빈칸으로 남긴 텍스트를 읽어주면 즉석에서 빈칸을 채워가며 섀도잉을 한다. 처음에는 빈칸이 하나 있는 문장으로 연습하다가 빈칸의 수를 조금씩 늘린다. 섀도잉한 문장을 스터디 파트너에게 원본텍스트를 주고 비교하여

실수한 부분을 찾아낸다.

화용적 역량: 장치 및 패턴

수업 시간 중에 화용적 장치, 표지, 필러, 연결어 등 구두 '윤활제'를 활용하는 연습을 해볼 수 있다. 모든 연결어를 빈칸으로 비운 B언어 텍스트를 사용해서 연습할 수 있고, 빈칸을 A언어 연결어로 채운 다음 B언어로 바꿔보는 연습을 해볼 수도 있다. 굉장히 천천히 말하는 연사에 대비하여 구두 완충제 등을 사용하여 그럴듯한 말을 해서 시간을 끄는 기술도 터득해야 한다.

B언어 어역 전환*register-switching*은 (7.4.1 [vi]) 굉장히 까다롭고 B언어 동시입문을 시작하지 않은 학생들에게는 권하지 않는다. 그러나 연설문이 아닌 개별적인 표현과 문장에 연습해볼 수는 있다.

어휘 연습 및 강화

가용한 B언어 어휘의 강화, 확장 및 안정화는 언어숙달의 큰 부분을 차지하므로 7.6에 따로 설명을 했다. 연어 수집 및 공부, 능동 어휘 선별, 단어만 치환하면 사용할 수 있는 문장 패턴 강화, 능동어 표현집 구축, 긴표현의 짧은 동의어 찾기 등을 통해 연습해볼 수 있고 졸업한 후에도 지속적으로 연습해야 할 것이다.

### 7.4.2.3 탈언어화 및 간섭내성강화

다음 연습은 모국어 틀에서 벗어나기 위한 것이다.

시역

어떤 형식이든 정기적으로 A-to-B 시역을 하는 것은 B언어 동시통역을 위해 입을 푸는 데 훌륭한 연습이 된다.

B-to-B 환언

B언어로 환언하는 것은 어렵지만 환언하는 것이 통역과 깊은 연관이 있기 때문에 매우 생산적인 연습이다. 다음 연습방법을 살펴보자.

i. 통제된 B-to-B 환언: 한 문장씩 환언을 하는데 강사가 문두에 쓸 단어를 정해 주거나 특정 표현 및 구조를 사용해서 환언하도록 지시한다.
ii. '보지 않는*unseen*' B-to-B 환언: 아무 B언어 텍스트를 골라서 한번 훑은 다음 즉석에서 같은 언어로 한 문단씩 소리 내서 환언해 본다. 최대한 많은 단어를 다른 단어로 대체하고 문장 구조도 최대한 바꾸도록 한다.
iii. 동시 B-to-B 환언 (스마트 섀도잉, 8.2.1 참조): 위의 연습을 부스 안에서 한다. 동의어 대체부터 시작하고 점차 문장 구조도 함께 바꾼다. (명사형을 동사형으로, 문장을 분리하거나 합치는 등)

구두화*oralizing*와 추상화*gisting*

이 연습은 길고 어려운 문장을 내용의 핵심만 남을 때까지 추려서 짧고 쉽게 같은 의미를 가진 단순한 문장으로 바꾸는 연습이다.

입문 단계(CC-4.2.2.1)에서 설명한 것과 같이 의미 추출*gist extraction*은 B 또는 C언어 이해의 척도라 할 수 있다. 복합적인 내용의 주장과 소주장을 이해하고 본질과 지엽을 분간하는 능력을 시험해 볼 수 있게 해준다(언어능력과 상관관계가 있음: Longley et al. 1978).

연습방법:

i. 구두화: 한 번도 읽어보지 않은 텍스트를 최대한 연설문처럼 발표하듯이 읽는다. 긴 문장은 짧게, 단순한 문장으로 고치고 필요하다면 내용을 반복해도 좋고(내용의 밀도를 낮추고 청중의 이해를 도움) 담화 표지를 추가해도 좋다.
ii. 추상화: 연설문을 읽거나 듣거나 발표(구두화)한 다음 연설문을 보지 않고 요점을 명확하고 일관되게 자기 말로 요약해본다.
iii. 복합적인 내용과 개념을 전반적으로 쉬운 말을 사용하여 설명하는 연습을 한다.

전달 연습 (재구성): B언어로 번역하는 것이 까다로운 A언어 표현이나 문장을 보여주고 강사와 함께 번역의 대안을 찾아보고 다양한 맥락에서 사용할 수 있는 방법에 대해 논의해본다.

#### 7.4.2.4 통역 피드백

B언어 향상을 위한 특정 통역(즉석 또는 녹음 파일)에 대한 피드백을

- 수업 중 통역 기술에 관해 먼저 논의한 다음 제공한다. 그러나 B언어 기술은 점진적으로 숙달되는 것임으로 피드백의 초점이 점차 윤문을 만드는 것에 맞춰지게 된다.
- 수업 후 면담을 통해 또는 B언어 숙달 수업에서 제공한다.
- 자기 B언어를 A언어로 사용하는 스터디 파트너로부터 주기적으로 받는다.
- 특별 언어숙달 강사와 1 대 1 언어숙달 코칭 수업에서 받는다.

최대의 효과를 보기 위해 B언어 통역을 녹음하여 원어민의 피드백을 받도록 한다. 개요 기반 발표(1 단계)에서 , 순차통역(2 단계), 시역, 동시 및 텍스트 있는 동시(3 단계)까지 모든 과정에서 피드백을 받을 수 있다. 스터디 파트너로부터 한 문장씩 크리틱을 받고 모든 언어 관련 문제(억양, 어휘 선택, 연어, 문법)를 교정한 다음 30초에서 1분 꼭지씩 파트너가 인정할 때까지 재통역을 한다. 동사 형태, 단/복수, 관사 등 한 번에 한 가지 문제씩 해결해 나갈 수 있다. 이렇게 하다 보면 고질적인 문법 실수와 방치됐던 문제를 극복할 수 있다.

스터디 파트너가 없는 경우, 그리고 안타깝게도 흔히 있는 일이지만, 주기적으로 녹음하고 최대한 비판적으로 들으면서 스스로 발음, 문법, 용법 실수를 찾아 고치고 재통역을 한다. 반복되는 실수에 유의하면서 부정확하게 사용했던 문장구조, 장치나 패턴을 연습해보고 개선되는지 시간을 갖고 모니터링한다.

7.4.2.5 B언어로 번역

다음 추가 연습은 어역, 정확성, 심각한 문법 문제를 가진 학생들에게 도움이 될 수 있다. (번역 경험이 있거나, 즉흥적인 발표를 어려워하거나, 딱 맞는 표현을 찾으려는 완벽주의 성향의 학생에게는 큰 도움이 되지 않는다.)

문학적이거나 기술적이지 않은 일반적이거나 시사적인 주제의 텍스트를 골라 B언어로 중간에 수정하는 일 없이 단 숨에 번역한다. 원어민에게 번역본을 주고 모든 실수와 언어 문제(문법 및 표현)를 확인 받는다. 연습의 목표는 내가 잘못 사용하고 있는 B언어 용법을 찾아내려는 것이므로 원어민이 원본과 대조하거나 번역을 다듬을 필요는 없다. 스스로 실수를 고치고 반복되는 문제를 잘 살펴보도록 한다. 그 다음 잘못 사용했던 문장 구조, 장치 및 패턴을 정확하게 고쳐서 적극적으로 연습하고 문제가 개선 되는지 시간을 갖고 모니터링 한다.

위에 언급된 연습은 모두 유용하고 회의 통역 훈련을 받는 2년 동안 꾸준히 해야 한다.

마지막으로 어휘력은 어떻게 개선할까? B언어로 알 맞은 어휘, 간결한 표현 또는 적절한 의역을 찾는 것인 더 많은 시간과 노력, 작업 기억을 필요로 한다. 단어 연상 자동화가 이루어질 수록 분명 더 도움이 될 것이다. 바로 쓸 수 있는 대응어를 많이 갖고 있는 것이 연설을 이해하고 분석하는 것을 대체하지는 않지만 자기 통역을 스스로 모니터링하면서 맥락에 맞는 단어를 찾는 것이 준비된 단어가 없는 것 보다는 덜 수고로울 것이다. 실제로 기술 용어를 자주 접하게 되는 현대 회의 현장에서 통역사들은 저마다 상당량의 대응어를 양방향으로 축적하게 된다.

## 7.5 어휘의 가용성: 어휘 관리

회의 통역과 학생들은 보통 대학교 언어학과의 수석 졸업생들인 경우가 많다. 그러나 그들의 과거 성공에 크게 일조한 것은 강한 어휘 암기력과 모방의 재능일 수 있다. 그러나 유연성, 지식과 분석 없이 그 두 가지 재주 만으로는 아무리 언어 실력이 뛰어나도 통역사로 살아남을 수 없다.

통역의 잠재력을 가진 학생들도 처음 통역 공부를 시작할 때 어휘에 집착한다. 새로운 기술을 배우면서 통역 압박 하에 단어를 찾을 때 유연성과 현실성 모두 필요하다는 것을 점차 깨닫게 된다. 그러나 얼마 지나지 않아 다시 어휘에 집중하게 되는데 이번에는 경제나 국제사회 용어 등의 영역의 어휘를 외우게 되고 본능적으로 다른 공부 전략이 필요하다는 것을 알게 된다.

### 7.5.1 '양방향 용어집' 만들기

개별 용어가 대응어와 연결된 알파벳 순으로 정리된 일반 2개국어 사전이나 용어집과 달리 통역사의 머릿속 어휘집은 로젯의 2개국어(또는 다중언어) 유의어 사전처럼 정리되어 있다. 서로 어울리는 표현과 어휘를 연결시키기도 하지만 어긋나는 표현(허위 동족어 등)에 주의하고 언어내 그리고 언어간 비슷한 표현을 찾기도 한다.

견습 통역사는 특히 B언어로 편안하게 통역하기 위해 정확하게 사용할 수 있는 담화별 상용 어휘와 표현을 축적하는 데 반드시 시간을 투자해야 한다. "My subject today, Ladies and Gentlemen, is…", "Let me turn now to my second point", "Are there any objections? Seeing none…" 등의 매끄러운 도입 문구, 연결어, 화제 전환용 표현도 여기에 포함된다. 상투적이지만 유용한 표현들은 말콤 굿데일의 *The Language of Meetings*같은 책이나 제라르 일그가 학교에서만 배포하고 있는 (그러나 애석하게도 출판되지 않은) 개인 용어집에서 찾아볼 수 있다.

학생들 개별적으로 유용한 표현이 담긴 용어집과 단어장을 만들어야 한다.

작업 언어간 상용되는 유용한 어휘의 대응어를 숙지하는 간단한 방법을 소개한다. (그러나 일주일에 몇 시간 정도가 아니라 너무 많이 해버리면 어휘에만 의존하는 습관이 생길 수 있으므로 적당히 해야 한다.)

1. 양방향 병렬 텍스트*parallel text*

텍스트 원본과 (양질의) 번역본을 병렬로 읽으면서 좋은 표현은 눈여겨보고 부자연 스러운 표현은 읽고 더 나은 표현이 생각나면 고쳐본다. UN과 같은 국제기구 홈페이지에서 많은 병렬 텍스트를 찾아볼 수 있다.

2. 행사 연설(개회사, 폐회사, 건배사, 수상 소감, 헌사 등)은 양방향으로 공부하고 유용한 패턴을 비교하고 수집한다.
3. 국정, 보건, 환경보호, 에너지, 자본시장 등 일반적인 전문 통역 관련 영역 및 주제별 용어집 및 어휘집을 훑어본다.

위의 연습방법이 개연성도 목표도 효율성도 없게 들리지만 단기적으로는 모의회의(9.2.6.1) 등 특정 주제 지식 준비 및 활성화를 가능케 하고, 장기적으로는 통역사가 최소한 한 번 정도는 작업 언어로 사용했을 어휘 숙달도와 이해력을 검증할 수 있다. 아무리 박람강기해도 마지막 5% 어휘는 익히기 어렵다. 보통은 지나치기 쉬운 분야의 주제별 어휘를 10에서 20분씩 훑어보는 것만으로도 많은 공백을 채울 수 있다. 예를 들어, 특별히 회의를 준비하는 것이 아니라면 자동차 수리, 병리학, 또는 영양학 같은 주제에 두 개 이상의 언어로 책이나 보고서를 통째로 읽을 시간도 없고 동기부여도 되지 않는다. 그러나 회의 중 언제 어떻게 예고도 없이 튀어나올 수 있는 '클러치', '현가장치', '홍역', '볼거리'나 흔한 꽃, 나무, 동물, 음식 등의 이름을 알고 있으면 도움이 된다.

모든 어휘쌍을 외우려는 노력 없이 주제별 용어 및 그림 사전을 쭉 훑어서 양방향 병렬 어휘에 노출 및 흡수시키도록 한다. 읽다 보면 능동어로 알고 있으면 좋을 어휘쌍들이 눈에 띌 것이다.

어휘 공백 채우기

잔여 어휘 공백은 일반 담화에서 잘 접하지 않는 낮은 빈도의 어휘일 가능성이 높다. 이러한 어휘 공백을 효과적으로 채우는 방법은 지도자 및 지식인들의 최신 연설문을 통한 관용어, 인상적인 표현 및 어구를 수집하고 관용어휘집, 격언집, 신조어 및 차용어(영어의 불어 및 라틴어 차용어 등) 사전을 사서 읽고 그것에 대한 좋은 번역을 고민해 보는 것이다. 이상적으로는 사용 빈도에 따른 순서로 나열되어 있고 각각 맥락 속 예제와 함께 단어가 설명되어 있는 사전이면 좋다. 관용구를 한 마디 짧은 도착어로 줄여보는 연습도 해보자. 그 다음 해당 관용구가 삽입된 다양한 맥락의 텍스트를 통역해본다.

### 7.5.2 어휘의 (재)학습*(re-)learn*

새로운 어휘와 표현을 배운 뒤 학생들은 종종 용법을 충분히 익히기 전에 통역에 사용하는 경우가 있다. 결과적으로 좋은 단어를 부적절하거나 어색하게 사용하게 되고, 그게 아니면 단어를 정확하게 쓰려고 너무 애쓴 나머지 머뭇거리다 효과가 반감될 수 있다. 다음은 어휘 강화를 위한 지침이다.

- 기억하자. B언어로 통역할 때 내가 이미 편하게 쓸 수 있는 단어를 사용한다. 조금이라도 의심이 들면 '오래된' 단어가 더 낫다. 1 단계는 이미 알고 있는 표현을 정확하게 쓰는 것이다. 2 단계는 이미 알고 (있다고 생각하고) 있는 단어를 그 단어가 포함된 상용 연어, 표현 및 문장 패턴의 정확한 용법을 재학습하는 것이다. 예를 들어 누구나 'to discuss'라는 동사는 알고 있지만 'discuss on'을 사용할 수 있는가? 누구나 'talk about'은 쓸 줄 알지만 "today, I want to talk something about…"? 이라고도 쓸 수 있는가? 한 번 실수를 고치고 나면, 다시 같은 실수를 하지 않도록 영구적으로 개선시켜야 한다.
- 새로운 단어를 배울 때 (또는 예전에 알던 단어를 복습할 때) 다음 지침을 따르도록 한다.
  - COBUILD같은 코퍼스 기반 학습자용 사전에서 찾아보고 인터넷 또는 전자 코퍼스를 통해 단어가 어떤 문맥에서 사용되는지 공부한다. 단순히 도착어 대응어 한두 개 찾는 것으로는 부족하다.
  - 단어의 사용빈도를 확인한다. 특이하거나 잘 쓰이지 않는 단어보다는 자주 사용되는 표현을 집중적으로 익히는 것이 좋다.
  - 단어의 뜻을 정확히 파악한다. (명시 및 암묵적 의미; 어역)
  - 단어의 정확한 발음을 숙지한다. (강세 포함)
  - 용법을 익힌다. (문장에서의 쓰임)
  - 동의어, 반의어, 유의어 등과 비교하여 여러 가지 뉘앙스를 이해한다.

- 몇 가지 다른 맥락에서 자연스럽고 똑똑하게 번역될 수 있도록 한다.
- 그 단어가 포함된 최소 5개의 연어/표현/패턴을 숙지하고 단어만 바꿔서 사용할 수 있는 문형을 암기한다.

마지막 대목은 중요하지만 자주 간과된다. 루이스(1997)는 언어의 대부분이 '조립식 말뭉치*prefabricated chunks*'로 이루어진 것을 발견하고 단어를 학습하는 가장 좋은 방법은 연어, 정형 및 비정형 표현, 단어만 바꾸면 되는 문장 패턴 등 복수어 단위 용법을 익히는 것이라고 주장했다. 회의통역에서 사용되는 관례화 되어 있는 격식 있는 언어에 더욱 해당될 것이다. 게다가 조립식 말뭉치를 숙지하고 재사용하는 것이 더 정확하고 자연스러울 뿐만 아니라 힘들이지 않고 유창하게 운율(억양, 강세, 끊어 읽기)까지 살려가며 B언어로 통역하는 데 도움이 될 수 있다.

루이스의 이론에 기반한 다음 연습 방법은 독서, 청취, 또는 통역 중 발견한 능동 어휘로 만들면 좋을 유용한 단어와 아는 줄 알았지만 제대로 사용할 줄 몰라 강사 또는 원어민에게 지적 받았던 단어에 적용해보도록 한다.

능동 어휘 단어장에 표제어, 즉 알고 싶은 단어가 포함된 문장 전체를 기록한다. 먼저 기록한 단어부터 시작한 다음 단어를 더 찾아본다. 학생들이 유용하다고 느낀 속성 공부 방법이 아래 있다.

- 연어 사전 및 코퍼스 기반 고급 학습자용 사전을 찾아본다(아래 참고도서 참조).
- 컴퓨터에 저장된 여러 자료에서 단어의 용법 확인한다.
- 관련 웹사이트를 검색한다. 검색창에 'site:europa.eu' 또는 'site:un.org'을 입력하면 EU 또는 UN 도메인에서만 검색할 수 있다. 다양한 양방향 텍스트를 찾아 볼 수 있는 정부 웹사이트도 마찬가지로 타겟 검색을 한다.
- 온라인 코퍼스를 검색한다. (COBUILD, the British National Corpus [BNC], 또는 the TIME Magazine Corpus of American English)
- EU의 IATE 또는 http://www.linguee.com와 같은 '말뭉치로서의 웹*web-as-*

*corpus*' 검색과 용어색인 도구를 사용한다. (그러나 용례의 품질은 장담할 수 없다.)

- 단어가 사용된 대표적인 패턴이나 문장에 대해 원어민에게 묻는다. (가장 빠르고 쉬운 방법이다.)

그러나 찾은 모든 표현을 기록할 필요는 없다. (a) 사용빈도가 높고 효과적인 연어, (b) 개별적인 단어는 알지만 처음 보는 패턴, 그리고 (c) 내 필요에 적합한 유용한 표현과 문형을 선별적으로 공부한다. 그 밖에도 A언어로 번역하기 어려운 B언어 단어나 표현에 주의하도록 한다.

영어 단어 'criticism'을 탐색하는 방법에 관한 루이스의 예제(1997:112)에 기반하여 위에 설명된 방법대로 찾은 흥미로운 연어 목록이다.

'criticism'과 함께 사용되는 동사

| | | | |
|---|---|---|---|
| attract | face | come under | draw |
| be the subject of (much) | level ~ against | respond to | be open to |
| retract | dismiss | side-step | handle |
| deserve | react to | become a target of | provoke |
| dispel | ignore | turn a deaf ear to | etc. |

'criticism'과 함께 사용되는 형용사

| | | | |
|---|---|---|---|
| repeated | sharp | undeserved | harsh |
| unfair | hard-hitting | positive | constructive |
| unkind | well-intentioned | tactless | etc. |

이제 위의 목록에서 능동 어휘로 만들고 싶은 연어를 단어장에 다음과 같이 기입한다.

| 동사 | 형용사 | |
|---|---|---|
| Attract | harsh | + CRITICISM |
| Become a target of | blunt | |
| Level (at/against) | sharp | |
| Side-step | hard-hitting | |
| Provoke | severe | |

그 다음 B언어 텍스트에서 좋은 예문을 찾아보도록 한다. 문맥 속에서 해당 패턴의 의미를 공부한다. 단어만 바꿀 수 있는 문형을 찾아 능동 어휘 단어장에 다음과 같이 기입한다.

*The government's move to...attracted severe criticism from...*
*The company became a target of harsh criticism after it announced...*
*Among the criticisms levelled at the World Bank, perhaps the most hard-hitting is the observation that...*
*The president deftly side-stepped earlier criticisms...by announcing...*

기록한 패턴을 암기하고 다른 단어를 채워서 직접 문장을 만들어 보도록 한다. 단어장을 주기적으로 복습하고 A언어 텍스트를 번역할 때 공부한 문형을 활용해 본다. (스터디 파트너와 함께 하면 재미있게 공부할 수 있다.) 연습을 하는 중에 자연스러운 A언어 대응어를 찾아볼 수도 있다. 이처럼 준비된 표현이 쌓이다 보면 번역하기 까다로웠던 B언어 표현도 자연스러운 A언어로 번역하는 것이 가능해진다.

루이스는 "새로운 어휘를 완전히 숙지하려면 반드시 복습해야 한다"고 강조했다(1997:49). 유용한 패턴과 문형을 찾고 난 뒤에는 예를 들어 발표 및 통역 중 반복해서 사용하려는 의식적인 노력이 필요하다(TG-2.6.2 의도적 연습 참조).

요약하자면, 생산적인 B언어 어휘의 축적 및 유지는 항상 현재 진행형이고 체계적인 노력이 필요하다. (사용빈도가 높고 적합한 용법을 우선순위로한) 뚜렷한 목표가 있고, 연어 및 문형과 같은 조립식 복수어 말뭉치에 집중하고, 능동적으로 복습했을 때 가장 효과적이다.

### 7.5.3 고급 제2외국어 교과서 또는 미디어의 활용

끝으로 이번 장 도입부에 통역을 위한 언어숙달 지침이 상세하게 설명되어 있지만 집중적인 B언어 숙달에 표준 SLA(제2언어 습득*second language acquisition*) 자료 역시 도움이 될 수 있다. 자기 약점(발음, 문법, 억양, 또는 어휘 등)을 파악했다면 고급 B언어 교재 또는 교과과정 소프트웨어*courseware*를 활용하여 보완하는 것이 가능하다. 강사 또는 원어민과 함께 공부하면 이상적이다. 예를 들어 영어를 B언어로 하는 많은 아시아권 학생들은 교재에 나와있는 강조와 대비를 위한 단어 강세 연습을 하면 도움이 될 수 있다.

관련 분야의 수동 및 능동 언어 실력 향상을 위해 영역특화 (특수목적언어*Language for specific purpose; LSP*) 교재를 공부할 수 있다. "금융 영어", "법률 영어", "과학 영어", "의료 영어" 같은 제목의 책을 찾아보자. 물론 굿데일의 *The Language of Meetings*도 좋다.

추가 참고 도서 (상세 정보는 권 말 참고 도서 참조)

1. Leaver and Shekhtman 2002: Developing Professional-level Language Proficiency

영어 숙달

1. Goodale 1987: The Lanugage of Meetings (English conference phraseology)
2. Mackintosh 1989: English up-date. (English language upgrade exercises)

다중언어

1. Paradis 1993, 2004, 2009 (Linguistic, psycholinguistic, and neurolinguistics aspects of bilingualism)

# 제8장 동시통역

## 8.1 서문

동시 통역이야말로 회의 통역을 다른 전문직무과 구분 짓는 기술이다. 생동시*free SI*는 대본이나 연사의 노트가 없을 때, 아무런 안전망 없이 혹독한 시간 압박 속에서 전혀 예단을 못하고 통역을 하는 것이다. 미리 자료를 찾아보거나 했던 말을 번복할 수도 없어 한 번 지나가면 끝이다. 동시성*synchrony*이란 연사가 문장을 끝마치기 전에 통역을 시작해 말이 되도록 해야 할 뿐 아니라 연사의 의도를 전달해야 한다. 한 문장 한 문장을 들리는 대로 처리하는 것 만으로는 부족하다. 연사의 생각을 꿰뚫어 보고 최대한 정확하고 자연스럽게 통역해야 한다. 이것이 어떻게 작동하는지 청중은 이해할 필요가 없다. 단지 그들은 내용이 명확하고 충실한 연설을 듣고 싶을 뿐이다. 게다가 TV 방송이나 공식행사라면 아나운서 같은 목소리까지 기대한다. 동시통역사의 일은 고강도, 고부담, 고위험 업무이다.

그러나 동시통역은 동시에 흥분되고 지적인 자극을 받을 수 있다. 그리고 여전히 일반인의 눈에는 마법 같고 화려해 보이는 직업이다. 순차통역은 언어만 알면 할 수 있을 것 같지만 동시통역은 뇌가 마치 두개라도 되는 것처럼 보이기 때문에

'도대체 어떻게 한 거에요? 어떻게 들으면서 말할 수 있죠? 내용을 이해해야 통역할 수 있나요? 통역이 끝나면 나중에 내용이 기억나나요?'라는 질문을 자주 받는다. 동시통역에 필요한 복합적 인지처리과정은 언어학자와 인지심리학자의 연구의 대상이 되기도 했다. 그러나 점차 회의장이 아닌 동시통역 부스에서 통역하게 되면서 통역사가 주목받지 못하게 되었고 무대에서의 실력 보다 기술적인 측면이 더 중요해져 버렸다.

### 8.1.1 동시통역의 환경

동시 통역사는 연사나 회의장을 볼 수 있는 시야가 확보된 방음부스에서 마이크를 통해 연사의 발표를 몇 초의 시차를 두고 도착어로 통역한다. (다중언어 회의의 경우 언어당 부스 하나가 배정되고, 각각 다른 채널로 들을 수 있다. 회의 참가자들은 리시버를 통해 원하는 채널을 들을 수 있다.)

동시통역은 팀워크다. 첫째, 워낙 업무 강도가 높기 때문에 부스마다 통역사 두 명 또는 세 명이 20-30분씩 번갈아 가며 통역을 하게 된다. 둘째, 통역을 하지 않는 파트너가 문서를 찾거나, 숫자나 이름을 받아 적고, 용어집에 있는 단어를 찾아주는 등 통역 중인 파트너에게 수시로 도움을 줘야 한다. 셋째, 통역 서비스의 일관성과 계속성을 위해 부스 파트너와 정보와 문서를 공유하고 다중언어 회의인 경우 릴레이 통역을 해야 할 수도 있기 때문에 다른 부스와도 정보를 공유해야 한다 (CC-9.2.3.3).

동시 통역은 고음질의 정교한 기술 환경에 솜씨 좋은 기술자가 필요하다. 하지만 최고의 결과를 위해선 유능하고 협조적인 연사도 필요하다. 명확한 발음으로 적당한 속도를 유지하면서 말하고 줄줄 읽는 일이 없고 사전에 대본과 발표자료를 통역사에게 제공해주어야 한다. 그러나 회의 통역 초창기부터 잘 지켜지지 않는 조건이기도 하다(작업조건과 통역품질의 관계는 CC-10.2.1 참조).

### 8.1.2 동시통역의 기원과 역사

동시통역은 지난 세기에 기술의 혁신과 새로운 다자주의 국제 정치라는 부모 사이에서 태어났다. 이것은 곧 다중언어 사용 및 국제적 담화의 가속화와 점진적 팽창을 의미했다. 1920년대 중후반 사이에 국제노동기구와 코민테른 전화 회담을 시작으로 1945-6년 뉘른베르크 전범 재판에서 본격적인 실험을 거쳐 얼마 지나지 않아 유엔에서 정식으로 사용되어 지금에 이르렀다(Gaiba 1998; Baigorri-Jalón 2004b).

순차 통역과 치열한 경쟁 속에서 1947년 유엔 사무총장의 메모에는 유엔 내 동시통역 사용을 권고한 내용이 있는데, 지금까지도 동시통역이 사용되는 이유가 열거되어 있다. 동시통역은 여러 언어를 동시에 통역할 수 있기 때문에 시간이 절약되고 중간에 방해 없이 내용에 집중할 수 있어 회의의 연속성이 보장된다. 연사의 입장에서도 청중에게 지체 없이 메시지를 전달된다는 심리적인 이점이 있다. 이런 장점들이 잘 보이지 않는 몇 가지 단점을 압도한 것이다. 통역한 내용의 정확성을 연사가 알아차리기란 거의 불가능하고 헤드폰을 써야 하는 불편함이나 너무 빠르게 말하는 연사를 통역할 때의 리스크가 있다. 그 외에도 문서작성 회의와 텍스트의 문체를 토론하는 유사 소규모 회의에서는 동시통역이 부적절할 수 있다(Baigorri-Jalón 2004b:25).

오늘날 동시통역은 모든 국제 기구에서 기본으로 제공되고 있으며 (가장 잘 알려진 UN은 6개 언어, EU는 24개 언어가 제공되고 계속 증가하고 있고) 공공 및 민간부문 내 다중언어 회의에서 사용된다. 예컨대 공식 언어가 2개인 캐나다부터 11개인 아프리카까지 공식 언어가 한 개 이상인 국가에서는 동시통역이 행정, 입법, 사법 기구에서는 필수적인 지원 역할을 수행하고 있다. 게다가 민간시장에서는 최소규모의 2개 언어 회의를 제외한 모든 회의에서 시간절약의 이점 때문에 순차통역을 압도하고 있다. 최근 통계(Neff 2014)를 살펴봐도 AIIC 회원의 프로젝트 중 85-90%가 동시통역이었다는 것을 볼 수 있다. 지금은 회의참석자라면 누구나 즉석 통역을 당연하게 여기고 통역사도 동시통역을 하지 않고서 짭짤한 통역료와 지위, 다양성과 여행의 기회가 있는 국제회의 시장에 낄 수가 없다.

오늘날 가끔씩 사전에 통역사에 제공되는 준비된 대본(동시 텍스트)을 읽는 연사의 동시통역을 점점 더 많이 해야하는데 텍스트를 받지 못하면 '대본 없는 동시

*blind SI-text*'라는 보람없는 일을 해야한다. 연사와의 거리가 가깝지만 만족도가 떨어지는 변종의 동시통역은 장비 없이 초창기부터 해온 위스퍼링 통역이다(CC-2.2.4.1).

대중이 동시통역을 처음 접하게 된 것은 미디어에서 크게 주목 받았던 뉘른베르크 전범 재판을 통해서였는데, 그들은 동시통역에 대한 감탄과 회의가 섞인 반응을 보였다. 심리학자와 언어학자, 번역사 등 많은 사람들이 실시간 정확한 통역을 하거나 애초에 들으면서 말이 되는 소리를 할 수 있을까 의심했다. 혹자는 마법이 아니라면 속임수이거나 엄청난 언어적인 묘기라고 보았다.

지난 70년 동안 동시통역은 모든 주제와 행사에서 모든 언어쌍으로 국제 사회에 가치 있는 서비스를 제공할 수 있는 복합적인 형태의 중재된 의사소통 수단으로써 완전히 인정받았다. 단, 제대로 했을 때라는 전제조건이 붙는다. 동시통역은 어렵지만 마법은 아니다. 몇 가지 중요한 조건만 충족된다면 자질을 갖춘 이중언어 또는 다중언어 사용자가 훌륭한 통역을 할 수 있다. 먼저 통역사가 실력이 있어야 하고 준비되어 있어야 하며 또 제대로 장비를 갖추고 있어야 한다. 이번 장에서 이 세 가지 요소의 상호작용에 대해 더 상세하게 다루게 되며 CC-10.2에서 이론과 분석을 제공한다.

### 8.1.3 동시통역의 원리

순차에서 동시로 옮겨갈 때 확연하게 느껴지는 차이점은 시간 압박과 통역의 동시성이다. 분석을 듣기에만 집중하는 것이 아니라 말하기에도 적용해야 한다. 시간과 노력을 가능한 모든 곳에서 절약하고 신속한 이해와 통역에 방해되는 요소를 제거하여 언어를 분석하고 구성하기 위한 공간을 만들어야 한다. 게다가 출발어와 도착어가 동시에 겹쳐 들리기 때문에 언어 간섭현상을 막기 위해 두 언어를 분리하기 위한 특별한 노력이 필요하다.

그렇다면 동시통역은 어떤 원리로 작동할까? 순차통역의 경우 연사보다 2-3분 뒤처져서 통역이 되지만 동시통역은 개인차가 있겠지만 연사와의 시차가 2-3초 정도밖에 되지 않는다. 보통 한 문장을 다 들을 때까지 기다리기는 힘들고 다음 내용을 예측해가면서 의미 단위가 형성되는 대로 통역을 하게 된다. 예측력은 언어 이해의 자연스러운 현상이고 동시통역에서도 중요한 요소로 작용한다(Chernov 2004).

'의미 단위*units of sense*'들은(Lederer 1981: 115 ff.) 보통 문법적으로 불완전해도 어떻게든 표현을 할 수 있지만 도착어로 유창하고 충실한 통역을 하려면 이 단위들을 잘 엮어낼 수 있어야한다. 그러려면 종합하고 일관시키는 일종의 민첩성이 필요한데 전체 담화의 거시적 구조를 파악함과 동시에 전체적인 의미와 화용적 등가성을 위해 통역사 자신이 하고 있는 말을 스스로 감시하고 통제해야한다.

물론 통역사는 듣기(보기), 생각하기, 말하기, 모니터링 등 이 모든 것을 매우 신속하게 해야 하는 바 부스 안에서 문서를, 문서 안에서 문장을, 용어집에서 단어도 같이 찾으면서 통역해야 한다. 따라서 동시통역은 청해력의 최종 관문이라고도 할 수 있다. 여러 가지 작업을 한꺼번에 처리하면서 출발어의 의미를 확실하고도 직관적으로 이해해야 하기 때문이다.

요컨대 동시통역은 매 순간의 우선순위를 주제 및 배경지식에 기반한 패턴 인식, 용어 사용, 문장력, 반복되는 구문의 단순 전환을 통해 처리하는 인지적 공간과 시간을 안배하는 과정이다. 지식은 예측가능성을 높여주고 문장 분절, 압축, 의역과 예측 등 민첩한 언어 처리능력은 시간을 절약하고 기억력의 한계를 뛰어넘기 위해 필요하다. 충분한 지식과 자유로운 언어능력 없이는 속도와 난이도가 점차 오르는 기술적인 연설을 감당하기 어려워질 것이다. 그렇기 때문에 동시 입문 과정을 시작하기 전에 1년 동안 훈련 받은 반사적인 분석 능력과 함께 배경지식과 언어적 민첩성이 갖추어져야 한다. 문장의 압축과 우선순위 안배를 위해 필요한 단순화*simplification*와 내용 예측을 위한 일반화*generalization*을 동시통역 입문 단계에서 추가로 배우게 되고 더 어려운 연설문을 다룰 때 그 두 가지 기술을 활용하게 된다(8.4.3 참조).

아래 도표(그림 8.1)는 동시통역에 필요한 핵심 요소들과 성공적인 통역 과정을 단순 도식화한 것이다. 각 상자와 모형은 잠재적 약점이자 모두 우리가 통역할 때마다 존재하고 상호작용하지만 적절한 연습과 실습을 통해 극복할 수 있다.

그림 8.1은 동시통역의 각 단계와 필요한 기술을 간단하게 표현한 것이다(더 완전

그림 8.1 동시통역의 요소와 과정: 단순 도표

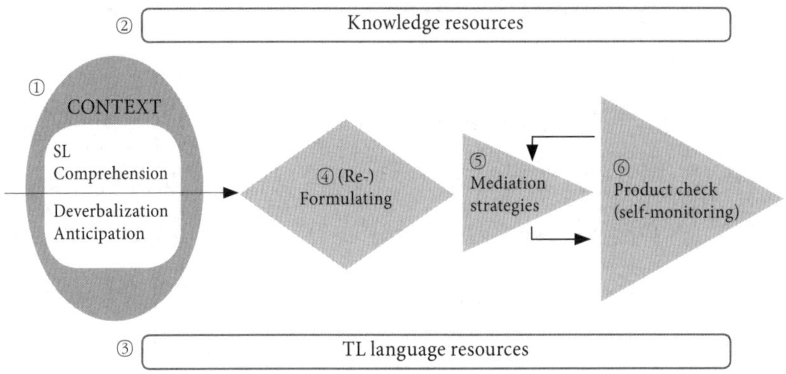


한 도식은 TG-8 부록 B 그림 8.1 참조). 위의 도표는 입문 단계에서부터 순차와 시역을 통해 연마된 (1) 이해, 탈언어화 및 예측을 위한 집중력과 기억력 (적극적 청취), (2) 지식의 활용, 그리고 (3) 발표 능력을 전제한다.

의미를 파악하려면 먼저 연사의 입장을 이해해야 한다. 누가 누구에게, 어디서, 언제, 그리고 왜 연설을 하는지 이해하고 할 수 있는 만큼 분석과 탈언어화, 그리고 예측을 한다(1). 맥락(장기기억 속 배경지식과 현장지식, 지금의 인식)의 이해와 언어의 해독이 함께 작용하여 작업기억 내 의미 있는 표상을 만들어낸다.

여기까지는 모든 통역 방식에 통용되지만 동시통역의 강제된 연속성*forced linearity*은 (4) 분절술*chunking*, '다르게 시작하기*starting differently*', 구두 예측 기술*voiced anticipation* 같은 문장 재구성 기술을 사용하게 한다. 이것은 (3) 뛰어난 문장력과 어휘력 그리고 풍부한 화용적 능력에 기반한 탄탄한 도착어 언어능력이 뒷받침 되어야 가능하다. 더 빠르고 밀도 높은 연설의 경우 문장을 압축*compression*하고 요약*gisiting*하는 요령이 더 필요하다(CC-9.2.4).

의미를 자연스럽게 복원하기위해 문장을 재구성하는 것 만으로는 여전히 사용자 친화적이고 완성된 통역을 할 수 없다. 언어 전환 여부에 관계 없이 (5) 통역은 중재적 요소가 강하다. 연사와 청중 사이에 존재하는 문화 및 인지적 간극과 외교적 제약으로 인해 통역사가 장단점을 고려하여 전략적으로 의사소통 최적화를 위한 문장 보완을 할 수 있다(설명, 해설, 자국화*domestication* 대 이국화*foreignization*, 어감 완화 대 직역 등, CC-5.8.4와 CC/TG-10.4 참조).

(6) 자가 모니터링: (1)에서 (5)까지 동시에 수행하면서 한 귀로는 자기 통역을 듣고 있어야 한다. 통역한 내용, 새로운 정보나 맥락, 혹은 청중의 반응에 따라 아니면 부스 파트너의 조언을 반영해 티 안 나게 내용을 조율해야 한다.

각각의 복합적 요소에 대한 설명은 이 책에서 따로 찾아볼 수 있다. 맥락 내 이해*comprehension in context*는 이전 장에서 다루었다. 재구성*reformulation*은 동시통역의 주된 활동으로 다양한 입력물과 산출물을 연결해주는 과정이다. 성공적인 통역에는 의미와 형식 기반의 번역이 수반되어야 한다. 즉, 풍부한 어휘력을 바탕으로 탈언어화를 통해 자유롭게 문장을 구사해야 한다. 여기서 단어를 적절하게 배치하고 분석, 연상 및 구현 과정을 조율하는 능력이 핵심이 된다.

더 복합적인 동시 통역 전략은 8장과 9장에서 다루게 될 것이다. 도식 중앙의 다이아 모양 말 상자(4)를 중심으로 동시통역 조건을 관리하는 현장 전략과 매순간 최적화와 인지처리 제약 사이에서 의식적 또는 무의식적 절충이 여기에 포함된다. 통역 중 문장을 처리하는 방법도 배우게 되지만 특히 B언어를 사용할 때 (어휘력, 기억력, 그리고) 청중의 지식과 기대 수준 등을 고려한 문장선택, 우선순위, 기회비용, 위험요소 등을 판단하는 습관을 기른다.

처음에는 당연히 듣고, 분석하고, 단어를 찾고, 말하고, 통역까지 같이 듣는 것이 어려울 수 있다. 발견적 교수법*heuristics*을 적용한 질르의 노력 모델(Gile 1995/2009)은 통역이 뒤처지지 않기 위한 처리역량 혹은 집중력 안배의 필요성과 입력 듣기에 방해가 되는 요소를 이해하는 데 도움이 된다. 그러나 TG-6.8.3에서 논의한 바와 같이 기억력, 주의력과 지식의 유연성에 관한 최신 인지과학 연구에 의하면 인지 처리역량이 확실히 제한되었지만 고정된 것은 아니라는 것을 알 수 있다. 집중력 안배는 익숙한 작업일 수록 관련 지식(스키마) 활성화와 작업기억 내 언어 및 개념 처리를 위해 효율적으로 사용할 수 있게 된다. 따라서 동시통역은 관련 스키마와 언어가 활성화 될수록 작업이 자동화 될수록 긴장과 스트레스 강도가 낮아진다.

도표의 각 요소는 각 작업의 숙련도에 따라 내 약점도 강점도 될 수 있다. 가상의 말 상자들은 서로 얼만큼 연계 되느냐에 따라 크기가 확장되거나 줄어들 수 있는데, 공간이 여유로울 수록 더 도움이 되고, 협소할 수록 통역 품질을 저해할 위험이 생긴다.

따라서 도식의 어느 한 요소가 또는 여러 요소가 통역에 방해가 될 수 있고 통역사의 잠재적 약점이 될 수 있다.

1. 출발어 이해*SL language comprehension*
2. 배경지식 및 주제 준비*general knowledge and topic preparation*
3. 능동적인 도착어 가용성*active TL language availability*
4. 문장 (재)구성의 속도와 적절성*speed and adequacy of (re)formulation*
5. 자기 모니터링*self-monitoring*

이번 장에서는 다섯 단계로 이루어진 동시통역 훈련 과정의 첫 네 단계를 다루게 된다. 동시통역 과정은 언어 실력이 출중하고 평균이상의 배경지식과 이전 장에서 설명한 수학 요건(TG-3.4.1과 TG-13.2.5.2 참조)을 만족한 학생들에 한해서 제공되어야 한다. 이것이 전제 됐을 때 제대로 된 훈련과 지도를 받으면 부스에서 12에서 15주차 사이에 일반 발화에 가까운 수준의 자연스럽고 일관성 있는 동시통역을 할 수 있게 된다.

그렇다 하더라도 현장에 투입될 수 있는 실력을 갖추려면 많은 훈련이 필요하다. 국제 회의에서 '상대적으로 자연스럽고 일관된 표준 담화'를 거의 찾아볼 수 없게 됐기 때문이다. 요즘은 대부분의 회의 참가자들이 동시통역을 당연하게 생각하고 통역사에게 대본을 미리 제공하지 않은 상태에서 어렵고 기술적인 내용이나 굉장히 딱딱하고 전문용어가 많이 나오는 텍스트를 읽거나 발표한다. 파워포인트 발표를 하는 연사들은 슬라이드를 대충 보고 준비 없이 말할 수 있다. 그리고 점점 더 많은 연사들이 모국어를 사용하지 않기 때문에 문법과 발음이 부정확하기 때문에 통역하기 어려워지고 있다. 여기에 대비하기 위해 마지막 학기에는 9장에 수록된 마지막 1마일 과정을 통해 점점 더 실제 현장에 가깝게 연습해볼 수 있는 기회가 제공될 것이다.

8.1.4 동시통역 훈련의 다섯 단계: 개관

동시통역은 2년 석사 과정 중 2학년 내내 집중적으로 다루게 된다. 물론 1학년 때 주로 시역(CC-6.3)을 통해 준비 연습을 하게 되고, 또 1학년 때 이미 동시입문 수업이 제공되는 석사과정도 있다. 동시통역을 습득하는 속도와 시점은 학생마다 개인차가 있지만 발전 단계를 입문, 적응, 실험, 강화, 숙달 크게 다섯 단계로 나누어 볼 수 있다.

I. 입문 단계 (3-4주)

부스에 처음 들어가게 되면 시간, 속도, 그리고 출발어는 계속 들어오는데 중간에 멈추거나 반복하지 않는 동시통역의 제약과 말하는 동시에 들어야 하는 새로운 상황에 적응해야 한다. 입문 수업은 다음은 세 가지 연습을 통해 진행된다.

a. 온라인*on-line* (부스): 부스 오리엔테이션이 끝나면 반복되는 내용이 많은 쉬운 내용의 연설문을 느린 속도로 처음부터 끝까지 동시를 해봄으로써 동시통역의 느낌을 익히도록 한다.
b. 오프라인*off-line* (교실): 통제된 시역을 조금 더 어려운 텍스트로 해보면서 동시통역의 핵심기술을 소개한다. 시역을 통해 구조적 문제와 탈언어화, 분절술, 개방적 문법, 그리고 다음 내용을 예측하는 감을 익히도록 한다.
c. 통역 형식 비교: 같은 연설문 또는 비슷한 연설문을 순차, 시역, 그리고 동시로 연습해 보고 각 통역 형식의 제약과 강점을 살펴본다.

준비자료: 입문 단계와 적응 단계에서 사용하는 텍스트는 거의 대부분 강사가 준비한 훈련용 연설문을 사용하게 된다(TG-2.5.5와 TG-2 부록 참조).

연습목표: (i) (빠짐없이) 듣고, 생각한 다음 말하기. (ii) 말이 되게 말하기. (iii) 멋있는 단어나 표현을 사용하려고 시간 끌지 않기. 오프라인 연습에서는 동시통역의

선형적인 성질을 극복하기 위한 기본 기술을 익히도록 한다.

적응 단계에 들어서면 온오프 라인이 합쳐지는 떠먹이기*spoonfeeding*연습을 시작한다(8.2.4). 학생들이 동시통역의 기본기술을 적용하기 시작하면서 강사가 연설문을 읽을 때 멈추는 횟수와 시간이 줄어들게 된다. 이 연습을 할 때 가장 중요한 것은 전체적인 의미를 파악하고 짧은 의미 단위로 문장을 해체하고 재구성해서 연사가 하는 말을 놓치지 않고 쫓아가는 것이다.

II. 적응 단계 (약 4주)

더 일정한 속도로 읽는 연설들로 떠먹이기의 속도를 높여가지만(더 빨리 떠먹이기 8.3.1) 아직은 관대하고 자연스러운 멈춤으로 정상보다 약간 느린 속도로 가다가 이마저 끝내면 유창한 연설을 통역하게 되는데 처음에는 보조 바퀴*Training Wheels*(8.3.2)로 연습하다가 동시적 순차*Simultaneous Consecutive*(8.3.3)로 통역한다. 조금씩 분당 발화 수 110-120단어 정도의 신선한 훈련 연설문들을 미리 보지 않고도 편안하게 할 수 있을 때까지 이런 인위적인 보조장치들은 점진적으로 제거되는 바 한마디로 자력 이륙*Take-off*을 하게 된다.

연습목표: 횡설수설하지 않고 습득한 동시 기술을 적용해 연사가 하는 말을 효과적으로 듣고, 생각하고, 말해서 메시지를 놓치지 않고 통역하도록 한다. 중간에 멈추는 일 없이 편안하게 말할 수 있게 되면 통역을 어느 정도 제어할 수 있게 된다. 비교적 쉽고 느린 훈련용 연설문을 숙달하고 나면 더 자연스러운 연설문을 연습하게 된다. 적응 단계 후반부터 숫자, 목록, 고유명사, 딱딱한 말투를 섞게 된다.

III. 실험 단계 (약 5주, 처음에는 A언어로만 통역)

이제 여러 가지 주제로 다양한 연사가 발표하는 반즉흥 연설문을 통해 통역 시간, 리듬과 시차를 실험해보고 자기가 편하게 잘 통역 할 수 있는 방법을 찾을 수 있는 준비가 됐다. 과정 중심의*process-oriented* 수업이 이루어지고(TG-2.5.8) 강사의 밀착 감독과 녹음된 통역의 개별적인 피드백을 받게 된다.

준비자료: 인위적인 훈련용 연설문이 아닌 다양한 연사의 실제 연설문과 프레젠테이션. 여러 형식, 장르, 논리 구조, 연설 패턴, 개념 설명과 사실관계를 나열하는 연설도 번갈아 가며 다룬다. 다양한 주제를 다루되 일반적인 주제어야 하고 보통 속도의(분당 발화 수 120-130단어 까지) 표준어로 읽도록 한다.

수업 시간 외에도 고급 순차와 시역을 꾸준히 연습해야 하고 동시통역의 실험 단계 중반부터 동시통역 연습도 시작하도록 한다. 최선의 결과를 위해 지침을 잘 따르도록 한다(아래 8.3.6과 그룹 스터디는 CC-5 부록 C 참조). 매번 특별히 선별한 (맞춤) 연설문의 녹음 파일을 학생들에게 나눠주어 피드백을 위해 과제로 통역을 녹음해서 제출하게 하도록 한다. 처음에는 여러 차례 시도해서 제일 잘 된 통역을 제출해도 좋다.

연습목표: 실험 단계를 끝마치면 다양한 연설문을 편안하게 통역할 수 있어야 하고 연설의 전체적인 논리와 방향을 파악할 수 있는 시각을 얻어 예측할 수 있는 단계에 진입해야 한다. 지금부터 해결해야 할 문제는 중간에 연사를 놓치지 않고 거리를 두고 따라가는 것이다. 어떤 시점에 기다리고, 따라잡고, 설명하고, 속도를 높이고, 요약하고, 절충해야 하는지 실험해야 한다. 통역의 입력물과 산출물의 패턴은 여러 주관 및 객관적 요인이 작용하기 때문에 통역 전반의 품질이 동일 하더라도 통역사, 연설, 그리고 행사 성격에 따라 달라진다. 이 단계에서는 밀착 감독이 지속적으로 이루어져야 한다.

IV. 강화 단계 (약 12주, 3학기 후반부터 4학기 중반까지)

강화 단계부터는 실제 연설문만 다루고 수업도 졸업 시험과 취업 준비에 집중하게 된다. 동시통역 기술을 실험하고 체득했기 때문에 속도와 내용 측면에서 난이도가 높고 대본을 읽는 딱딱한 연설과 어느 정도 기술적인 연설을 다루어 보도록 한다. 강화 단계의 목표는 빠르고 어려운 연설문도 명료하고 정확한 용어와 어역을 사용해 완전하게 통역하는 것이다. 그러기 위해서는 다음 세 가지에 초점을 맞추어야 한다.

i. 주제 숙지: 통역에 대한 자신감과 통제력을 기르기 위해 목표 시장에서 다루는 주제 관련 담화와 용어에 익숙해지도록 한다. 반복되는 용어와 패턴의 대응어를 준비해 뒀다면 자기 통역을 모니터할 수 있을 만큼의 여유가 생겨 통역을 다듬을 수 있게 된다. 실험 단계에서 통역의 디테일과 테크닉을 집중적으로 다루었다면, 강화 단계에서는 학생들의 실력 향상을 위해 강사가 목표 영역의 지식과 언어 숙달에 초점을 맞추게 된다. 회의 준비 방법에 대해서 배우게 되고, 특정 영역과 주제, 기관 관련 수업과 예습 과제를 하게 된다. 강사는 연설의 속도, 내용의 밀도, 숫자, 연사의 억양 등을 고려하여 수업 자료의 난이도를 조금씩 올리도록 한다.

ii. 연습 강도: 부스 내 통역 경험*booth-mile*을 최대한 많이 쌓도록 한다. 수업 밖에서 더 어렵고 빠른(분당 발화 수 130-140단어 이상) 회의 자료의 동시통역을 처음부터 끝까지 하는 연습을 해보고 파트너의 피드백을 받도록 한다. 연습에 텍스트 있는 동시도 포함시키도록 하고 준비 시간은 필요에 따라 늘리거나 줄일 수 있다.

iii. 기술 강화: 강화 단계는 발화 속도, 머뭇거림, 통역 시차, 부적절한 접속사, 듣기 공백, 정보 누락, 추측, 모호함이나 어감 등의 문제를 해결할 수 있는 마지막 기회이기도 하다. 따라서 학생들에게 개인적인 피드백을 해줄 필요가 있다.

연습 목표: 3학기 말 또는 4학기 초에 진행되는 강화 단계의 목표는 연설의 난이도에 따라 두 가지로 나눌 수 있다.

i. 일반 연설문: 연사의 속도에 맞추어 자연스럽고 효과적인 완성도 높은 통역을 할 수 있도록 한다. 주제를 잘 이해하고 목표 영역의 용어와 어역을 제대로 사용하도록 한다.

ii. 고난도 연설문: 더 빠르고, 내용도 많고 기술적인 내용의 연설에서는 중간에 넘어지지 않고 이해할 수 있는 통역을 하는 것에 초점을 맞춘다.

iii. 숙달 단계: 마지막 1 마일 (마지막 학기: CC-9 참조)

최종 훈련 단계(CC-9에 설명)의 다음 세 가지 요소는 학생들이 시장에 투입될 수 있도록 전문성을 끌어올릴 것이다.

i. 사용자 기반 의사소통 최적화: 최종 단계에서는 청중의 시각에서 통역 피드백을 주게 된다. 따라서 일관적이고 명료하고 사용자 친화적인 통역과(릴레이 통역에도 중요함) 장단점을 고려한 통역 최적화에 초점을 맞추게 된다.

ii. 고급 통역: 릴레이 주고 받기, 연사가 원문을 이탈하는 텍스트 있는 동시, 기술적인 연설, 매체를 복합적으로 사용하는 다양한 연설(텍스트가 많이 있는 발표 슬라이드를 사용하고, 필요한 경우 시역과 텍스트 있는 순차 통역도 할 수 있음), 속도, 억양, 발음, 주제, 문화적으로 어려운 통역 등 더 다양한 경우들을 연습해 일상 통역에서의 임무를 집중적으로 훈련한다.

iii. 고난도 통역: 마지막으로 최종 학기 중반부터 회의 통역 현장에서 경험할 수 있는 위험 요소를 최대한 실제에 가깝게 재현한 상황에서 연습하게 된다. 또한 작업 조건이나 사용자의 기대수준이 만족하기 어렵거나 불가능에 가까울 때 취할 수 있는 행동에 대한 지침을 제공한다.

## 8.2 동시 입문단계: 동시통역의 발견

### 8.2.1 오리엔테이션

- 장비 사용, 규칙, 부스 예절
- 귀-목소리 협응

#### 8.2.1.1 부스, 장비, 예절에 익숙해지기

새로운 습관을 들이는 데 현실에 가까운 환경만큼 좋은 것은 없다. 동시부스에서의 경험이 처음이든 아니든 강사로부터 장비 사용 방법과 팀워크를 위한 부스 예절에 대해서 설명을 듣게 된다. 표준 부스(ISO 2063 또는 4043, CC-10 추가 참고 도서 참조)는 통역사들이 노력 끝에 이루어낸 산물로, 회의실을 향한 전면 시야 확보, 방음벽, 공기 순환, 온도 조절, 책상 공간 확보, 조용한 바퀴 의자, 서류 공간, 밝기가 조절되는 책상 조명, 가벼운 온이어*on-ear* 헤드폰 등 각 특징은 모두 신중하게 고려된 것들이다. 마이크, 기침 버튼, 음량 조절, 톤 다이얼, 인풋 및 아웃풋 채널 버튼(릴레이 방법은 나중에 설명)의 사용 방법, 소리와 시야 확보(비디오 스크린 등), 잡음 예방, 팀워크 등에 대해 배우게 된다.

동시통역의 기술적인 부분을 가장 효과적으로 배우는 방법은 직접 기계를 다루어 보는 것이다. 부스 장비를 만져보고, 그 다음 역할을 번갈아 가며 부스의 학생이 마이크를 켜고 말을 하면 교실에 남아 있는 학생들이 리시버를 통해 부스 소리를 듣는다. 이 과정에서 학습해야 하는 항목은 다음과 같다.

- 물을 마시거나 문서를 다룰 때 소리를 내지 않는 방법. (부시럭거리거나 최악의 경우 페이지를 넘기다가 마이크에 종이가 닿는 것이다.)
- 마이크와의 적당한 거리를 유지하고 편안한 음량으로 마이크에 대고 말하는 방법.
- 연설 중 일시적으로 마이크를 음소거 상태로 만드는 기침 버튼을 사용하는

방법과 이유. (온/오프 버튼은 절대 사용해서는 안 된다.)

- 듣고 말하는 것을 동시에 하기 위한 헤드폰 조절 방법. 더 잘 들리는 귀가 어느 쪽인지 확인하고 자가 모니터링을 위해 다른 한 쪽 귀의 헤드폰을 부분적으로 또는 완전히 떼고 듣는다(Lambert 1989).
- 아웃풋 채널이 확실한 지 확인하는 방법.
- 음량 및 음색 조절 방법.
- 부스 동료와 한 방에서 협력하는 방법. 연설 도중 마이크를 넘기는 방법.

부스 규칙을 처음부터 제대로 이해하는 것이 중요하다. 부스의 기본 사용 규칙은 부스에서 나오는 소리가 마이크를 사용하고 있는 통역사의 목소리 외 그 어떤 소리도 용납되지 않는다는 것이다. 마이크가 켜져 있는 상태에서 부스의 나머지 사람들은 침묵을 일관해야 한다. 마이크를 사용하는 통역사는 중간에 파트너에게 질문하거나, 목을 가다듬거나 물을 마실 때 음소거 버튼을 눌러야 한다. 통역을 하고 있지 않을 때는 마이크를 반드시 꺼야 한다. 부스에 들어가면 말을 하기 전에 제일 먼저 마이크가 꺼져 있는지 확인하도록 한다. 또한 부스에 들어가기 전에 항상 핸드폰을 무음 모드로 전환하거나 전원을 끄도록 한다.

### 8.2.1.2 오리엔테이션 연습

부스 장비 사용 방법을 익히고 나면 다음 연습을 해볼 수 있다.

#### 연습 1: 부스에서 순차 통역

헤드폰을 통해 연사의 발표를 듣고 노트테이킹을 한다. 그 다음 마이크를 켜고 순차 통역을 한다. 피드백은 리시버를 통해서 들리는 마이크와의 거리, 발성, 음량, 잡음(숨소리, 침 삼키는 소리, 페이지 넘기는 소리, 볼펜 소리), 기침 버튼 사용 등에 초점을 맞춘다. 부스에서 하는 순차 연습은 스마트 섀도잉*smart shadowing*을 하기 전에 몇 번 해두는 것이 좋다.

연습 2: A언어 스마트 섀도잉 (같은 언어 동시)

일부 강사들은 동시통역을 위한 준비 연습으로 '섀도잉'(연사가 하는 말을 바짝 쫓아가서 그대로 따라하는 것)을 권고해왔다. 이 덤 섀도잉*dumb shadowing*의 목적은 오로지 부스에 적응하기 위한 것으로 통역과는 아무런 상관이 없고 섀도잉은 적어도 A언어라면 쉽기까지 하다. (그러나 B언어 숙달에 있어서 섀도잉은 원어민의 발음, 리듬, 운율을 체득하는 데 도움을 줄 수 있다. CC-7.4.2.1 참조.)

부스에 익숙해지고 장비를 사용할 수 있게 되면, 곧바로 스마트 섀도잉을 시작한다. 이 연습은 동시통역에 좀 더 가깝고, 더 깊이 있게 의미를 처리하고 문장을 재구성해야 한다.

스마트 섀도잉은 최대한 다른 문장 구조와 다른 단어를 사용해서 A언어로 실시간 의역하는, 연설의 의미를 섀도잉하는 것으로 덤 섀도잉보다 훨씬 효과적인 연습이다. 처음에는 한 문장에 한두 단어를 대체하다가 나중에는 문장의 20-30%까지, 그리고 매번 조금씩 바꾸는 양을 늘린다. 문장의 70%까지 바꿀 수 있게 되면 비록 같은 언어로 통역하는 거지만 결국 동시통역을 하는 것과 다름없다. A언어가 강한 학생들은 몇 주만 연습하면 할 수 있는 정도이다. 처음에는 순차 통역반에서 사용한 연설의 녹음 파일로 연습해 보도록 한다.

아래는 비교적 쉬운 연설의 영-영 동시 의역의 예시이다.

**Instructor:** Ladies and Gentlemen, Good Morning.
First, I would like to thank the Press Commission for arranging this seminar and bringing me here to chair it. In particular, I would like to thank Mr. Fernando, who has taught me a great deal over the past couple of months about freedom of expression in India, and who has gone far beyond the call of duty to make this event a success. This is my first visit to India and I am enjoying it very much indeed - although one early encounter with Indian bureaucracy has persuaded me that everything I

have ever heard about it is true!

**Student (basic):** First I want to thank the Press Commission for arranging this seminar and/or inviting me here to be Chairman. Especially··· I would like to thank Mr. Fernando. who has taught one a lot··· in the last two months··· about freedom of expression in India··· and he has worked very very hard ··· to make this event successful··· This is my first time visiting India··· and I like it very much··· but one encounter with bureaucracy has convinced me that the stories I heard are all true.

**Student (30%):** Let me fast thank the Press Commission for organizing this seminar and/or inviting me here to be Chairman. Especially··· I want to say a big thank you to Mr. Fernando··· who has taught one a lot··· about freedom of expression in India in the last few weeks and has worked so diligently··· to make this event a success This the first time I have been in India, it is a very nice country but one meeting with local bureaucrats has convinced me that the rumors are all true.

**Student (70%):** Thank you to the Press Commission, which has organized this event, and thanks for inviting me as Chair Let me thank M. Fernando especially, I have learned a lot from him over several weeks about the freedom of expression in this country And he's gone out of his way to make sure this will be a good seminar I've never been to India before, its a great country - but I have already run into some red tape, so I know it isn't just a myth.

통역 입문 수업(CC-4.3) 때 시역의 준비 단계로 했던 의역 연습처럼 스마트 섀도잉의 목표는 문장 형태의 틀에서 벗어나 의미에 집중하는 것이다. 이것은 동시통역 기술의 기본이다. 이 더 다이내믹한 온라인판 연습에서 한 연설을 듣고 동시통역사들이 연설을 처리하듯이 같은 언어로 실시간 의역하는 것이다. 스마트 섀도잉은 동시 통역처럼 다른 단어와 문장구조를 사용하면서 의미를 최대한 충실하게 전달한다. 즉 동시통역에서 번역이라는 요소만 빠진 것이다.

지금 단계에서 동시 의역이 어렵게 느껴질 수도 있다. 문장을 더 많이 바꿀 수록 지치고 한 번에 할 수 있는 분량도 몇 분밖에 되지 않을 수 있다. 그러나 연습하면 실력이 향상되기 때문에 걱정할 필요는 없다.

연습 3: 온라인 빈칸 메우기 (그리고 실수 교정)

보충 연습으로 학생들은 단어 또는 문장 어미가 삭제된 연설을 섀도잉 해볼 수 있다. 강사가 중간에 읽는 것을 멈추지 않고 연설문의 빈칸을 '음' 소리로 처리하면 학생들은 말이 되는 문장을 만들기 위해 빈칸을 알맞은 단어로 채워야 한다. 연습이 끝나면 빈칸으로 처리됐던 단어를 표시해둔 원문을 참고용으로 나눠준다.

### 8.2.2 입문 파트 A: 쉬운 동시 (온라인)

2주차 또는 3주차부터 학생들은 쉬운 연설문의 동시 통역을 시작할 수 있게 된다. 이미 다른 통역 수업에서 사용해서 익숙한 내용의 연설을 사용하거나 안 해본 연설의 요지와 키워드를 담은 아웃라인을 미리 나눠줄 수 있다. 다음 내용을 다루는 연설을 연습해보면 좋다.

- 줄거리와 간단한 묘사. (어떤 나라의 방문 수기, 여행담, 집 구하기나 쇼핑 경험담 등)
- 간단한 주제 발표. ('연봉 인상을 요구하는 최고의 방법과 최악의 방법', '시차적응을 위한 팁', '미루는 습관을 극복하는 방법', '효과적인 회의 주최하는 방법' 등)
- 뉴스에 대한 강사의 개인적인 논평이나 설명. ("저번 주에 일어난 사건 X에 대해서 모두 아시리라 봅니다. 알고 보니 이 사건이…")

몇 번 연습을 해본 뒤에는 연설 내용과 구조의 난이도가 조금 더 올라가지만 여전히 반복되는 내용이 많고 단순하고 쉬운 형태로 발표된다. 예:

- 학생의 언어쌍과 관련된 주요 국가의 현안에 대해 블로그, 사설 또는 강사의 개인적인 생각을 바탕으로 한 가벼운 논평. 예를 들어 저소득 국가의 창업이나 휴대전화가 신흥국가 경제에 미치는 긍정적 영향에 대한 짧은 이야기를 해 볼 수 있다.
- 논평, 교훈적 일화, 또는 흥미로운 실험, 사람에 대해 또는 일상 속에서 몰랐던 사실에 관한 이야기. (예: 사람들은 단체에 속해 있을 때 더 용감한 선택을 하는가 아니면 소심해 지는가? 응급상황이 발생했을 때 주변에 사람들이 많으면 어느 한 명이 나서서 도와줄 확률이 높은가 적은가? 멀티태스킹을 하면 더 많은 일을 할 수 있는가 더 적은가? 거짓말 하는걸 아는 방법이 있는가? 왜 어떤 단어는 더 설득력이 있게 들리는가?)

동시통역 걸음마 단계에서 장비 사과 부스 예절을 포함하여 이루고자하는 목표는 간단하다.

- 전부 다 듣고 의미를 전달하기
- 횡설수설하지 않고 알아 들을 수 있게 말하기

이 목표를 달성하기 위해 필요하다면 당연히 의역과 요약도 할 수 있어야 한다. 무슨 일이 있어도 딱 맞는 표현을 찾느라 중간에 통역을 멈춰서는 안 된다.

### 8.2.3 입문 파트 B: 통제된 인풋 (오프라인)

파트 A와 교차하거나 동시에 진행할 수 있는 파트 B는 아무리 문장이 길고 어색해도 내용을 미리 볼 수 없고 중간에 멈출 수 없기 때문에 발생하는 동시통역의 제약을 조금씩 다루게 된다.

통제된 동시통역은 미리 보기가 안 된다는 특징은 살지만 시간 압박과 동시성은 배제한 통역 연습이다. 아래는 동시통역의 세 가지 핵심 기술인 분절술, 요약과 예측하는 방법을 익히기 위한 통제된 동시통역 연습이다.

#### 8.2.3.1 적하식 시역 (2학기 말 또는 3학기 초 [TG-3.3.2])

사전분할된 텍스트 시역(CC-6.3.1)의 발전된 형태로 준비 연습으로 하는 것이 좋다. 난이도 높은 문장 구조의 공식 텍스트를 선별한 것이기 때문에 시작하기 전에 학생들에게 배경과 전반적인 내용, 그리고 통역 상황에 대한 브리핑을 해주도록 한다. 이제부터 텍스트를 미리 보여 주지 않고 강사가 한 번에 몇 단어씩 읽어주고 멈추면 학생들이 한 덩이씩 돌아가면서 직전 문장을 이어서 충실하고 완전한 문장으로 통역한다. 강사는 중간중간 힌트를 주거나 써먹기 좋은 표현이나 접속어를 알려주고 내용의 누락이나 왜곡 없이 작은 구 단위로 문장을 연결하는 방법을 직접 보여준다. 강사가 해주는 조언과 시연은 B언어로 동시 통역하는 학생들에게 특히 도움이 될 것이다.

#### 8.2.3.2 덩어리 별*chunk-by-chunk* 통역

미리 녹음된 실제 연설을 작은 단위로 끊어서 재생하고 멈추기를 반복하는데 위의 연습과 마찬가지로 학생들은 다음 단락을 재생하기 전에 직전 단락을 통역한다. 시작 전 연설의 주제와 맥락에 대해 미리 생각해봐야 연습을 하면서 반사적인 예측력을 훈련할 수 있는 기회도 마련될 수 있다. 예측력은 주의력, 기억력, 그리고 정신적 모형과 같이 언어를 이해하는 데 중심적인 역할을 하고 반드시 향상되어야 하는 부분이기도 하다(8.1.3, 8.6.3).

아직 다루지 않았지만 내용의 이해와 예측을 돕는 또 다른 요소인 운율*prosody*에 집중해서 들어볼 수 있는 통역 연습 이기도 하다. 전달력 있는 연사는 억양과 리듬만으로도 앞으로 연설이 어떻게 전개될 지 많은 힌트를 제공할 수 있다. 아래 예시는 영어로 어디에 강세를 주느냐에 따라 다음 내용에 대한 예측이 어떻게 달라지고 불어로 어떻게 재구성되는 지 보여준다(Setton 1999: 10-11).

The NGO Forum has recommended a monitoring procedure.

| | |
|---|---|
| However IF we adopt this text⋯ | *Admettons que nous approuvions...* |
| | (Assuming we adopt⋯) |
| However if we ADOPT this text⋯ | *Mais une fois ces mesures votées...* |
| | (But once these measures are passed/become law⋯) |
| However if WE adopt this text⋯ | *Mais l'aval de notre commission...* |
| | (But this Committee's approval⋯) |

통역사의 지식과 환경, 그리고 (특히 잘 쓰여진) 연설에서 사용된 풍부한 화용적 신호가 예측을 가능하게 만든다. 이러한 요소를 잘 활용할 수록 통역이 더욱 더 정제되고 다음 내용을 더 많이 예측할 수 있게 된다.

### 8.2.4 진짜 동시통역으로의 전환: 떠먹이기

떠먹이기는 동시 입문에서 적응 단계로 옮겨가는 중간 단계로써 훈련용 연설문(TG-2, 부록)의 동시통역을 할 수 있게 도와준다.

떠먹이기는 온라인과 오프라인 동시통역의 중간 형식으로 부스에서 통역하지만 인풋이 통제된 환경이고 강사가 학생의 통역에 맞추어 읽기 속도를 조절한다(Setton 1994). 강사가 준비한 훈련용 연설문으로 연습을 하게 되고 중간에 멈추면서 읽어준다. 학생들이 부스에서 동시통역을 하면 강사는 연설문을 읽으면서 헤드폰으로 학생들의 통역을 모니터링 한다. 학생들의 B/C언어로 쉬운 연설문을 구 단위로 짧게 잘라서 읽어주면 학생들이 A언어로 문장 중간부터 통역하기 시작한다.

시작하기 전 진행 방법을 설명해줌으로써 학생들이 연습에서 무엇을 기대할 수 있는 지 알 수 있게 해준다. 오프라인 문장 분절 연습의 연속선상에 있지만 다른 것이 있다면 일정 속도로 꾸준히 진행되고 중간에 뒤처지면 안 된다는 점이다. 연사가 말하는 것을 멈출 때 통역하는 것은 동시 통역이 아니다. 강사는 학생들이 각 문장의 통역을 시작했는지 확인하지만 그렇다고 문장을 마칠 때까지 읽는 것을 기다려주지 않는다. 따라서 강사의 목소리와 통역 목소리가 겹쳐 들린다. 강사가 읽는 속도를 조금씩 늘리고 중간에 멈추는 횟수와 시간은 줄이게 된다.

아래는 영-불 떠먹이기 동시통역의 학생 예시 답변이다.

| Teacher | French A student |
|---|---|
| Good afternoon, everybody. [pause] | *Bonjour tout le monde.* |
| I'd like to spend a few minutes [pause] | *je voudrais prendre quelques instants* |
| talking about a rather controversial issue [pause] | *pour vous parler d'un problème* |
| which has been much aired in the press lately [pause] | *qui fait couler beaucoup d'encre [dans la presse] ces derniers temps* |
| and this is the idea that the RMB should be [pause] | *il s'agit de l'idée que le renminbi/la monnaie chinoise* |
| allowed to rise against the dollar [pause] | *devrait pouvoir apprécier par rapport au dollar* |
| as has been called for repeatedly [pause] | *comme on l'a souvent propose* |
| by the US government [pause] | *euh notamment à Washington* |
| as a means to bring about a rebalancing [pause] | *qui y voit un moyen de rééquilibrer* |
| of the world economy. [pause] | *l'économie mondiale* |
| Now, despite the argument that··· | *Or même si certains prétendent…* |

학생들이 익숙한 주제에 대해 강사가 연설문을 자연스럽게 읽어준다. 그러나 일반 연사와 다른 점이 있다면 작은 의미 단위로 중간에 멈추면서 읽기 때문에 속도가 느리고(분당 발화 수 90-100단어로 아주 느리지는 않음) 인위적이라는 것이다. 실력 있는 강사는 학생들의 통역 품질을 실시간으로 확인할 수 있고 연설 내용의 밀도에 따라 속도를 조절해서 한 번에 처리할 수 있는 새로 들어오는 정보의 양을 조절할 수 있다. 예를 들어, 반복되는 내용은 조금 속도를 내서 읽고 새로운 주제로의 전환은 조금 천천히 읽어준다.

예측 연습

8.1.3에서 살펴보았듯이 연설을 더 적극적으로 청취할 수록 다음 내용을 예측할 수 있는 확률이 높아지는데 가끔은 정확한 단어까지도 예측이 가능하다. 모든 통역 형식에 있어서 예측은 통역의 수고를 덜어주는 핵심 과정이고, 동시 통역에서는 어순에 덜 얽매이게 해주다. 따라서 입문 단계부터 예측력을 키우기 위해 노력해야 한다. 그러나 예측한 내용을 연사가 말하기 전에 미리 통역하는 것에는 위험이 따르기 때문에 반드시 주의해서 사용해야 한다. 만약 잘못 예측 했다면 최소한 그 부분을 다시 고쳐서 말해야 하지만 최악의 경우에는 연사의 의도를 잘못 전달해서 통역 사고를 내는 것이다. 구두 예측 기술의 위험과 이득을 고려해서 사용하는 방법은 8.6.4에서 다룬다.

아래는 독-영 떠먹이기 동시통역의 예시이다. (예측한 부분이 밑줄로 표시되어 있다. 추가 예시 자료는 TG-8 부록 A 참조.)

| German speech, chunked | Literal translation | Possible chunked output |
|---|---|---|
| Unsere Aufgabe ist es, / | Out task it-is, | Our task |
| die negative Auswirkungen der Mobilität / | the negative effects of mobility | is <u>to ensure that</u> the ill effects of mobility |
| - wie z.B. die Erzeugung von Abgasen - / | - such as e.g. the production of exhaust fumes - | such as traffic pollution |
| mit Hilfe innovativer Technologien zu minimieren. | with the help of innovative technologies to minimize | can be minimized using innovative technologies. |
| Ich arbeite deshalb im Rahmen / | I (am) work(king) therefore in the framework | I am therefore working |
| unserer verkehrswirtschaftlichen | of our transport-economic | within our |
| Energiestrategie mit Unternehmen der Automobil / | energy strategy with firms of the automobile | strategy for energy in the transport sector, |
| und Mineralölindustrie zusmamen, / | and oil industry together | and in partnership with the oil and auto industries |
| um den Weg für einen umweltfreundlichen / | (in order) to the way for an environment-friendly | to <u>find</u> a way towards |

| German speech, chunked | Literal translation | Possible chunked output |
|---|---|---|
| Kraftstoff der Zukunft freizu-machen - / | fuel of the future to clear | a green fuel for the future, |
| ein Kraftstoff, den sich die Autofahrer / | a fuel, which (it) the drivers | a new fuel which motorists |
| leisten können und der die Umwelt schützt. / | afford can and which the environment protects. | can afford and which does not harm the environment. |
| Dieser Kraftstoff soll mit hohen Anteilen / | This fuel shall with high shares | This fuel would |
| regenerativer Energieträger in der Energiekette / | of renewable energies in the energy chain | be produced with a high content of renewables |
| herstellber sein und den Einstieg / | produceable be and the [Acc.] entry-into | and would make possible |
| in innovative Antriebe ermöglichen. / | in[to] innovative power-drives make possible. | the use of innovative motor technology. |
| Hierdurch erwarten wir in absehbarer Zukunft / | Through this, we expect in foreseeable future | We hope that in the near future |
| einen deutlichen Schub / | a clear push | this will bring tangible progress |
| bei der CO2-Minderung. | in CO2 reduction. | in reducing CO2 emissions. |

## 8.3 적응 단계 (3-5주)

적응 단계를 통해 학생들은 청취, 사고 및 발화를 동시에 처리하는 방법을 배우고 비교적 쉬운 연설문을 동시통역할 수 있게 된다.

### 8.3.1 빨리 떠먹이기

빨리 떠먹이기 마찬가지로 처음에는 자연스럽게 문장을 끊어서 중간중간 충분히 기다렸다가 다시 읽는다. 학생들이 잘 따라오는지 모니터링하면서 읽는 속도를 조절하고 점차 문장내 정지 횟수를 줄이거나 삭제하고 문장간 정지 시간도 줄여서 일반 발화속도까지 끌어올린다. 학생들이 중급 난이도의 훈련용 연설문의 통역을 거의 실수 없이 할 수 있을 때까지 연습 속도를 조금씩 늘리도록 한다.

### 8.3.2 보조 바퀴 연습 (순차 후 동시)

보조 바퀴 연습(Déjean le Féal 1997)은 동시통역을 하기 전 논점을 미리 파악하여 정신적 담화 모델을 구축하고 어려운 표현도 먼저 해결해서 약간 빠른 연설문도 할 수 있게 도와준다.

연습 방법: (Déjean le Féal이 제안 하듯이) 강사 또는 연사가 노트를 보고 3분 또는 6-7분 동안 발표한 것을 학생들이 먼저 순차로 해본다. 순차 통역에 대한 피드백을 통해 이해, 번역 및 표현 관련 문제를 해결한 다음 부스에 들어가도록 한다. 같은 꼭지를 다시 한 번 동시통역 해본다. 노트를 보고 발표한 것이기 때문에 논점은 같지만 동일한 연설을 통역하게 되는 것은 아니다. 한 꼭지가 끝나갈 무렵에 연사가 추가로 몇 분간 빨리 떠먹이기를 하거나 학생들이 한계에 다다를 때(더 이상 통역하지 못하거나 뒤처질 때)까지 계속 발표한다. 그 다음 동시통역에 대한 피드백을 주고 토론한다. 그리고 다음 꼭지로 넘어가서 연습을 반복한다.

몇 차례 연습한 뒤 학생들의 동시통역 실력이 향상되면, 두 번째 동시로 다시 통역할 때 연사가 새로운 내용을 추가하거나 한 꼭지가 끝난 뒤에도 다음 내용까지 추가로 발표하도록 한다.

### 8.3.3 동시적 순차

동시적 순차는 새로운 통역 형식으로써 TG-6.6.4에서 더 자세하게 다룬다. 조금 더 어려운 보조 바퀴 연습의 일환으로 유용한 훈련도구가 될 수 있다.

연습 방법: 5-7분 꼭지 동영상을 틀어주면 학생들이 부스에서 순차를 하듯이 노트테이킹을 한다. 그러나 순차 통역을 하는 대신 영상이 끝나면 같은 구간을 반복 재생하여 노트를 보며 동시통역을 한다. 위의 보조 바퀴 연습과 두 가지 차이점이 있다.

1. 연설의 녹화 영상이기 때문에 두 차례 동일한 연설을 듣게 된다.
2. 순차 노트를 하지만 순차 통역을 하지 않고, 피드백 또는 내용이나 표현에 대한 토론 없이 곧장 동시통역을 한다.

### 8.3.4 훈련용 연설문의 생동시

위에서 설명한 동시통역으로 전환하기 위한 과도기적 통역 연습을 마치고 나면 보통 속도(분당 발화 수 약 120단어)로 읽은 훈련용 연설문을 무리 없이 소화해낼 수 있을 것이다. 이것은 빠른 떠먹이기 연습 막바지에 강사가 더 이상 학생들을 모니터 하지 않고 정상 속도로 아무런 양해없이 읽을 때 학생들에게서 기대할 수 있는 수준의 통역이다.

연설문을 보통 속도로 읽을 때 학생들이 겪을 수 있는 문제들은 다음과 같다.

a. 듣기 공백: 내용이 띄엄띄엄 들려서 내용을 놓친다. 새로운 개념이 몇 단어로 압축되어 등장한 뒤 다시 언급되지 않을 때 내용이 누락될 위험이 가장 높다. 듣기 공백이 화제가 전환될 때 발생하는 것이 가장 치명적이다. 화두를 놓치게 되면 아무리 연사가 새로운 내용에 대해 설명하고 있다는 것을 알아도 그 주제가 뭔지 알 방법이 없다.

b. 뒤처짐: 조금씩 뒤처지다가 내용 누락 발생한다. 알맞는 표현을 찾는 데 시간을 끌다가 듣는 것을 까먹거나, 문장 해체에 실패하고 문장 단위로 순차적으로 통역하다가 작업 기억의 과부하가 걸리거나, 말하는 것과 듣는 것이 동시에 되지 않거나 너무 풀어서 설명하다가 뒤처질 수 있다.

c. 횡설수설함: 단어는 내뱉고 있는데 굉장히 어색하게 들리거나 청중이 이해할 수 없는 말을 한다. 문장의 분석, 재구성, 모사 또는 언어 간섭이 원인일 수 있다.

d. 뚝뚝 끊어짐: 통역을 했다 안 했다 모르스 부호처럼 표현들 사이에 정적이 오래 흐르고 중간에 내용이 누락되면 일관성 있는 통역이 나오지 않는다. 이 경우 아직 듣기와 말하기가 동시에 되지 않는 것이다.

e. 모든 것 중 최악은 거짓말을 하는 것으로 못 듣거나 모르는 것을 감추려고 하는 것이다. 알아들은 단어 몇 개를 가지고 배경지식이나 일반상식을 가미해서 적당히 둘러대거나 모호하게 말을 흐려서 그럴 듯하게 말을 만들어낸다.

학생 모두가 겪는 문제는 아니고 비교적 쉬운 연설문이기 때문에 아주 잘하는 학생도 있겠지만, 자기 통역을 다시 들어 볼 때 이런 부분을 고민해 보고 다음 번 부스에 들어갈 때 자기 문제를 의식적으로 고쳐보려는 노력을 하도록 한다.

## 8.4 실험 단계

이제 동시통역의 기본 제약을 이해하고 훈련용 연설문 정도는 특별한 어려움 없이 의미를 파악하고 문장을 만들 수 있어야 한다. 일부러 쉽게 만든 연설문을 졸업하고 통역 기술을 향상시키고 자기에게 맞는 통역 스타일을 찾기 위해 조금씩 현실에 가깝게 연설문의 난이도를 높여야 한다. 너무 내용이 함축적이거나 전문용어가 많이 나오는 연설문보다는 (이왕이면 동영상을 활용해서) 보통 속도로 일상 주제에 대해 말하는 연설 자료로 연습하도록 한다.

실험 단계의 목표는 다양한 연사, 주제와 장르를 다루어 보고 거기에 맞게 통역 기술을 적용해보는 것이다. 청성시차가 얼만큼 필요한지, 의역과 직역을 언제 사용할지, 언제 요약하고 언제 풀어서 설명할지, 문화적 개념 차이에 대해 해설을 언제 달 것인지, 어떻게 하면 주의를 끌지 않고 말하면서 시간을 끌 수 있는지, 의미가 불분명할 때 어떻게 처리할지, 실수를 했을 때 어떻게 수습할 것인지 다양한 시도를 하도록 한다.

동시통역 중 노트를 활용해보는 실험을 할 수도 있다. 통역 전에 숫자나 이름을 노트하는 것을 선호하는 통역사도 있고 어떤 통역사는 쓰지 않고 듣자마자 통역하는 것을 선호한다. 부스 파트너와 도움을 주고 받는 연습도 이제 시작할 수 있다. 통역을 하지 않는 파트너가 용어와 숫자를 받아 적거나 통역을 하는 파트너가 음소거 버튼을 누르고 쳐다보면 단어나 필요한 정보를 가르쳐줄 수도 있다. (음소거 버튼을 누르지 않았다면 통역을 하지 않는 통역사는 절대 침묵해야 한다.)

지금 단계에서는 동시통역의 제약을 극복하기 위해 언어, 지식, 기술과 예측력이 어떻게 함께 작용하는지 이해하고 있어야 한다. 숫자나 이름이 더 많이 나오는 연설문이라든지 여러 성격의 연설문을 폭 넓게 다루다 보면 내가 알고 있는 통역 전략을 내재화하고 나에게 맞는 통역 스타일로 굳힐 수 있게 될 것이다.

### 8.4.1 시간, 리듬과 시차

얼만큼 오랫동안 편안하고 자유롭게 통역하느냐는 물론 통역하는 연설문의 종류, 준비시간, 언어능력에 의해 좌우된다. 그러나 그 외에도 통제력을 얻거나 잃는 길은 많다. 통역이 너무 뒤처지거나, 단어를 찾느라 정신이 없거나, 연사가 어렵거나 익숙하지 않는 내용을 말하면, 내용을 놓치거나 망쳐버릴 수 있다. 연사를 너무 바짝 좇아가면 헛발을 디뎌서 단어나 문장을 다시 시작해야 할 수 있다.

내가 통제력을 잃지 않고 통역할 수 있는 리듬을 찾을 때까지 시차가 길거나 짧을 때 장점과 단점이 뭔지 내가 어디까지 감당할 수 있는지 실험을 통해 알아보도록 한다. 실험 중에는 통역 아웃풋을 꼼꼼하게 확인하기 어렵다. 자가 모니터링은 동시 통역 기술이 안정되면 시작할 것이기 때문에 실험 중에 통역 아웃풋을 확인하고 싶으면 녹음을 해서 나중에 확인한다.

느리게 두서 없이 말하는 연사: 불리기와 덧대기*padding and recapping*

가끔 아주 느리거나, 머뭇거리거나, 중언부언 하면서 장황하기까지 한 연사를 만날 수 있다. 이 때 기다려버리면 어떻게 될까? 청중은 부스에 있는 통역사를 보지 못하고 아무것도 들리지 않으면 불안해할 수 있다. 더 나쁜 것은 6-8초 가량 불만 섞인 소리를 내거나 중얼중얼 대는 것이다. 따라서 연사의 메시지가 훼손되지 않는 선에서 중립적으로 불려 얘기해야 할 수 있다. (더 공식적이고 엄격한 상황에서는 추천되지 않는다.)

속도가 느리거나, 문장이 모호하거나, 내용이 두서 없는 연설문을 보여주거나 읽어주면서 (특히 B언어로) 시간을 끌면서 문장을 만드는 방법을 알려준다. 맥락에 따라 'As I was saying', 'to continue', 'furthermore', 'in other words', 'let us now proceed to address another aspect of this issue…' 등의 표현을 활용해 볼 수 있다. 만약 연사가 두서 없이 말하는데 느리기까지 하면 중간중간 앞에서 말한 내용을 (몇 단어나 한두 문장으로) 요약하고 연설의 요지를 파악하기 쉽게 목소리로 강조하면서 말한다. 그러나 이것은 비공식 회담인 경우에만 적합하다.

### 8.4.2 프레이밍과 메우기*framing and filling*: 대역代役 *placeholder* 사용하기

프레이밍과 메우기는 처음에 조금 대담할 필요가 있지만 나중에는 생각하지 않아도 사용할 수 있게 된다. 일종의 예측 기술로 일반적인 대역을 사용해 도착어 문장을 멈추지 않고 말하다가 다음 내용을 덧붙여 문장을 만들거나 연사가 의도한 의미가 분명해졌을 때 또는 정확한 표현이 떠올랐을 때 문장을 완성하는 기술이다. 예를 들어 연사가 'The Philadelphia First District Juvenile Court Appeals Division'처럼 아주 긴 명칭을 말할 경우, 통역사는 이것을 끝까지 듣지 않는 이상 불어로 정확하게 옮길 수 없다. 하지만 'First District…'이라는 첫 마디를 듣자마자 어떤 종류의 단어인지 알 수 있기 때문에 '*un/le tribunal dont l'intitulé complet*…' ('a court whose complete official title is…')라고 문장을 이어갈 수 있다.

다음은 실제 통역 사례로 독-영 통역사가 독일어 동사 miterfasst('is also addressed')가 맨 뒤로 오는 문장에서 동사를 미리 예측해서 통역했다. 독일어 원문의

[……]는 통역사가 동사를 예측한 시점이다.

> Der europäische Subventionsbetrug wird – das ist hier in Ihrem Kreis schon gesagt worden – in der Bundesrepublik Deutschland [……] durch den in den siebziger Jahren eingefügten Paragraphen zweihundertvierundsechzig des Strafgesetzbuches – gegen – Subventionsbetrug miterfaßt.
>
> Interpreter: European subsidy fraud – as has already been said in this particular seminar – is treated in German law in article two six four of the criminal code

강사들은 특정 언어쌍에서 이 기술의 반복 훈련이 중요하다는 점을 인지하고 가르쳐야 한다. 또한 연사 특유의 스타일을 익히는 데도 도움이 된다.

대역은 단어나 표현을 모를 때 임시방편으로도 사용할 수 있는 경우다. 만약 연사가 (영어로) 어떤 현상이 'a sad reflection of the *zeitgeist*…'라고 표현했는데 이해하지 못했다면, 이 부분을 누락시키거나 'sadly'라고 요약할 수 있다. 운이 좋다면 연사가 'unfortunately, as I say, this is all too typical of the trend in this day and age'라고 같은 의미의 다른 표현을 반복할 수 있다. (말이 막혔을 때의 대처방법은 CC-9.3.2 참조.)

이 기술의 사용을 위해 기본적으로 전제되어야 하는 능력은 일반화이다. 만약 연사의 이름이 언급됐지만 들리지 않았다면 직전 연사의 이름을 말할 수 있다. 마찬가지로 기관은 'this body(본 기관)'로 명칭의 언급을 피할 수 있고, 장치, 화합물, 조약, 법안의 명칭은 각각 'the device', 'the compound', 'the instrument' 또는 'this legislation' 등 일반 명사를 사용해서 돌아갈 수 있다. 언급된 내용이 전혀 파악되지 않았다면 'this'와 같은 대명사를 사용할 수 있다. 논리적인 연결고리를 놓친 경우, 예를 들어 연사가 든 두 가지 사례가 하나의 개념에 대한 설명인지, 대조하는 것인지, 나열하는 것인지 불분명 하다면 'furthermore(따라서)' 또는 'but/on the other hand(그러나/다른 한 편으로는)'과 같은 표현은 피하도록 한다. 연결고리를 모호하게 하거나 중립적으로 사용한 뒤 혹시라도 나중에 관계가 파악되면 여유가 될 때 관계를 밝힌다.

그러나 반드시 주의할 점은 이 기술을 남용해서는 안 된다는 것이다. 빈말을 자주 하면 메시지가 희석되고, 특히 다른 통역 문제들 때문에 구체적인 내용을 추가할 만큼의 여유가 없다면 더 위험하다. 또한 8.6.4에서 다시 설명하겠지만 외부 노출이 많은 상황에서 통역할 때 구두예측기술의 사용은 위험할 수 있다.

### 8.4.3 텍스트 있는 동시*SI-text* 입문 (실험 단계 중반)

처음에는 연설문을 대본 그대로 읽어주는 연사로 연습하는 것이 좋다. 부스에서 정해진 속도로 시역이라고 생각하면 된다. 다른 점은 문장의 분절과 탈언어화를 동시에 하면서 명확하고 자연스러운 통역을 최대한 멈추지 않고 계속해야 한다는 것이다. 그리고 연사가 하는 말을 아무리 늦어도 문장 절반 이상이 넘어가지 않도록 하는 것을 목표로 통역한다. 연사를 앞서가는 일도 절대 없어야 한다.

연설문은 (문어체의) 중간 난이도의 텍스트를 고르고, 강사가 실제 연사처럼 자연스럽게 읽어주도록 한다. 속도는 처음에는 조금 천천히 읽다가 조금씩 실제에 가깝게 속도를 높이도록 한다. 학생들은 귀-눈-목소리 협응을 다양하게 실험해본다.

연설 속도와 통역사의 주제 친숙도 등 일반적인 요인 외에도 문어체, 복잡성, 준비 시간, 연사가 텍스트에서 벗어나는 정도, 즉 아무 예고 없이 내용을 더하거나 건너뛰거나 바꾸는 등 다양한 요인이 SI-text의 난이도를 결정하게 된다.

### 8.4.4 숫자 연습

통역할 때 숫자를 정확히 통역하는 것은 매우 어려운 일이다. 순차통역을 할 때도 어렵지만 동시통역을 하면 더 어렵다. 숫자를 통역하기 어려운 상황이 몇 가지 있다. (a) 갑자기 나오거나 한꺼번에 여러 개가 나열된다. (b) 추상적인 내용을 재개념화*reconceptualization* 하는데 너무 힘을 들인 데다 청성시차가 크기 때문에 갑자기 나온 숫자를 처리할 여력이 없다. (c) 출발어와 도착어의 숫자 체계가 달라서 빠르고 정확한 전환이 되지 않는다.

맥락이 있는 숫자 연습이 유익하다는 것은 이미 입증되었고(Cheung 2008) 통역을 위해 반드시 필요한 연습이다. 동시통역 실험단계에서는 숫자가 조금 나오는 상대적으로 덜 어려운 연설문을 사용해서 연습하고 강화단계에서는 통계 데이터, 나열 등 숫자가 더 많이 그리고 갑자기 나오는 연설문도 연습하도록 한다.

### 8.4.5 동시통역 개별 연습

실험단계, 강화단계에서 마무리 단계까지 파트너와 같이 연습하든 혼자 하든 적극적으로 동시통역 기술을 사용하려고 노력하지 않고 주제에 관계 없이 쉬운 연설문만 고르고 그나마도 어려워지면 관두고 그렇게 연습하면 동시통역 실력이 발전하기 어렵다. 연습할 때 지켜야할 몇 가지 규칙이 있다.

- 연습할 자료를 신중하게 고른다. 난이도는 조금 어려워도 할 수 있는 수준이어야 하고 최근 이슈를 다루어야 한다.
- 연설 브리핑을 준비한다. 통역을 하기 전에 먼저 주제, 배경, 맥락, 개요, 전문용어, 통역 상황 등을 미리 파악하고 있어야 한다. (연사가 브리핑을 해주고 통역 파트너와 함께 잠시 주제에 대해 토론하고 필요하다면 사전에 주제 관련 공부를 하고 온다.)
- 좋은 파트너와 연습한다. 둘 다 집중해서 연습하고, 서로에게 엄격하고, 연습 즉시 적극적으로 피드백을 해준다.
- 자기 통역을 녹음해서 모니터링한다.
- 매번 연습 목표를 세우고 통역을 시작한다. 현재 수업에서 다루고 있는 문제, 강사가 지적한 사항, 개인적인 통역 문제 해결 등을 목표로 세울 수 있고 파트너에게 이 목표와 관련된 피드백과 총평을 부탁한다.
- 어려운 꼭지는 두 번 반복해서 통역한다. 개별 통역 문제, 어렵거나 익숙하지 않은 연설문, B언어로 동시통역을 할 때 연설문을 두 번씩 연습하도록 한다. 한 번 해본 다음 나와서 오프라인으로 시역을 해보고 통역 문제를 해결한 다

음 다시 부스에서 같은 꼭지를 동시통역 한다. 첫 번째와 비교했을 때 발전했는지 파트너에게 피드백을 부탁한다.

- 전문용어와 관례화된 표현*routinized phrasing*이 많이 나오는(강화단계: 8.5.4 참조) 아주 어려운 텍스트는 여러 번 반복하고 완전히 체득하기 위해 몇 주 뒤에 다시 같은 연설문을 연습해본다.
- 집중 연습: 파트너와 통역할 때는 연습 분량을 나누도록 한다. 30분짜리 어려운 연설문을 혼자 한 번에 하고 전체 피드백을 받는 것은 의미가 없다. 5-10분 꼭지로 나눠서 더 자세한 피드백을 받고 다시 같은 꼭지를 통역해본다.

특정 목적의 통역 연습도 중요하지만 실제 현장에서는 한 번의 기회 밖에 없기 때문에 감을 잃지 않기 위해 매번 새로운 일반 연설문으로 '비행마일flight-mile'을 많이 쌓아 두도록 한다. 일반 연설문도 파트너의 피드백을 받거나 다음 통역 목표를 세우기 위해 통역을 녹음해서 자기평가를 해본다. 통역 기술을 피드백 없이 혼자 연습하는 것은 시간낭비이다. 실력이 더 이상 늘지 않고 멈추거나 오히려 나쁜 습관이 생길 수 있기 때문에 오히려 위험하기까지 하다.

## 8.5 강화 단계: 자신감 있는 동시통역

### 8.5.1 개관 및 연습 목표

동시통역을 시작한 지 2-3개월이면 중급 연설문을 편하게 통역할 수 있어야 한다. 즉 보통 속도, 난이도, 일반 주제, 표준 발음과 억양의 라이브 연설을 할 수 있게 된다는 뜻이다. 어려운 부분에서 아직 통역이 잘 안 될 때가 있고, 녹음을 해서 들어보면 누락된 부분이나 인지하지 못한 실수들이 드러나고 만족스러운 표현이 나오지 않을 수 있다. 하지만 듣고, 외우고, 표현을 생각해서 전부 말하고 서로 대화를 주고받는 데 기다려야 하는 순차통역보다 한 번에 모든 것을 할 수 있는 동시통역이 더 흥분되는 일이라고 느껴질 것이다. 특히 동시통역에서 주제 친숙도가 통역 품질을 좌우한다는 것을 깨달았을 것이다.

강화단계에서는 난이도가 부쩍 오르게 된다. 회의 통역 현장에서 다루는 수준의 연설문을 드디어 통역할 수 있게 된다. 국제 기관에서 사용하는 더 복잡한 공식 문서 기반 연설을 빠른 속도와 다양한 억양의 연사가 읽어주게 된다. 자신감 있는 동시통역을 하려면 두 가지가 필요하다. 첫째, 그 분야의 스타일*house style*, 용법, 그리고 주요기관의 전통적 번역 대응어를 포함해 주제와 언어에 대한 철저한 이해와 둘째, 관련 연설문에 대한 수백 시간의 연습 경험이다. 이제 목표는 실제 연설을 자신 있게 통역할 수 있을 때까지 주제 지식을 쌓으면서 동시통역 기술을 연마하는 것이다.

대부분의 통역사는 공식적인 정부간 회의가 아닌 다른 분야에서 일하게 되겠지만 여전히 회의 통역의 정석은 기관 통역이라 할 수 있다. 통역 시장은 크게 세 종류로 나눌 수 있다.

- 국제 기관: (통역사의 수와 근무일 수가 가장 많은) UN과 EU, 그리고 IMF, 세계은행, APEC 등 어떤 기구의 특별 또는 지역 기관.
- 정부 및 외교 기관: 국가 정책, 입장과 우선순위를 다룸.
- 민간 시장: 금융 서비스, ICT, 제약, 자동차, 스포츠, NGO, 국제 무역 협회와 연합을 위시한 전문 회의 통역을 필요로 하는 다양한 산업.

학교마다 지역과 언어쌍에 따른 목표 시장이 다를 수 있다. 하지만 많은 학생들이 익숙한 주제를 다루는 UN 및 EU와 관계된 기관에 채용되고 동시에 여러 다른 장르와 환경에 적응할 준비가 된 상태로 학교를 졸업하게 된다. 주요 국제 행사(국제협약의 당사국총회, 장관회의 및 특별 세션, 세계 정상회의, UN총회, 다보스 포럼 등) 연설 자료를 사용하는 주제 특화 수업도 해볼 수 있다. 주제 수업에서 다루어 볼 수 있는 주제는 국제 안보, 경제 및 금융, 기후, 에너지, 환경, 무역, 고용, 인권 또는 현지 시장에서 통역 수요가 높은 산업 부문 등이 있다. 비디오캐스트와 연설 대본을 포함한 다양한 관련 공부 자료를 구하는 방법을 강사가 가르쳐 줄 것이다.

주제 수업을 통해 금융, 은행, ICT와 현지 민간 시장에서 뜨거운 주제를 다루고,

공식 국제기구 담화 문체만 다루지 말고 광고 및 마케팅 이사, 경영 컨설턴트, 엔지니어, 캠페인 홍보대사, NGO 관계자 등의 연설을 통해 구어체에도 익숙해지도록 한다. 모의회의에서는 휴식과 다양성을 위해 잘 다루지 않는 주제와 장르도 통역해보고 더 많은 개념적 분석과 지식, 창의력, 유연성이 즉석에서 요구되는 초청 연사의 어렵지만 흥미로운 특강도 통역하도록 한다.

강사들은 어떤 주제를 통역하게 될지 사전에 공지하여 학생들이 몇 주일간 해당 주제 및 기구 관련 담화, 이슈와 쟁점 등에 대해 말할 수 있을 정도로 공부하게 한다.

국제 기구 연설은 최신 자료를 모든 관련 언어로 쉽게 구할 수 있기 때문에 강화단계 연습 초기에 사용하기 좋다. 8.5.3에서는 UN총회 자료를 공부하는 방법이 소개되어 있다.

요약하면 강화단계의 목표는 다음과 같다.

1. 수업과 수업 밖에서 수백 시간 부스 연습을 통해 동시통역 기술을 연마한다.
2. 목표 시장에서 다루는 주제를 차례로 다루어 통역 자신감을 키운다. 기관별 주요 주제, 담화 패턴, 전문 용어 등에 대한 친숙도는 예측력을 높이고 통역 중 인지부담을 줄여 자기 모니터링을 통해 의사소통 최적화시키고 어려운 통역을 소화할 수 있게 해준다(CC-9.3 및 9.4 참조).
3. 주제에 친숙해지면 전문용어, 고유명사, 숫자가 많이 나오고 속도가 빠르거나 억양이 강한 연사의 레지스터가 높은 어려운 연설로 연습해 본다.
4. 더 어려운 연설문으로 텍스트 동시*SI-text* 기술을 연습하고 점점 준비시간을 줄여나간다.

강화단계에서는 개인 또는 파트너와 함께 강도 높은 통역 연습을 해야 한다. 최고의 결과를 위해 자기 약점과 어려운 작업에 초점을 맞추고, 모니터링을 위해 자기 통역을 녹음하고, 강사의 피드백을 주기적으로 받고, 통역이 만족스럽지 않았던 텍스트는 문제가 고쳐질 때까지 반복 연습을 한다.

유엔총회와 유럽의회에서 사용되는 연설문의 대본과 번역본이 해당 기구의 공식 언어로 제공되고, 관련 오디오와 비디오 자료도 온라인 상에서 쉽게 찾아볼 수 있다. 각 정부 부처 홈페이지에서 대통령과 장관의 최신 연설문을 찾아볼 수 있고 유투브에서 연설 동영상을 찾을 수 있다. 미국은 C-SPAN 의회 방송 웹사이트에서 관련 동영상을 찾을 수 있고, TED Talks에서는 각종 특강을 시청할 수 있다 (TG-2.5.5 참조).

모의회의 수업에서 릴레이 통역을 할 기회가 주어질 것이다(상세 내용은 CC-9.2.3.3 참조). 릴레이 통역은 B언어 산출물의 명확성과 일관성을 검증하는 훌륭한 방법이다. B언어로의 동시통역은 실험단계 막바지에 시작하게 된다.

### 8.5.2 지식숙달 및 사전준비

사전준비는 좋은 통역에 반드시 필요하다. 어떤 사건, 연사, 주제, 이해관계에 대해 더 많이 알고 이해할 수록 더 정확한 예측을 할 수 있다. 정확하게 예측할 수록 인지적인 여유가 생겨 자기 통역을 더 잘 듣고 더 다듬어진 표현이 나올 수 있다. 정보를 가지고 있는 것이 대응어를 알고 있는 것 만큼이나 중요하다는 것이다.

세계정치, 지리, 정부, 경제, 국정, 외교, 각 제도의 구성, 회의 절차, 세계 이슈, 국제 분쟁 및 논란, 사회, 윤리, 법률, 의료 및 인권 현안, 경영, 재정, 주요 기업, 인물, 최신 과학 및 기술을 포함한 비즈니스 세계 등 지금 쯤이면 이미 교육받은 세계시민보다 평균 이상의 지식을 가지고 있을 것이다.

지식을 최신 상태로 유지하고 있는 것도 중요하지만 통역 과제가 주어졌을 때 정보를 빠르게 입수하는 것도 중요하다. 공개 시장에서 국제회의 주제는 특히 더 많고 다양하다. 전문 용어는 특별한 주의가 필요하기 때문에 3학기 중반부터는 회의 준비 기술을 배우게 된다(CC-9.2.5.1). 익숙하지 않고 어려운 주제에 대한 배경지식과 용어를 처음에는 강사가 브리핑 해주지만 곧 학생들이 스스로 조사해오도록 할 것이고 학생의 지식과 용어의 적절성을 수업 때 무작위로 검사 받게 된다.

### 8.5.3 국제 사회 화법

이번 절에서는 국제 기관 담화에 익숙해지기 위한 3단계 몰입 학습법을 소개한다. 수업, 그룹 스터디, 또는 자습을 통해 한 달 만에 숙지하는 것이 가능하다. UN 홈페이지에 들어가면 UN 통역사 시험 방법에 대한 상세한 지침과 자료가 있기 때문에 이 책에서 UN 담화를 학습하는 방법을 예시로 들었다. 이 방법을 참고하여 다른 EU 기관 담화를 학습할 수 있다. (UN을 특별히 언급하는 이유는 대부분의 학습 방법이 홈페이지에 소개된 내용을 차용했기 때문이다.)

특별 수업에서 목표 기관이 어떤 기관인지, 어떻게 작동하는지, 주요 활동 무대는 어디인지 숙지하게 될 것이다. (학교에 따라 기관 방문을 통한 현장 학습을 제공할 수도 있다.) 해당 기관의 규칙, 회의 진행 절차, 최근 보고서, 회의록뿐만 아니라 위키피디아, 뉴스, 사설, 싱크탱크, 논평 등 외부 자료를 통해 정부간/국제기구 회의의 언어 사용에 익숙해지고 관용구의 도착어 대응어를 공부하게 된다. 회의에서는 늘 쓰는 말을 사용하기 때문에 대응어를 미리 준비해두면 통역할 때 더 편해지고 익숙한 용어와 표현을 기대하는 청중도 듣기가 편하다.

1단계: 초기 준비

목표 시장이 UN인 학교는 2학기부터 이 수업을 진행하도록 한다. 수업 때도 다음 자료들을 시역에 활용해볼 수 있다.

i. UN 라디오 방송, RSS 피드와 팟 캐스트 청취를 통해 핵심 개념, 어휘와 직함을 파악하고 이에 대해 조사해 본다.
ii. UN 조직도를 파악한다.
iii. UN 헌장을 읽고 공부한다.
v. 회의 보고서와 관련 텍스트를 입수해서 출발어와 도착어 양방향으로 공부한다. (UN 공식 문서는 6개 언어로 출간된다.)
v. 실제 연설 녹음 자료를 다운로드 받아 듣기 연습부터 (통역은 나중에) 한다. 예를 들어, 일반토론*General Debate* 발언 녹취록과 의사록*Procés-Verbal; PV*을 같이 다

운로드 받도록 한다. 스터디 자료집을 만들어 주제와 난이도별로 분류하여 저장한다.

2단계: 리허설 (또는 '컨닝')

이제 UN 연설 자료로 통역 연습을 시작해보자. 이번 단계에서는 통역을 하기 전에 연설문과 공식 번역본을 대조하여 미리 공부해보도록 한다. 그렇기 때문에 리허설 연습은 '컨닝*Cheating*'(Gillies 2004) 연습이라고도 부른다.

아래는 영어를 UN의 나머지 5개 공식 언어 중 하나로 통역하는 학생들을 위한 강화단계 동시통역 연습 방법의 예시이다.

준비자료:

일반토론 발언문: 비디오, 오디오, 의사록

연습방법:

i. 일반토론발언 전문을 읽어본다. 모르는 단어는 대응어 표현을 찾아 둔다. 전문용어, 명칭 외에도 회의 절차, 국제기구 일반 용어와 관례화된 표현들도 공부한다.

ii. (있다면) 공식 번역본을 읽어보거나 UN 통역사의 통역을 들어본다. 좋은 대응어 표현이 들리면 참고해서 외우도록 한다.

iii. 선택사항: 금방 배운 표현을 사용해서 연설문의 시역을 해본다.

iv. 연설 동영상을 재생하여 동시통역을 해본다. 처음에는 텍스트를 보면서 통역 하다가 조금씩 텍스트에서 눈을 떼도록 한다.

v. 통역을 녹음하여 체크하고 실수를 고친다.

vi. 연설을 다시 통역해 보는데, 이번에는 실수 없이 하도록 한다.

vii. 몇 일 뒤, 그 다음 몇 주 뒤 같은 연설을 준비 또는 텍스트 없이 통역해보고 그 때도 정확하게 통역할 수 있는지 확인해 본다.

만약 공식 번역본이 있다면 아래 연습 방법도 참고할 수 있다.

i. (초급): 비디오를 보면서 공식 번역본을 보면서 연사의 속도에 맞춰 소리내어 읽어본.

ii. (중급): 연설 원문을 보면서 SI-text를 해본다. 그 다음 녹음한 통역을 공식 번역본과 비교해본다.

iii. (고급): 아무 텍스트도 참고하지 않고 생동시를 해본다. 그 다음 연설 원문과 번역본과 대조해본다.

3단계: 생동시 (컨닝 없음)

연설 형식에 익숙해지고 나면 조금씩 연설문에 대한 의존도를 낮추기 시작한다. UN 연설을 아무 준비 없이 통역해본 다음 녹음한 통역을 원문과 UN 통역사의 통역과 비교하여 들어본다. 이 방법은 UN 통역사 시험 지침에서도 권장하는 연습 방법이다.

### 8.5.4 동시통역 기술과 '구두 번역'

UN과 UN산하기구 같은 국제기구와 외교부 같은 정부기관, 그리고 EU에서 발표하는 연설은 상당부분 조심스럽게 작성하여 준비된 공식 연설문을 독백 형식으로 낭독하는 경우가 많다. 이번 절에서 연습하게 될 '구두 번역' 기술(Shermet 2012)은 (같은 기관에서도) 회화체인 즉흥 연설에서 사용하는 보통 통역과는 다르다.

'구두 번역'의 첫 번째 특징은 연설문의 원문을 최대한 살리는 정확성과 완전성이다. 공식 발표문의 경우 회의 참가자들이 한 마디 한 마디 주의해서 듣기 때문이다.

두 번째 특징은 대응어를 곧바로 머뭇대지 않고 사용하기를 청중이 기대한다는 것이다. 문장구조를 빠르게 선택하는 것은 여전히 중요하지만 상상력이 더 필요한 즉흥 연설문과 달리 공식 발표문은 관례화된 언어, 수사와 용어를 숙지해서 사용하는 것이 더 중요하다.

공식 발표문의 세 번째 특징은 길고 복잡한 문장 구조를 많이 사용하기 때문에 연사에게 뒤쳐지지 않고 통역하기 위해서는 분절술을 사용하는 실력이 굉장히 좋아야 한다. 시역이 분절술 연습에 가장 효과적이다.

네 번째 특징은 담화 형식에 익숙해지면 통역이 쉬워진다는 것이다. 예를 들어 기관 연설문에는 다양한 위원회, 프로젝트, 기금이 언급되고 정해진 용어와 문장 공식이 자주 등장하는데, 숙련된 통역사(특히 기관 전속 통역사)는 각 기관이 어떤 일을 하는 지 그리고 목표언어의 대응어를 정확하게 알고 이를 숙지하고 있기 때문에 상대적으로 인지적 부담이 적을 수밖에 없다. 그렇게 되면 예측이 쉬워져 작업기억에 많은 부담을 주지 않으면서도 문장을 더 큰 단위로 나눠서 처리하는 것이 가능해진다. 반대로 많이 알고 있기 때문에 듣자마자 도착어 대응어를 사용해서 바짝 쫓아가는 것도 가능하다.

가끔 학생들이 참관 학습 중 숙련된 통역사가 특정 구문이나 연설에서 시차를 길게 가져가는 것을 보고 놀랄 때도 있다(cf. Moser-Mercer 1997). 그러나 아직 주제와 행사, 그리고 특화된 언어에 익숙하지 않은 초보 통역사에게 그런 여유는 없고 보통 안전하게 연사를 가깝게 쫓아간다. 숙련된 통역사만큼 편안하게 통역하려면 수 개월(또는 수 년간) 몰입과 연습이 필요하다. 그러나 갈수록 새로운 영역을 배울 때 학습 곡선이 완만해진다.

세계 각국 지도자들의 연설도 미리 준비된 대본을 낭독하고 모니터링 되지만 통역사에게 연설문을 미리 제공해주지 않는 경우가 흔하다. 일부 단체에서는 흔히 개회 및 폐회식 등 각종 행사에서도 지키는 격식과 의례적인 공식이 많다.

### 8.5.5 통역의 완성도 높이기

강화단계의 또 다른 목표는 공식 연설문에 대한 통역의 완성도를 높이는 것이다. 맥락과 용어가 익숙해지면서 자기 통역을 들을 여유가 생기기 때문에 적어도 표준 난이도의 연설문은 운율도 살리고 명확하고 자연스럽게 통역해서 청중이 이해하기 쉽게 해줄 수 있어야 한다. 중간에 멈추면 안 되는 곳에서 멈추지 말고 꼭 필요한 곳에서 말을 끊어야 한다. 항상 완성된 문장을 말해야 하고 문장 끝을 의문문처럼 올려서 맺으면 안 된다. 다음 단락으로 넘어갈 때 숨도 안 고르고 바로 다음 단락으로 넘어가지 않는다. 예를 들어 "that is why this must be done now. Mr. Chairman, the other thing I would like to address is…"를 한 숨에 다 말하지 않도록 한다.

동시통역을 할 때 유념해야 하는 것은 청중은 통역사의 목소리만 들을 수 있다는 것이다. 통역사는 라디오 방송 아나운서처럼 시각정보의 부재를 보완하기 위해 더 또렷한 발음과 억양, 일정한 리듬과 결속성을 가지고 조리 있게 말해야 한다. 너무 단조롭게 말하거나 숨가쁘게 말하거나 의미 없는 말을 횡설수설 늘어놓아서는 안 된다.

학생들은 순차통역에서 이미 해결됐지만 동시통역을 할 때 다시 튀어나올 수 있는 필러('음…어…')와 비례非禮를 제거하기 위해 더 많은 노력을 기울여야 할 수도 있다.

### 8.5.6 강화 단계: 요약

강화단계 훈련을 마치고 나면 표준 난이도의 공식 연설문을 안정적으로 통역할 수 있게 된다. 축하한다. 이제 '진짜' 동시통역사들이 밥벌이를 위해 통역하는 주요 국제 기구의 각국 지도자, 장관과 외교관들이 하는 공식 연설문을 제대로 통역할 수 있게 됐다. 조금 더 실력을 갈고 닦으면 실제 현장에서 마주할 수 있는 변수도 충분히 제어할 수 있게 된다.

다음 장의 '마지막 1 마일' 훈련에서 이 문제들을 다루게 된다. 아직 다양한 장르와 주제에 대해 많은 연습을 할 필요가 있고 릴레이 통역과 B언어 통역 실력도 연마해야 한다. 모의회의 수업에서 현실에 가깝게 연습하게 되고 가능하다면 강사가 실제 회의 현장을 방문해서 간이부스에서 연습할 수 있는 기회도 마련해줄 것이다.

## 8.6 동시통역 이론

네 가지 동시통역에 대한 의문에 해답을 제공하면서 이번 장을 마무리하고자 한다.

i. 어떻게 동시에 듣고 말하는 것이 가능할까? (멀티태스킹)
ii. 연사에 얼만큼 뒤쳐져서 통역해야 하는가? (통역사의 청성시차)
iii. 어째서 어순이 다른 언어에서 동시통역이 가능한가? (어순의 비대칭)
iv. 연사가 하는 말을 미리 예측해야 하는가? (예측기술)

### 8.6.1 '멀티태스킹'과 전문성

동시통역은 듣기, 이해, 어휘선택, 말하기와 모니터링 작업을 한 꺼번에 수행해야 한다. 그래서 사람들은 보통 동시통역이 '멀티태스킹'이라고 생각한다. 하지만 동시통역에 '멀티태스킹'이라는 개념을 적용하게 되면 이해에 오히려 방해가 될 수 있다.

연구실에서 멀티태스킹 실험을 진행할 때 피험자들은 목적이 다른 두 작업(화면에 나타나는 도형을 맞추면서 이야기를 듣기)을 수행하게 된다. 각각의 작업은 주의 집중력이 필요하기 때문에 목적이 다른 여러 작업을 동시에 제대로 수행하는 것은 어렵다. 그러나 손으로는 다림질을 하면서 한 쪽 귀로는 라디오를 청취하고 머리로는 가족을 떠올리는 것처럼 주의력이 많이 필요 없는 단순 작업은 일상 속에서도 동시에 수행하는 것이 가능하다.

동시통역을 처음해보는 학생들은 쉬운 연설문을 느리게 읽어줘도 듣기/분석, 문장 재구성, 말하기와 모니터링을 협응시키는 것이 어렵게 느껴지기 때문에 통역에 누락이 발생하거나(듣기 부족) 자기도 모르는 사이에(모니터링 부족) 의미 없는 말을 내뱉는다(말하기 부족). 우리가 다림질을 할 때도 라디오 방송에서 갑자기 긴급 폭풍 경보를 발표하면 사촌에 대한 생각을 하다가도 멈추게 되고 잠시 다리미를 세워 두거나 셔츠에 구멍이 날 수 있다. 확실히 초보자에게 동시통역은 조금만 다른 작업에 몰두하면 다른 하나가 되지 않는 '멀티태스킹'처럼 느껴질 수 있다.

연사를 완전히 이해하고 연사의 말을 설득력 있게 전달해야 하기 때문에 동시통역이 다림질을 하면서 라디오를 대충 듣는 것보다 더 어려운 작업인 것은 맞다. 그러나 다림질의 예와는 달리 동시통역에서 수행하는 작업은 모두 연사의 메시지를 전달한다는 공통의 목표가 있기 때문에 서로 연계되어 있다.

초보 통역사들이 동시통역을 '멀티태스킹'이라고 느끼는 이유는 아직 듣기와 말하기가 동시에 되지 않거나 아직 어휘에 너무 집착해서 통역에 대한 걱정을 많이 하고 있기 때문이다. 전문 통역사는 언어 이해와 문장 구성이 자동화되어 있기 때문에 돌발 상황이 발생하지 않는 한 연사의 메시지에 집중할 수 있고 두 개의 다른 언어가 주의력을 분산시키지 않는다.

아직까지 신경학적 증거는 없지만, 심리학자들은 전문가가 텍스트를 이해하고 기억할 때 텍스트에서 해독한 의미 정보에만 의존하지 않고, 새로 들어온 정보를 과거에 경험한 일정한 패턴과 연결시켜 텍스트 기반을 확장한다는 것을 발견했다(van Dijk and Kintsch 1983; Kintsch 1998). 체스선수에서 항공 교통 관제사까지 여러 분야의 전문가들이 다양한 모델과 스키마를 적용하여 주어진 상황에 따라 효율성 제고를 위해 규칙을 무시하는 것도 가능하다는 것을 이 실험에서 알 수 있었다(Ericsson 1996; Kohn and Kalina 1996).

### 8.6.2 청성시차

이미 살펴 보았듯이 동시통역에서의 청성시차는 세 가지 제약요인으로 설명될 수 있는 복합적인 현상이다.

1. 기억: 심리 언어학 연구와 일부 통역 이론가들이 강조하듯이 우리가 연사의 말을 들을 때 들은 단어가 아이디어를 연상시키는데, 그것이 단어보다 더 오래 기억될 수 있기 때문에 단어를 기억하는 것이 무의미해진다. 그러나 이름, 숫자, 전문용어는 연상 작용이 빠르게 일어나지 않기 때문에 빨리 잊어버릴 수 있다.

2. 정보: 특정 시점에 주어진 정보가 말을 만들 수 있을 만큼 충분하지 않다면 통역할 수 없다. 우리는 연설을 들을 때 단어를 더 많이 들을 수록 (배경지식을 통해) 아이디어가 구체화 된다. 청중은 이 작업을 연설이 끝날 때까지 지속한다. 대부분은 연설이 끝나면 들은 내용을 거의 기억하지 못하고 전체적인 골자만 기억하게 된다(Kintsch and van Dijk 1992). 내용의 일부를 기억하기 위해 노트하는 사람들도 있다. 그러나 동시 통역사는 순차 통역사처럼 한 단락이 끝날 때까지 기다리거나 수행 통역사처럼 한 문장이 끝날 때까지 기다리는 것이 불가능하다. 동시통역은 연사가 말을 시작함과 동시에 시작해서 말을 끝내는 동시에 말을 마쳐야 한다. 문장 중간에 시작하여 짧은 단위로 나누어 통역한 것을 최대한 어색하지 않게 문장으로 엮어내야 한다. 어떤 문장은 맥락이 없어도 곧바로 통역을 시작하는 것이 가능하지만(예: 'Furthermroe…') 어떤 문장은 몇 단어를 듣지 않으면 시작을 할 수 없다. 그러나 통역사는 의미 단위의 길이, 통역의 시작 시점, 분절 시점, 시간을 끄는 시점, 문장을 다시 시작하는 시점에 어느 정도 융통성을 발휘할 수 있다.
3. 어휘: 어휘력도 시차에 영향을 준다. 용어집을 미리 준비해 오더라도 단어를 문법에 맞게 그리고 청중이 이해할 수 있게 배열해야 한다. 내가 이해한 내용을 얼만큼 빨리 말로 만들 수 있느냐는 내 능동 어휘와 민첩성에 의해 좌우된다.

청성시차는 단어 수나 몇 초 뒤에 일어나는 것으로 설명하는 것은 오해의 소지가 있다. 조심스럽게 시간을 재고 동기화된 동시통역을 전사한 연구에서도 정확히 출발어와 도착어의 어떤 부분을 포착하고 선택과 제약상 의미 있는 평균치를 찾는 것에 대한 어려움이 청성시차를 규정하기 어렵게 만들었다. 통역을 할 때 달라지는 문법과 어순, 일정하지 않은 연설 속도, 내용의 반복, 이름 및 숫자, 개념 설명, 통역사의 주제에 따라 상이한 기억력, 주제 및 용어 친숙도, 예측력 등 너무 다양한 요인이 청성시차에 작용하기 때문이다.

분명한 것은 통역사마다 개인차는 있지만 평균 2-4초 가량의 청성시차를 두고 통역을 한다는 것이다. 동시통역 실험단계에서 학생들은 각자 다른 종류의 연설문에서 청성시차의 현실적인 한계를 확인할 수 있어야 한다.

개념설명을 할 때 시차를 길게 가져가다가 이름과 숫자가 나올 때만 시차를 짧게 가져가는 것이 익숙한 주제라면 의미 단위를 길게 끊고 뒤쳐질 때 요약을 통해서 가능할 수도 있다(그리고 어떨 때는 통역이 더 깔끔할 수 있다). 그러나 이 기술은 숫자, 전문용어와 고유명사가 많거나 정확한 대응어를 구사해야 하는 외교 도는 공식 문건처럼 정보가 압축된 연설문에서는 실패할 확률이 크다.

대본이 미리 주어진 경우(SI-text: CC-9.2.3.3), 시차를 크게 가져가는 것은 굉장히 위험할 수 있다. 연사가 얼마든지 내용을 추가하거나, 바꾸거나, 생략해서 텍스트 상에서의 위치를 놓칠 수 있기 때문이다.

청성시차의 복합성과 위에서 설명한 많은 방해 요인들 때문에 모두가 부정적인 결과를 분명히 볼 수 없다면 강사가 어떤 학생이 몇 초 또는 몇 단어 뒤쳐져 갔다고 야단치는 것은 말이 안되는데 음식의 맛은 먹어봐야 알기 때문이다. 그러나 학생들은 청성시차가 짧든 길든 어느 한 쪽으로 치우치는 것은 피해야 한다는 것을 곧 배우게 된다. 통역을 청중이 이해하기 쉽게 충실하게 할 수 있다면 연사를 바짝 쫓아가도 좋고, 반대로 누락되거나 뒤처지지 않을 자신이 있으면 시차를 길게 가져가도 된다. 시차가 길더라도 이름, 숫자, 명단이 나올 때는 바짝 따라 붙거나 받아 적어야 한다. 기억할 수도 있겠지만 그것은 거의 불가능에 가깝다.

전통적으로 더 숙련된 전문 동시통역사일수록 구체영역의 작업 기억이 더 뛰어나기 때문에 맥락 정보를 더 많이 참고해서 긴 시차가 발생한다고 여겨져 왔다(see e.g. Herbert 1952). 그러나 조사 결과 사용자 측면에서 청성시차가 길 때 불편함을 느끼는 사람이 많았다(Moser 1997: 169-170). 출발어를 전혀 모르는 청중은 통역사가 중간에 통역을 멈추거나 시각자료와 통역이 연결되지 않을 때에만 시차를 느꼈다. 그러나 청중이 조금이라도 출발어를 알아 듣는 경우(아무래도 영어를 이해하는 사람이 많다 보니), 시차가 긴 통역사 보다 적은 통역사를 선호했다.

#### 8.6.3 어순, 동시통역에 방해가 되는가?

어순은 언어별로 다르기 때문에 연사가 말하는 단어를 순서대로 도착어로 옮기는 것이 불가능하고 그렇기 때문에 동시통역의 대표적인 방해 요인으로 꼽히기도 한다. 숙련된 통역사는 분절술, 예측기술과 시간끌기를 적절히 섞어서 어순 문제를 해결한다.

동시통역의 초기 연구는 주로 독어, 노어, 중어와 일어를 영어나 불어로 옮기는 것에 대한 어려움을 다루었다. 이 출발어들은 문장의 핵심인 동사 또는 술부가 맨 뒤로 오기 때문에 동사가 앞에 오는 영어와 대치된다. 영어와 불어는 주로 명사구로 시작하는데, 명사 앞에 관사와 한 두개의 형용사가 붙고, 그 뒤에 나머지 정보가 있는 관계절이 오게 된다. 그러나 독일어와 중국어는 주어가 나오기 전에 많은 정보가 나열될 수 있다. 예:

*der vor nur einigen Tagen geschlossene aber schon von allen zuständigen NGOs als bahnbrechend anerkannte internationale Vertrag gegen illegalen and unregulierten Walfang...*

'the since-only-a few-days-concluded but already-by-all-relevant-NGOs-as-a-break-through-recognized treaty against unregulated whaling…'

부분적으로 SOV 어순을 가진 언어에서 SVO(영어와 불어 등) 어순으로 옮길 때 맥락에서 얻은 정보가 동사를 추측하기에 부족하거나 명사 앞에 수식어가 너무 길 때 통역이 어려울 수 있다.

그러나 반대 방향으로 통역해도 문제가 발생할 수 있다. 아래 TV 인터뷰 진행자들이 좋아하는 질문들은 저자가 구사하는 8개 언어로 통역하는 것이 까다롭다.

How bad is unemployment in Europe? And how much of a scandal, as one previous speaker, the Minister, called it, is it? How worried should we be about…? etc.

SOV 언어 구사자 입장에서 영어는 명사와 동사 이후에 오는 전치사구나 관계사절의 수식어가 너무 길기 때문에 짜증이 날 수 있다. achieve x BY doing y, x is so BECAUSE y, do x BEFORE y, do x AFTER y, the x THAT has y attribute 같은 표현이 통역을 까다롭게 만든다.

위의 예만 보더라도 어순은 동시통역을 처음 접하는 학생들에게 골치 아픈 문제이다. 유럽은 1950년대와 1960년대(독일)에, 일본은 1980년대에, 중국은 최근에 동시통역 훈련을 시작하게 됐는데, 훈련 초기에는 어순이 다른 언어에서 동시통역이 가능한 것인가 의문을 가지게 된다. 그러나 어순은 동시통역 기술로 충분히 극복 가능한 많은 문제 중 하나일 뿐이다(CC-9 참조). 숙련된 통역사는 '개방적 문법'과 언어적 시행착오*linguistic heuristics*를 통한 분절술, 풍부한 배경지식에 기반한 예측기술과 시간끌기를 적절하게 조합하여 어순 문제를 해결한다.

또한 분절술, 탈언어화, 문장 재구성, 개방적 문법, 일반화, 단순화와 예측 기술 등 어순을 극복하기 위해 통역사가 사용하는 동시통역 기술은 모두 언어, 지식과 추론이라는 기본적인 자원과 처리능력을 바탕으로 CC-6(시역)부터 훈련을 통해 단련한 기술들이다. 부분적으로 어떤 단어를 통해서 다음 내용을 예측을 하는 것도 가능하지만 지식과 맥락 정보를 통해 추론하는 경우가 더 많다. 따라서 국제회의 담화에 익숙하지 않고 아직 수업에서 다룬 것이 전부인 학생들 입장에서 동시통역 기술은 어려울 수 있다.

전문 통역사들은 이 기술이 내재화되어 직감적으로 사용할 수 있게 된다. 경험이 축적되면서 어순에 신경을 점점 더 적게 쓰게 된다. 그러나 높은 레지스터의 공식 연설문을 통역사에게 미리 제공하지 않은 상태에서 낭독하면 아무리 숙련된 통역사라도 통역하는 것이 어려울 수 있다. 낭독용 연설문은 청중 보다는 연사를 위해서 쓰여져 있기 때문이다. 연사가 텍스트를 청중이 듣기 편하게 잘 끊어서 읽어주면 통역사 입장에서도 다음 내용을 예측하는 것이 편해진다.

안타깝게도 일부 시장에서 미리 준비된 텍스트를 낭독하는 공식 담화가 통역사에게 일상적인 일이 됐다. 어순은 공식 또는 법률적인 텍스트를 다룰 때 골치가 아플 수 있다. 복잡하고 긴 문장이 낭독되면, 예측이 어려워지고 청중은 통역사가 용어의 정확한 대응어를 사용할 것을 기대하고 있기 때문에 의역이 힘들다. 이 문제는 CC/TG-9에서 더 상세하게 다룬다.

### 8.6.4 예측기술

기계번역의 초기 옹호론자들이 발견 했듯이 아무런 텍스트 외적인 지식 없이 한 쌍의 사전과 한 쌍의 문법만으로 텍스트를 해독하고 재부호화*recoding*했을 때 의사소통이 가능한 의미 있는 번역을 생산하는 것은 드물게 있거나 우연히 발생한다. 훈련 받은 동시통역사가 연속적인 발화를 약간의 시차를 두고 유창하고 충실하게 번역할 수 있는 이유는 연사와 행사의 성격을 파악한 상태에서 새로 들어오는 정보를 통해 연사가 할 말을 예측하거나 문장이 시작할 때 구조를 잡고 뒤이어 들어온 정보를 통해 어색하지 않게 구조에 살을 붙이는 능력이 있기 때문이다.

예측력은 성공적인 동시통역의 열쇠다. 예측기술을 일종의 통역 '전략'이라고 생각할 수 있지만 이것은 오히려 우리가 언어를 들을 때 최대한 의미를 빨리 파악하기 위해 본능적으로 다음 내용을 미리 생각하고 들어오는 정보와 연관 짓는 성향을 우연히 사용하는 것에 가깝다(Chernov 2004:91-92; Altmann & Kamide 2007; Mayberry et al. 2009). 체르노프가 지적했듯이, 우리가 동시통역을 할 수 있는 이유는 무언가를 본능적으로 예측하기 때문이다. 따라서 이 역량을 기르고 활용하는 것은 우리가 입문 단계에서부터 기본적인 이해를 위해 필요한 주의력과 기억력을 훈련하는 것 만큼이나 동시통역 훈련에 중요하다.

어순의 비대칭성과 내용을 미리 알 수 없다는 제약 때문에 동시통역을 할 때 통역사들은 위에서도 이미 여러 번 언급했지만 어색한 문장 구조와 어순을 보완하기 위해 구두 예측을 습관처럼 사용하게 된다. (일상 생활에서도 대화 중에 다른 사람이 하는 말을 대신 끝내서 상대방을 언짢게 할 수도 있다.)

연설과 통역 전문을 비교한 연구를 살펴보면 동시통역의 공통된 특징인 구두 및 비구두 예측기술*silent and voiced anticipation*이 어색한 문장이나 어순이 다른 언어에서만 사용되는 것이 아니라는 것을 알 수 있다. 예측은 우리가 연어*collocation*를 인식하는 것처럼 언어의 일부이거나 연사가 문장을 마치기 전에 연사가 불분명하게 말했던 부분이 명백해졌을 때 의미를 파악하는 것처럼 '인지적'인 것이거나(Lederer 1986) 둘 다일 수 있다. 어떤 언어든 관용적인 요소가 있기 때문에 다음에 사용할 단어가 언어적으로 예측이 가능한 부분이 있다. (예: *'these measures have already played an important or in any case far from negligible instrumental role in...'*) 그러나 언어만으로는 예측이 불가능한 요소도 존재한다.

언어 정보만으로 다음 내용을 예측하는 것이 가능하지만 문장의 종결과 전체적인 연설의 흐름은 국제 현안, 국제회의, 전문용어, 행사 성격 등 배경지식을 통해서도 예측이 가능하다. 따라서 연설과 회의에 익숙해질 수록 배경지식을 통한 예측의 비중이 높아진다.

구두 예측은 통역의 흐름을 원활하게 해주지만 (시간 끌기가 작업 기억에 과부하를 줄 위험이 있는 것처럼) 늘 실수 할 수 있는 위험이 동반된다. 따라서 동시통역은 위험을 지속적으로 관리하는 과정이라고 볼 수도 있다.

예측이 항상 맞으리라는 보장이 없기 때문에 구두예측이 꼭 모 아니면 도가 되게 할 필요는 없다. 보통 구두 예측은 나올 수 있을 법한 것에 대한 스케치나 근사치이기 때문에 뒤이어 들어오는 내용에 맞춰 연사가 실제 한 말에 가깝게 보완하게 된다(Kohn 81 Kalina 1996; Setton 1998, 1999; 8.4.3 참조). 애초에 내용을 처음 접하는 통역사보다 연사는 이미 알고 있는 내용을 바탕으로 말하기 때문에 어쩌면 예측과 보완이 동시통역의 전부라고 볼 수도 있다.

더 일반적으로 구두 예측에 수반되는 위험의 정도는 얼만큼 강한 단어를 선택했느냐에 따라 달라질 수 있다. 단어를 조심스럽게 선택했다면 나중에 보완하는 것이 가능하지만 더 과감하게 구체적으로 말했다면 나중에 말을 바꾸기가 어려울 수 있다.

따라서 통역사는 위험을 고려해서 청중이 직역을 기대하는 경우에는 예측과 보완을 위험이 낮은 상황에서만 사용하고 위험이 아주 적을 때(예: 꼼꼼하게 서류를 준비해준 사무국 관계자들에게 감사를 표할 때)에만 내용을 미리 통역해볼 수 있다. 일반적인 규칙은 다음과 같다.

- 만약 예측한 내용에 확신이 있다면, 연사가 다음에 할 말을 과감하게 내뱉을 수 있다. 예:
  'I'd like to … [Interpreter says 'THANK'] the Secretariat, for the [for this meeting painstakingly produced very high-quality documents [EXPRESS OUR APPRECIATION. . .]
- 어느 정도 확신하지만 위험이 있다고 판단된다면, 중립적인 의미와 뉘앙스를 가진 단어를 선택해서 추가된 내용의 경중에 따라 내용을 구체화하도록 한다.
- 고위급 행사나 여러 이해관계가 얽혀있는 매우 민감한 상황에서는 예측을 하는 것이 매우 조심스럽다. 예를 들어 오랫동안 기다려온 유럽중앙은행의 기준금리가 독일어로 발표되고 있다고 가정해보자. 독일어는 동사가 마지막에 오는데, TV로 생중계가 되고 있는 상황에서 금리를 인상, 인하 또는 유지한다고 과감하게 예측할 수 있을까? 이런 경우, 절대 예측하지 말고 미리 뱉은 단어나 대역이 최대한 중립적이고 눈에 띄지 않도록 한다(예: 'announce a change'). 방송 녹화가 되는 공식 행사에서는 나중에 구설수에 오를 위험의 소지가 있는 구두 예측을 아예 안 쓰는 것이 바람직하다. 그런 상황에서는 실수할 위험을 높이는 것보다 아무리 문장이 아름답지 않고 멍청하게 들려도 의미가 명확해질 때까지 중립적인 구두 완충제를 사용하는 것이 더 낫다.
- 마지막으로 텍스트가 미리 제공된 SI-text의 경우, 도착어에서 자연스러운 어순을 사용하기 위해 연사가 말하기 전에 미리 통역하는 일이 절대 없도록 한다. 연사가 어떤 내용을 생략할 지 모르기 때문에 위험하다. (아니면 텍스트에 실수로 다른 내용이 들어간 경우도 있다.)

## 8.7 요약: 동시통역

동시통역은 인지적인 부담이 크고 복합적인 작업이다. 어떨 땐 자신감 있게 말하다가도 실수하거나 머뭇거릴 수 있고, 필요에 따라 속도를 조절하면서 전문적인 내용을 말하지만 동시통역은 결국 구체적인 상황에서 실제 청중을 대상으로 구체적인 요구사항과 목표를 만족시키기 위해 라이브로 진행되는 의사소통 행위이다. 모든 사람이 동시통역을 할 수 있는 것도 아니고 애초에 요구되는 언어 능력과 지식 수준 그리고 적성을 갖추고 있지 않다면 동시통역을 배우지 않는 것이 좋다. 그러나 동시통역은 꾸준한 노력을 기울이고, 피드백과 의도된 연습 통해 단계적으로 훈련 받으면 충분히 습득할 수 있는 기술이다. CC-4, CC-6과 CC-7에서 배운 다양한 인지, 구두 및 텍스트 훈련부터 시작해서 동시통역 입문단계*Initiation*와 적응단계*Coordination*에서는 조금씩 통역의 동시성을 배우게 되고, 실험단계*Experimentation*에서 더 현실적인 연설의 속도, 종류와 스타일을 경험한 뒤, 강화단계*Consolidation*에서 비로소 21세기 회의 통역 상황에 맞춘 빠른 속도의 공식 연설문과 기술적인 자료를 다루게 된다. 부스 안에서의 충분한 연습과 수업 때 건설적인 피드백, 모의회의와 통역 녹음을 통한 모니터링을 한다면 (마지막 학기 중반 쯤에) 학생들이 현장 투입을 위한 최종 훈련(CC/TG-9)을 받을 준비를 마치게 된다.

추가 참고 도서 (상세 정보는 권 말 참고 도서 참조)

TG-8 추가 참고 도서 참조

동시통역의 역사

CC-2 추가 참고 도서 참조

동시통역 이론과 모델

1. Chernov 1979, 2004: Inference and anticipation in SI
2. Gile 1995/2009: Effort Models, theory, pedagogy
3. Jones 1998: (chapter on SI)
4. Seleskovitch and Lederer 2002: interpretive theory (ITT), pedagogy
5. Setton 1998, 1999, 2005: cognitive-pragmatic (Relevance-Theory) approach
6. Setton 2003a, 2009, 2013: overviews of models of interpreting in the literature

연습 자료

1. Community Wiki from interpreting.info: http://interpreting.info/questions/507/recorded-conferences-or-presentations-for-practisingsimultaneous-interpretation (Accessed August 21, 2015)
2. Speechpool: http://www.speechpool.net/en/ (Accessed February 13, 2016)
3. EU Speech Repository: http://ec.europa.eu/dgs/scic/cooperation-with-universities/speech_repository.htm (Accessed August 21, 2015)

# 제9장 현실과 고난도 통역

## 9.1 서문

### 9.1.1 현실 대비

마지막 학기 무렵에는 주류 연설의 메시지를 대부분 전달할 수 있고, 주제 및 배경, 회의 참가자, 의제 및 우선순위 등 회의를 준비하는 방법도 알고 있어야 한다. 그러나 통역시장에 발을 딛는 그날부터 특히 (EU의 신참 통역사 교육*Newcomers' Scheme*같은) 입문 프로그램이 없는 민간부문에서 진행절차 및 내용을 예측할 수도 없고, 늦은 통지와 자료 부족으로 준비가 힘들고, 가끔은 거절할 만큼 열악한 것은 아니지만 미흡한 환경에서 아주 어려운 전문 분야 통역을 하게 될 가능성이 있다. 우수한 학생들조차 추가 준비 없이 이러한 통역 현실에 맞닥뜨리게 되면 많은 어려움을 느끼게 된다.

학교가 학생들을 통역시장에 내보낼 수 있을 정도로 훈련시켜야 한다는 확신 하에 이번 장에서는 전체 교과과정 중에 현실과의 괴리를 조금이라도 줄이기 위해 '마지막 1 마일' 고급 훈련 과정을 소개한다. 지금까지 통제된 환경에서 내용이 분명한 출발어 텍스트를 자신 있게 통역하는 것이 목표였다면 이번 훈련은 한 단계 더 나아가 통역 현장(현실)에서 안정적인 전문 자질을 갖추게 하는 것이 목표이다.

이제까지는 연설문과 텍스트의 속도, 밀도, 스타일 및 내용 측면에서 조금씩 난이도를 올려서 연설을 구두로(동시), 텍스트를 구두로(시역), 텍스트에 기반하여 연설을 구두로(노트 있는 순차), 연설 및 텍스트에서 구두로(텍스트 있는 동시) 통역하는 방법을 연습해왔다. 현실에서는 연설, 텍스트, 발표 슬라이드, 릴레이 통역이 결합된 복합적인 통역이 일상이 될 것이다.

마지막 학기에 강사들은 수업, 모의 회의 및 프랙티컴 수업에서 텍스트에서 벗어나는 연사나 발표 슬라이드를 사용하는 릴레이 통역, 시역을 같이 하는 순차 통역 등 점차 현실에 가까운 자료로 수업을 진행해야 한다. 마지막 몇 주 동안의 수업에서는 현실에서 마주하게 될 불가능에 가까운 어려운 통역 조건과 사용자 기대수준을 만족시키고 대응 전략 및 고객과의 대화를 통해 이런 위험부담을 미연에 방지하는 방법을 배우게 된다(CC-10 및 CC-11에서 다룸).

이미 지식, 기술 및 언어가 하나로 융합되어 있는 통역을 하지만 마지막 몇 개월 동안 두 가지 훈련 목표에 집중해야 한다. 첫째, 회의 참가자 및 의사소통 상황에 대한 인식 수준을 높여서 사용자 중심 통역을 할 수 있도록 한다. 둘째, 통역이 가능하지만 예측불허의 주제를 다루고 극한 또는 민감한 상황에서의 생존하기 위한 통역의 신속성, 팀워크, 전문적 판단 능력 및 배경지식을 갖춘다.

### 9.1.2 사용자 중심

이제 통역의 목표가 정확하고 다듬어진 전달을 통해 배경지식이 있고 동기부여가 된 회의 참가자 뿐만 아니라 모든 청중이 편안하게 들을 수 있게 만드는 것이어야 한다. 즉 머뭇거림, 어눌함*disfluency* 및 불안정한 운율을 제거하여 논리정연하고 자신 있게 들리는 통역을 하고 가끔은 동료가 다른 부스에서 내 통역을 릴레이 하고 있을 때는 뒤처지는 속도를 줄이고 더 분명하게 통역함으로써 웅변조 통역의 유혹을 떨치면서 균형을 맞춰야 한다.

연설 속도, 숫자, 억양, 예측불가능한 사안 등 실제 현장에서 군더더기 없는 통역을 하려면 전체 행사, 배경, 및 행사 참가자들과 가장 관련 있는 주제를 개괄적으로 알고 있어야 하고 동료 통역사와 팀으로 일하는 방법을 터득해야 한다. 그 말은 통역 준비 및 문서 관리 협업을 의미하고 언제 부스 파트너에게 도움을 주고 받는지 아는 것을 의미한다. (숫자를 받아 적는 등 도와줄 수 있지만 도움 없이도 고유명사와 숫자가 있는 연설을 스스로 해결할 수 있어야 한다.) 모두 주기적인 모의 회의를 통해 연습 되어야 하고 관리할 문서가 많은 통역, 릴레이 통역과 함께 가능하다면 실제 회의 및 디브리핑 행사장 내 간이 부스를 만들어 즉석 프랙티컴을 통해 '순수 사용자'인 방문객들로부터 통역을 평가받을 기회가 있으면 좋다.

### 9.1.3 고난도 통역 내 위험요소 및 불가능한 조건

실제 통역 현장에서 마주하게 될 업무 환경은 동시통역 강화 단계에서 연습해본 어려운 통역이 복합적으로 결합되어 있다. 내용의 밀도가 높은데도 사전에 통역사에게 텍스트를 제공하지 않고 강한 억양으로 빠르게 읽어 내려가는 연사, 깨알 글씨로 도배된 슬라이드를 순서대로 발표하지 않고 앞으로 뒤로 넘기면서 통계수치를 나열하거나 코멘트를 해가며 횡설수설하는 연사, 발표 슬라이드 또는 텍스트가 결합된 순차 통역, 통신상태가 좋지 않은 곳에서 전화연결을 통한 질의응답, 기술적인 주제와 관련하여 예정에 없던 발표의 통역, 시, 성경, 또는 고대 철학의 인용, 고객 또는 회의 참가자의 요청으로 자질이 부족한 통역사의 통역 릴레이, 그 외 통역사의 가시성*visibility*에 따른 문제, 연사의 실수 등 다양한 상황에 대비해야 된다.

극한의 조건에서 통역을 하는 것은 기후변화에 대응하는 것과 비슷한 면이 있다. 악조건을 완화하기 위해 최선을 다하거나 고객과의 소통 및 개별 준비를 통해 미연에 문제를 방지해야 한다. 그럼에도 불구하고 문제가 발생했을 시에는 강한 임기응변으로 위기를 넘겨야 한다. 예방이 여전히 치료보다 낫다. 통역 직전에 긴급 상황에 대처하기보다 전문가다운 고객관계 형성을 통해 최적의 통역 환경을 조성하는 것이 좋다. 그것이 아니라면 최선의 방법은 대개 피해 통제를 하는 것이다. CC-10과 CC-11에서 설명할 고객 및 사용자와의 소통을 통해 문제를 예방하는 사전대비책과 최악의 조건들을 관리하기 위한 고난도 통역 기술과 임기응변술(9.2.3,

9.2.4 및 9.3) 등 강사는 양쪽 상황 모두에 대비한 지침을 제공해야 한다.

### 9.1.4 마지막 학기 교육과정 개괄

마지막 학기 훈련과정 구성요소는 다음과 같다.

1. 사용자 중심
   a. 청중의 입장에서 생각한다. 일관되고 명확하고 알기 쉽게 말한다. 자가 모니터링을 통해 문제를 보완한다.
   b. 현장에서의 의사소통 상황, 회의 및 행사의 진행 절차를 이해한다. 일반적으로 언어적인 문제로 고민하는 것보다 오히려 성공적인 의사소통을 하기 위한 지름길이라 할 수 있다.
   c. 유머, 아이러니, '통역 불가능 요소*untranslatables*', 섬세하거나 민감한 주제, 문화적 간극 등 예기치 못한 상황에 프로정신(CC-10)에 입각한 준비태세를 갖춘다.
   d. 능동적(최적화) 통역과 제한적 통역의 득실을 빠르게 고려하여 과잉 또는 축소 통역을 피한다(CC-4.4.3.1, CC-5.8.4, CC/TG-10.4).

2. 어려운 텍스트를 위한 현장 기술
   a. 이해의 지평을 지속적으로 넓히도록 한다. 다양한 억양, 잘 다루지 않는 주제, 독특하거나 비체계적인 스타일의 연사를 공부한다.
   b. 고난도 텍스트 동시통역(통역 직전 막간을 이용한 텍스트 준비) 및 다중 매체*mixed-media* 사용(시역 및 발표 슬라이드가 수반되는 릴레이 순차 통역) 등 복합 업무 수행을 위한 역량을 강화한다(9.2.3).
   c. 의회운영절차, 예산결산, 연구 용어 등 추가 영역 개괄을 통해 회의 통역을 위한 배경지식을 보완한다.

3. 악조건 및 비현실적 요구사항에 대처하기 위한 생존 전략

a. 완화 전략*mitigation*: 전문적인 예측*professional foresight* 및 고객과의 소통을 통해 문제를 예방한다. 납득할 만한 수준의 서비스를 제공하기 위한 사용자 기대 예측 및 업무 타당성 판단 능력을 키운다. 전문성 영역은 CC-10과 CC-11에서 추가적으로 다룬다. 각 통역 업무를 철저하게 준비하고 행사 전 및 행사 중 동료 통역사들과 함께 팀으로 협력한다(9.2.5).

b. 적응 전략*adaptation*: 완화 전략 실패 시 요약, 추상화, 직역, 문제 지적 및 그 외 극약처방 등 대처 전술을 준비한다.

어렵더라도 통역 가능한 경우라면 이제 통역 품질의 기준을 높여야 할 때가 왔다. 강사들도 차츰 통역의 품질에 더 주의하여 지적하게 된다. 고난도 통역이라도 말이 되도록 전달할 방법을 찾아야 한다.

## 9.2 현실 적응 역량: 복합적이고 주기적인 연습

### 9.2.1 이해력 및 배경지식 확장

마지막 학기에는 익숙하지 않거나 평소 어려움을 느꼈던 억양, 어역 및 연설 스타일을 찾아서 공부하고 연습해서 익혀야 한다.

교과과정을 마치게 될 즈음이면 다음 어역 및 장르의 텍스트를 개별 스터디(CC-7.3.2, 독서 2 단계 및 3 단계 참조)와 순차 및 동시 수업의 실험 단계에서 다룬 경험이 있을 것이다.

아래 나열된 텍스트 유형을 한 번씩은 다루어 보아야 하지만 해당 학교의 목표 시장에 따라 중점적으로 다루게 되는 텍스트에 상대적인 차이가 있을 수 있다.

i. 국내 및 국제 공식 문체: UN 또는 국제금융기구(세계은행, IMF)의 대표단 성명서, 정부기관 및 양자 외교 텍스트와 연설. 해당 연설은 동시통역 강화단계*SI-Consolidation*(CC-8.5) 전반부에서 다룸.

ii. 국가 지도자, 장관 및 국제  포럼의 오피니언 리더의 연설을 포함한 정치적 연설과 정교하게 만든 미사여구.

iii. 진행 절차: 위원회 절차, 투표, 의제, 청문회 등

iv. 비즈니스, 금융 및 법률 분야(민간 시장): 경제, 금융, 자본시장, 은행업, 정보통신기술, 녹색 기술, 회사/상거래법 등 기술적인 주제의 발표 및 토론

v. 행사 및 의례: 국회 개회사 및 폐회사, 수상소감, 고별사, 헌사, 추모사.

vii. 편안한 비즈니스 분위기의 회화체 및 구어체: 기업, 학술 및 사교적 환경; '목적 있는 스토리텔링', 영감을 주는/동기를 부여하는 연설; TED 토크

vii. 고난도 기술 주제: 의료, 엔지니어링, 생명공학 등 철저한 준비 없이 진입할 수 없는 목표 시장 대비

viii. 기타 반복되는 유형: 언론 발표문, 항의문, MC 스크립트, 행사 참가자 약력 소개('let's go round the table and introduce ourselves'; or 'our next speaker holds a BA from… has published on…').

이제 비전형적인 고난도 연설을 연습해야 할 단계이고 언어숙달 수업에서 비원어민 억양과 지역 사투리를 이해하는 연습이 병행되어야 한다. 또한 의회운영절차, 예산결산, 연구(설문조사, 도표, 통계 등은 오늘날 '증거 기반*evidence-based*시대의 모든 영역에 해당됨) 등 특수 영역 관련 지식 및 용어도 공부해야 한다.

### 9.2.2 사용자 중심

국제 회의 현장을 직접 경험해 보는 것은 제2의 발견을 하는 것과 같다. T.S. 엘리엇의 말을 빌리자면 모든 탐험의 끝은 우리가 시작했던 그 곳에 도달하는 것이고 그 곳을 난생 처음 보듯 바라보는 것이다. 입학 때 보여주었던 의사소통 자질을 지식과 기술로 연마하여 마침내 자신 있게 통역할 수 있게 된 것이다.

이제는 통역 업무에 대해 새로운 시각으로 바라볼 수 있게 되었다. 많은 통역사 지망생들이 통역의 언어적 도전에 매료되어 주로 새로운 기술 습득 및 지식 확장의 인지적 과정을 거치게 되고 기술을 완전히 익혔을 때 비로소 서비스로서의 통역이 가지는 사회적 층위의 의미를 이해하고 사용자의 입장에서 나의 통역을 바라

보게 된다.

유창함, 명료함, 표현력, 일관성, 좋은 발성, 음량 조절 등 '사용자 친화적' 통역의 기본 원칙은 이미 발표 기술 입문 단계(CC-4.5)에서 이미 교육받았고 순차 통역(CC-5.7, 5.8)에서 실습해보았다. 동시통역을 하게 되면서 통역을 다듬기 시작했을 것이고 졸업할 때까지 지속되어야 한다. 특히 Bsim에서 다음에 유의하여 연습하도록 한다.

- 귀에 들릴 정도의 머뭇거림, 지연, 부자연스러운 운율 및 기타 언어를 처리하면서 생기는 부산물의 제거
- 도착어의 운율적 장치(강조, 억양, 리듬)의 효과적 사용
- 조심스러운 부분에서도 안정적이고 유창하고 자신감 있는 목소리
- 발성, 호흡, 마이크 사용 기술 개선

사용자 중심 통역은 발성과 전달에만 그치는 것이 아니다. 힘을 덜 들이고도 (상황에 따라) 다양한 방법으로 의미를 효과적으로 전달할 수 있다. 더 나은 포장 기술, 강조, 연결어, 담화 표지 등을 사용하고, 연사가 횡설수설 할 때 흐름 및 결속력 강화를 위해 짧게 요약하거나, 이미 언급된 부분을 압축하고 새로운 정보를 강조하여 신호대잡음비*signal-to-noise ratio*를 높이고, 단순화 또는 부연설명을 필요할 때 적절하게 사용하는 것이 여기에 포함된다.

순차보다 동시에서 통역 최적화가 어렵지만 동시통역의 사용자 경험을 편안하게 하는 빠른 방법이 있다. 물론 완전성, 용어의 정확성, 정제된 표현 등 통역의 충실성을 어느 정도 희생해서 사용자 입장에서 편안함과 접근성을 높이는 것이다. 예를 들어

i. 약어 및 두문자어를 청중이 모두 알고 있을 것이라고 추측해서는 안 된다. 따라서 많은 약어들이 전체 명칭을 말하지 않는다면 청중에게 아무런 의미가 없을 수도 있다. 또한 청중이 (문서에 표기된) 약어의 정확한 명칭을 모국어로

알지 못하거나 한 번도 사용해본 적이 없을 수도 있다.

ii. 정확한 공식 명칭 및 호칭이 청중에게 아무런 의미가 없을 수 있으므로 '주석'을 달아야 하는 경우도 있다(CC-5.8.4). 출발어 국가 및 문화 관련 기관들에 대해 알고 있어서 언제라도 뱉을 수 있는 표현이 준비되어 있어야 한다(Minns 2002:3-4 예제 참조).

iii. 일부 또는 전체 청중이 도착어가 모국어가 아닌 경우가 영어에서 더 자주 있다 있다. 통역사가 전반적으로 어역을 표준어 및 일상언어에 맞추고 방언, 은어, 문학적 표현, 그리고 드물게 '구어체'를 피하는 것이 오히려 청중에게 더 잘 전달될 수 있다.

### 9.2.3 역량 강화

#### 9.2.3.1 순차 및 시역의 변형

실제 통역 현장에서 연사가 준비된 연설문이나 문서를 읽을 때 (노트 있는) 순차와 시역을 동시에 해야 하는 경우가 발생한다. 내용의 밀도가 아주 높은 텍스트는 순수 순차통역에 적합하지 않다(CC-2.2.1). 예를 들어 아래 텍스트는 정상 발화 속도(130-150wpm)로 읽더라도 통역하는 것이 굉장히 어렵다.

We conducted a double-blind, placebo-controlled, randomized trial to assess the effect of subcutaneous enoxaparin (40 mg daily) as compared with placebo – both administered for 1014 days in patients who were Wearing elastic stockings with graduated compression - on the rate of death from any cause among hospitalized, acutely ill medical patients at participating sites in China, India, Korea, Malaysia, Mexico, the Philippines, and Tunisia. Inclusion criteria were an age of at least 40 years and hospitalization for acute decompensated heart failure, severe systemic infection with at least one risk factor for venous thromboembolism, or active cancer. The primary efficacy outcome was the rate of death from any cause at 30 days after randomization. The primary safety outcome was the rate of major bleeding during and up to 48 hours after the treatment period.

이런 종류의 연설은 반드시 텍스트가 있어야 하고 연사가 중간에 첨언을 할 것에 대비하여 순차 노트도 준비해야 한다.

현장에서 경험하게 될 혼합 순차 및 시역의 종류에는 다음이 포함되어 있다.

i. 텍스트 있는 순차: 텍스트를 그대로 읽는 부분을 부분적으로 시역하고 텍스트에서 벗어난 부분을 순차 통역 한다.

ii. 다중 매체를 사용하는 발표의 순차: 슬라이드, 플립 차트 설명, 칠판, 동영상 등

다음 연습은 혼합 순차 및 시역을 준비하는 데 도움을 줄 것이다.

1 단계:

1. 강사가 텍스트를 나눠준다.
2. 강사가 텍스트를 소리내어 읽는다. 중간에 단어를 생략하거나 추가하고 각 문단에 새로운 문장을 한두 개 삽입한다.
3. 학생들이 텍스트를 보며 생략된 부분을 지우고 추가된 부분을 종이 여백에 순차식으로 노트한다.
4. 학생 한 명이 변경된 부분을 모두 반영하여 통역한다.

2 단계: 연습 방법은 위와 동일하나 텍스트를 더 빠르게 읽고 내용을 더 즉흥적으로 바꾼다. 바뀐 내용이 많기 때문에 프린트 여백이 부족해서 다음 페이지 또는 공책에까지 노트를 적게 될 것이다. 받아 적은 노트가 텍스트의 어떤 부분에 해당되는 지 잘 파악하도록 한다.

3 단계: 이제 강사가 텍스트의 순서를 자의적으로 정한다. 예를 들어 3문단부터 읽기 시작하다가 새로운 내용을 추가하고 1문단을 읽는다.

4 단계(최고 난이도): 통역사가 무대에 서서 노트를 받칠 연단 없이 텍스트와 공책을 같이 쥐고 당황한 기색 없이 노트테이킹과 통역을 해야 한다. (실제 행사장에서 이런 식으로 일어서서 시역과 순차를 동시에 해야 하는 경우가 빈번하게 발생한다. 이런 경우 손에 쥐고 있는 것이 이미 너무 많아 마이크를 손에 쥐는 것이 절대 불가능하므로 마이크 스탠드가 반드시 필요하다.)

고유명사 연습

위의 의학 연구 논문 초록 예시의 바로 뒷부분에 연구자들의 이름이 나열되어 있었다(공동연구자 383명 모두가 언급 되지는 않음).

'Ajay K. Kakkar, M.B., B.S., Ph.D., Claudio Cimminiello, M.D., Samuel Z. Goldhaber, M.D., Rajiv Parakh, M.D., Chen Wang, M.D., Ph.D., and Jean-François Bergmann, M.D. for the LIFENOX Investigators'

이런 종류의 명단을 읽는 일이 생길 일은 거의 없고 애초에 텍스트 없이 명단을 순차로 통역하는 것은 불가능에 가깝다. 그러나 어려운 고유명사를 수업시간에 따로 연습해볼 필요는 있다. 먼저 (경험이 풍부한 강사의 도움으로 명단을) 부분적으로 연습해보다가 3학기부터는 순차 및 동시 상황에서 연습해봐야 한다. 고유명사를 알아 들을 수 있게 통역하기까지 걸리는 개개인의 연습량은 노출된 문화와 배경지식에 따라 크게 다를 수 있다.

### 9.2.3.2 텍스트 있는 동시^SI-text^: 텍스트를 읽는 연설

이미 교과과정 초기에 탈언어화 연습(CC-4.3.2)과 동시통역 준비 훈련(CC-6)을 하면서 다양한 종류의 시역을 해보았다. 텍스트를 통역사가 가지고 있는 상태에서 연설을 할 경우 텍스트에 표시를 해가며 시선 처리를 통해 신속하고 사용자 친화적인 통역을 할 수 있게 된다. 텍스트 있는 동시에서도 이것이 도움이 된다.

강사진이 단도직입적인 텍스트 있는 동시*SI-text*를 이미 소개한 바, 텍스트를 미리 제공하고 준비시간을 준 다음 문자 그대로 원문을 이탈하지 않는 경우이다. 동시통역 실험단계에서 통역에 활용하기 위한 텍스트 준비 및 표시 방법과 '눈-귀-목소리' 협응의 문제와 텍스트 사용의 장단점을 공부했었다. SI-text를 할 때는 다음 원칙에 주의한다.

i. 실제 발표되는 연설이 항상 우선권을 갖는다.
ii. 듣는 것이 읽는 것보다 빠르다.
iii. 그러나 텍스트를 절절하게 사용하면 놓치기 쉬운 정보(특히 이름과 숫자)를 많이 처리할 수 있다. 특히 말이 빠르거나 텍스트의 내용에서 벗어나는 연사의 통역을 할 때 도움이 된다.

그러나 SI-text가 현장에서 자주 있는 일이고 다양한 변수가 적용되어 난이도도 예측할 수 없기 때문에 학교에서 전통적으로 가르치던 것보다 더 많이 연습해서 이를 하나의 기술로 가지고 있어야 한다.

연설문의 성격은 얼만큼 준비되었는가 즉 얼만큼 문어체로 쓰여졌냐에 따라 달라진다. 우리는 편의상 연설문을 다음과 같이 분류한다(CC-4.5 참조).

1. 준비되지 않은 연설 (즉흥)
2. 반즉흥 연설(개요나 메모를 보며 하는 연설)
3. 대본 있는 연설:
   a. 유사 구두 연설 (연설용으로 작성된 원고)
   b. 낭독형 원고 (원래 연설용으로 작성되지는 않은 원고)

(여러 변수가 있지만) 연설의 밀도와 난이도는 내용의 독창성과 연사의 발표 능력에 따라 크게 달라질 수 있다. 3(b) 유형의 텍스트는 의도하지 않은 매체로 메시지를 전달하는 것이기 때문에 구두 의사소통에 어울리지 않고 동시 통역에 특히 더 부

적합하다. 통역사가 직면할 수 있는 최악의 상황은 3(b)에서 파생된 유형을 비원어민 연사가 읽거나 책 읽듯이 단조롭게 읽는 연사, 원어민 연사라고 해도 전혀 발표 준비 없이 읽거나 자기가 쓰지 않은 연설을 읽는 경우이다. 이런 상황에서 텍스트도 제공되지 않는다면 통역이 거의 불가능해질 수 있다.

어떤 기관에서 (아직까지) 연사가 준비된 텍스트에 의존하지 않기를 권고한다. 통역사의 거듭된 요청에 의한 경우도 있지만 의회 관례상 그리고 더 나은 소통을 위한 경우도 있다. 그러나 의사소통(CC-10.2.3) 장려를 위한 많은 노력에도 불구하고 준비된 텍스트를 읽는 경우가 잦아지고 있다. 이유는 다음과 같다.

> 언론노출: 과거보다 더 많은 정재계 지도자들이 언론에 노출되어 그들이 하는 말에 이목이 집중되고 있다. 연사 입장에서 준비된 연설문을 읽을 경우 미리 조사, 검토 및 검열된 내용을 읽기 때문에 실수를 피할 수 있다. 게다가 텔레프롬프터*teleprompter* 기술이 좋아지면서 마치 연사가 즉흥적으로 발표한다는 인상까지 줄 수 있게 되었다. (그리고 외교적인 이유로 자기 입장이 배제된 연설을 읽는 경우도 있다.)
>
> 시간압박: 쓰여진 텍스트를 읽는 것이 말을 생각하면서 발표하는 것보다 쉽다. 공인인 경우 하루에도 대여섯 개의 행사에서 각각 다른 주제로 축사를 해야하는 경우가 있다. 더욱이 행사의 청중들은 당연히 연사가 행사에 대해 잘 알고 감동적인 연설을 할 것이라고 기대한다. 집회, 대회, 사적인 모임, 비공식 행사 등에서도 연사가 발표를 준비할 시간이 부족했거나 짧은 시간에 많은 정보를 압축해서 전달하고 싶을 수 있다.
>
> 언어: 전 세계적으로 많은 연사들이 공식적인 자리에서 외국어로 발표해야 하는 경우가 있기 때문에 텍스트에 의존하고 싶어한다.

이러한 이유로 과거보다 더 많은 연사들이 (종종 불안하거나 단조롭게) 텍스트에 적힌 그대로 읽거나 직접 쓰지 않은 텍스트를 (제대로 공부하지도 않고) 즉흥적으로 수정하면서 읽게 되었다.

통역 가능성, 전략 및 임기응변 측면에서 텍스트가 있는 연설과 텍스트가 없는 두 가지 상이한 조건이 구분되어야 한다.

사전에 제공된 텍스트를 읽는 연설의 통역은 주류 회의 통역 기술이고 텍스트와 라이브로 전달되고 있는 연설을 활용하는 데 필요한 기술이 있다. 그림 9.1을 보면 왜 SI-text가 자유동시*free SI*, 순차 및 시역과 구분되는지 알 수 있다. SI-text에서는 처리해야 하는 정보의 종류가 네 가지나 된다. 연사를 보면서 얻는 시각적 정보, (사용하거나 하지 않을 수 있는) 주어진 텍스트 정보, 통역을 위해 따로 준비한 텍스트 정보(표시된 노트), 그리고 준비하면서 얻은 지식 정보가 있다.

그림 9.1 통역 종류별 역학 및 처리 정보

| | *Phase 1 (First pass)* | *Phase 2 (Second pass)* |
|---|---|---|
| **Consecutive** | SPEECH<br>MEMORY →<br>NOTES | MEMORY<br>NOTES } → SPEECH |
| **Sight Translation** | Variable condition: text may or may not be given in advance / read out first in SL | TEXT<br>NOTES } → SPEECH<br>MEMORY |
| **Free SI** | (*speculative preparation*) | SPEECH<br>MEMORY } → SPEECH |
| **SI with/from text** | TEXT | SPEECH<br>TEXT<br>NOTES } → SPEECH<br>MEMORY |

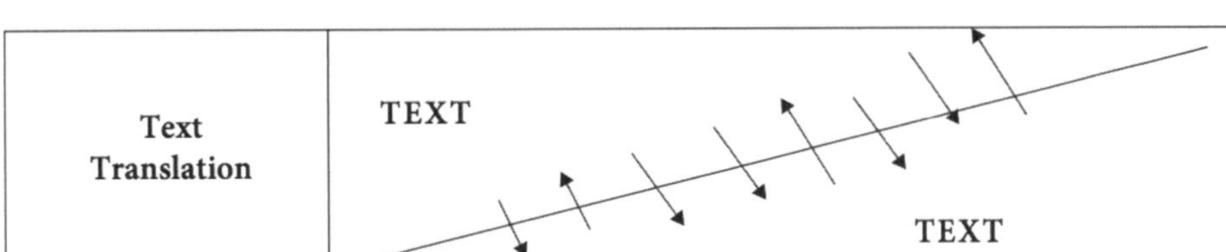


처리해야 하는 정보 측면에서 SI-text는 더 복합적이고 장단점도 다르다. 텍스트가 사전에 제공될 경우 준비할 수 있다는 장점이 있지만 통역할 때는 처리해야 할

정보가 하나 더 는다는 단점이 있다. 그러나 듣기, 읽기, 말하기가 서로 떨어져 있지는 않고 연계되어 있다. 자유동시가 입력물과 출력물이 같은 의미를 공유하기 때문에 가능한 것처럼 형태는 다르더라도 SI-text는 제공된 텍스트와 비슷하게 연설이 발표된다. 문제가 발생할 경우 '원문대조요*Check Against Delivery*'라고 표시가 되어 있지 않더라도 구두로 발표되는 연설이 우선되어야 한다.

SI-text와 자유동시의 난이도에 대한 견해는 지역마다 강사의 의견을 달리한다. 유럽에는 SI-text가 자유동시보다 어렵다고 여겨지나 한국 학생들은 즉흥적인 연사의 동시 통역보다 최소한 기본 SI-text 유형을 철저하게 준비된 상태에서 저속 또는 정상 속도로 연설문을 그대로 읽을 때 더 편안하다고 느낀다. 구체적인 연구 결과는 아니지만 간섭이 낮은 언어쌍(비동족어)을 사용하고, 유럽에 비해 구어체 영어에 적게 노출되고, 문어체의 접근방식에 대한 문화적 차이에서 비롯된 것이라고 짐작해본다.

SI-text가 통역 현장에서 자주 있는 일이기 때문에 '기본' 유형(텍스트 대로 읽음)을 동시통역 실험단계(CC-8.4)에서 소개했다. 그러나 소개한 기본 유형은 '이상적' 텍스트이므로 연사가 그대로 읽을 것이라는 기대를 해서는 안 된다. 그렇다고 텍스트를 무시해도 좋다는 뜻은 아니다. SI-text가 정말 어려운 이유는 텍스트에 너무 집착해서 다른 곳에 주의를 돌릴 여유가 없기 때문이다. 미리 텍스트를 제공한 친절한 연사는 즉흥적인 연설보다 내용이 많더라도 통역사가 연설문의 모든 세부사항과 수사적 효과를 전달할 수 있을 것이라 기대하는 것은 지극히 합리적이다. 따라서 제때 텍스트가 제공되었다면 연사를 위해 반드시 텍스트를 준비하고 첨언할 것에 대비하여 텍스트를 활용할 수 있는 방법을 고안해내야 한다.

SI-text(및 시역)에서 통역의 품질은 다음 두 가지에 의해 결정된다.

i. 텍스트를 얼만큼 철저하게 준비했는가
ii. 얼만큼 통역에 활용할 수 있는가

텍스트를 미리 공부하고 표시한 통역사는 탐사 전 미리 답사를 다녀와서 등산객들에게 길을 정확하게 안내하고 관람 포인트와 지역 정보까지 제공할 수 있는 산악 가이드에 비교할 수 있다.

### 텍스트 준비 기술: 정보 형태 관리

통역사마다 선호하는 텍스트 준비 방법은 특히 복잡한 업무를 수행할 때 차이를 보일 수 있다. 이번 절에서 다양한 상화에서의 SI-text 팁과 기술을 소개한다. 학생들은 제시된 방법을 실험해 보고 자기에게 가장 잘 맞는 접근법을 선택하도록 한다.

통역의 종류에 상관없이 우리는 항상 연설, 텍스트, 노트, 기억이라는 네 가지 형태의 언어 및 지식을 처리하게 된다. 입력 정보가 어렵거나 복합적 형태라면 메시지를 전달할 단어를 고르는 데 도움이 되거나 효과적인 형식을 선택하면 좋다. 기억(심적 표상) 없이 통역을 하는 것은 불가능하지만 텍스트나 노트를 얼만큼 쓸지는 결정할 수 있다.

SI-text의 경우 텍스트를 미리 공부하고 통역 중 시선을 유도하기 위해 텍스트에 표시가 가능하다. 텍스트 여백에 노트를 할 수도 있지만 텍스트를 보지 않고 할 수 있도록 노트만 준비할 수도 있다. 텍스트의 활용도는 텍스트 유형과 통역사의 개인 성향에 따라 달라진다. 눈-귀 협응도, 텍스트 준비 시간, 독서 속도 등 많은 요인이 작용하기 때문에 선택은 개인의 몫이다.

훈련을 통해 여러 상황에서의 문서 관리, 준비 및 현장 적응 기술 습득이 가능하다.

아무리 행사 주최자와 통역사가 긴밀하게 협력하더라도 텍스트가 하루 전, 한 시간 전, 일 분 전(이미 준비하기엔 늦음)에 배포될 수 있다. 한 세션에서도 여러 텍스트가 있다는 것을 고려한다면 준비 전략은 여유 시간에 달려있다는 것을 알 수 있다. 여유 시간에 따라 다음 세 가지 전략을 사용할 수 있다.

1. 충분한 준비시간: 텍스트가 며칠 전 혹은 몇 시간 전에 제공된다. 기대할 수 있는 최적의 상황이다. 텍스트를 공부하면서 내용, 스타일 및 용어를 숙지하

고 미리 번역을 하거나 모의 연습도 해볼 수 있기 때문에 부스에서 완벽한 통역을 할 수 있다. 이런 경우 주로 연사의 목소리와 미리 준비한 표현과 기억에 의존하여 통역을 하게 되고 텍스트는 만일을 위해 참고 자료로만 사용한다. 이 때 두 가지에 유의하도록 한다.

i. 준비할 시간이 늘 부족하기 때문에 통역할 텍스트를 모두 번역하는 경우는 드물지만 (문학적인 텍스트 등) 도움이 될 수 있다. 그러나 연사가 텍스트를 그대로 읽을 것이라는 보장이 없기 때문에 항상 연사를 듣고 있어야 한다. 완벽한 번역에 감탄하며 읽고 있는 통역사가 방심한 사이에 연사가 몇 단락을 뛰어 넘거나 첨언을 하고 있을 수 있다.

ii. 텍스트를 며칠 전에 준비했다면 통역 직전에 기억을 상기시키기 위해 한 번 훑어 보아야 한다.

2. 짧은 준비시간: 발표 20-30분 전에 텍스트가 제공된다. 수업 때 연습했던 혼합 순차 및 시역과 비슷하고 텍스트를 처리하고 발표하기까지의 시차가 크지 않다(그림 9.1). 준비 조건이 양호 하다면 (특별히 조사 또는 자문할 필요가 없다는 전제 하에 조용한 환경에서 텍스트를 읽을 수 있는 경우) 연설문의 내용이 아직 단기기억에 남아 있을 때 통역할 수 있기 때문에 이상적인 상황이 연출될 수 있다. 그러나 여전히 언어간섭의 문제가 남아있고, 텍스트에 연출 효과 표시하고 번역이 힘든 부분의 도착어 표현을 미리 적어 놓음으로써 통역 속도 및 결속성을 최적화해야 한다.

3. 준비시간 없음: 마지막 순간에 텍스트가 제공된다. 이런 경우 통역사의 선택지는 두 가지다.

a. '뜨거운 감자*hot potato*' 전략: 텍스트를 전혀 보지 않고 듣기에만 의존하여 통역한다. 특히 텍스트의 문장이 너무 길어서 도움(이름 및 숫자)이 안 될 경우에 사용한다.

b. 연사 속도에 맞춘 시역: 문장을 최대한 간결하게 뽑아내고 무엇보다도 연사의 속도와 첨언에 유의하며 통역한다.

텍스트를 마지막 순간에 받았다면 부스 파트너의 도움을 받아 필요하다면 연사가 읽고 있는 부분을 가리켜 달라고 할 수 있다(CC-9.2.5.2; CC-11.2.3.3). 그렇게 하면 일부는 생동시로 필요한 부분은 텍스트 시역을 할 수 있다.

### *풋말 세우기SI-text를 위한 텍스트 마킹*

한 예비 연구(Setton and Motta, 미출판)에서 SI-text 마킹 기술 사용과 관련하여 학생 및 전문가를 관찰한 결과 크게 세 가지 기술을 사용한다는 것을 알 수 있었다.

i. 특성 강화책*saliency enhancer* (밑줄 긋기, 하이라이트, 원 그리기)
ii. 구조 표시*structuring marks* (긴 문장 빗금으로 나누기, 괄호 치기, 화살표 및 큰 쉼표 사용하기)
iii. 도착어나 '중간' 해결책(단어, 약어, 기호)

비록 이 연구에서 표시*marking*의 숫자 및 종류 그리고 통역 품질과의 직접적인 상관관계를 찾을 수는 없었지만 몇 가지 패턴을 발견할 수 있었다. 통역 품질이 우수한 최고의 통역사(모두 10년 이상의 경력을 가진 전문가) 5인의 표시를 살펴보았더니 경제성, 과단성(마킹을 고치는 일이 드묾), (전체 텍스트 내) 규칙성이 더 두드러지게 나타났다.

텍스트 표시는 큐워드 및 연결어 표시(CC-5.3), 시역(CC-6), 또는 텍스트 여백에 순차식 노트에 사용할 수 있다. 궁극적으로 표시 사용여부의 유일한 판단 기준은 나에게 도움이 되느냐이다. 큐워드 강조, 텍스트 여백 내 순차식 노트, 나중에 큐로 사용할 수 있는 기호 및 약어 표시를 통한 밀도 높은 문단의 요점 포착 등 강사가 제시한 표시 방법을 자기에게 맞게 선별적으로 사용하거나 조합해 볼 수 있다.

표시된 텍스트는 시역용 텍스트라기보다 기억에 의해 향상된 순차노트처럼 사용할 수 있다. 텍스트에 가깝게 직역해야 하는 통제된 상황(법정 통역 등)이 아니라면 착실한 준비와 표시를 통해 노트와 기억만을 의존하여 빠른 연사도 소화하는 것이 가능해질 것이다.

**SI-text: 핵심 기술**

1. 텍스트 미리 사용하기: 준비 및 표시

- 만약 시간이 촉박하다면 초록과 결론을 집중적으로 읽는다. 그 다음 도입부, 구간별 표제, 구간별 첫 문단과 마지막 문단, 각 단락의 첫 문장을 읽도록 한다. 중요한 명칭, 용어, 숫자, 인용구, 농담, 참조, 긴 문장을 확인하고 필요한 표시를 한다.
- 내용이 밀집된 텍스트 구간에서 각 문단 여백에 순차식 노트를 통해 요약하고, 명칭과 숫자에 밑줄을 긋는다.
- 통으로 번역이 필요한 부분이 있는지 확인한다. (예: 강렬한 엔딩 효과)
- 남은 시간에 표시된 부분의 예행 연습을 하고 연습 중 사용하고 싶은 표현이 나오면 받아 적는다.

2. 통역 중 텍스트 활용

만약 텍스트의 내용이 어렵고 밀도가 높다면 이미 이해한 내용을 바탕으로 연사의 말에 집중하도록 한다. 연사의 속도에 맞춰 통역하는 데 도움이 될 것이다. 텍스트를 읽지 않고 표시와 여백에 적힌 순차식 노트만 참고한다.

SI-text 연습 단계에서 강사 또는 연사가 학생들이 들리는 내용에 계속 주의하면서 통역할 수 있도록 텍스트의 내용을 바꾸거나 수정하거나 건너뛰거나 첨언을 할 수 있다. 이때 학생 또는 조교 한 명이 통역과 텍스트를 대조하거나 '순수한 청중'으로써 통역을 듣도록 한다.

### SI-text 통역: 청성시차$^{EVS}$ 관리

텍스트가 눈 앞에 있으면 연사보다 약간 뒤처져서 가더라도 나중에 얼마든지 내용 압축을 통해 따라잡을 수 있다는 착각을 할 수 있다. 특히 텍스트를 철저하게 준비하고 내용을 완전히 안다고 생각할 때 그런 우를 범할 수 있다. 아무리 텍스트가 개념적인 내용이 많고, 명사나 숫자가 없더라도 완벽하게 번역할 시간이 부족했던 부분이 남아있을 수 있는데, 그런 것에 집중하다 보면 연사가 내용을 바꾸거나 첨언을 하거나 문단 전체를 건너뛸 때 눈치를 못 채는 위험한 상황에 놓일 수 있다.

반대로 텍스트에 의존해서 통역할 때 지켜야 할 안전 수칙은 특히 위험 부담이 큰 상황일수록 절대 연사보다 먼저 통역하는 일이 없어야 한다는 것이다(CC-8.6.4 참조).

마지막으로 아무리 텍스트가 문어체로 적혀 있더라도 법정 통역이나 외교 통역 등 '통제된' 상황에서 의역은 가급적 피하는 것이 좋다.

### SI-text: 보조 기술

일주일에 한두 시간씩 언어숙달의 일환으로 속독 연습을 하도록 한다. 속독은 텍스트 준비와 통역 중에도 요긴하게 사용할 수 있는 기술이다. B/C언어 텍스트를 읽을 때 같은 분량의 A언어 텍스트를 읽을 때보다 독서 시간이 20%를 초과해서는 안 된다.

CC-6에서 설명한 연습 방법 말고도 다음 방법이 속독에 도움이 된다.

i. 소리를 내지 않고 발음 연습을 하지 않는다.
ii. 앞서 보기를 연습한다.
iii. 하향식 처리기법을 사용해 패턴을 찾고 내용의 요점과 새로운 정보에 집중한다.

고난도 SI-text 훈련에는 집중적인 스캐닝, 내다보기, 요약 의역, 구문 재구성, 압축 및 추상화 기술 연습이 포함된다.

### SI-text의 현장 위험 요소

SI-text의 복합성이 통역사를 여러 가지 위험에 노출시킨다. 예를 들어,

- 연사가 텍스트 내용을 바꾸거나, 요약하거나, 확장하거나 생략한다.
- 연사가 단조롭게 읽거나 발표 기술이 부족하다.
- 연사가 수정된 최신 버전의 텍스트를 읽는데 통역사에게는 구버전이 제공되

었다.

- 연사의 속도가 갑자기 빨라지거나 발표 형식을 바꾸거나 군데군데 문장을 읽거나 통계 자료를 삽입한다.
- 연사가 실수로 한 페이지를 건너뛰거나 같은 문단을 두 번 읽는다.
- 통역사에게 제공된 문서에 누락된 페이지가 있거나 같은 페이지가 반복되거나 페이지 순서가 섞여 있다.
- 텍스트가 육필로 작성되어 가독성이 떨어지거나 휘갈겨 쓴 주석이나 삽입문이 있다.
- 연사는 출발어 텍스트를 읽는데 통역사에게 번역 품질이 떨어지는 도착어 텍스트가 제공된다.

위의 상황이 발생한 경우, 텍스트를 전혀 활용할 수 없거나 최악의 경우 연사의 말을 따라갈 수 없을 수도 있다. 텍스트를 버리고 생동시를 할 경우 사실, 이름, 또는 숫자를 나열할 때 실패할 확률이 있다. 무조건 텍스트만 보고 최대한 빨리 시역을 할 경우 오히려 점점 뒤쳐지고 더 안 좋은 상황을 초래할 수 있다. 예를 들어,

- 연사가 수정하는 내용(첨언, 일화, 약력, 농담 등)을 듣지 못한다.
- 급하게 연사를 따라가다가 연사가 여담을 하는 것을 놓치고 연사보다 앞서가서 통역을 하다가 방금 통역한 내용을 연사가 말할 때 우물쭈물 한다.
- 연사가 생략하려고 하는 내용을 미리 통역한다(CC-8.6.4 비교).
- 연사가 건너뛴 문단을 통역하다가 연사가 연설을 마칠 때 통역을 끝내지 못하고 결국 결론의 핵심 내용을 빠뜨린다.

SI-text의 함정에 빠지는 경우가 초보 통역사에게 자주 발견되는데 가끔은 전문 통역사들도 피하지 못할 수 있다. 그렇기 때문에 통역 실력이 뛰어나도 많은 연습이 필요하고 잔인할 수 있지만 위에서 설명한 극한의 상황에 대비하여 준비 시간 없이 선별적인 압축 통역을 연습해볼 필요도 있다.

#### 9.2.3.3 릴레이 통역: 주고 받기

회의장에서 사용되는 언어를 직접 통역할 수 없는 경우 릴레이 동시통역이 제공된다. 여기서 특수 언어 Q를 공통 언어 R로 통역하는 사람을 기축 통역사*pivot*라고 부르고, 기축어가 다시 다른 부스에서 나머지 언어 S, T, U, V 등으로 통역된다.

릴레이 통역은 자주 있는 일이지만 특히 기축어 통역사에게 타이밍과 통역품질에 대한 부담이 크고 팀웍을 통해 보완해야 하는 부분이 있다. 비록 시장에 나가면 릴레이 통역을 주로 하는 사람이 정해지겠지만 모든 학생들이 릴레이를 하거나 받는 연습을 둘다 해보고 양쪽 통역사의 역할을 이해할 수 있어야 한다.

통역 조건이 모두 동일하게 제공되었을 때 좋은 기축 통역사는 정보를 더 명료하게 함으로써 릴레이를 받는 통역사들이 더 수월하게 통역할 수 있게 해줘야 한다. 그러나 통역에 명료함을 더하고 완급을 조절하려면 더 애를 써야 하므로 어려운 선택을 해야 하는 상황에 놓일 수 있다. 릴레이를 받는 통역사 입장에서는 통역의 속도나 내용의 완전성보다 통역의 명료성과 안정적인 속도를 항상 선호하기 때문이다(Minns 2002). 그러나 많은 정보가 나열된 연설의 경우 청중은 단조롭지만 완전하고 빠른 직역을 원하는데 이런 경우 릴레이 통역이 불가능해질 수 있다. 연사와 청중, 동료 통역사의 니즈의 균형을 찾아야 된다는 점에서 기축 통역사의 역할이 굉장히 부담스럽고 어려울 수 있다.

##### 슬라이드 발표의 릴레이 통역

연사가 발표 슬라이드를 넘길 때, 이전 슬라이드의 통역이 끝나기 전에 다음 슬라이드로 넘기는 경우가 발생하는데 릴레이를 받는 통역사는 더 어려울 수 있다. 따라서 기축 통역사는 슬라이드가 사라지기 전에 릴레이 통역사들이 슬라이드를 참고할 수 있도록 내용을 압축적으로 전달해서 청중이 같은 슬라이드의 통역을 들을 수 있게 해야 한다. 그러려면 기축 통역사는 (i) 맥락의 적합성 측면에서 오래된 정보보다 새로운 정보의 우선적으로 처리하고, (ii) 요약 및 압축 통역이라는 극단적 선택을 해야 한다. (만약 가능하다면 기축 통역사 또는 팀 리더가 (회의 의장을 통해) 연사에게 한 슬라이드가 끝날 때 마다 잠시 멈추었다가 슬라이드를 넘겨달라고 요청할 수 있다.) 이런 상황은 피하고 싶을 것이다. "여기에는 네 가지가 이유가 있습니다. 첫째…, 둘째…, 셋째…" 이렇게 막 세 번째 이유를 설명하던 중에 갑자기 슬라이드가 넘어가면 세 번째 이유가 뭐였는지 조차 모르게 되고 네 번째 이유는 건너뛰게 된다.

#### 릴레이 통역에서의 팀워크

기축 통역사의 업무는 과중하므로 받을 수 있는 도움은 모두 받는 것이 좋다. AIIC 지침을 살펴보면 기축 통역사는 절대 부스에 혼자 방치되는 일이 없어야 하고 부스 파트너가 도와줄 수 있는 방법을 다음과 같이 나열한다.

- 숫자, 명칭, 용어 및 기타 유용한 정보를 큰 글씨로 알아볼 수 있게 적는다.
- 필요한 문서를 찾아서 적극적으로 제시하지만 파트너를 배려하도록 한다.
- 연사가 읽고 있는 부분을 찾을 수 있게 도와준다.
- 기축 통역사의 마이크가 올바른 채널에 연결되어 있는지 확인한다. 특히 다른 부스에서 해당 채널을 이미 사용하고 있었다면 반드시 확인한다. (예: 터키어에서 불어로 기축 통역사가 통역할 때 불어 채널을 빌리게 됨)

기축 통역사와 릴레이 통역사의 역할을 직접 경험해보고 나면 더 좋은 부스 파트너가 될 수 있다. 동료 통역사로서 좋은 릴레이 통역에 대해 감사를 표하고 기축 통역사의 부스에 달려가서 통역 품질에 대해 불만을 제기하기 전에 한 번 더 생각하도록 한다.

### 9.2.4 마음의 짐 덜기: 준비 및 팀워크

모든 연습과 훈련에도 불구하고, 그리고 학생들이 통역시장에서 살아남을 수 있도록 강사가 아무리 준비시키더라도 도저히 통역할 수 없는 연사를 만나 임기응변으로 고생하는 경험을 하게 된다.더 구체적으로 말하면 주제가 친숙하지 않은 경우 내용의 요약과 추상화의 사용이 불가능하다(CC-8.5.2-8.5.3). 준비를 철저하게 했다면 어려운 상황의 절반은 사라졌다고 볼 수 있고 사전 미팅 또는 회의 중 동료 통역사와 협력하면 더 좋은 통역 서비스를 제공할 수 있게 된다.

### 9.2.4.1 회의 준비 (3학기 및 4학기)

전문 (특히 프리랜서) 통역사는 과거에 같이 일해본 경험이 있는 사람들에게 서비스를 제공하는 경우가 잦고, 특정 고객에게만 서비스를 제공해야 하기 때문에 회의장에서 외부인이라는 불편함과 결과적으로 회의 시간을 지연시킨다는 불편함이 수반된다. 이런 불편함이 오랫동안 지속되는 일은 없어야 한다. 회의 목적, 의제, 참가자에 대한 이해는 회의 주제나 용어를 아는 것만큼이나 중요하다. 많은 프로젝트가 많은 준비를 요하는 특수한 주제를 다루고 참고자료를 여러 번 요청해도 제공되지 않는 경우가 잦다. 따라서 통역사는 자체적으로 특정 주제 정보의 단기 습득 및 관리를 할 줄 알아야 한다.

모든 전문 분야가 그렇듯 사전 준비 및 고객과의 의사소통, 현장 정보, 시각, 음성, 준언어 및 환경 정보 등 모든 정보 소스를 통해 도움을 구하는 것도 전문성에 포함된다. 개인 직책, 기관 및 부서명, 품명, 기술명, 프로그램 이름 등 중요한 명칭이나 호칭은 미리 숙지하고 즉석 기호를 준비하도록 한다.

많은 유수 통번역대학원에서 학생들이 특수 영역 통역에 대비할 수 있도록 모의회의 수업을 특별히 제공하고 있다. 낯선 주제를 다루게 되므로 학생들은 주제 관련 자료를 양쪽 언어로 공부하고 기본 골자를 습득하는 것에 주력해야 한다. 어떤 원리가 작동하는가? 핵심 용어는 무엇인가? 누가 무엇을 하는가? 문제가 무엇인가? 최신 정보가 있는가? 이 질문의 해답을 찾기 위해 병렬 텍스트를 찾아서 용어를 공부하고, 유용한 표현을 수집해서 용어집을 작성하도록 한다. 용어집은 통역 중에도 사용할 수 있지만 통역 직전에 주제 지식 활성화에도 사용될 수 있다. 아래 말 상자에 회의 통역 준비 지침을 요약했다.

**회의 통역 준비를 위한 지침**

***행사 준비:***

- 형식, 기관, 제공되는 문서 등 행사의 성격(Gile 1989: 10-11)을 조사한다. 회의의 전체적인 진행 절차와 '상호텍스트성*intertextuality*'을 예측해본다(Luccarelli 2006).
- 행사 참가자와 그들의 이해 관계를 파악하고 회의장 밖에서 그들의 입장을 예상해본다. (예를 들어 특정 산업에 종사하는 기업에 고용되어 회의에 참석하게 되는 경우, 경쟁 회사의 이름과 상품을 미리 숙지하도록 한다. 만약 회의 주제가 기아 퇴치에 관한 것이라면 주요 NGO의 활동과 활동국가를 숙지해야 한다.)
- 회의 참가자 및 회의 의제와 관련된 뉴스를 찾아본다. 회의 당일까지도 뉴스를 확인해보는 것이 좋다.
- 주요 연사의 최근 연설이나 기사를 찾아서 읽어본다.
- 주최자가 제공한 자료를 철저하게 공부한다. 그러나 절대로 자료만으로 준비가 될 것이라고 속단해서는 안 된다.

***주제 준비:***

- 큰 그림과 핵심 내용을 먼저 파악한다. 주제 관련 배경 지식이 전혀 없다면 '바보들을 위한' 시리즈나 '알기 쉬운' 시리즈같은 입문서나 위키피디아나 온라인 검색 등을 통해 기본 골자를 파악한다.
- 모든 것에 호기심을 갖도록 한다. 먹어야 식욕이 생기는 것처럼 관심을 가져야 발견을 할 수 있고 학습을 할 수 있다.
- 낯선 주제라면 먼저 A언어로 개론서를 읽도록 한다.
- 무작위로 자료를 찾기보다 양질의 텍스트를 선별해서 읽는다. 온라인 검색을 하면 수천 개의 검색결과가 뜨는데 중요한 순서로 나열되어 있지 않다. 소수정예의 고품질 텍스트를 선정하는 시간은 그럴 가치가 있다.
- 주제별 용어집(온라인 또는 책의 부록), 주제별 그림 사전, 특수목적언어*LSP* 교재

등 이미 사용되고 있는 용어를 무시해서는 안 된다.

- 용어와 지식을 혼동해서는 안 된다. 무엇이든 통역할 수 있지만 용어의 의미를 모르는 통역사가 돼서는 안 된다. 예를 들어 '디레버리징*deleveraging*'에 대해 통역을 한다면 애초에 레버리지가 뭔지부터 이해해야 한다. 왜 사용되는가? 어떻게 계산하는가? 좋은 것인가 나쁜 것인가? 디레버리징이 정확이 무슨 뜻인가? 누가 왜 어떻게 하는 것인가? 얼만큼 해야 하는가? 하는 것이 쉽거나 어려운가? 시행했을 때 어떤 결과를 초래하는가? 이런 질문에 대답할 수 있어야 한다.
- 주제별로 알파벳 순으로 나열된 용어집을 준비한다. 용어를 암기하고 반복적으로 확인해본다. 기술용어가 입에 붙을 수 있게 연습하고, 용어집을 앞으로 뒤로 옮겨 다니면서 뜻을 한 손으로 가리고 단어가 바로 떠오르는지 그리고 반대로도 가능한지 확인한다.
- 주제에 친숙해지고 용어집도 제대로 준비했다면 관련 텍스트로 시역을 많이 해서 미리 기름칠을 해둔다.
- 문서, 지식 및 용어 관리를 위한 프로그램 사용법을 익힌다. 요즘은 문서를 순식간에 찾아서 표시하고, 클라우드를 통해 텍스트 전체를 검색하는 것이 가능하다. 그리고 통역사들을 위한 용어 관리 소프트웨어도 찾아볼 수 있다.

***회의 직전, 회의 중, 회의 직후:***

- 가능한 경우에 브리핑을 요청한다. 그러나 브리핑을 받기 전 사전 준비를 통해 정말 필요한 질문을 던지고 추가 자료를 요청하여 브리핑의 효과를 극대화한다.
- 행사 리허설에 참석하여 연사가 연습하는 것을 듣는다.
- 회의 직전 회의 의제 또는 스케줄 변경사항을 확인하고 필요한 문서를 정리해둔다(Lucarelli 2006).

- 회의 중 언급되는 사안 및 용어에 주의하며 통역하고 필요하다면 실시간으로 검색하면서 용어집을 업데이트 하도록 한다. 회의가 끝나면 재사용을 위해 잘 보관해두었다가 추후에 같은 주제로 회의를 하게 될 경우 지속적으로 용어집을 업데이트 한다.

### 용어집 작성 및 활용

용어집 작성은 몇 가지 중요한 기능을 수행한다. 관련 문서를 비교하면서 작업언어로 용어 및 표현의 목록을 작성하는 것은 회의에 필요한 용어를 공부하고 숙지하는 데 아주 좋은 방법이다. 용어집은 회의 직전에 읽으면 주제 지식 활성화에 도움이 되고, 통역 중에는 참고할 수 있고, 추후에 다른 회의에서 재사용이 가능하다. (주기적으로 업데이트 한) 장기 사용을 위한 용어집은 각 단어의 대응어와 설명이 포함되어 있어야 한다. AIIC의 권고사항은 다음과 같다.

**용어집 준비 (전문 회의 통역사를 위한 AIIC 지침서에서 발췌)**

용어집에 낯선 용어 뿐만 아니라 반복되는 항목을 주제별로 정리하여 맥락화*contextualization*를 통한 주제지식 활성화 및 용어의 가용성을 높인다. 특정 맥락에서의 용법에 주의하여 사용하도록 한다. 예를 들어 Management Committee가 다른 맥락에서는 Steering Group일 수 있다. 약어, 기관명 및 직책은 따로 정리해두면 도움이 된다.

고유명사 및 이름의 정확한 발음을 숙지하고 필요하다면 용어집에 발음을 적어둔다. 마찬가지로 회의에서 언급되는 관련 국가명을 모든 작업언어로 숙지하고 국가별 최근 정세에도 관심을 기울인다.

전자파일 또는 종이에 용어집을 작성할 때 용어의 정리 체계를 정하도록 한다(예: 주제별, 기관별, 위원회별, etc.). 알파벳 순으로 정리해서 빠르게 용어를 찾을 수 있도록 한다.

용어집은 항상 개인의 편의에 맞게 작성되기 마련이다. 강조된 표현도 다르고, 내용도 컨닝 페이퍼처럼 간결하게 정리되거나 참고자료용으로 상세하게 정리되어 있을 수 있다. 그러나 팀워크와 전체 팀 성과의 극대화를 위해 용어집은 반드시 동료 통역사들과 공유되어야 한다. (무임승차자들은 다른 사람의 용어집을 빌리는 것보다 직접 만드는게 좋다는 것을 깨닫게 된다.) 또한 동료 통역사의 용어집을 대조해보면 "준비과정 중에 빠뜨린 부분과 이미 찾은 용어의 다른 대안이 있다는 것을 발견하게 된다"(AIIC 2004/2014).

#### 9.2.4.2 팀워크

회의 통역사들은 거의 항상 팀으로 일하고, 개별 통역사의 실력이 아닌 전체 팀의 결과물이 사용자에 의해 평가받는다. 이미 언급했듯이 같은 회의를 준비하는 통역사는 용어집과 유용한 정보를 서로 공유하고 필요하다면 연습도 같이 해봐야 한다. 회의 또는 행사 현장에서 하나 이상의 팀이 함께 협력해야 하고 무엇보다 부스 안에서 파트너와의 팀워크와 협동이 중요하다.

부스가 협소하고 스트레스가 많은 업무환경이다 보니 통역 순번, 순서를 바꾸는 시점, 마이크 사용법, 도움 제공 및 요청 방법, 연사에 따른 통역 순서 등 부스 안에서 파트너와 협력하는 방식과 관례가 자연스럽게 진화하고 형성됐다.

부스 협력방법 및 매너 등 팀워크 관련 행동수칙은 CC-11.2.3.3에서 찾아볼 수 있다. 모의회의를 통해 기본 행동수칙을 익히고 실천해야 하며 실제 행사 참관 및 실습을 통해 관찰하도록 한다(이것이 언제나 보장되지는 않을 것이므로 디브리핑 필요).

### 9.2.5 모의 상황 및 현실

모든 실습생들은 강사들이 최대한 현실에 가까운 상황에서 연습할 기회를 제공할 것을 당연히 기대할 수 있다. 세 가지 방법을 통해 연습이 가능하다.

1. 모의 회의: 강사의 감독하에 학생들이 의장, 연사, 토론 패널, 통역사(1학년 학생은 순차 통역을 하고 2학년 학생은 부스에서 동시 통역을 제공함) 등 미리 역할을

정하여 정해진 주제로 모의행사를 준비하고 연출한 다음 피드백과 디브리핑을 받는다. 교과과정 중에 주기적으로 모의회의가 진행되어야 한다(TG-9.4.1 참조).

2. 국제기구 인턴십 및 현장 방문을 통해 전문 통역사의 회의 통역을 관찰하고 간이 부스에서 마이크를 끄고 같은 자료로 연습을 해본다.
3. 마지막으로 졸업 후 선배 통역사들의 멘토링을 받거나 추가 훈련(TG-14 참조)을 통해 꾸준히 실력을 향상시키고, 기관 통역직을 구하거나, 언어를 추가로 습득하거나 특수 분야의 지식을 습득한다.

이러한 기회를 최대로 활용하기 위해 반드시 적극적인 준비가 필요하다. 해외 방문만으로 언어를 습득하는 것은 어렵고, 통역을 보고 듣는 것만으로는 통역 실력이 향상되지 않는다. 인턴십을 최대한 활용하려면 지금까지 터득한 모든 방법을 동원하여 회의와 주제를 최대한 철저하게 준비해간다. 제공된 문서를 바탕으로 좋은 용어집을 작성한다. 회의 준비를 할 때 정확한 용어와 언어를 익히는 것을 간과해서는 안되고 단어를 공부하는 것에 그쳐서는 안 된다. 회의에서 논의될 내용의 배경, 현안, 논란 등을 완전히 이해될 때까지 인터넷 및 기타 자료를 통해 주제와 관련된 내용을 다방면으로 조사한다. 또한 강사가 동행하여 피드백을 제공하고 행사 종료 후 디브리핑을 해주어야 한다.

## 9.3 전문성 및 생존전략

고난도 통역 업무에서 극한의 통역 상황까지 다양한 조건에 대비하여 이제는 전문 기술과 생존전략을 공부해야 할 때이다.

### 9.3.1 위기 관리 및 임기응변

숙련된 통역사는 어려운 상황에 대응하기 위한 실용적인 전략과 임기응변술을 가지고 있다. 그중 잘 알려진 전략을 이번 절에서 소개하고자 한다(Gile 2009: 204-

211 and Jones 1998/2002). 자세히 들여다보면 일부는 인지적 반사신경이고, 일부는 고급 동시통역 기술이고, 또 일부는 정말로 긴급 조치라는 것을 알 수 있다.

1. 기본적인 인지 과정
   a. 맥락 기반 '문장 재구성'.
   b. 목록의 순서 바꾸기. 이 기법은 '초두성*primacy*' 및 '신근성*recency*' 효과를 활용한 것이나 나열한 순서가 중요한 경우 주의해야 한다.
2. 통역 기술
   a. 청성시차 늘이거나 줄이기.
   b. 단기 기억 부하 완화를 위한 분절술.
   c. 동시 통역에서의 노트테이킹: 어순 등을 이유로 숫자 또는 이름을 곧바로 통역할 수 없을 때 기억 부담을 줄이기 위해 받아적음.
   d. 압축: '음절 줄이기*syllable shrinking*', '간결하고 빠른 표현 찾기가 필요한 언어 형식의 압축'(1989/1991).
3. 프로정신
   - 팀워크: 용어 및 표현 검색, 문서 찾기, 문서 내 발표되고 있는 부분 찾기 등 부스 파트너로부터 도움 받기(CC-9.2.5.2, CC-11.2.3.3).
   - 문서 관리: 부스 안에서 자료 찾기(문서, 용어집, 컴퓨터).
   - 회의 참가자들에게 또 하나의 정보의 출처 알리기: 예를 들어 연사가 문서를 참조하거나 갑자기 문서의 한 단락을 빠른 속도로 읽는다면 통역사가 청중에게 '스크린/문서/프린트에 보시는 바와 같이'라고 말하면서 언급된 문서의 출처(및 문서내 위치)를 밝히면 된다.
   - 청중에게 문제에 대해 알리기. (순차의 경우 일시적인 중단을 통해, 동시의 경우 마이크를 사용)

     장점: 통역사가 내용을 이해하지 못한 경우 회의 참가자들에게 밝히는 것이 좋다. 회의 참가자들이 질문하거나 내용의 반복을 요청할 수 있다.

     단점: 통역의 신뢰성을 잃을 수 있다.

4. 임시 방편 및 임기응변술, 통역의 철칙 우회

- 추상화를 통해 "연사가 전달하고자 하는 메시지의 알맹이만 남을 때까지 내용을 간소화한다"(Viaggio 1989/1991). 위에 언급된 압축을 이미 했더라도 너무 빠르거나 내용의 밀도가 높은 연설의 경우 디테일과 스타일을 감수하고서라도 요약통역을 해야 한다(Jones 1998: 107-112). 그러나 여전히 정보의 적합성에 대한 통역사의 판단에 의존하여 내용을 선별적으로 생략해야 한다.
- 일반화 및 의역: 특정 항목을 놓치거나, 정확한 번역이 떠오르지 않는 경우
  a. 일반화: 놓친 용어의 상위 개념 또는 일반적인 용어를 사용한다. 예를 들어 '스트렙토키나아제'를 '효소'로, '스테판 웨지워스 님'을 '연사님'으로, '이비인후과 의사'를 '전문가'로 일반화시킬 수 있다(Gile 2009:206; Jones 1998:112). 의미가 희석될 소지가 있지만 참가자들이 충분히 유추할 수 있다.
  b. 설명 또는 의역: 용어의 대응어가 떠오르지 않거나 문화적인 개념이 확실하지 않은 경우. 항상 명료함과 여유시간 사이에서 고민해야 한다.
- 통역의 대안 제시(AIIC 지침서): "만약 연사가 통역사에게 사전에 제공하지 않은 텍스트를 정신 없이 읽고 있다면, 마이크를 통해 완전하고 정확한 통역을 할 수 없음으로 요약 통역을 하겠다고 제안할 수도 있다."
- '스포츠 해설가' 방식: 연설이 뚝뚝 끊기거나 (억양, 구문 및 기타 이해의 걸림돌로 인해) 불분명한 경우 통역사는 연설의 전체적인 주제와 개요를 제 3자처럼 전달하여 연사의 말이 부분적으로 통역되고 있다는 것을 알릴 수 있다. 예를 들어 '현재 연사가 [어떤 주제]를 논의하고 있습니다. 전통적인 쿼터 할당 방식 관련 비평을 하고 있습니다'라고 통역할 수 있다.

길레가 지적하듯이 각 전략은 의소소통 품질 및 통역사의 처리 역량 관리 상의 장단점이 존재한다. (예를 들어 동시 통역 중 짧은 주석을 다는 것은 청중의 이해를 돕지만 다음 내용을 놓치거나 기억에 과부하가 걸릴 위험이 있다.)

### 9.3.2 모르거나 자신이 없는 경우

가끔 통역을 하다 보면 방금 들은 내용에 의심이 들거나 처리할 방법이 떠오르지 않을 때가 있다. 통역사가 이해하지 못한 내용은 원어민에게도 생소한 내용일 수 있고, 충격적거나 놀라운 내용을 듣더라도 모든 청중이 그렇게 느끼지 않을 수 있고, 연사가 말 실수를 할 수도 있다. 그러나 항상 내 이해력 또는 판단의 문제(또는 음질의 문제)일 가능성이 있다는 사실을 염두에 둬야 한다(Jones 1998/2002:108 비교). 아래의 지침을 살펴보자.

1. 만약 연사가 불명확하고, 모호하거나 함축적으로 말하고 있다면 다음 방법을 시도해볼 수 있다.
   a. 의도된 의미가 확실하고 연사가 그것을 전달하길 원한다면 청중이 이해할 수 있도록 의역한다.
   b. 만약 의도된 의미가 불확실하지만 연사는 확실하게 전달하고 싶어한다면
      - 순차의 경우 통역 전 연사에게 질문하는 것을 두려워 하지 말자.
      - 동시의 경우 연사가 하는 말에 지나친 부연설명을 하지 않는다. 몇 문장 뒤에서 의미가 파악될 수 있는데 그것이 처음에 예측한 의미와 다를 수 있다. 혹은 연사가 일부러 모호하게 말한 것일 수 있다(아래 참조). 연사가 의도한 방향이 보일 때까지 의도적인 직역 또는 의역을 하다가 점차 내용을 구체적으로 명확히 할 수 있다. (동시통역의 '프레이밍하고 채우기*framing and filling*' 또는 '개산概算-보상*approximation-compensation*'은 CC-8.4.3 참조, 과잉통역의 위험은 CC-4.4.3.1 참조.)
   c. 만약 연사가 모호함을 의도했다면 등위의 정확성을 제공하고(유엔안보리 결의안 242호가 유명함) 청중이 선택할 수 있도록 한다. 너무 자세하게 설명해 연사에게 무안을 줘서는 안 된다(CC-4.4.2 참조).
2. 연사의 실수: 전혀 동의할 수 없거나 상식을 벗어나는 말을 하는 등 연사가 말이 안 되는 실수를 했거나 의도치 않게 문화적인 실수를 했다면
   - 가능한 경우(순차), 만약 고객과의 관계가 형성되어 있고 가까이 있다면 통

역 전 연사에게 의미를 확인할 수 있다.

- 불가능한 경우(동시), 내 판단을 믿는다. '직역'하는 것이 항상 안전한 것은 아니다. 보수적인 듣기를 통해 혹시 잘못 들은 것이 아닌지 (또는 통역 전 부스 파트너에게 물어서) 확인해 볼 수 있다.

3. '통역 불가능한' 내용이거나 설명 없이 청중이 이해할 수 없을 것이라 판단되지만 연사는 청중이 이해할 것이라 기대한다면 주저하지 말고 부연설명을 하도록 한다. 고객은 통역사가 문화 및 언어적 지식을 의사소통 원활화에 활용할 것이라고 기대한다.
4. 만약 마땅한 표현이 떠오르지 않거나 일반화를 해야하는 상황이라면, 예를 들어 연사가 라틴어를 인용하거나 해석할 수 없는 말 장난이나 농담을 한 경우, 존스는 차라리 '연사가 통역이 불가능한 농담을 했다'라고 할 것을 제안한다.
5. 화가 나 있거나 무례하거나 과격한 연사: 어감을 완화시키기로 판단했더라도 연사가 화가 났다는 것을 알 수 있게 한다.
6. 알 수 없는 단어, 억양, 기술적인 문제 등 어떤 이유로 연설 일부를 이해하지 못해서 위의 대응 전략을 사용했다면 다음 통역 순서가 오기 전에 관련 문서를 확인해보거나 기술 용어를 2개 이상의 언어로 알고 있는 동료 통역사 또는 회의 참가자에게 물어보도록 한다.

위의 지침은 입문 단계에서 설명한 행동수칙(CC-4.4.2)에서 파생된 위기 관리의 기본 원칙과 일맥상통하고 구두 예측 기술*voiced anticipation*(CC-8.6.4)을 사용하거나 다양한 방법으로 의사소통 최적화(CC-5.8.4, CC/TG-10.4)를 할 때 적용할 수 있다.

- 단서를 찾거나 의미가 확실해질 때까지 추측하지 않는다.
- 연사가 말한 것이 100% 확실하지 않다면 상식에서 벗어난 말은 하지 않는다. (잘못 듣거나, 오해하거나, 상상했을 수도 있다.)
- 첨언하거나 과잉 통역하지 않는다. 확실하지 않다면 맥락이 파악될 때까지 조심하도록 한다. (혹은 연사에게 질문하여 확인한다.)

- 문학 인용 등 어려움에 봉착 했을 때 한 발 물러서서 통역한다(CC-6.3.2, CC-8.4.1 참조). 예를 들어 괴테를 인용한다는 것을 알았을 때 '괴테에 의하면/괴테의 말을 의역하자면'이라고 말을 떼는 것이 현명하다(Jones 1998/2002:111).

음질, 기술적인 내용, 속도 등 어떠한 이유로 통역의 품질을 보장할 수 없을 경우 통역사 윤리 및 자기 방어를 위해 투명성(청중에게 문제를 설명)의 원칙을 지킨다.

### 9.3.3 문제의 설명: 통역 중 책임부인 및 투명성

문제가 발생했을 때 어떤 방식으로 청중에게 알리는가도 중요하다. 최소한 다음 세 가지 상황에서 청중에게 문제를 알릴 수 있다고 보면 된다.

1. '~라고 연사가 말씀하십니다': 연사가 한 말의 내용이 중요하지만 이해하지 못했다면 "~라고 연사가 말씀하십니다"라고 할 수 있다. 예를 들어 슬로베니아의 학교관련 토론에서 '슬로박 연사들'이라는 말은 실수이거나 특별한 소수의 슬로바키아 연사를 의미할 수도 있다. 이 때 정말로 의심스러우면 통역사는 '연사의 말'이라고 덧붙일 수 있다. 연사의 실수가 분명하다면 "연사가 X라고 말했지만 Y를 의미합니다"라고 말할 것을 존스는 제안한다.
2. 명시적 책임부인: 만약 연설을 전체적으로 이해하지 못했다고 판단 된다면 통역 끝에 "통역사가 연설을 완전히 이해하지 않았습니다"라고 덧붙여 말한다.
3. 서비스 중단: 만약 신뢰할 수 있는 수준의 통역이 불가능하다면 극단적인 경우 마이크를 끄기 전에 "연사님께서 통역사에게 제공되지 않은 텍스트를 너무 빠르게 읽고 계십니다"라고 말하거나 (연사의 억양이 너무 강해서 단어조차 가늠할 수 없다면) "안타깝지만 통역사가 연사의 억양을 이해할 수 없습니다"라고 말할 수 있다.

## 9.4 위기 상황 및 불가능 조건

통역 훈련 과정이 생긴 이래로 부스, 장비, 훈련 및 (큰 기관에서) 통역 보조 조건 등 회의 통역사들의 업무 환경은 어느 정도 개선되어 왔다. 그러나 지정학적 변화, 영어의 홍릉, 기술 혁명과 의사소통 속도의 가속화는 통역 속도, 형식, 기술성 및 고객 응대에 대한 사용자의 기대수준을 높여 점점 더 통역사에게 불리하게 작용하고 있다. 뿐만 아니라 더 많은 언어로 통역해야 한다는 부담까지 안게 되었다.

회의 내용이 점점 더 특수해지고 발표 제한 시간이 점점 줄어들고 있다. 그렇기 때문에 연사가 서면으로 작성된 연설문을 읽는 것이 잦아졌고 강한 억양의 연사가 슬라이드를 정신없이 넘기면서 발표를 하는 것도 자주 볼 수 있다. 영어는 가장 많이 사용되고 있는 출발어이며 원어민 보다 비원어민 연사를 훨씬 자주 만나게 되고 영어 실력도 천차만별이다.

다자 회담에서 사용되는 새로운 언어에 대한 (가끔은 이중) 릴레이 통역 수요가 늘고 있고 통역사의 B언어가 기축어인 경우도 많아지고 있다. 세계적으로 통역사들이 양방향으로 동시통역 하는 추세를 보이고 있다. 많은 행사에서 관련 문서를 사전에 제공받아 준비할 수 있는 기회는 드물고 행사 당일 제공 받는 것이 최선인 경우가 대부분이다. 그리고 고객 입장에서 관련 문서를 적극적으로 요청하는 통역사를 탐탁치 않게 여길 수도 있다. 유명한 피터의 원칙(Peter & Hull 1989)의 한 버전이 마법 같은 통역의 세계에서는 통할 수가 있는데 그 원칙은 "모든 통하는 기술은 점점 어려워지는 경우에서 실패할 때까지는 사용할 수 있다"는 것이다.

통역사가 얼만큼 양보하는 것이 '뉴 노멀'인 것일까? 모든 악조건에 대비할 수는 없지만 훈련 강화를 통해 통역사의 대응능력을 키우는 것이 가능하다. 모저-머서가 말을 빌리자면 "통역사의 뇌가 끝없이 확장해서 엄청난 속도 읽는 연설, 장시간 업무, 출장 통역, 잦은 주제 변경, 새로운 문서 접근 방식 등 모든 조건을 수락할 수 있는 것이 아니다"(2005:221).

## 9.5 요약

이번 장에서 통역사 자격시험(PECI: TG-11) 및 통역 시장 진입에 대비한 '마지막 1마일' 훈련 및 연습 방법을 소개했다. 현실에 가까운 연설 유형에 필요한 통역 기술을 강화하고 목표 시장 관련 주제, 담화 및 용어에 익숙해진 뒤(2학기 및 3학기) 마지막 학기의 대부분을 복합적 유형의 고난도 통역과 최악의 상황에서의 임기응변을 연습하는 데 집중하게 된다.

주로 통역 기술에 맞춰졌던 피드백의 초점이 이제는 서비스 측면에서의 통역으로 옮겨가게 된다. 마지막 학기에는 통역 결과물을 다듬어서 사용자 친화적인 의사소통 서비스를 어떠한 상황에서도 제공할 수 있도록 만들어야 한다. 군더더기 없는 전방위 서비스 제공의 핵심은 철저한 사전 준비, 팀워크, 고객과의 관계 형성, 고객의 니즈 및 기대의 이해, 위험의 사전 예방, 현장 적응 능력에 있다.

초보 통역사들은 납득할 수 있는 서비스를 제공하기 위해 반드시 전문성을 훈련받아야 하지만 그럼에도 불구하고 아무리 노력해도 통역할 수 없는 조건도 있다는 것을 이해해야 한다. 그럴 경우 제약조건을 반드시 고객에게 설명해야 하고, 가능하다면 사전 미팅에서 미리 공지하거나 현장에서 갑자기 발생한 문제로 인한 경우 수석 통역사 또는 현장의 팀장에게 알려 통역의 타당성을 고려할 수 있게 해야 한다.

고객과의 의사소통은 고객에게 현실과 기대 수준의 간극을 좁히는 데 도움이 된다. 통역 분야에 종사하지 않는 사람들이 통역의 성격과 제약조건을 이해하기는 어렵기 때문에 사전에 고객에게 효과적인 서비스 제공을 위해 필요한 환경과 현실적인 제약 조건에 대해 알려야 한다. 나쁜 환경은 무지에서 비롯되는 것이지 고의는 아니다. 10장과 11장에서 고객과의 관계 형성과 다루게 된다.

사전에 회의 의제, 현안, 참가자 및 기타 쟁점에 관한 정보를 입수하는 것은 양질의 서비스를 제공하는 데 필수적인 조건이다. 그러나 반드시 주최자와 통역사 사이에 쌍방향 소통이 일어나야 한다. 관련 문서 또는 현장 브리핑 제공, 행사 직전 연사들과의 면대면 대화를 통해 발표의 요약을 제공받음으로써 많은 문제를 미연에 방지할 수 있다. 행사 주제 관련 뉴스, 연사 약력, 기업 소개서 등 배경 자료를 (직접 조사하거나) 고객에게 요청할 수 있다. 행사 당일 연사들에게 미리 농담 이나 시구를 인용할 것인지 물어볼 수 있고 특이한 이름이나 직책의 발음을 확인해볼 수 있다.

많은 고객들이 좋은 통역이 지식 및 준비 집약적이라는 것을 잘 알지 못하기 때문에 보통 통역사가 주도적으로 일을 진행하게 된다. 첫 통역 실습에서 용어를 아는 것보다 맥락 정보가 중요하다는 것을 깨닫게 되며 빠른 반사 신경과 판단이 항상 필요하지만 애초에 제대로 준비했다면 위기 상황을 미연에 방지할 수 있다는 것을 알게 된다.

이 정도 실력을 갖추려면 프로정신이라는 또 다른 층위의 역량을 갖추어야 한다. 다음 두 장에서 작업 조건과 통역사 윤리 및 행동강령에 대해 다루게 된다. 여기에는 좋은 통역 환경을 위한 고객 관계 관리 및 의사소통, 고객의 니즈 및 기대 이해, 필요한 경우 통역사의 역할 협상, 통역 서비스의 '통제' 또는 최적화가 필요한 상황의 판단 등이 포함된다(CC-10). 마지막으로 11장에서 회의 통역 '생태계', 일을 구하는 방법, 커리어 관리, 통역 파트너와의 관계 형성 등에 대해 공부하게 된다.

추가 참고 도서 (상세 정보는 권 말 참고 도서 참조)

요약 및 압축

1. Jones 1998/2002: Conference interpreting explained,95-104
2. Sunnari 1995: 'Saying it All' vs. Synthesis
3. Viaggio 1989/1991, 1995: compression, gisting, sight translation

릴레이 통역

1. AIIC Practical Guide for Professional Conference Interpreters, section 3.5, http://aiic.net/page/628/practical-guide-for-professional-conference-interpreters/lang/1 (Accessed December 14, 20 1 5)
2. Shlesinger 2010: Relay interpreting

회의 준비

1. Gile 2002: "Hie Interpreters Preparation for Technical Conferences
2. Luccarelli 2006: Conference Preparation

원격 회의 및 비디오 컨퍼런스

1. Braun and Taylor 2012: Video-mediated interpreting, http://www.videoconference-interpreting.net/ (Accessed December 14, 2015)
2. Mouzourakis 2003, 2006: vision and presence in remote interpreting, and a technical perspective

원격 회의 통역 관련 AIIC 지침

1. http://aiic.net/page/143/guidelines-for-remote-conferencing/lang/1 (Accessed December 15, 2015)

# 제10장 프로정신과 직업윤리

## 10.1 서문

### 10.1.1 기술에서 전문성에 이르기까지

통역에서의 전문성은 언어*language*, 지식*knowledge* 및 기술*skills*이라는 세 가지 요소의 점진적 육성*nurturing*, 상호작용*interaction* 및 통합*integration*에서 시작해 궁극적 요소인 프로정신*professionalism*으로 끝난다(그림 10.1).

그림 10.1 통역의 전문성 피라미드

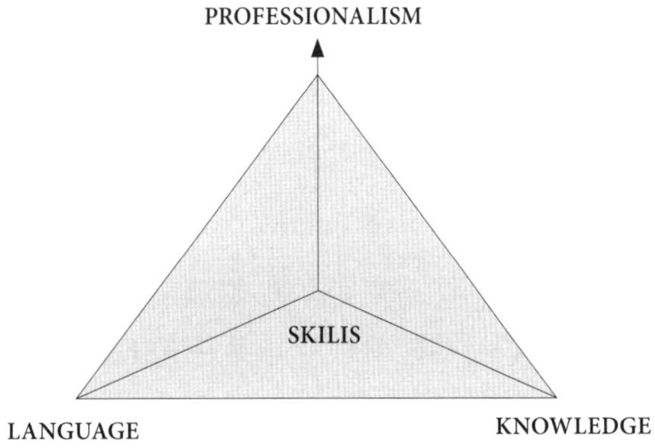

프로정신의 정수는 곧 자기 능력, 전문적 이해관계, 규범 및 관례, 중재자로서의 역할을 관장하는 윤리의식의 잠재성 및 한계에 대한 이해를 바탕으로 의뢰인의 이익을 대변하여 적절한 판단 및 의사결정을 내리는 능력이다. 이러한 전방위 전문성은 경험과 자기반성을 통해 꾸준히 개발되는 것이지만 통역의 기술적인 자질을 갖추고 난 뒤 훈련 과정 중에 주입시킬 수 있고 또 그래야 한다.

### 10.1.2 전문화 및 프로정신

일부 서구사회에서는 전통적으로 사회에 중요한 서비스를 제공하는 고위 전문직 종사자들이 업무를 수행함에 있어 그들이 봉사하는 사람들의 사회전체를 위해 직업 윤리 강령을 준수하겠다고 선서했다. 우리에게 가장 잘 알려진 것은 히포크라테스 선서이다. 일반 직업과 전문직을 구분 짓는 특징은 다음과 같다.

- 전문기관 훈련을 통한 전문 지식 및 기술을 보유하고 적용한다(고등교육 기관에서 장기간 훈련을 받은 뒤 체계화된 도제 교육을 받음).
- 자격시험 또는 인증 과정을 통해 실습 자격을 습득한다.
- 가치 있는 서비스 제공에 대한 대가를 받고 맡은 바 책임과 공익을 실천한다.
- 높은 수준의 역량을 발휘한다.
- 직업 윤리 및 규범을 실천한다.
- 전문직을 (자율) 규제하는 전문단체나 협회에 소속을 두고 활동한다.

따라서 전문직 종사자들은 높은 수준의 사회적 지위 및 자치권, 책임 및 내부 결속성을 누리고 높은 수준의 역량 및 윤리강령을 실천한다.

1950년대 이래 회의통역의 완전한 전문화를 위한 노력이 이어져 왔다(Tseng 1992 참조). AIIC 회원들이 보여주는 회의 통역 수준은 전문직의 모든 면모를 갖추고 있다고 해도 과언이 아니다. 다만 한 가지 이루지 못한 것은 통역의 국가 자격증 제도 의무화를 통해 아마추어 및 무자격 통역사의 무분별한 통역 행위를 막는 것이다. 예를 들어, 무면허 의료 및 법률행위는 대부분 국가에서 불법으로 간주된다. 자격

제도가 갖추어진 전문직은 전형적으로 전문학위 수료, 전문협회 회원자격 및 자격시험을 통한 면허 취득이 요구된다.

그러나 아직까지 회의 통역에서는 어느 국가에서도 그렇지 못하다. 전문직업훈련이 권장되지만 여전히 선택사항이다. 자격시험을 통한 인증제도 역시 학교 단위로 이루어지고 있고 일관된 기준 없이 파편화되어 있다. 전문 통역사 협회 가입과 직업 윤리의 실천도 순전히 자율적으로 이루어지고 있다. 통역사가 국제규범 상 전문직으로 정의되고 인정받기 위한 작업은 아직 진행 중에 있다.

모든 국제기구에서 회의 통역사는 전문직 대접을 받고 있다. 그러나 국제기구 밖에서 회의통역사는 대부분 사회에서 전문직으로 인정받지 못하고 있다. 특히 민간시장 부문에서 전혀 규제 되지 않고 있다. 아직 그 어떤 국가에서도 회의 통역사로 일하기 위한 자격 면허나 인증제도를 의무화하지 않았다. 따라서 아무런 훈련, 자격요건, 면허 또는 구속력 있는 윤리강령 없이 누구나 스스로를 회의통역사로 내세우는 것이 가능하다. 그 결과 무질서한 '회색 시장*grey market*'이 형성되어 무자격 통역사(와 비양심적 브로커)가 시장 질서를 흩트리고 무지한 고객과 사용자가 손해를 보는 상황이 발생하고 있다. 어떤 곳에서는 회색 시장에서 일하는 통역사의 수가 윤리적이고 훈련을 충분히 받은 자격 있는 전문 통역사보다 압도적으로 많기 때문에 고객이 둘 사이를 구분할 수 없거나 그럴 여유가 없는 경우가 파다하다. 길레는 "사회경제적으로 이러한 상황이 업계 최상급 통역사들에게 불리하게 작용하고 업무환경이 개선되기보다 수준 낮은 통번역사들에 의해 조건이 열악해지고 있다"고 말한다(2009:5).

회의 통역은 틈새 업종으로 대중에 적게 노출되는 직업이다. 그러나 전문직으로 인정받는 데 걸림돌이 되는 또 다른 이유는 아마 지식기반의 비독점성 때문일 것이다. 변호사나 의사들이 공유하는 전문지식과 달리 통역사의 언어, 문화 및 시사 관련 지식은 아무리 정교하더라도 특권으로 또는 특수하다고 인정받지 못한다. (또한 그들의 주제 지식이 회의 참가자보다 얕다는 점도 한 몫 한다.) 통역 기술도 특히 순차의 경우 일반인의 눈에 그저 들은 것을 전달하는 것처럼 보여 언어만 할 줄 알면 누구나 할 수 있을 것 같기 때문에 특별한 기술이라고 인식되지 않는다. 그 외에도 업계에 여성 종사자의 비율이 높다는 것도 아직까지 여성화된 직업이 남성이 우세한 직업보다 지위가 낮다는 사회적 편견 때문에 불리하게 작용하고 상대적으로 짧은 2년의 훈련기간도 장애 요소로 작용한다. (일부 학교는 1년 과정을 운영하고 있다.)

그러나 전문직으로 공식적으로 인정받아야만 사용자가 통역사의 전문성을 제공받을 수 있는 것은 아니다. 근본적으로 모든 통역 분야의 전문화는 공공서비스 및 지역사회 통역이 언어적 소수자의 권익을 증진시킨 것처럼 통역사 뿐만 아니라 고객, 사용자 및 사회 전체에 이익이 된다. 이 과정은 전문종사자에 의해서만 촉진될 수 있으며 양질의 통역사를 선별하여 훈련하고 인증하고 통역 업계 양성과 이론 및 연구 기반 형성에 있어 통역학교의 역할이 무엇보다 중요하다.

프로정신은 전문적 자질이자 전문적 사회 일원으로서 직업 윤리 및 규범을 지키며 자기 능력껏 최고의 서비스를 제공하겠다는 약속으로 정의될 수 있다. 여기에는 프로정신의 세 가지 층위인 기술, 윤리 및 서비스가 결합되어 있다.

#### 10.1.2.1 기술 전문성*craft professionalism*

전문직의 출현과 맥을 같이 하는 또 하나의 역사적 전통이 자기 직업에 자부심을 가진 의식 있는 장인들이 길드 또는 조합을 형성하는 데 기여했고 많은 초대 회의 통역사들이 통역가 하나의 '생업*métier*'로써 존립 기반을 다지기를 원했다(Seleskovitch p.c.; Luccarelli 2004). 통역직이 다른 직종과 차별화되는 이유는 기술의 성격과 새로운 환경에 대한 적응 능력 때문이다. 이 두가지 모두 결정적으로 현장에서의 소리, 가시성 및 정보 접속 최적화에 영향을 주는 작업환경에 의존한다.

기술 전문성은 일종의 장사밑천으로 작업에 사용되는 도구(사용 언어, 지식, 목소리), 유관 자료(장비, 문서), 환경(회의 및 회의 환경), 과정(준비, 통역 원리, 언어간 중재의 역학 관계), 통역의 잠재성 및 제약에 대한 이해가 수반된다. 마지막 학기에는 학생들이 통역의 기본 기술을 모두 습득한 상태여야 한다. 그러나 통역은 조용하고 평화로운 공방에서 이루어지는 것이 아니라 사회와 접촉하며 수행된다. 따라서 통역 기술은 통역 업무의 윤리 및 서비스 측면의 이해가 바탕이 되었을 때 비로소 사용할 수 있다.

#### 10.1.2.2 도덕 및 윤리 전문성ethical professionalism

윤리는 도덕철학의 한 분야로 행위의 옳고 그름을 정의하고 그것을 실현하는 것이 전문 행위의 규범으로 작용한다. 전문 통역사는 윤리 수칙 및 규범에 맞게 행동하고 선택해야 한다. 이러한 규범이 기술전문성에 직접으로 적용된다는 것은 양질의 서비스를 기대해볼 수 있다는 것을 의미한다. 통역사는 자격 있는 업무만을 수행해야 하며 전문 기준에 부합하는 양질의 서비스를 제공하는 데 필요한 업무조건을 최선을 다해 사수해야 한다. 불가능한 업무 조건을 수락하여 서비스를 제공하는 것은 직업 윤리에 어긋난다. 업무 조건과 통역 품질의 관계, 그리고 지속적인 고객 교육의 필요성에 대해 10.2에서 다룰 것이다.

비록 통역시장 및 부문별 통일된 윤리 강령이나 규제기관이 있는 것은 아니지만 통역역량, 비밀보장, 충실성, 온전성, 공정성, 협력관계, 이해충돌방지 등 널리 받아들여지는 통역사 윤리 원칙들이 존재한다. 통역 실습생들은 이러한 기본 원칙을 내재화하고 이것이 실제로 무엇을 의미하는지 알고 있어야 한다. 또한 목표 시장에 적용될 구체적 기준, 관례 및 규범 또한 숙지할 필요가 있다. 이러한 원칙 및 규범의 항시적용이 단순한 문제는 아니며 빠르게 변하는 상황에 대한 부담을 안은 상태에서 복합적인 판단을 내려야 할 때도 있다. 어쩌면 통역사의 역할 및 경계 관리에 있어 가장 위험하고 까다로운 부분이라 할 수 있겠다. 통역 상황에 따라 통역사의 중립성 또는 성실성에 대한 기대가 다르고 중재 및 최적화 측면에서 허락 또는 제한되는 요소가 다르다. 통역의 도덕 및 윤리 전문성에 대해 10.3에서 다루게 된다.

#### 10.1.2.3 실용 또는 '서비스' 전문성service professionalism

회의 통역과 학생들은 훈련기간의 대부분을 언어, 인지 처리 과정과 통역기술을 배우는 데 할애한다. 그러나 통역의 목적은 사람들의 의사소통을 돕는 것이기 때문에 본질적으로는 사회적 활동이고 만족스러운 통역 서비스를 제공한다 함은 이해 관계자간 생산적인 관계를 맺을 수 있게 한다는 것을 의미한다. 전제조건은 학생들이 반드시 통역 서비스 시장, 시장 생태계 및 역할 분담, 선발관, 동료 및 고객과의 관계(CC-11)에 대해 공부한다는 것이다. 반드시 전문 직업 기술을 습득해야 하는데 일부는 통역에 특화된 기술이지만 나머지는 프리랜서로서 알고 있어야 할 업무 관행, 협상 비용, 업무 조건 및 계약, 이해충돌방지, 스케줄, 회계 및 세금 관리 기술이다. 마찬가지로 전문성 개발과 관련해 지도를 받아야 하고 일반적으로 통역사로서 건강하고 행복하고 성공할 수 있는 방법에 대해 조언을 구할 수 있어야 한다. 사회 및 실용적 층위의 전문성은 CC-11에서 다룬다.

서로 상호작용하는 기술, 윤리 및 실용적 차원에서의 프로정신의 복합적 정의는 현실과 우수성에 대한 약속 사이의 균형을 맞추는 것이다. 통역사가 어떤 상황 어떤 조건에서도 모든 종류의 담화를 통역할 수 있다는 순진하고 영웅적이지만 오도된 착각을 버려야 한다.

## 10.2 작업조건 및 업무성과

통역 전문성 피라미드에서 제시한 프로정신의 중요한 결과물은 좋은 통역을 위해 필요한 작업조건을 누구보다 잘 이해하는 전문 서비스 제공자인 통역사가 (i) 작업 조건을 확보하기 위해 최선을 다하고 (ii) 최선을 다했음에도 차선의 상황에서 일해야 한다면(CC-9.4 참조) 사용자들이 해당 작업조건에서 현실적으로 기대할 수 있는 서비스에 대해 알릴 의무를 지운다는 것이다. 두 가지 모두 고객 교육이 필요할 수 있다. 윤리적 전문성은 최고의 서비스 추구를 수반하기 때문에 제대로 훈련받은 유능한 통역사라면 좋은 작업조건으로 이들을 모집한 고객을 감동시킬 수 있다. 그러나 차선의 조건에서는 통역 기술의 제약으로 기대수준을 낮추어야 하고, 최악의 경우 서비스를 중단해야 한다.

### 10.2.1 작업조건과 통역품질의 상호의존성

통역 상황의 다양성과 모든 의사소통 고유의 불완전성을 감안한다면 양질의 통역을 하기란 여간 어려운 것이 아니다(TG-11 참조). 현장에서 통역의 품질은 통역사의 능력과 최선의 노력(훈련, 기술 정비, 준비, 헌신, 팀워크), 작업조건, 그리고 고객과의 명확한 이해관계에 의해 결정된다.

현대 회의 통역 초기 단계부터 통역의 품질이 특정 조건을 만족시켰을 때에만 가능하다는 것이 자명했다. 제대로 된 작업환경이 회의 통역의 필수 조건이기 때문에 AIIC 윤리강령의 3분의 1이 양질의 작업 조건 확보에 관한 것이다. 최고의 통역사들도 악조건 속에서는 제대로 통역할 수가 없다. 외과의사가 환자의 부엌에서 녹슨 과도로 완벽한 충수 절제술을 할 수 없는 것과 같은 이치이다. 그나마 외과의사는 작업환경, 도구 및 조력자에 대해 더 많은 선택권이 있다. 하지만 통역사는 특히 민간부문에서 일할 경우 업무환경, 도구 및 자료, 그리고 가끔은 동료조차도 고객에 의해 제공되기 때문에 작업조건이 계속 바뀔 수밖에 없다.

통역사로 활동하기 전에 타당한 작업조건이 무엇이고, 왜 중요한지, 그리고 어떻게 각 지위별 고객과 주최자들과 소통하고 협상하여 업무환경을 확보할 수 있는지 반드시 알고 있어야 한다. 전문 기구(AIIC) 및 주요 기관 선발관 사이의 단체 협상, 고객 교육, 포괄 및 개별 계약, 마지막으로 회의 전, 회의 중 그리고 회의 후 고객과의 효과적인 의사소통 등이 있다.

### 10.2.2 회의 통역의 작업 조건

성공적인 통역을 위한 조건은 몇 가지 단어로 요약될 수 있다. 정보, 접근성, 장비, 팀 구성 및 전력, 사용자 협조, 자율성, 존엄성, 프라이버시 및 저작권, 그리고 통역사의 업무 강도를 고려했을 때 반드시 필요한 통상 작업량과 휴식시간이다. 최적의 통역을 위한 작업 조건을 아래 표 10.1에 정리했다.

표 10.1 회의 통역을 위한 최적의 작업 조건

- 회의 준비를 위해 필요한 문서 및 정보에 대한 최대 접근성, 그리고 주제의 난이도가 높을 경우 한 번 이상의 브리핑
- 팀으로 활동할 수 있는 적합한(125 Hz-12.5 kHz) 지식 및 경험을 보유한 자격 있는 전문 통역사 동료
- 편안한 팀 전력(요구되는 팀원 수) 및 언어 커버리지

- 동시통역의 경우 ISO 표준(ISO 4043; 2603)에 부합하는 부스의 확보. 편안하고, 환기가 되고, 연사와 행사를 관찰할 수 있는 전면 창문을 통해 시야가 확보되고, 발표 슬라이드와 비디오를 볼 수 있는 부스 내 모니터가 설치되어 있고, 측면 창문을 통해 옆 부스 동료들을 볼 수 있어야 한다.
- 표준 동시통역 장비: 1인 1 마이크, 가벼운 온이어*on-ear* 헤드폰(귀 전체를 덮는 오버이어*over-the-ear* 헤드폰은 안됨), 통역사와 행사장 내 사용자들을 위한 좋은 음질, 충분한 음량, 무잡음, 무간섭의 깨끗한 오디오 신호
- 텍스트 및 발표 자료가 늦을 경우 통역 부스로 신속한 전달
- 통역을 염두에 두고 대본을 읽지 않고 일정한 속도로 명확하게 말하려고 노력하는 유능한 연사. (이상적인 경우 사전에 통역사를 만나 연설의 '특이사항'을 미리 알려줌)
- 필요할 때 연사와 회의 참가자들에게 대화를 할 수 있음
- 온라인 용어 및 정보 검색을 위한 부스 내 인터넷 제공
- 순차와 위스퍼링 통역의 경우, 배석 위치, 손으로 잡지않는*hands-free* 마이크 (스탠딩 마이크), 문서 및 노트를 놓을 수 있는 작업 공간
- 자율성 및 프라이버시: 마이크를 끄거나 음소거 버튼을 누른 상태에서 엿듣거나 녹음되지 않고 자유롭게 말할 권리, 팀에서 자율적으로 순번을 정하여 일할 권리
- 합리적인 업무 시간: 하루에 두 세션을 초과해서는 안 되고, 각 최대 3시간씩 90분단위로 중간 휴식시간이 있어야 함 (AIIC)
- 휴일 포함 출장비 및 준비기간
- 추후 통역 품질 및 협력 개선을 위한 행사 후 피드백 및 디브리핑(행사 중에도 가능)
- 저작권: 통역 서비스 재사용 권리의 예약, 즉 통역사의 허락 및 보상 없이 녹음, 웹스트리밍, 방송 또는 전사 금지. 통역사가 원할 경우 배포 전 재녹음할 권리.

먼저 정보 확보가 성공적인 통역에 가장 중요하다. 회의 전 필요한 모든 정보와 문서가 통역사에게 제공되어야 한다. 회의 준비를 할 때 최소한 행사명, 주제, 목적은 알고 있어야 하고, 주최자, 연사 및 청중의 성격, 발표 자료, 텍스트, 대본, 관련 배경을 공부 해두면 좋다. 만약 가능하다면 문서의 번역본과 검증된 용어집, 그리고 주최자 또는 연사의 브리핑을 듣는 것도 좋다. 회의 중에는 통역사(또는 팀 리더)가 필요할 때 연사와 주최자에게 소통할 수 있어야 하고 문서가 배포되는 즉시 받아볼 수 있어야 한다. 통역 피드백은 품질 향상을 위해 회의 중과 후에 모두 받아볼 수 있으면 좋다.

AIIC 전문 표준에서는 최소 팀 전력, 즉 필요한 통역사 인원을 지속적인 정신노동에 의한 육체 및 정신 피로가 통역 품질에 미치는 영향을 고려하여 확보하라고 규정하고 있다. 팀 전력은 "통역 유형, 사용되는 언어 수, 통역사의 언어쌍, 회의 성격, 시간 및 업무부하"에 따라 구성해야 한다(AIIC, ibid.). 비교적 단순한 회의 상황에서의 팀 전력 예시가 아래 설명과 함께 표 10.2에 있다. 대형 다중언어 회의 권장 팀 전력 예시는 AIIC 웹사이트에서 찾아볼 수 있다.

표 10.2 권장 팀 전력: 예시(AIIC 전문 표준, 6항)

| **Number of languages** | **Minimum number of interpreters** | | |
|---|---|---|---|
| | **Consecutive** | **Simultaneous** | **Whispering** |
| One or two languages into one (e.g. French and/or German into English only) | * | 2 | 2 (max. 2 listeners) |
| One language into two (e.g. French *into* but not from English and German) | * | 4 | |
| *Between two or more languages, all directions (e.g. English into French and French into English):* | | | |
| Two languages into same two | 2(1) | 3(2) | |
| Three languages into three | 3(2) | 5(4) | |
| Four languages into four | – | 8(7) | |

2개 언어 양방향 순차 통역이 제공되는 회의에서 최소 2 명의 통역사가 있어야 한다. 비록 AIIC에서 '특수한 상황*exceptional circumstances*'에서 1명을 허용하지만 정의가 모호하다. 표에 공란으로 남긴 칸도 2명을 추천하며, 1개 언어에서 2개 언어로 통역할 때 1명이 해당 언어쌍을 모두 통역할 수 있는 경우 (C/B2에서 A 와 B1) 혼자서 일할 수도 있지만 하루 6시간 중 1개 세션, 즉 3시간을 초과해서는 안 되며 가급적이면 2명이 일하는 것이 좋다.

동시통역의 경우, 통역 품질과 커버리지를 보장하기 위해 부스당 목표 언어별(1 방향으로 통역하더라도) 최소 2명의 통역사가 필요하고 세 개의 양방향 부스가 필요하다. 부스는 목표 언어의 숫자만큼 필요하다. (2개 언어 회의 경우에는 양방향 부스 1개만으로 충분할 수 있다.) 팀을 배정할 때 체계상의 문제로 인한 릴레이 통역을 최대한 피해야 하지만 "만약 특정 언어쌍의 릴레이를 피할 수 없는 상황이라면 릴레이 통역을 할 수 있는 통역사가 최소한 2명이 확보되어야 한다. 만약 릴레이 통역이 양방향 부스에서 이루질 경우 한 부스에 최소 3명이 배치되어야 한다"(AIIC 전문 표준, 6항).

팀 전력은 아주 짧거나 간단한 회의 라든지 '특수한 경우'에 괄호 안의 숫자까지 줄이는 것이 가능하나 장시간 일해야 하고 특히 강도 높은 회의이거나 참고 문서(자기 통역 순서를 기다리는 동안 새로 도착한 문서를 준비해야 함)가 많고 기술적인 내용이 많은 특수한 분야인 경우 통역사를 최대한 많이 확보하는 것이 좋다. 팀 전력과 관련하여 응대하기 어려운 고객을 설득하는 방법은 CC-11.2.2.5에서 다룬다.

위스퍼링 통역의 경우, 팀 구성이 최소한 동시 통역과 똑같아야 하고, 위스퍼링이 필요한 고객의 수만큼 통역사의 수가 늘어난다. 예를 들어, 2개 언어를 2명의 고객에게 통역할 경우 3(2)명의 통역사가 일반 동시통역을 제공할 수 있다. 동시통역에 필요한 표준 장비 지침을 살펴보면 서비스에 적합한 고음질 동시 장비, 언어별 채널과 플로어 채널, 통역사와 행사 참가자를 위한 마이크 및 헤드폰과 부스가 필요하다. AIIC 기술 및 건강 위원회가 준수하는 간이(ISO 4043) 및 붙박이(ISO 2603) 부스 ISO 표준에는 환기, 접근성, 가시성, 방음, 조명 및 가구(의자 및 작업 공간) 관련 기준이 규정되어 있다(핵심요건과 관련하여 Grée 참조).

최고의 서비스 품질을 보장하기 위한 작업 조건의 확보는 보편적으로 받아들여지는 도덕적 책무이다. 이 원칙은 법정 통역, 전통적인 회의 통역, 또는 특수한 현지 상황이 반영된 통역(CC-2.3) 등 통역사의 의사소통 역할이 제한적이라 하더라도 적용된다. 제대로 된 작업 조건을 확보하려면 반드시 사용자와 서비스 제공자가 서로 협력해야 한다. 그런 일은 유자격 통역사들 자신이 하거나, 에이전시, 전적으로 코디만 하는 통역사*full-service consultant interpreter*가 할 수도 있다. 서비스 사용자는 양질의 통역을 위해 서비스 제공자가 요구하는 작업 조건을 만족시킬 수 있어야 한다. 한마디로 춤출 때도 쿵짝이 맞아야 한다.

### 양질의 작업 조건 확보

통역사가 근무 및 서비스 조건에 대해 얼마만큼 결정권이 있는가가 곧 자율성 및 전문화 지표라 할 수 있다.

국제기구 전속 통역사의 경우, 해당 기구의 풍부한 다자 회담 주최 경험 덕분에 전반적인 준비 자료의 품질이 보장된다. 또한 AIIC가 모든 통역사를 대신하여 이들 기구와 표준 작업 및 서비스 조건에 대해 주기적인 단체 협상을 진행한다. 더 먼 지역으로 파견될 경우를 제외하면 예외적인 상황은 드물게 발생한다. AIIC 단체 협약 및 지침은 직업 현실 입문 수업 때 나눠주도록 한다.

그러나 통제되지 않는 것이 있다면 연사의 행동(CC-9 참조)과 문서의 접근성이다. 아무리 수석 통역사와 팀 리더가 반복적으로 문서를 요청하더라도 문서의 일부만 오거나 무시되는 경우가 점점 늘어나고 있다. 통역 서비스 기관에서 주기적으로 사용자들에게 통역사와 일하는 방법에 대해 프레젠테이션, 책자 또는 브리핑을 통해 정기적으로 교육을 제공할 수 있다. 현장에서는 팀 리더가 매 회의 시작 때 의장에게 통역과 통역서비스를 이용하기 위한 규칙 설명을 요청할 수 있다. 필요하다면 팀 리더가 잠시 영어 채널을 빌려서 의장을 통해 연사들의 발언 속도를 늦추거나 대본을 낭독하려는 연사가 발표하기 전 텍스트 제공을 요청할 수 있다. (통역 위험 완화 전략에 대해 마지막 장에서 다루게 된다.) 그 이후에 발생하는 미흡한 조건에 대한 대응책은 내부 규정에 의해 결정되고 이것은 수석 통역사 또는 현장 팀 리더가 정하는 것이다.

기업 및 정부 부서 인하우스 통역사는 전문 통역사 보다는 직원에 가깝다고 할 수 있다. 그렇기 때문에 좋은 근무 환경을 확보하는 것이 훨씬 더 어려울 수 있다.

민간 시장에서는 작업 조건의 확보가 더 복잡하고 중개인이 개입하는 경우가 잦다. 이때 통역사의 계약서가 결정적인 요소로 작용하게 된다(CC-11.2.2.2). 세부 내용은 CC-11에서 더 자세하게 다룬다.

근무 환경이나 조건이 무엇이 됐든지 통역사는 통역의 품질을 높이기 위해 합리적인 요구를 하는 것을 주저해서는 안 된다. 예를 들어, 가청도와 시야를 확보하기 위해 가구, 의자 또는 간이 부스를 재배치할 수 있고 음질의 최적화를 위해 기술자를 부를 수 있다. 또한 가용 가능한 모든 도구를 요청할 수 있는데 법정 또는 사석 중재를 할 경우 실시간으로 제공되는 법정 서기의 전사물을 볼 수 있도록 디스플레이 화면을 요청할 수 있다. 전사물을 참고할 수 있으면 숫자, 이름, 날짜 등 통역의 정확성을 크게 향상시킬 수 있다.

따라서 서비스 품질 향상을 위한 성공적인 고객-통역사-사용자 관계 형성의 핵심은 고객 교육과 계약서를 통해 이루어지는 상호작용, 설득과 제약의 결합인 것이다.

동일한 상황에서(전문 통역사, 물리적 작업 조건 등) 가장 흔히 발생하는 만족스런 통역의 장애물은 행사 내용을 정확히 알고 있으며 행사 배경, 관련 자료, 연사 정보 및 텍스트를 제공할 수 있고 필요하다면 기술 브리핑도 제공할 수 있는 회의 '콘텐츠 소유자*content owner*'와 통역사가 직접 접촉할 수 없도록 가로막는 중개자다(CC-11.2.1-11.2.3 참조).

### 10.2.3 고객 관계, 교육 및 기대수준

통역을 위해 필요한 조건을 통역사가 가장 잘 알겠지만 통역사와 사용자가 다르게 이해하고 있는 통역의 '품질'을 절충해야 할 경우 사용자의 니즈를 제대로 파악해야 한다.

#### 10.2.3.1 행사 주최자, 연사와 사용자를 위한 조언

놀랍지 않은 것은 EU같은 정부간 기관 또는 이중언어를 사용하는 의회같은 기관들은 양질의 통역을 확보하고자 통역을 제도화했을 뿐만 아니라 입법화 했고, 그 결과 사용자들이 통역 서비스를 이해하고 최대한 활용할 수 있게 하려는 노력에 앞장서왔다(또 그들의 선례는 일부 잘 조작된 통역사들이 운영하는 컨설팅사들도 따랐다. CC-11.2.1.1 참조). 통역 서비스 이용 행사 주최자들과 사용자들을 위한 권고문은 AIIC, 일부 통역 서비스 기관과 컨설턴트 통역사에 의해 발간됐다. 아래는 EU 집행위원회 번역 총국*DG-Interpretation; SCIC*, 캐나다 의회 통역 서비스*Canada Parliamentary Interpretation Service; CPIS*, 컨설턴트 회사 칼리오페*Calliope*의 지침서에 공통적으로 나오는 내용이며 서비스 사용자들에게 다음과 같이 권고한다.

- 통역사는 의사소통의 조력자이다.
- 통역사는 (텍스트 사전 제공을 꺼리는 사용자들을 위해) 비밀유지서약을 했다.
- 연사들은 최고의 결과물을 위해 통역이 되고 있다는 것을 기억하자.
- 적당한 속도로 발표한다. [SCIC, CPIS, Calliope]
- 대본을 읽기보다 가능하다면 노트나 개요를 보고 자유롭게 발표한다. [SCIC] "문어체는 구어체와 달리 문장 구조가 더 복잡하고 내용도 많다." 모국어로 듣고 있는 청중도 내용을 이해하는 데 어려움을 느낄 수 있다. [SCIC; CPIS, Calliope]
- 모국어로 발표할 것을 권장한다. [SCIC]
- 발표 중 다른 언어로 바꾸지 않도록 한다. 바뀐 언어 구간의 길이에 따라 통역이 어렵거나 불가능할 수 있다.
- 이름과 숫자는 최대한 명확하게 발음하고 약어는 설명한다. [Calliope]
- 만약 대본, 슬라이드 또는 기타 서면 자료(비디오 포함)를 읽는 경우 반드시 통역사에게 문서의 사본을 사전에 제공해야 한다.
- 어려운 주제에 대해 미리 통역사에게 브리핑할 준비를 하고 연설 중 특별히 까다로운 부분이 있다면 설명하도록 한다. 슬라이드 발표를 할 경우 다음 슬

라이드로 넘기기 전에 청중이 직전 슬라이드의 통역을 모두 들을 때까지 기다리도록 한다.

- 마이크가 켜져 있는지 확인하고 10-15cm 거리에서 마이크에 직접 얘기한다. 마이크를 치거나 마이크에 바람을 불지 않도록 한다. 핸드폰을 마이크에서 멀리 떨어뜨린다. 핸드폰 전파 신호와 테이블 주변의 다른 마이크, 배경 소음 등이 소리를 전혀 안 들리게 할 수 있다. [CPIS]
- 모르는 언어로 질문 받을 것을 대비하여 언제든지 헤드셋을 쓸 수 있도록 한다.

아래는 동시통역의 과정과 동시통역이 할 수 있는 일과 할 수 없는 일에 대해 일반인들도 알기 쉽게 설명한 것이다.

> 동시통역을 하는 통역사는 (i) 연사가 약 4초 전에 한 말을 통역하고 (ii) 약 2초 전에 한 말을 분석하고 (iii) 지금 하는 말을 듣고 있는데 이 세 가지 작업을 모두 동시에 수행하고 있다.
>
> [CPIS]

통역이란

- 서로 다른 언어를 사용하는 사람들의 구두 의사소통을 가능케 하는 도구이다.
- 내가 하고 있는 말을 다른 언어로 거의 실시간에 가깝게 라이브로 전달하는 것이다.
- 내가 한 말의 의미를 최대한 정확하게 전달하는 것이다.
- 내가 빨리 말하면 요약된 의미를 전달하게 된다.

그러나 통역은

- 내가 하는 말의 축어역이 아니다.
- 시차 없이 즉시 전달되는 것이 아니다.
- 원래 용도가 대본을 읽는 연설, 특히 빠르게 읽는 텍스트를 위한 것이 아니다.

[CPIS]

청중이 알아야 할 것은

- 연사가 한 말과 통역의 시차가 있다는 것이다. 시차는 통역의 중요한 과정이다. [CPIS]
- 토론 중 여러 명이 한꺼번에 언급할 경우 모두 통역하는 것이 불가능하다. 통역사는 가장 지속적으로 말하는 주요 연사의 말을 통역하는 데 집중할 것이다. [CPIS]
- 만약 말하는 도중 갑자기 언어를 바꿀 경우 통역이 도중에 다른 언어로 전환되어야 하기 때문에 중간에 끊길 수 있다. [CPIS]
- 통역사에게 제공하지 않은 텍스트를 빠르게 읽는다면 어쩔 수 없이 내용의 일부를 생략하고 요약해야 한다. 그럴 경우 연사에게 천천히 읽어줄 것을 요청할 수 있다.

끝으로 CPIS는 다음과 같이 권고한다.

> 통역은 사용자의 의사소통을 돕기 위해 제공되며 사용자의 메시지를 다른 언어로 전달하는 것이다. 음향, 연사, 억양, 주제 등 여러 가지 변수가 회의에 작용한다. 동일한 회의란 있을 수 없다. 통역은 의사소통의 문제이고, 인간적인 예술 행위이며 그래서 자연발생적인 차이가 있다. 두 날이 그리고 두 통역사가 같을 수 없고 돌발 상황이 자주 발생한다.

#### 10.2.3.2 이상적인 조건과 현실: 가능한 것인가 아니면 타협해야 하는가?

통역 환경과 상황의 다양성을 고려했을 때 현실적인 전문성이란 결국 최적의 작업 조건을 확보하는 것을 의미한다. 일부 저자들은 종종 최선의 조건이 최소한의 조건인 경우가 있다고 말한다.

> 최적의 전문 통역 품질이 시사하는 바는 통역사가 원문을 완전하고 정확하게

전달하고 의미를 왜곡하지 않고 외적 요인에 의한 제약 속에서 연사가 제공한 모든 언어 외적 정보를 포착한다.

(Moser-Mercer 1996: 44, emphasis added)

(Moser-Mercer 1996:44)

통역의 문제는 많은 경우 고객(사용자)의 기대수준과 제공된 서비스의 불일치에서 비롯된다. 높은 수준의 역량과 신용에 대한 약속을 지키겠다는 의지로 통역사는 고객의 기대수준에 부합하거나 그것을 능가하는 수준의 서비스를 제공하기 위해 최선을 다해야 한다. 고객에게 확신을 갖고 반복적으로 최적의 작업 환경이 제공되지 않을 때의 현실적인 통역 제약을 설명함으로써 고객의 이해 및 작업 조건을 향상시킬 수 있다. 고객은, 예를 들어 외교 연설문을 사전에 제공하지 않고 음향 시설까지 안 좋은 상태에서 시구詩句의 완벽한 통역 등, 통역사에게 기대할 수 없는 것과 좋은 작업 조건에서 전문 통역사들에게 기대할 수 있는 것이 무엇인지 이해하고 있어야 한다.

> 응급 상황에 대비한 최소의 조건들
>
> 현실에서는 특히 비회의통역 환경에서 생명 위급한 상황 등에서 최적의 작업 조건이 보장될 수 없는 곳에서 급작스럽게 통역이 필요한 경우가 있다. 그러나 그렇기 때문에 의사소통의 정확성이 더욱 중요하고 (통역사가 기본적인 자질이 있다는 전제 하에) 이를 위해 반드시 확보해야 할 조건들이 있다.
>
> 위급한 상황에서만 다음 최소 조건을 확보할 것을 권한다.
>
> - 정보: 이해관계자와 주제와 관련하여 전체적인 정보가 조금이라도 통역사에게 전달되어야 한다.
> - 가청도: 통역사와 참가자가 모두 들을 수 있어야 한다.
> - 협조적인 참가자: 위급 상황 속 참가자들이 통역이 된다는 것을 인지하고 도와줄 준비가 되어야 있어야 한다.
> - 합리적인 업무 및 휴식시간: 일할 수 있는 통역사의 수에 따라 조정해야 한다.

요약하면 사용자가 통역 업무에 대해 잘 이해할 수록 더 협조적이다. 그렇기 때문에 고객 교육이 중요하다.

그러나 최선을 다해도 업무 환경 확보에 실패할 수 있다. 통역 과정에 대한 무지가 유일한 문제는 아니기 때문이다. 보안 문제(통역사는 출입 기자도 아닌데 연설 원고가 엠바고 상태에 있음), 너무 많은 중개인, 그리고 고객 동기부여 부족 등도 원인이 된다. 만약 사용자 입장에서 통역사를 통한 성공적인 의사소통이 귀찮거나 생각에 그치지 않고 우선순위가 된다면 좋은 업무 환경 제공을 위한 비용이 타당하다고 느끼게 될 것이다.

### 10.2.4 프로정신: 선순환

그림 10.2는 다중 언어 회의 통역을 준비할 때 자신감과 기술이 업무환경, 고객관계, 통역 성과에 대한 긍정적 피드백 통해 고객 교육의 선순환을 만들어내는지 보여준다. 전문가다운 행동 및 역량은 고객에게 신뢰와 만족감을 주고 좋은 작업 조건에 대한 통역사의 요청을 들어주고 요구된 조건이 만족되었을 때 좋은 통역 품질로 보답하게 된다.

그림 10.2 전문성의 선순환

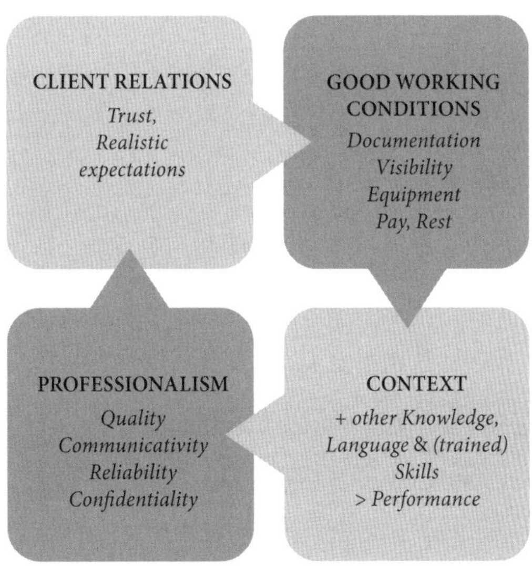

그림에서 볼 수 있듯이 관계는 신뢰에 크게 의존한다. 이것은 통역사의 기술적 역량 외에도 윤리적 행동, 균형 잡힌 역할 수행, 위기 대처 능력에 의해 결정된다. 이것이 바로 도덕 및 윤리 전문성이라 할 수 있다.

그림 10.2의 '선순환' 체계 수립의 핵심은 투명하고 책임감 있고 운영 가능한 행동강령의 보급 및 준수다. 현장에서 도덕 및 윤리 전문성의 정립과 적용은 다음 절에서 다룬다.

## 10.3 전문가적 행동, 윤리 및 기준

### 10.3.1 소개

전문가적 기준 및 윤리는 전문직의 특징이다. 통역 윤리는 법으로 규제되는 의료나 법률 분야와 달리 성문화되거나 법적 보호를 받지 않는다. 그러나 통역사와 사용자의 합의 하에 집단적 규율 준수가 필요하다(그림 10.2 참조).

윤리강령의 최근 조사(Bancroft 2005)에 따르면 통역 분야별 통역사의 역할에 대해 차이를 보였다. AIIC 윤리강령은 중립성 및 충실성 부분에 대해 가장 덜 명시적이었다. 회의 통역이 주로 이루어지는 다자 기구에서 통역사의 역할은 '고객'의 국제적 지위에 따라 달라지며 명확하다. 그러나 다양한 지역과 시장의 민간 및 공공부문에서도 회의 통역이 사용되며 특히 순차통역에서 통역사의 역할 차이가 두드러진다.

### 10.3.2 보편 및 준보편 원칙

미국 의료 통역사 윤리강령의 작성을 위해 실시한 최근 조사에서 분야별로 강조되는 부분이 조금씩 다르지만 몇 가지 (준)보편 원칙을 찾아냈다. 법정 통역사는 비밀 준수, 공정성 및 정확성을 바탕으로 한 법정 규칙 준수를, 공동체 및 의료 통역은 통역사의 역할, 문화적 중재, 고객(환자) 복리, 소비자 니즈 충족을 위한 사용자-통역사 관계를(Bancroft 2005: vii), 회의 통역사는 진행 절차, 계약 및 작업 조건을 중요하게 여겼다. (부목 A의 AIIC 윤리강령 및 표준 과 일반적 ASTM 규율 예시 참조.) 법정, 의료 및 공동체 통역(Mikkelsen 2000: 54)과 달리 AIIC는 실제 상황에서의 윤리 강령 적용에 대한 상세한 기준을 제공하지 않는다.

회의 통역의 핵심 (준)보편 원칙은 다음과 같다.

1. 비밀 준수
2. 높은 수준의 역량
3. 온전성
4. 공정성 또는 중립성
5. 충실성 (정확성 또는 완전성)

이 중 세 가지 원칙은 명확하지만 나머지 두 가지 원칙은 복잡하고 논란의 여지가 많다. 역량 및 온전성은 모든 통역사가 추구하는 것이자 모든 분야의 통역을 망라하여 적용 가능하고 비밀준수 역시 법적 제한 또는 도덕적 예외사항 이외에는 보편적으로 적용된다. 공정성과 중립성은 덜 명확하고 특히 충실성은 통번역 전반에 걸쳐 가장 골치 아픈 문제이다. 다음 절에서 각각의 원칙을 살펴볼 것이다.

#### 10.3.2.1 비밀 준수

비밀 준수는 모든 통역 분야 및 환경에서 고객의 신뢰를 얻기 위해 가장 중요하고 보편적인 윤리 원칙이다. 역사 속에서 통역사의 평판에 가장 많이 흠집을 낸 사건 대부분이 비밀누설, 기밀 정보의 남용 및 기타 명시 되지 않은 이해 충돌과 관계된 문제였다.

정치, 군사, 과학 또는 상업 분야 행사 또는 토론을 통역하면서 특별히 언론 발표를 하더라도 민감한 주제에 대한 언급 없이 행사를 잘 끝마쳤다고 생각할 수 있다. 그러나 이해 충돌과 관련한 판단은 통역사가 하는 것이 아니다. 가장 중요한 것은 고객과의 신뢰를 보존하기 위해 무분별한 태도를 절대 보여서는 안 된다. 따라서 우리는 회의와 관련된 내용을 그것이 회의 절차에 관한 것이라 해도 언론에 발표된 것이 아니면 일절 언급하지 않는 습관을 들여야 한다.

10.3.2.2 역량

통역사의 역량은 곧 높은 수준의 통역에 대한 약속이다.

- 업무에 요구되는 기술과 지식을 겸비해야 하고 만약 자기 능력 범위 밖의 업무이거나 준비할 시간이 없었을 경우 업무 제의를 거절해야 한다.
- 통역 준비를 위한 관련 문서 및 정보 수집 등 양질의 통역을 위해 필요한 작업 환경을 확보해야 한다.
- 꾸준히 실력을 연마하여 전반적인 통역 품질을 높이도록 한다.

10.3.2.3 온전성

온전성이란

- 정직: 이해충돌 회피 또는 명시, 통역 중 습득한 정보를 이용한 사적인 이익 추구 금지
- 책임: 시간 엄수, 신의, 지키지 못할 약속을 하지 않음, 정당한 이유 없이 업무를 취소하지 않음
- 결속: 동료들과 협조하고 지식을 공유, 초보 통역사들을 지원하고 동료들에게 도덕적 원조와 동료의식을 제공한다
- 품격: 통역사의 존엄성 또는 평판에 손해를 끼칠 업무 또는 상황의 거부

이해관계 충돌

모든 프리랜서 통역사는 이해관계 충돌을 회피하거나 알릴 의무가 있다. 그러나 기업 인하우스 통역사는 일방 당사자에 소속되어 있기 때문에 협상을 성공적으로 이끌 인센티브(승진, 스톡 옵션 등)가 있거나 중립적인 역할이 기대되지 않을 수 있다(10.3.3 참조). 업계 내에서 프리랜서 통역사가 예를 들어 두 개 이상의 기업이 같은 계약 건으로 통역을 부탁받은 경우 어떻게 대처해야 하는가에 대해 의견이 분분하다(TG-10.2.2 케이스 스터디 참조). 이런 상황에서 가장 안전하게 대처할 수 있는 방법은 ASTM 표준 지침에 나온 대로 통역사가 공정한 태도로 일관하는 것이다.

### 10.3.3 중립성과 통역사의 역할

통역사의 공정성 또는 '중립성'은 가장 잘 알려진 통역사 윤리강령이다. 통역사가 사견 또는 치우친 의견을 통역에 내비쳐서는 안 된다는 것이 보편적으로 받아들여지고 있는 통역사의 공정성이다. 모든 당사자에게 평등한 서비스의 제공으로 이해되는 완전한 중립성은 국제기구에서 규범으로 받아들여지나 보편적인 것은 아니다. 외교, 비즈니스 및 군 통역사는 일방 당사자에게 고용되어 그들의 이익을 대변하여 서비스를 제공해야한다.

통역사의 역할에 대해 명시적 정의를 내리는 분야(법정 및 의료 통역)도 있지만 보통 통역사 개인의 판단에 맡겨야 할 때가 많다. 기본적으로 '직역'이 언어 및 문화적 이유로 불가능하다. 그렇기 때문에 통역사가 능동적인 역할을 해야 할 지, 무례한 언사를 했을 때 언어의 수위를 낮춰야 할 지, 연사의 실수를 교정해야 할 지, 오해의 소지가 있음을 밝혀야 할지 또 중재의 역할을 해야 할 지에 대해 여러 문헌과 온라인 토론 등에서 많은 논란이 되고 있다. 10.4에서 회의 통역을 중심으로 이 부분에 대해 다룬다.

회의 통역사는 다음 두 가지 상황에서 역할이 결정되고 비교적 이해 당사자들에 의해 잘 받아들여지고 있다.

a. 공유: 정부간 기구 또는 기타 국제/다자 기구에 의해 고용되어 참여하는 모든 당사자들에게 중립적으로 통 역 서비스를 제공한다.
b. 전속: 회의의 각 당사자에 의해 고용된다. 외교, 비즈니스, 인하우스 또는 군 통역에서의 관례이다.

#### 10.3.3.1 공유된 또는 중립적 통역사

정부간 기구*intergovernmental organization; IGO*는 현대 회의 통역사의 최초의 고객이다. 기관의 전속 또는 단기(프리랜서) 고용인으로써 통역사의 역할은 어느 한 국가에 소속되지 않고 오로지 기구의 헌장에 명시된 목적을 달성하기 위해 공정하고 독립적으로 활동하는 국제 공무원과 같다. 이러한 맥락에서 통역사는 "어떠한 이유로든 어느 한 국가 또는 개인의 대변인 또는 해당 국가 정책의 옹호인이 될 수 없으며 어떠한 기관 밖의 국가, 개인, 또는 단체로부터 어떠한 부탁도 들어줄 수 없다"(ICSC 2002, paragraph 8).

정부간 기구(IGO) 또는 국제 기구(IO)의 전속 또는 프리랜서로 고용된 통역사는 모든 당사자에게 중립적인 태도를 취해야 하며 고용주인 기구의 사무총장에게 조차도 평등해야 하는 것이 일반적인 규범이다. (이것이 AIIC가 표방하는 통역사의 역할이다.) 특정 상황에서 규정이 완화될 여지가 어느 정도 있으나 현 체제 하에서 통역사는 다음 원칙을 준수해야 한다.

1. 무반응*no reaction*: 자신만의 신념과 견해는 자제하고 (어조, 반응, 활기, 첨언 등) 통역에서 자신이 공감하는 바를 절대 저버리지 않는다. 주제를 숙지하지 않고 '직역'하는 것만으로는 부족하고 훈련과정 첫날부터 자의식, 수양과 노력을 통해 달성돼야 한다. 한 판사가 법정 통역에 대해 말하길, "통역사의 공정성은 통역사 자신의 가치 체계로부터 발현되는 간섭으로 인해 언어가 변질되지 않도록 의식을 고양시켜야 한다"(Cunha Rodrigues 2003).
2. 편향(이나 편향성) 배제*no partiality*: 조금이라도 편파성이 의심되는 행동은 삼간다. 공정성은 공유된 통역사 모두에게 해당되지만 "이해당사자들과의 불필요한 접촉"을 삼가는 등 조금이라도 의심되는 행동을 금지하는 엄격한 규율은 법정 통역과 같이 대립적 맥락에서만 적용된다. 그러나 정부간 기구(UN/EU) 및 민간 시장에서 통역사는 회의 참가자들과 식사를 함께 할 수 있고, 일부 통역사들은 참가자가 배우자인 경우도 있다. 이와 대조적으로 법정 통역사는 어떠한 경우에도 배우자의 통역을 맡을 수 없으며 피고인과 식사를 할 경우 해고된다.
3. 노코멘트*no comment*: 공개적인 자리에서 회의 내용 또는 내 중립성과 공정성을 의심받을 수 있는 언사를 일절 삼가도록 한다. 개인적인 의견을 입 밖에 내지 않는다.
4. 이해충돌방지*no conflict of interest*: 이해관계의 충돌을 피하고, 피할 수 없을 경우

업무 제의를 거절한다. 또한 회의 중 알게 된 기밀 정보 또는 결과를 개인의 이익을 위해 사용해서는 안 된다. 그러나 제의를 거절할 수 있는 이해 충돌의 기준은 통역사마다 다른 견해를 가질 수 있다(TG-10.2.2).

5. 완전하고 투명한 통역: 투명성을 보장하기 위해 통역사로서 자신이 내뱉은 부분까지 포함해 언급된 모든 내용을 통역한다.
6. 청탁 수락 금지: 통역하는 내용 대해 어느 당사자의 부탁도 들어주지 않는다. 중립적인 통역사는 특정 내용의 생략, 요약, 부연설명, 수위 조절, 의도적인 호도 및 기타 통역사의 전문적 판단에 어긋나는 청탁을 거부해야 한다.
7. 추가 서비스 금지*no extra service*: 어느 한 당사자에게 추가로 (또는 감소된) 통역 서비스를 제공하지 않도록 한다. 예를 들어 "국제 공무원이 어느 한 국가의 정부 대표자의 연설, 주장, 제안, 토론 중 질문 내용을 미리 준비하는 것은 부적절한 행위이다"(ICSC 2002, paragraph 24). AIIC 윤리강령은 회원들이 통역사로 활동했던 회의에서 다른 종류의 서비스를 제공하는 것을 금하고 있다.
   정부간 기구에서는 통역사에게 통역 이상의 요구를 거의 하지 않는다. 소규모 순차 통역 회의를 제외하고는 통역사에게 문화적인 조언도 구하는 일이 극히 드물다. 만약 질문을 받거든 중립적인 답변을 할 수 있고, (신중하게 판단하여) 전체 회의에 도움이 될 경우에 자발 적으로 조언을 할 수 있으나 어느 한 쪽에 편향된 발언을 해서는 안 된다. 그러나 정부간 기구라도 먼 지역에 파견되거나 소규모의 덜 공식적인 회담에서는 제한이 완화될 여지가 있다.
8. 동등한 충실성*equal fidelity*: 중립적인 통역사는 '편들기'나 대 고객 충성 배제의 원칙에 따라 연사의 메시지를 최대한 정확하고 명확하고 효과적으로 전달하기 위해 최선을 다할 것이다. 아무리 좋은 의도로 최선을 다하더라도 '이상적인' 투명성의 실현은 불가능하다. 그러나 다자 기구 및 기타 국제기구는 이 통역사의 충실성 원칙 준수를 비준하고, 보호하고, 촉진하고, 요구한다.

#### 10.3.3.2 전속 통역사

특히 외교 및 비즈니스 양자 회담에서는 양측이 전담 통역사를 따로 고용하는 것이 표준 관례이다. 각 통역사는 상대측 언어로만 통역을 한다. 이때 통역사는 어느 한 쪽에 소속되어 있으며 고용주측(외무부, 국방부 또는 사기업 등) 행동강령을 지키는 것이 관례이다. 따라서 고객은 내부자와 꾸준히 접촉하고 내부 문건, 비공개 브리핑 등을 통해 고객측 상황, 입장, 정책, 용어, 어투를 완전히 숙지하고 있는 통역사를 고용하는 것이 유리하다. 고객은 자기 전속 통역사에게 (공개적이진 않지만) 상대측 내용을 수정하거나 효과를 강화시키거나, 부연 설명, 제안, 중요한 내용의 상기 등을 요청할 수 있다.

대개 문화적 간극이 큰 경우에 고객이 이러한 요청을 할 수 있다. 전속 통역사는 언어전문가로서 그리고 상대측 문화에 대한 컨설턴트로서의 역할이 기대되고 고객이 조언, 분석, 문화적 설명 등을 요청할 수 있다. 고객에 의해 통역의 요약, 의역 또는 생략, 의견 제시, 답변 제안, 디브리핑 참가, 대화 주제 초안 작성, 노트 및 회의록 작성, 또는 문서의 번역을 암묵적으로 또는 명시적으로 요청 받을 수 있다.

## 10.4 충실성과 최적화

### 10.4.1 충실성

통역사의 기본 임무는 언어 장벽을 극복하고 소통해야 하는 사람들 사이의 신뢰할 수 있는 가교 역할을 하는 것이다. 따라서 연사의 메시지를 최대한 충실하게 통역하는 것이 윤리 강령의 핵심이 되어야 한다. 대부분의 행동강령에 충실성에 대한 언급이 명시적으로 되어 있지만 회의 통역사를 위한 AIIC 윤리강령은 충실성이 전제된다고 간주한다.

언제 어디서 직역(형식기반) 또는 의역(의미기반)을 해야 하는지, 언제 의사소통 최적화를 해야 하는지 등 통역의 충실성은 끊임없이 논란이 되어 온 복잡한 문제이다. 학문 및 이론적 정의는 제쳐 두고 축어역을 포함하여 통역에 대한 사용자 기대 수준은 제각각이다.

충실성에 대한 기본 원칙은 간단하다. 하지만 문제가 발생했을 때 다양한 접근법이 있으면 도움이 된다.

통역의 기본 업무는 내가 이해한 대로 정보, 내용, 주장, 논리, 어조, 어감이 포함된 연사의 메시지를 능력껏 최대한 명확하게 전달하는 것이다. 어려움에 봉착했을 때 개별 판단에 의존하지만 판단할 수 없는 경우 9 장에서 설명한 방법을 다양한 순차 및 동시 통역 상황에 적용해 볼 수 있다.

문제가 발생했을 때 선택할 수 있는 방법은 자기 판단, 연사와의 의사소통, 팀워크(부스 파트너의 도움) 등 세 가지로 요약할 수 있다. 그러나 최종적으로 자기 판단에 의존하게 된다. 즉 통역사에게 있어 언어 능력, 통역 기술, 그리고 지식만큼 중요한 것이 판단력이라는 것을 염두에 둬야 한다. 마찬가지로 연사의 의사소통 의도 및 목적을 많이 알 수록 어려운 결정을 내리는 데 더 도움이 된다.

### 10.4.2 최적화 대 '강한 중재*strong mediation*'

2장에서 설명했듯이 통역사의 임무는 단어 대 단어로 직역하는 것이 절대 아니다. 독립적으로 일하는 '공유' 통역사든 전속 통역사든 통역사는 청중이 연사가 의미하는 바를 가능한 한 완전하게 전달하도록 해야 한다. 전체 훈련 과정에서 배워온 것처럼 통역은 대응어로 직역하는 것을 지양하고 맥락을 가장 잘 전달할 수 있는 단어와 표현을 사용하여 연사의 메시지를 전달하는 것이다.

그러나 이런 기본 원칙만으로는 부족할 때가 있다. 완전한 의사소통을 위해 한 단계 더 나아가 청중이 최대한 이해하기 쉽게 하거나 의사소통 최적화를 통한 문화적 장벽을 해소시켜줄 것이 기대되는 경우가 잦다.

통역사와 번역사는 언어 및 문화적 '중재자'로 보여질 때가 많다. 그러나 종종 의사소통뿐만 아니라 이해 당사자들이 합의점에 이르게 하거나 문제 해결을 도와줄 것을 요청 받을 수 있다. 이것은 '강한' 중재자로서 통역사가 조언자 또는 심판 역할을 해야 하는 경우를 말한다. 비록 이것이 특정 상황에서 더 유익할 수 있지만 전통적인 통역사의 역할은 아니다. 그리고 특별한 책임과 위험이 따르기 때문에 '강한' 중재자 역할을 맡기 전에 몇 가지 고려해야 할 것들이 있다.

- 자격 있는 전문 중재자의 도움을 받을 수 없는 상황이고 꼭 필요하다.
- 이해 당사자들에 의한 명시적인 요청이 있었고 모두 내가 중재자 역할을 맡는 것에 동의했다. (물론 이들이 나의 조언을 반드시 따를 필요는 없다.)
- 할 수 있다는 확신이 든다. 모든 당사자의 이해 관계와 입장을 이해하고 있는가? 상황을 판단하고 중재하기 위해 필요한 정보가 충분히 있는가?
- 고객의 기대수준이 현실적이고 내 역할을 제대로 수행하기 위한 재량권이 충분히 주어졌다. 예를 들어 통역도 같이 해야 할 경우 생각할 시간을 추가로 주고 사회자 또는 조정자처럼 의사소통 방식을 어느 정도 통제할 수 있다.

마찬가지로 강사가 수업에 확장된 통역사 역할의 복잡성을 논의하기 위한 케이스 스터디를 가져온다.

## 10.5 요약

프로정신은 현장 통역 역량 발휘를 위한 전문성의 네 번째 핵심 요소이다. 프로정신은 통역 품질, 고객 신뢰 및 작업 조건의 상호작용이며 고객과 사용자를 위한 최적화된 서비스 제공 방식이다. 프로정신은 기술, 윤리 및 실용적 차원의 전문성으로 통역사는 통역 역량, 온전성 및 비밀준수와 통역 품질 보장을 위한 업무 환경 확보를 약속하고, 약속한 서비스, 통역사 역할 및 고객 기대수준 대한 상호 신뢰 및 투명성을 위해 노력한다.

중립성과 충실성의 정의는 단도직입적이지 않다. 전문 통역사들은 자기 신념, 취향 및 견해를 통역에 반영하지 않고 오역을 최소화하여 충실하게 연사의 의미를 전달한다는 측면에서 공정하다고 간주된다. 그러나 모든 통역사로부터 완전한 중립성을 기대할 수는 없다. 통역사의 역할은 크게 둘로 나뉜다. 하나는 중립적 통역사로 비준된 고객 규범과 업무 조건에 제시한 대로 최적화된 서비스를 모든 연사와 청중에게 평등하 제공한다. 다른 하나는 전속 통역사로 어느 한 당사자에 의해 고용되어 추가 서비스를 제공하고 충성심이 요구될 수 있는데 특히 외교, 군사 및 비즈니스 통역사의 역할에서 기대된다.

회의 통역사의 역할은 순차통역보다 동시통역에서 더 관례화되어 있고, 지역사회 통역 및 비공식 상황에서보다 전반적으로 표준화 되어 있지만 법정 통역 만큼 제한적이지는 않다. 덜 관례화된 상황 또는 통역 경험이 없는 참가자에 의해 고용되었을 경우, 전문 통역사는 기본적으로 중립적인 태도를 취해야 하지만 최적의 의사소통을 위해 행동하고 통역사의 역할과 통역 과정을 참가자들에게 적극적으로 이해시키고 필요하다면 협상도 해야 한다. 이 모범사례 접근방식은 명확성, 현실적 기대수준, 공정한 의사소통을 위한 투명성의 원칙이 반영되어 있다. 모든 이해 당사자들이 사전에 통역사의 역할, 목적 및 통역 절차를 명확하게 이해할 수록 더 좋은 결과를 낼 수 있다.

다음 장에서 회의 통역 '생태계'와 주요 이해 관계자 및 관례 등 실용적인 측면을 다루게 된다. 전체 교과 과정에서 수업 중 특별 주제로 학생들의 진로 지도를 위해 마지막 학기에 다룰 수 있다.

추가 참고 도서 (상세 정보는 권 말 참고 도서 참조)

전문가 윤리 및 행동

1. Bancroft 2005: The Interpreters World Tour: standards of practice for interpreters
2. AIIC Code of Professional Ethics http://aiic.net/page/6724 (Accessed July 24, 2015)
3. AIIC Professional Standards http://aiic.net/page/6746/professiona1-standards/1ang/ 1 (Accessed February 18, 2016)
4. ISO standards on interpreting and related technology http://www.iso.org/iso/home/store/catalogue_tc/catalogue_tc_broWse.htn1?cornrnid=654486&published=on&developnlent=on (Accessed February 18, 2016)

For extracts from codes of professional standards in different branches of the interpreting professions, see Appendix A

작업 조건

통역 전반:

1. ASTM 2007. Standard Guide for Language Interpretation Services

회의 통역:

1. AIIC recommendations: see Appendix A below
2. Mackintosh 2002: The AHC Workload Study: Executive Summary

공공 서비스 통역: NUPIT 2001

공동체 통역: see the Critical Link series (Benjamins)

비디오 릴레이 서비스: Petersen 2012 참조

통역사의 역할 (법정 통역 및 공동체 통역)

1. Angelelli 2004: Revisiting the Interpreters Role
2. Berk-Seligson 1990: The Bilingual Courtroom
3. Hewitt et al. 1995: Court Interpretation in US State Courts
4. Mikkelson 2008: Evolving views of the court interpreter's role
5. Morris 1995: The moral dilemmas of court interpreting
6. Shlesinger 1991: Interpreter latitude vs. due process (multilingual trials)

문화적 차이

1. Hall 1976: Beyond culture
2. Hofstede et al. 2010: Cultures and Organizations: Software of the Mind

역사 속의 통역사: CC-2, 추가 참고 도서 참조

문학 및 영화속의 통역사:

1. Kurz 2007: The fictional interpreter
2. See the excellent list on https://enwikipedia.org/wiki/List_of_language_interpreters_in_fiction and for a humorous example on multiple relay from French cinema: https://www.youtube.com/watch?v=eZFr0iwBblk (both accessed December 13, 2015)

# 제11장 통역 실무 입문

## 11.1 서문

프로정신의 세 번째 차원은 실무이다. 실습생들은 통역 생태계, 시장 주역과 그들 사이의 이해관계를 배우게 되고 구직, 과제 관리, 팀 활동, 통역 업계 적응, 전문적 역량 강화, 자기계발, 커리어 관리, 사생활과통역 일과의 균형잡기 등에 대해 조언을 받게 된다.

통역 업계가 상대적으로 좁다 보니 사람들에게 잘 알려져 있지 않고 관계자를 통해서만 알 수 있다는 특징 때문에 이런 정보가 졸업을 앞둔 학생들에게 중요해진다. 예를 들어 고객-통역사-모집자 연락의 예절이나 프리랜서간 협조 및 경쟁관계, 확정제의와 선택제의의 차이에 관한 정보를 알고 있으면 좋고 특히 회의통역이 가을과 봄철이 성수기이고 겨울과 여름철이 비수기라는 점을 알고 있으면 6월 졸업생들이 일을 빨리 못 구한다고 좌절할 일은 없을 것이다.

이 부분은 이론과 실제 수업 중 통역 실무 입문 과정에서 배우게 된다. 수업은 근래에 통역사 팀 선발 및 조직 경험이 상당히 있는 강사가 가르쳐야 한다. 가능한 한 컨설턴트 통역사 또는 국내 및 AIIC 통역사 협회 대표(이상적으로는 민간부문 전문가)

등을 초빙해 워크샵을 진행하도록 노력해야한다. 일반적인 지침은 전문 통역사 기관(예: AIIC, NAJIT 등)에서 얻을 수 있지만 실용적인 정보는 현장에서 얻을 수 있다.

## 11.2 전문 기관과 통역 관례

전세계 통역학교 졸업생 대다수가 민간 시장에서 프리랜서로 일을 찾게 되는데 국제기구 관련 일이나 이들 기관이 직접 통역사를 모집하는 구역 너머의 지역에서는 거의 독자적으로 일을 찾게 된다. 책임감 있는 훈련 기관이라면 학생들이 현실에 대비할 수 있도록 도와줄 의무가 있다.

### 11.2.1 일은 어디서 오는가?

통역사의 니즈를 이해하고 있는 고객으로부터 직접 주기적으로 확실한 회의 통역 업무를 의뢰 받는다면 통역사, 고객, 또는 사용자 사이에 중개인이 필요 없을 수 있다. 그러나 점점 민간 통역서비스 중개가 늘어나는 것이 요즘 추세이다. 특히 다양한 언어가 사용되는 행사를 주최할 경우 중개인이 개별 통역사와 행사 주최자 사이에서 계획하고 조율하는 역할을 맡게 된다. 중개인을 사이에 둘 경우 발생할 수 있는 위험은 통역사가 행사 주최자와 직접 대화를 할 수 없기 때문에 필요한 작업 환경을 상대방에게 전달하거나 확보하지 못할 확률이 있다는 것이다. 통역사와 서비스 사용자와의 연결고리가 멀어질 수록 중간에 문제가 발생할 위험이 높아진다. 전문회의업체*PCOs*를 포함한 일부 중개업체들과 번역 에이전시가 통역 품질과 환경의 상호의존성을 이해하고 통역이 제공되는 행사를 관리할 능력이 있어 중개 역할을 제대로 하는 수도 있지만 대부분은 무능하거나 탐욕스럽고 오히려 장애물이 되어 방해가 된다. 그래서 통역직은 통역사 및 고객/사용자와의 직접적인 관계 보전을 위해 투쟁해 왔다. 중개인이 전문 통역사이거나 협상, 조직 및 의사소통 능력을 갖춘 1명 이상의 통역사가 운영하는 에이전시일 때 이런 목표가 이루어진다.

중개인의 유무와 관계없이 계약서 작성이 가장 중요하다고 할 수 있다. 특히 투명성이 요구되는 상황에서는 더욱 그렇다. AIIC가 승인하는 표준 계약서 양식 상당수가 있는데 필요에 따라 면책 사항 등 몇 가지 조항을 추가할 수 있다(11.2.2.2 참조).

프리랜서 회의 통역사는 다양한 이해관계자로부터 업무 제의를 받게 되므로 각각의 차이를 이해하는 것이 중요하다.

#### 11.2.1.1 컨설턴트 통역사

컨설턴트 통역사란 부가가치 서비스를 제공하는 전문통역사로 회의 주 조직자에 직접 서비스를 제공하거나 행사에 필요한 모든 통역 서비스를 관리하는 종합 용역 계약자로 활동하면서 PCO/행사기획자를 통하기도 한다. AIIC는 "모든 회의에서 고객의 니즈에 맞는 고품질 서비스 확보함과 동시에 통역사에게 최적의 작업 환경을 제공하는" 검증된 컨설턴트 통역사 명단을 발행하고 있다. 일부 컨설턴트 통역사는 개인 또는 단체에 소속되어 활동하지만 점점 더 많은 컨설턴트 통역사가 파트너와 직원을 고용하고 브랜드가 있는 개인 사무소를 차리는 추세이다.

컨설턴트 통역사는 고객 상담을 통한 알맞은 통역서비스 매칭, 고객 교육, 상세 견적서 및 서비스 계약서 준비, 언어쌍과 경험 그리고 주제 친숙도를 고려한 통역사 팀 선발, 직접 장비 제공 및 설치 또는 대여, 준비 문서 입수 및 전달, 모든 당사자에게 정보 전달, 직접 또는 팀리더를 통한 현장 서비스 코디네이팅, 통역 품질을 위한 작업 환경 확보 및 고객 맞춤 서비스 제공, 막바지 변동 및 요청사항과 응급상황 대처, 청구 및 지불, 디브리핑 등을 통한 피드백 요청 및 제공 등 서비스 중 발생할 수 있는 모든 고객응대, 조직 및 거래 상황을 관리한다.

컨설턴트 통역사는 회의 주최 또는 대행사 측에 운영 조직료*organizing fee*를 투명하게 청구하거나 행사 산업의 일반적인 하도급 계약 관행에 따라 최종 사용자에게 견적서를 발송하거나 두 가지가 결합된 형태로 대금을 지급받는다.

민간 시장에서 활동하는 프리랜서 통역사 입장에서는 좋은 컨설턴트 통역사를 통해 일을 받는 것이 문제의 소지가 가장 적을 가능성이 높다. 직접 일을 받는 것과 비교했을 때 거래 비용이 거의 0에 가깝고 회의 또는 행사장 내 작업 환경 또한 가장 좋을 수 있다.

#### 11.2.1.2 동료 통역사

프리랜서 통역사는 고객과 직접 거래하는 동료 통역사로부터 업무 제의를 받을 수도 있다. 일부 시장에서는 동료들이 프리랜서의 주거래처가 될 수 있고 이들과 비공식 동맹을 맺을 수 있다. 해당 비즈니스 생태계에서는 각각의 통역사가 고정 고객으로부터 정기적으로 일을 받게 된다. 예를 들어 통역사 A가 직접 업무 의뢰를 받아 통역사 B와 C를 영입하여 통역할 수 있다. 나중에 통역사 B가 업무 의뢰를 받으면 통역사 A를 영입하여 보답하는 방식으로 진행된다. 결국 각 동맹원이 번갈아 가며 '컨설턴트 통역사' 역할을 맡는다고 보면 된다. 모집을 한 프리랜서 통역사는 보통 알선 비용을 받지 않거나 최소한의 기획 및 운영 비용을 받게 된다. 대신 알선해준 동료들의 호의와 다음 번 통역 업무에 영입되어 보상을 받는 것이 암묵적인 관행이다.

이 알선 방식은 특히 현지 시장에서 통역에 익숙한 고정 고객으로부터 2개 언어 행사(회의실 1개, 부스 1개, 언어 2개) 의뢰를 받을 때 가장 좋다. 하지만 리크루팅을 겸하는 대부분의 프리랜서 통역사는 여러 개 언어와 장소에서 진행되는 복합적인 행사를 기획하는 부담을 안게 된다. 특히 해외 통역사를 영입할 때는 일이 더욱 복잡해진다. 그러려면 더 높은 수준의 관리 및 조직 능력, 기반시설 확보, 상당한 시간과 자원의 투자가 필요하기 때문에 차라리 숙련된 컨설턴트 통역사에게 일을 맡기는 편이 좋다. (프리랜서 통역사가 컨설턴트 통역사로 전향하게 되는 정확한 시점은 알기 어려우나 대개 작은 현지 행사부터 더 큰 행사까지 조금씩 경험을 쌓으며 시작하게 된다.)

#### 11.2.1.3 에이전시

'에이전시'는 비통역사로 구성된 제3자를 지칭하며 컨설턴트 통역사와 선발*recruiting*을 겸하는 프리랜서 통역사를 제외한 모든 중개인을 일컫는다. 번역 에이전시, 행사 기획사, 홍보 회사, 호텔 및 회의 장소 관계자, 장비 대여 업체 등이 여기에 포함된다. 가장 예측하기 어렵고 변수가 많기 때문에 작업환경 확보에 가장 방해되고 기타 불쾌한 상황의 원인이 된다. 에이전시는 컨설턴트 통역사와 마찬가지로 '패키지 서비스'를 제공하지만 전문성이 보장되지 않는다. 에이전시와 함께 일할 때 발생할 수 있는 네 가지 문제는 다음과 같다.

- 제대로 된 작업 조건(팀 전력, 부스 장소 등) 확보 또는 요청 실패
- 문서, 발표 자료, 연사 및 기타 정보 접근성 미흡
- 팀 내 무자격 통역사 영입
- 통역료 지급 연체(대부분 상관도 없고 검증할 수도 없는 '고객이 아직 대금을 지급하지 않았다'는 핑계를 댐), 행사 취소 및 지연도 또는 금액 삭감 시 통역료 미지급

그렇다고 모든 에이전시가 다 나쁘다는 것은 아니다. 회의 통역의 전문성을 잘 이해하고 따르며 효율적이고 투명하게 일하는 에이전시도 있다. 그러나 이들은 소수에 불과하기 때문에 반드시 주의해서 상세한 서면 계약을 하도록 한다(11.2.2 참조).

11.2.1.4 직거래 고객

프리랜서 통역사가 고객으로부터 즉, 행사에서 실제 통역 서비스를 받는 최종 사용자로부터 직접 의뢰를 받을 수도 있다. 이 경우, 의뢰를 받은 통역사가 선발/컨설턴트 통역사 역할을 하거나 역할이 부담되면 본인이 팀에 영입되는 조건으로 숙련된 다른 동료 통역사에게 코디네이팅을 부탁할 수 있다.

초보 통역사는 민간 시장 그 중에서도 확실한 공급업자가 있는 성숙한 시장에서 직거래 고객 명단을 확보하는데 시간이 걸린다는 점을 알고 있어야 한다. 일본의 경우 중개업자의 영향력이 크기 때문에 고객으로부터 직접 의뢰를 받기가 어렵다. 다른 시장의 경우, 일반적으로 경영 감각이 있거나 발 넓은 프리랜서 통역사가 고객과 직접 거래하게 된다. 그러려면 행사 및 업무 관리능력('컨설턴트 통역사' 참조)과 표준 서식의 이해(운영자 지침, 연사를 위한 지침, 표준 용역 계약서, 청구서 양식 등)가 추가로 필요하다.

고객과 직접 거래하면 중개 수수료를 절약할 수 있지만 중개인이 있을 때보다 더 많은 시간을 투자해야 한다. 프로젝트는 단발성일 수록 높은 거래 비용이 책정된

다. 그 이유는 하루 행사라고 해도 모든 관련 업무를 처리하다 보면 이틀이 소요될 수 있기 때문이다. 따라서 비용을 산정할 때 준비기간을 반드시 포함시키도록 한다. 닷새를 일하든 하루를 일하든 필요한 준비 시간과 노력은 동일하기 때문에 프로젝트 기간은 길수록 경제적이다. 그러나 민간시장에서 장기 프로젝트는 찾기 어렵고 있다하더라도 두 프로젝트 사이에 공백이 길다.

#### 11.2.1.5 협력경쟁*co-opetition*: 경쟁적 협력자들과의 영업 관리

프리랜서 통역사는 민간시장에서 업무 의뢰를 받기 위해 경쟁하게 된다. 그들의 경쟁 대상은 동료 프리랜서 통역사와 에이전시들이다. 그러나 통역은 팀워크이고 또 자주 중개인이 개입되기 때문에 경쟁자와 협력해야 하는 경우가 많다. 이 상황을 일컬어 '협조 및 경쟁관계'라 한다. 이때 비즈니스 인맥 관리를 조심하고 윤리적으로 행동해야 한다. 특히 '경쟁자'의 프로젝트에 영입된 경우, 경쟁자의 '브랜드'를 훼손해서는 안 되고 비즈니스 관계에 개입해서도 안 된다. 만약 그럴 자신이 없다면 업무 제의를 거절해야 한다.

이를 위해 민간시장에서 일하는 모든 프리랜서 통역사는 국제 회의 통역이 생긴 이래 질서 있고 평화로운 업무 진행을 위해 고객 및 프로젝트 '소유권'에 적용되는 불문율을 반드시 이해해야 한다. 고객과 직접 거래하지 않는 경우, 컨설턴트 통역사이든 동료 통역사이든 에이전시이든 나를 영입한 사람이 고객과 프로젝트를 '소유'한다고 이해하면 된다. 그러면 업무 분담이 더욱 명확해진다. 영입된 경우에는 통역을 준비하고 수행할 책임만 있고 나머지 모든 '고객 응대' 업무는 모집한 사람에게 있다. 통역 주변 업무도 모집인이 관리하게 되고 질문을 포함한 모든 문제가 모집인을 통하게 되어 있다.

가장 심각한 '소유권' 침해는 모집인을 경유하지 않고 직접 고객을 대면하는 경우이다. 만약 모집인으로부터 업무 제의를 수락했다면 향후 같은 프로젝트에서 파생된 업무 또한 동일 모집인이 '소유'한다는 것을 받아들여야 한다. 만약 내 통역에 긍정적 피드백을 받게 되면 같은 모집인이 다음 번 통역 업무에도 (물론 내 스케줄을 고려해서) 나를 영입할 확률이 높아진다. 그러나 절대로 향후 프로젝트에 대해 직접 고객에게 연락을 취해서는 안 된다. 관련 문의사항을 받더라도 반드시 나를 영입한 모집인을 통하도록 한다. 그렇게 하면 진실성을 높이 사서 신뢰를 얻게 되고 추후에 같은 모집자로부터 더 많은 업무 제의를 받을 수 있게 된다.

회의 현장에서 만나는 제3자의 경우 (적어도 프리랜서 입장에서) '회색지대*grey area*'가 있을 수 있다. 회의 주최측이 아닌 회의 참가자가 현장에서 개별적으로 내 통역을 칭찬하면서 다음 통역 프로젝트를 위해 명함을 요청한다면 어떻게 대처해야 할까? 보수적인 입장에서는 위와 마찬가지로 칭찬에 감사하고 모집자를 통해서 업무를 받겠다고 하는 것이 옳다. 내가 솔직하게 말한 것에 대한 보상으로 모집인은 내 스케줄을 고려하여 해당 프로젝트와 관련된 회의 통역을 나에게 맡기게 될 것이다. 일본 같은 일부 시장에서는 통역사를 모집하는 에이전시에서 프리랜서 통역사의 명함을 만들어주는데 통역사의 이름과 함께 에이전시의 연락처만 기재되어 있는 경우가 보통이다.

그러나 일부 자부심이 강한 프리랜서 통역사가 느끼듯이 모집자를 통해 일을 받았다 하더라도 내 통역 실력이 뛰어났기 때문에 받은 제3자로부터 문의 또는 업무 제의에 대해 '소유권'을 주장하고 싶다면 모집인과의 이해충돌을 염두에 두어야 한다. 그렇게 입장을 정했다면 반드시 모집인에게 알리도록 한다. 영입된 프리랜서 통역사가 회의장에서 만난 잠재 고객에게 개별적으로 자기 홍보하는 것을 달가워할 모집인은 거의 없다고 봐야 한다. 따라서 모집인의 고객 지침을 미리 확인하고 마음에 안 들면 업무 제의를 받지 않도록 한다.

직접 발굴한 고객과 행사에서만 명함과 연락처를 준다고 생각하면 좋다. 그 외 모든 경우에 있어서 항상 모집인을 통해 문의를 받도록 한다.

끝으로 소셜 미디어의 출현은 연락과 네트워킹의 개념을 더 복잡하게 만들었다. 기본 원칙은 (잠재) 고객을 적극적으로 친구 초대를 하지 않는 것이다. 만약 고객이 초대했다면 수락하기 전에 한번 더 생각해보도록 한다. 만약 수락할 경우, 어떤 경로를 통해 알게 됐는지 반드시 기록하고 혹여 3년 뒤에 해당 고객으로부터 업무 제의를 받게 되면 당시 모집인에게 연락을 취할 수 있도록 한다.

### 11.2.2 통역 수락문의, 통역제의 계약 및 스케줄 관리

스케줄 관리는 업종을 막론하고 프리랜서에게 있어 가장 중요하다. 통역 업무의 특징 중 학생들이 반드시 알아야 하는 것은 업무의 계절성이다. 대부분의 시장에서 겨울과 여름 보통 1월과 2월, 6월중순과 9월중순 사이 소강상태에 접어들었다가 5-6월과 10-11월에 정점을 찍는다. 예비 졸업생(특히 6월 졸업생)들은 이 점을 유념하여 졸업 뒤 2개월 동안 업무 제의를 받지 못했다고 실망하지 말고 박봉인 인하우스 통역직을 선불리 선택하지 않도록 한다.

#### 11.2.2.1 조건부 제의, 확정 제의, 계약서

프리랜서 통역사는 성사 확률이 각각 다른 프로젝트의 기획 과정 중 다양한 시점에 연락을 받을 수 있다. 따라서 서비스 문의만 받고 계약이 성사되지 않는 경우가 부지기수다. 행사 자체가 불발되거나, 회의가 확정됐지만 주최 도시가 바뀌거나 통역 서비스 제공을 하지 않는 경우, 혹은 통역 서비스 제공업체를 바꾸는 경우가 있을 수 있다. 특히 성수기에는 거래 쌍방의 스케줄 조율이 안 되는 경우도 자주 발생한다.

프리랜서 통역사의 딜레마는 따라서 스케줄을 어떻게 관리할 것인가 이다. 만약 특정 기간의 프로젝트를 아직 확정 짓지 않은 상태에서 같은 날짜의 다른 프로젝트 문의를 받을 경우 어떻게 대처해야 할까? 둘 다 수락하고 먼저 성사되는 쪽을 선택해야 할까? 만약 둘 다 성사될 경우 더 좋은 조건의 프로젝트를 내가 받고 나머지 프로젝트는 친구들에게 맡기면 될까?

AIIC 윤리 강령은 "모든 회원은 같은 시점에 발생하는 프로젝트를 1개 이상 수락해서는 안 된다"고 명시한다. 여러 해에 걸쳐 통역 업계 내 이중계약 문제를 효과적으로 해결하는 시스템이 고안되었지만, 국제기구 통역 서비스, AIIC 컨설턴트 통역사 및 일부 리크루팅 프리랜서 통역사 등 전문 선발관들만 이 시스템을 이해하고 따르고 있다. 에이전시 및 고객과 직접 계약할 때 '유효기간'을 모든 견적서에 명기하고, 취소 조항이 있는 서면 계약서에 서명하고, 서비스 기간 확정을 위한 선수금을 청구하는 등 충분한 설명과 함께 예방 조치를 취하는 것이 현명하다.

표 11.1 통역 가능여부 문의, 조건부 제의, 확정 제의/계약

(전문 회의 통역사를 위한 AIIC 실무 지침에서 발췌)

통역 가능여부 문의*inquiry*이란 사용자가 단순히 업무가 가능한 날짜를 요청하는 것이다. 교섭의 예비 단계로 모집인이나 통역사 어느 한 당사자가 져야할 의무는 없다.

조건부 제의*option*은 아직 확정이 되지 않은 용역 제안이다. 조건을 수락할 경우, 선택한 날짜를 먼저 거부할 수 있는 권한을 모집인에게 주는 것이다. 이것이 때로는 초보자에게 혼란스러운 개념일 수 있다. 조건을 수락한다 함은 (a) 프로젝트가 확정된 즉시 모집인이 이를 고지하고 합의한 기간 동안 용역을 제공하게 된다는 것을 의미하거나 (b) 만약 프로젝트가 취소됐다면, 모집인이 이를 즉시 고지하고 조건부 제의를 철회함을 뜻한다. 그러나 (c) 아직 프로젝트가 확정 또는 취소 되지 않은 상태에서 용역 기간이 겹치는 또 다른 확정 제의를 받았다면 수락하기 전에 조건부 제의를 제시한 제안자에게 먼저 거부할 수 있는 권한을 주어 제안자가 반드시 프로젝트를 확정 짓거나 철회할 수 밖에 없다는 것을 의미하기도 한다.

확정 제의*firm offer*은 수락할 경우 통역사와 모집인 사이의 약속에 법적 구속력이 생긴다는 것을 의미한다. 확정 제의는 이메일을 포함한 서면 또는 구두로 체결하는 것이 가능하다. 확정 제의를 수락하면 보통 서면 계약*written contract*을 하게 되는데 이는 제시된 조건, 작업 환경, 각 당사자의 권리와 의무에 대한 정식 서면 합의이다.

모집인과 잠재 프로젝트에 대한 참가 여부를 논의할 때 조건부 제의를 제시하는 것인지 아니면 확정 제의/계약을 제시하는 것인지 명확히 해두어야 한다. 달력에 스케줄 업데이트를 항상 하고, 회의가 조건부인지 확정적인지 표시를 확실하게 하도록 한다. (항상 그런 것은 아니지만) 보통 용역 주문에서 조건부 제의, 확정 제의, 그리고 서면 계약의 순서로 교섭이 계약 성사로 이어지게 된다. 각 프로젝트가 계약의 어떤 단계에 와 있는지 그리고 단계별로 나와 고객에게

어떤 의무가 있는지 분명히 해두는 것이 중요하다.

둘째, 확정 제의를 수락한 뒤에는 프로젝트가 취소(또는 축소)될 경우에 위약금이 명시된 서면 계약을 체결함으로써 자기 자신을 보호하도록 한다. 확정 제의만 제시하고 취소 조항이 포함된 서면 계약은 거부하는 모집인을 조심해야 한다. 서면 계약을 하지 않았다면 프로젝트가 취소됐을 때 자기를 방어할 수단이 없게 되므로 대금을 지급 받는 것이 굉장히 어렵거나 불가능하다. 특히 기간이 겹치는 다른 제의를 받았을 때, 먼저 온 제의에 계약서를 작성하는 것이 중요하다. 만약 모집인으로부터 '확정 제의'을 받았는데 서면 계약은 거부할 경우, 마지막으로 한 번 더 서면 계약을 요청해본다. 그래도 거부한다면 서면으로 '확정 제의' 철회 사유를 통지하여 해지의사를 표시를 통한 자기 방어를 한다.

셋째, 이미 계약을 체결한 경우, 더 좋은 제의가 왔다고 해서 계약을 파기하지 않도록 한다. '대체 불가 규칙*No Replacement Rule*'은 윤리 강령의 본질적인 부분이다. 프로젝트를 수락함으로써 스스로 약속을 한 것이기 때문에 약속한 기간 동안 다른 프로젝트를 동시에 수락하는 것은 비윤리적인 행동이다. 또한 경솔한 이유로 대체할 사람을 찾는 것도 비윤리적이다.

만약 계약을 수락한 뒤 정당하고 심각한 사유로 대체 되어야 한다면, 세부사항은 알려주지 않고 주변 동료 통역사들의 스케줄부터 확인한다. 그 다음 모집인에게 해당 통역사로 대체되더라도 손색이 없을 지 물어본다. 그러나 반드시 유념할 것은 모집인이 팀을 선발할 때 언어적으로 균형을 맞춘 것이기 때문에 이 균형을 깨뜨린 다는 것을 탐탁지 않게 여길 것이다. 대체를 요청할 때 내 신용에 금이 가는 것은 각오해야 할 것이다.

#### 11.2.2.2 계약서: 표준 양식 및 특별 양식

CC-10에서 설명한 대로 좋은 작업 환경을 확보하는 것은 중요하다. 하지만 오랜 경험에 의하면 고객과의 구두계약만으로는 부족하다. 이상적으로는 회의의 '소유권자'와 개별 계약을 하는 것이 맞다. 그리고 계약서에 다음 내용이 포함되어 있어야 한다.

i. 회의 세부사항: 제목, 주제, 날짜, 장소, 언어, 시간, 주최자, 회의 웹사이트 등

ii. 통역사의 임무: 통역의 종류, 통역되는 언어쌍, 현장 출두 시간/근무시간 등. 외부 회의에 대한 추가 순차통역 서비스, 식대, 현장 방문, (보안 문제 또는 연사와의 사전 미팅을 위해) 이른 새벽시간 도착, 저녁 회의 발생에 대비한 대기 시간 등 '특이사항'이 반드시 명시되어 있어야 한다.

iii. 준비: 준비에 필요한 문서와 자료, 브리핑 또는 리허설 일정 등 나오는 즉시 통역사에게 전달이 되어야 한다.

iv. 출장 관련사항: 출장이 요구되는 경우, 왕복항공료 및 교통비와 숙박비 등 주최측 일체 부담

v. 회의 진행 절차: 팀 리더/현장 코디네이터, 팀 멤버, 팀 전력; 식대 지불 등

vi. 요금: 근무일, 출장일 및 휴식일 요금, 식대를 포함한 부대비용, 통역사가 자비로 항공요금과 숙박요금을 지불한 경우 보상비 또는 여행경비, 약속한 시간보다 회의가 길어지거나 근무 시간 외 현장 통역한 경우 잔업 수당, 계약 체결 이후 회의가 취소되거나 축소된 경우 위약금 등.

vii. 지급 조건: 통역사의 스케줄을 예약하기 위해 필요한 선수금의 지급 방식 및 유효기간, 최종 청구 금액의 예상액과 지급 방식 및 유효 기간, 지불 지연에 따른 연체료

viii. 작업 조건: 회의 통역 품질에 필요한 작업 조건 확보를 위한 일반 조항(회의실 내 시야가 확보되는 부스, 통역 장비의 음질, 연설 대본 전달 등)의 명시. 그리고 무엇보다 이를 명시함으로써 작업 조건이 충족되지 않았거나 통역사의 건강 및 안전 상 위험이 있는 경우 통역을 중단하더라도 위약금을 물지 않게 된다. 예를 들어 AIIC 개별 계약서에 명시된 일반적인 작업 조건은 다음과 같다.

a. 붙박이 및 이동식 통역 부스와 동시 통역 장비 요건은 ISO 표준 2603호

와 4043호에 명시되어 있다. 표준이 준수되지 않고 주최측과 연락하는 대표 통역사가 만족스러운 통역을 하기에는 부스와 장비의 품질이 미흡하다고 판단될 경우, 또는 통역사 건강을 위협한다 판단될 경우, 통역사는 동시통역을 제공할 의무가 없다.

b. 연설 대본이 있는 경우, 주최자는 통역사들에게 연설문의 사본을 사전에 제공하여야 한다. 연사는 주최자로부터 원활한 통역을 위해 낭독 속도가 분당 발화수가 100단어를 초과해서는 안된다는 점을 미리 통지받아야 한다(두줄 간격은 쪽당 3분 걸림). 통역사는 대본이 미리 제공되지 않았거나 준비시간이 불충분한 연설의 낭독을 통역할 의무가 없다.

c. 회의 중 영상이 상영될 경우, 통역사에게 대본이 사전에 제공되지 않고 정상 발화 속도로 낭독되고 헤드폰으로 소리가 직접 전송되지 않을 경우 삽입된 음원의 통역을 제공할 필요가 없다.

d. 회의장과 연사를 더 잘 볼 수 있게 하거나 시야를 대체하기 위한 부스 내 모니터의 사용은 통역사가 사전에 동의한 경우에만 허락된다.

ix. 녹음/방송/웹케스트/속기: 통역사의 통역 저작권을 보호하기 위한 조항으로 사전에 서면으로 동의하지 않은 이상 녹음 및 재사용을 금지한다.

x. 통역 면제 또는 대체: 심각한 사유로 통역사가 프로젝트에 참여할 수 없는 경우 위약금을 물지 않고 같은 조건으로 일할 다른 통역사로 대체될 수 있다.

xi. 불가항력 조항: 통역사 또는 주최자의 통제 범위 밖의 사유(즉 천재지변, 공항 파업, 폭동, 전쟁 등 불가항력 사유)로 계약을 이행하지 못하게 된 경우 양 당사자에게 책임을 묻지 않는다. 표준 AIIC 계약서에는 불가항력 조항이 없음으로 개별적으로 협상해야 하는 부분이다.

xii. 책임 및 면책 조항: 고객이 납득할 수 있는 방식으로는 어렵겠지만 가능하다면 통역 품질에 대한 배상 청구 면제 조항을 포함시키는 것이 좋다. AIIC 표준 계약서에는 면책 조항이 포함되어 있지 않다.

xiii. 법적으로 유효한 약인: 재판 관할, 분쟁 해결 절차 등 고객 또는 에이전시와 일할 경우 위의 모든 조항이 포함된 계약서에 서명할 것을 권한다. 그렇게 함으로써 불쾌한 상황을 최소화할 수 있다. 애초에 제대로 된 계약서를 작성할 의사가 없는 고객은 기피해야 할 고객이다. AIIC는 회원들에게 표준 계약서 양식을 제공하고 있는데 이를 강사가 수업 중 학생들에게 나눠주고 항목별로 설명해주는 것이 가능하다.

전통적으로는 컨설턴트 또는 선발 통역사가 팀을 선발할 때 해당 통역사가 대표로 회의 주최측과 포괄 계약서를 먼저 작성한 뒤에 주최측과 선발된 통역사들과 개별 계약을 진행하게 된다. 비록 더 안전한 형태의 계약이지만 서류 작업과 거래 비용을 처리하는 것이 좀 번거로울 수 있다. 실제로는 많은 통역사들이 컨설턴트 통역사하고만 개별 계약을 하는 것을 선호한다. 아무리 컨설턴트 통역사의 신용도가 높고 전체 팀을 위한 제대로 된 포괄 계약을 주최측과 이미 했더라도 주최측과의 계약을 꺼린다.

#### 11.2.2.3 통역의 녹음 및 저작권에 대한 규정

위에 나열된 규정 중 중요한 조항은 통역의 녹음과 통역서비스의 2차적 사용에 관한 것이다. 점점 더 많은 개인이나 기관 고객들이 여러가지 이유로 통역사의 통역을 녹음하고 싶어한다. 그러나 연설의 통역(구두 번역)은 현장에서만 제공되는 단발성 서비스로 베른 협정에 의거하여 국제법상 통역사가 독점적 저작권 및 기타 권리를 행사할 수 있는 통역사의 원저작물로 간주된다. 따라서 통역사가 인지하지 못한 상황에서 그 누구도 허락 없이 통역을 녹음할 수 없고 반드시 계약서에 명시되어 있어야 한다. 통역의 녹음, 녹화, 전사(현장 속기 포함), 라디오 및 비디오 방송, 웹스트리밍/웹캐스팅, 기타 인터넷을 통한 송신 등 모든 형태의 통역 재사용은 저작권자인 통역사의 허락이 있어야 하며 특히 상업적인 목적으로 재사용될 경우 반드시 보상하는 것이 원칙이다.

#### 11.2.2.4 프로젝트의 승낙 및 거부 기준

다른 업종과 마찬가지로 아직 전문성이 공식적으로 인정되지 않거나 규제되지 않는 프리랜서들은 그들이 누리는 '자유'를 지속 하기 위해 몇 가지 의무사항을 준수해야 한다. 밥 딜런의 말을 빌리자면 '법 없이도 살려면 정직해야 한다'. 주제, 회의 장소, 요율 등 개인의 취향을 사유로 프로젝트를 거절하는 자유가 있는 대신 본인의 실력이 해당 주제 또는 회의 수준에 못 미친다고 느끼거나 회의 준비 비용이 지급되는 조건이라 할 지라도 제대로 준비하기에 시간이 부족하다고 느끼는 경우에도 (윤리적으로) 업무를 거절해야 한다.

#### 11.2.2.5 고객의 요청이 통역 품질을 저해하는 경우

경제적인 이유로 또는 무지로 인해 고객이 통역사가 통역의 품질을 보장할 수 없는 작업 조건을 제시할 수 있다. 가장 흔한 경우는 팀 전력 축소 또는 제대로 된 장비 없이 동시 통역을 요구하는 것이다.

i. 팀 전력의 축소

최소 팀 전력, 즉 통역 품질 보장을 위한 인간적인 업무 분배에 필요한 인원은 CC-10.2.2의 표10.2에 설명한 대로 AIIC가 권장하는 통역 종류별 그리고 언어의 개수별 기준이 있다. 팀 전력은 어쩌면 가격에 민감한 고객에게 가장 설득하기 어려운 부분이라고 할 수 있다. (짧고) 쉬운 회의의 경우 팀 전력의 축소가 가능할 지 모르나 그런 일은 드물고 업무량과 난이도는 예측불가능에 가깝다(CC-9 참조). 팀 인원을 축소하는 대신 개별 요율을 올려주겠다는 제안을 받을 수 있지만 더 높은 요율을 승낙하게 되면 품질 보장에 대한 논리가 약화된다.

동시통역은 팀워크다. 극히 예외적인 상황을 제외하고 어떠한 통역사도 단독으로 동시통역을 맡아서는 안 된다. 그리고 한 번에 40분을 초과하지 않도록 한다. 예외 상황을 제외한 단독 동시 통역은 비윤리적이다. 30-40분을 초과하면 동시 통역의 품질이 떨어진다는 연구 결과도 있다(Moser-Mercer et al. 1998). 따라서 2개 언어일 때 부스당 2명이 최소 인원이고, 관례상 (종일 회의인 경우) 3명이 적합하고, 작업 시간이 굉장히 길거나 발표 자료가 많고 밀도 높은 기술통역이라면 4명이 필요하다.

민간 시장에서는 종일 회의라도 부스당 통역사 2명을 요구하는 경우가 점점 늘어나고 있다. 다년간 통역사들이 수고를 무릅쓰고 이러한 압력을 맹렬히 거부해왔지만 여러 복합적인 변수가 작용하여 어떤 회의가 더 어려운 지 그리고 정확히 어떤 시점에 통역 품질이 저하되는 지 객관적으로 증명하는 것이 어렵다. 예를 들어, 연사의 언변, 억양, 낭독 여부 등은 통역 품질에 결정적인 역할을 하지만 예측 불가능한 요소이다. 또한 일부 통역사는 더 많이 일하고 더 높은 요율을 받고 싶고 또 그런 방식으로 동료들과 경쟁할 준비가 되어 있기 때문에 통역 인원에 대한 합의를 이루는 것이 어렵다. 특히 고객 입장에서 출장 통역을 의뢰할 경우 3명의 항공료, 숙박료 및 체재비를 부담하는 것 보다는 2명이 더 경비가 절약되는 것이 사실이다.

위스퍼링 통역(CC-2.2.4.1)의 경우, 일반 동시 통역과 똑같은 팀 전력이 요구된다. 40분이 넘는 회의라면 최소 2명의 통역사가 번갈아 가며 위스퍼링 통역을 제공해야 한다. 마찬가지로 통역 품질과 통역사의 육체 및 정신 건강을 위해서라도 절대 타협해서는 안 되는 조건이다. AIIC는 위스퍼링 통역사 1명당 최대 2명의 사용자를 권장한다.

AIIC 윤리 강령은 특별한 상황을 제외하고 부스 밖에서 동시 통역을 하는 것을 금지한다. 그러나 현실적으로 회의실 내 부스를 무제한으로 설치하는 것이 불가능함으로 특수한 언어를 사용하는 사용자에게는 위스퍼링 통역을 제공하고 때때로 사용자의 발언을 다시 '공용어'로 순차 통역하는 것이 필요하다. 그러나 위스퍼링 통역을 할 경우 반드시 사용자에게 '요약' 통역이 된다는 점을 고지하여야 한다. 방음 부스에서 팀으로 통역하는 진짜 동시통역과 똑같은 수준의 서비스를 제공하는 것은 불가능하다.

비즈니스 통역 시장에서는 위스퍼링 통역 의뢰 빈도가 굉장히 높다. 2개 언어가 사용되고 비좁은 공간에서 진행되는 소규모 회의(10-20명)라도 1개 언어만 사용할 수 있는 2-3명의 참가자를 위해 위스퍼링 통역이 제공된다. 사용자의 옆에 앉아서 서비스를 제공하게 되는데 팀 전력을 확보하는 것이 중요하다. 내 말에 집중하지 않는 사람에게 통역하는 것은 특히 더 피곤하고 동기부여도 적을 수 있다.

ii. '비듈' 통역

주최측에서 통역사에게 부스 없이 비듈*bidule*(CC-2.2.4.2)이라고 불리는 휴대용 '관광 가이드' 장비 사용을 요청할 수 있다. 가장 간단한 장비 형태는 통역사를 위한 배터리 충전식 마이크 겸 송신기와 참가자들을 위한 헤드폰에 연결된 배터리 충전식 수신기로 구성되어 있다. 이 경우 통역사는 부스 밖 현장에서 헤드폰 없이 주변 소음과 함께 연사의 말을 듣고 위스퍼링 통역을 제공해야 한다. 일반적인 위스퍼링 통역보다도 환경이 열악하다고 할 수 있는 것이 연사의 목소리를 내 목소리와 함께 들어야 하기 때문에 어느 한쪽도 제대로 들을 수 없고 내용이 누락될 위험이 크다. 그러나 일반 위스퍼링 통역보다 더 많은 청중이 수신기를 통해 통역 서비스를 제공받을 수 있기 때문에 동시통역에 완전히 부적합한 조건이더라도 공장 견학이나 관광 안내 등 애초에 의도된 장비의 목적에 맞게 시끄러운 환경에서 짧은 순차를 제공할 때 유용하다고 볼 수 있다.

### 11.2.3 주요 상호작용

#### 11.2.3.1 회의 추최자와의 상호작용

효율성을 위해서 그러나 고객을 뺏는다는 의심(11.2.1.5)을 피하기 위해서라도 회의 주최자와의 의사소통은 정해진 팀 리더에게 맡기는 것이 좋다. 이때 팀 리더는 모집인(컨설턴트 통역사)이거나 모집인이 팀에서 지정한 통역사 일 수 있다. 팀인 경우 에이전시나 기타 중개인이 아닌 다른 통역사 한 명이 회의 주최측과 현장 의사소통을 담당해야 한다.

중개인을 통해서 만나든 직접 발굴한 고객이든 전문가다운 행동이 일반적으로 적용된다.

i. 시간 약속 준수: 최소한 회의 시작 30분 전에 현장에 도착하도록 하고 복잡하거나 대규모 회의라면 더 일찍 도착해야 한다. 일찍 도착하면 고객과 팀 리더를 안심시킬 수 있을 뿐만 아니라 마지막 순간에 도착하는 문서를 받아서 준

비할 시간을 확보할 수 있다.

ii. 상황에 맞는 복장을 착용한다.

iii. 필요한 문서 및 정보 요청을 망설이지 않도록 한다. 하지만 이목을 끌지 않고 조심스럽게 묻도록 한다.

#### 11.2.3.2 회의참석자들과의 의사소통

회의 참가자가 직접 서비스를 요청하거나 업무를 제의할 경우 11.2.1.5에서 설명한 대로 팀 리더 또는 컨설턴트 통역사를 통해서 받도록 한다. 그 외 프로젝트 기간 중 회의 참가자와의 '사교적' 모임이 발생할 수는 있다. 예를 들어, 참가자 중 한 명이 통역을 칭찬하거나 통역 일에 대해 질문할 수 있다('조카딸이 언어 공부를 하는 데 통역사가 되려면 어떻게 해야 하나요?'). 최대한 행동을 삼가고 주의를 끄는 행동을 하지 않도록 한다. 저녁 식사에 동반해서 의사소통을 도와주는 것은 참가자 입장에서 달가워하겠지만 계약서에 해당 업무가 명시되지 않았다면 다시 통역을 해야 하므로 식사 시간이 필요하다고 정중히 거절하도록 한다.

#### 11.2.3.3 동료 통역사와의 의사소통

동료 통역사와 항상 전문적인 관계를 유지하도록 한다. 통역사 조직이 굉장히 작다 보니 민간시장에서 동료 통역사로부터 업무 제의를 가장 많이 받게 될 확률이 높다. 다음 사항에 유의하도록 한다.

- 동력 통역사가 알선해준 프로젝트인 경우 세심하게 고객을 배려하고 프로젝트가 끝난 뒤 동료 통역사에게 감사를 표시하고 업무 보고를 하도록 한다.
- 험담은 피하도록 한다. 특히 동료에 대한 험담은 대개 왜곡되거나 확대되어 동료의 귀에 들어가는 경향이 있다.
- 같이 일하고 있지 않더라도 동료 통역사는 항상 조력자로 대우하고 이는 경쟁자에게도 해당한다. 누구와 일할 지 항상 정할 수 없기 때문에 작업 분위기를 위해서라도 모든 동료 통역사들과 좋은 관계를 유지하는 것이 좋다.

- 업무 분담과 순번을 확실하게 정하고 팀 플레이어답게 행동한다.

팀워크 및 부스 예절

기본적인 부스 예절은 동시통역 입문(CC-8.2.1.1)단계에서 설명되어야 하고 모의회의(CC-9.2.5.2) 때 팀워크를 연습해야 한다. 하지만 졸업생들은 면식도 없는 사람들과 부스에서 같이 일해야 하기 때문에 다시 한번 상기해줄 필요가 있다. 아래는 기본 행동 수칙과 업무 분담 및 협력에 관한 지침의 일부이다.

- 필요 이상의 공간을 차지하지 않는다.
- 개인 위생은 중요하지만 향수나 애프터셰이브는 과하지 않거나 사용하지 않는 것이 좋다.
- 문서: 문서는 깔끔하게 정돈하여 관리한다. 부스에 제공된 문서가 1부 밖에 없다면 회의 순서에 따라 문서를 정리하고 작업 공간 중앙에 두어 양쪽 다 팔이 닿을 수 있도록 한다. 문서 부수를 확인하지 않고 부스 밖으로 문서를 가져가는 일이 없도록 한다. 동시통역을 하고 있는 동료를 위해 필요한 문서를 찾아서 건네주거나 문서 내 참고할 부분을 손으로 가리키는 등 언제든지 도와줄 준비가 되어 있어야 한다. (필요하다면 회의실에서 새롭게 배포된 문서를 가져다 주도록 한다.)
- 회의가 시작하기 전에 통역 순서를 정하도록 한다. 전통적으로 선배 통역사가 먼저 시작하지만 제비 뽑기로 순서를 정하는 경우도 있다. 정확히 시간을 재서 교대하는 것이 예측가능성 측면에서는 뛰어나지만 때로는 업무량을 연사별로 나누거나 팀원의 장점 또는 주제 친숙도를 고려해 분담하는 것이 더 편할 때도 있다. 만약 부스 동료가 아주 최근에 관련 회의를 통역한 경험이 있다면 동료가 먼저 시작하는 것이 옳다.
- 마이크가 켜진 상태에서 절대 소리를 내지 않는다. 마이크를 통해서 나가는 유일한 소리는 통역을 하고 있는 사람의 목소리다. 마이크가 켜져 있을 때, 물을 따르거나, 페이지를 넘기거나, 먹거나, 마시거나, 일체 소리가 나는 행동을

삼간다. 더 중요한 것은 청중이 이어폰을 통해 절대로 통역사의 사적인 대화, 토론, 웃음 소리를 듣는 일이 없어야 한다는 점이다. 위험을 최소화하고 부스 내 프라이버시를 보장하기 위해 통역을 할 때에만 마이크를 키도록 한다. 부스를 들어가기 전에 반드시 핸드폰을 끄거나 음소거 상태로 바꾸도록 한다.

- 음소거 버튼: 통역을 하는 중 기침, 재채기, 빠르게 부스 파트너에게 말하거나 소리를 내야할 경우 음소거 버튼을 사용하도록 한다.
- 목소리 음량: 고함을 지르거나 웅알대지 않는다. 통역할 때 마이크에 직접(약 18cm 간격을 유지) 소리를 내도록 하고, 목소리는 4m2에 적합한 '실내용' 음량이 좋다. 만약 너무 큰소리로 말하는 경우 헤드폰 음량이 너무 크거나 양쪽 귀에 헤드폰을 대고 있어서 일 수도 있다.
- 도움을 받는 방법: 부스 파트너의 도움을 받을 준비가 되어 있어야 한다. 파트너도 이해하겠지만 도움을 받아야 한다는 의무감을 가질 필요는 없으나 너무 완강히 거부하는 태도를 보이지 않도록 한다.
- 도움을 주는 방법: 필요한 문서를 찾아주고, 연사가 말하는 숫자를 받아 적거나 용어를 찾아주도록 한다. 만약 부스 파트너가 헤매고 있다면 조용히 도움을 주도록 한다. 그러나 도움을 강요하거나 종이를 파트너 얼굴 밑에 밀어 넣는 다든지, 손을 흔들거나 신체 일부를 접촉하는 일이 없도록 한다. 기침 또는 재채기가 날 경우 부스 밖으로 나가도록 한다.
- 헤드폰 음량: 부스 파트너가 통역을 하고 있는 경우, 내 통역 장비의 라우드 스피커를 끄고 헤드폰을 통해 회의 상황을 모니터 하도록 한다. 만약 헤드폰을 벗거나 부스 밖으로 나가야 하는 경우, 헤드폰 음량을 완전히 끄도록 한다.
- 릴레이 통역의 기축 통역사인 경우, 곧바로 통역을 시작해서 릴레이를 받는 통역사들이 듣고 있는 채널이 맞다는 것을 확인할 수 있도록 한다. 최대한 명확하고 일관되게 통역하도록 한다. (특히 발표 슬라이드가 있는 경우) 연사와의 시차를 최대한 줄이고 연사가 말을 끝냄과 동시에 끝마칠 수 있도록 신속하게 통역한다. 릴레이 통역이 끝나는 즉시 마이크를 꺼서 다음 연사를 통역하는 부스가 내가 쓰던 채널을 쓸 수 있게 해준다.

- 순서 바꾸기: 순서를 바꿀 준비가 됐다는 의사표시를 편안하게 한다. 그러나 동료 통역사가 모르는 상황에서 갑자기 통역을 멈추지 않도록 한다. 긴급 상황에 대비해서 언제든지 바꿔줄 준비가 되어 있어야 하겠지만 특히 순서를 바꾸기 몇 분 전부터 통역을 시작할 준비를 해야 한다. 순서를 바꿀 준비가 됐을 때, 파트너가 시작할 준비가 됐는지 확인하고 바로 시작할 수 있도록 마지막 문장의 시차를 적게 가져간다. 텍스트 있는 동시통역의 경우 통역을 하고 있지 않은 통역사가 텍스트에서 순서를 바꿔줄 위치를 손가락으로 가리킬 수 있다.
- 용어: 관련 용어집과 참고자료를 모두 공유하도록 한다. 정보를 혼자만 알고 있거나 준비를 하지 않고 '무임승차'만 하는 통역사는 똑같이 사교성이 떨어지고 프로답지 못하다.

여기에는 공평한 업무 분담 외에도 연사 배정과 관련된 이유가 있을 수 있다.

- 한 명만 연사의 텍스트를 준비할 시간이 있는 경우
- 한 명이 특별히 어떤 연사의 억양을 잘 이해하는 경우
- 특정 어역을 사용해야 하는 경우

텍스트를 늦게 받는 경우 A언어 사용자가 속독을 통해 더 쉽고 빠르게 핵심 정보와 용어를 파악할 수 있다.

동료 통역사와 도움을 주고 받으려면, 통역을 하지 않더라도 항상 부스에서 대기하고 있어야 한다. 중간에 잠깐 쉬거나 한 숨 돌릴 수는 있지만 팀워크를 통해 통역을 지속적으로 제공하는 것이 권장된다. 도움이 필요 없더라도 잠깐 멈추는 사이에 중요한 내용을 놓칠 수 있기 때문이다. (문서를 잘 분류해서 손이 닿는 위치에 놓는 다든지 모르는 용어를 컴퓨터로 즉석에서 찾아주는 등) 부스에 도움을 줄 준비가 된 동료가 있다는 것만으로도 많은 문제를 미연에 방지하거나 해결할 수 있다.

부스 파트너가 실수를 한 경우

통역 팀은 부스 단위로 책임을 지는 시스템이다. 동시통역의 인지적 부담 때문에 대기 중인 부스 파트너가 어려운 내용을 더 잘 듣고 이해할 수 있다. 예를 들어 억양이 강한 연사를 더 잘 이해할 수 있는데 파트너가 심각한 오역을 했다면 어떻게 대처해야 할까? 파트너에게 사실을 알려야 할까?

상대방을 방해하거나 무안하게 하지 않고 자연스럽게 실수를 고칠 수 있다. 이상적으로는 부스 파트너가 서로에게 익숙해서 얼굴 표정, 몸짓이나 제스처, 방의 물건, 문서 내 숫자, 용어집의 단어를 가리켜 조용히 신호만 보내도 눈치를 채고 내용을 놓치지 않으면서 실수를 고치고 문제를 해결할 수 있으면 좋다.

차선책은 문제와 상황(복합적 원인, 내용의 밀도, 연사의 발화 속도 등)에 따라 다르겠지만 통역을 하는 파트너가 문제를 인지하고 있다면 음소거 버튼을 1-2초 가량 누르고 대기 중인 파트너에게 물어서 빠르게 대답을 듣고 다시 통역을 시작하는 것이다. 환언하면 문제가 발생했을 때 파트너의 도움이 필요할 경우 음소거 버튼을 누를 준비를 하고 있어야 필요할 때 파트너가 소리내서 대답을 해줄 수 있다는 것을 의미한다. 필요하다면 노트를 필기해서 줄 수도 있다. 그러나 노트를 휘갈겨 쓴 경우 도움이 없느니만 못하고 일시적인 문제의 경우 노트를 건넨 시점에 이미 늦었을 수 있다. (물론 반복되는 용어는 도움이 된다.)

### 11.2.4 비즈니스로써의 프리랜서 통역

프리랜서 통역은 다른 모든 영업과 마찬가지로 마케팅이 필요한 서비스 상품이다. 내 순차통역 또는 동시통역 실력을 알리려면 먼저 일을 통해 증명할 기회가 있어야 한다. 고객 또는 선발관과의 모든 접촉은 내 전문성을 보여줄 수 있는 기회이다. 항상 연락이 닿을 수 있어야 하고, 이메일은 관련성 있는 답변과 친절하지만 전문성이 돋보이도록 신속하게 회신한다. 당연히 실력이 있어야 통역을 할 수 있지만 시장에서의 업무 외적인 대면에서 주는 인상에 크게 좌우된다. 의사소통은 신속하고 프로답게, 시간 약속을 엄수하고 통역사로서 분명히 준비된 모습과 태도로 자신의 몫을 다해야 한다.

### 11.2.4.1 마케팅, 네트워킹, 퍼스널 브랜딩 (이력서, 소셜 미디어 등)

이력서는 중요한 마케팅 수단이다. 늘 최신 상태를 유지하고 어수룩해 보일 수 있으므로 오탈자가 없도록 한다. 이력서 내용은 정직하게 기재해야 한다. 만약 UN 회의의 간이 부스에서 연습해본 경험이 있다면, 내가 실제로 통역한 것처럼 과장해서는 안 된다. EU 심사관이 졸업시험을 채점했다고 해서 '공인 EU 통역사'라고 기재해서는 안 된다.

분야별로 통역 경험을 정리해서 쓰거나 관련 분야 통역 일부만 쓰는 것도 고려해보도록 한다.

공유될 수 있는 공간의 이력서에는 통역과 관련된 경력만 기재한다. 통역 이외의 경력은 변호사처럼 고객의 이름을 익명으로 기재한다(예: '다국적 기업과 틈새 시장 업체의 M&A 협상'). 많은 통역사들이 이력서에 기업명이 거론되는 것만으로도 고객과의 비밀준수 조항을 위반할 수 있다는 사실을 인지하지 못하고 있다.

완전한 이력서를 온라인 상으로 공개하거나 에이전시에 발송하는 경우 기재 내용에 특별히 더 주의해야 한다. 일부 에이전시(번역 업체, 장비 업체 등)는 데이터 마이닝을 통해 프리랜서 통역사의 이력서를 모아서 잠재 고객을 파악하고 이들에게 영업 전화를 한다. 일부 부도덕한 에이전시는 내 이력서를 사용해서 프로젝트를 따온 다음 더 저렴한 통역사로 대체하기까지도 한다. 만약 망설여진다면 이력서를 에이전시에 제출하기 전에 "ABC 에이전시에 (날짜)로 XYZ 프로젝트 용도에 제출하고 그 외 어떠한 목적으로 사용 불가함"이라는 문구를 삽입하도록 한다. 이렇게 함으로써 에이전시가 내 허락없이 이력서를 사용하는 일을 막을 수 있다. 에이전시에 제출할 때 관련 통역 경험만 기재해야 하는 또 다른 이유다.

그러나 일반적으로 가격 흥정 중 최종 사용자에게 이력서를 제출해야 하는 경우 중개인이 통역사에게 개인 연락처를 이력서에 기재하지 말아달라고 부탁할 수도 있다.

소셜 미디어의 사용에 대해 선배 통역사들은 "통역사라는 직업을 알리고 젊은 사람들에게 통역 공부에 관심을 갖게 하는 효과는 있지만" 비밀준수 조항, 객관성 및 공정성 위반 등을 통해 "통역사의 이미지를 실추시킬 수도 있다"고 말한다. "상식적으로" 행동하고 "공개적으로 부정적인 통역 경험을 나누거나 동료 통역사, 고용주 및 회의 참가자의 험담, 회의 자료 공개" 등은 삼가야 한다.

추가적인 지침은 통역사는 과거와 마찬가지로 회의 내용을 보도하는 역할을 맡아서는 안 된다. 트위터 및 기타 공개 포스트에 중립적이고 객관적인 정보만 게시하고 사진 기사가 찍을 수 있는 사진만 게시하도록 한다. (부스실에서 찍은 사진을 통해 비밀 문서 또는 관련 내용이 유출되거나 회의실 내 참가자의 얼굴 및 캡션 등이 포함 돼서는 안 되고, 사진 속 인물의 동의 없이 사진을 올려서도 안 된다.) 게시글에는 모두가 알 수 있는 내용만 있어야 한다. 예를 들어 마드리드에서 미팅이 오늘 시작됐다고는 쓸 수 있지만 회의 분위기, 진척 상황, 통역의 난이도 등에 대한 내용은 쓰지 않도록 한다.

#### 11.2.4.2 요율 책정

AIIC 전문 표준규정에 따르면 "협회가 계약에 서명한 경우가 아니라면 회원이 자유롭게 요율을 책정"할 수 있다. 목표시장의 업무별 평균 요금대는 알고 있는 것이 좋다. 내 활동 지역의 최신 AIIC 통계를 통해 평균, 최저 및 최고 요금을 확인하고 AIIC와 다양한 기관 사이에 '합의된 요율'도 알고 있도록 한다(세금을 내지 않고 수수료가 0에 가까운 '도매' 가격이라는 점을 유념해야 함).

요율은 협상 대상이지만 작업 조건을 타협해서는 안 된다. 윤리적인 통역사라면 통역의 품질, 경험, 평판과 요율로 상대방과 승부하지만 작업 조건을 타협하지는 않는다. 다음은 요율 책정 관련 지침이다.

- 자신을 과소평가해 계약하지 않는다. 대규모 고정 기관 고객들 외에도 일부 고객들은 통역 서비스를 주기적으로 사용하지도 않으면서 높은 수준의 통역을 원하고 또 가격에 굉장히 민감하기 때문에 두 서비스 제공자가 제시한 가격이 30%이상 차이가 나야 선택하는 경우도 있다. 그러나 전문 서비스업은 보통 가격보다 기대되는 서비스 품질, 신뢰도, 경력 및 평판이 고객 확보에 더 결정적인 역할을 한다. 어떤 고객은 가격이 너무 낮게 책정 될 경우 서비스 품질을 의심할 수도 있다.

- 프로젝트 착수에 앞서 준비작업을 하는 것은 통역사가 해야할 일 중 하나다. 변호사와 마찬가지로 전문적인 일 처리를 위해 성공보수만 받는 것이 아니고 준비 작업량에 따라 추가 착수금을 요청할 수 있다. 또한 출장 기간 중 회의가 없는 날과 회의 당일 통역이 없는 시간에 대해서도 보상비용을 청구하는 것이 권장된다.
- 매년 인플레이션율을 고려해 요금을 인상하도록 한다. 그러나 이왕이면 누적된 경력을 반영하여 요금을 산정하는 것이 좋다.
- 가격 담합은 불법이다. 민간 시장에서 모든 통역사는 요율을 자유롭게 책정할 수 있고 모집인과 가격을 협상할 수 있다. 어느 누구도 요금의 최소 또는 최대치를 통역사에게 강요할 권리는 없다.

개별 협상이 불가능한 요금도 있다. 국제 기구의 대부분은 초보 통역사와 숙련된 통역사 두 단계로 이루어진 차등요금제를 적용한다. 전속 및 인하우스 통역사는 다른 일반 직원들과 같이 봉급이 매년 조금씩 인상된다.

마지막은 동일 요금 적용에 관한 문제이다. 프리랜서 시장에서는 꽤 최근까지도 같은 팀 소속 통역사의 경우 경력과 관계 없이 동일 요금이 적용되는 것이 불문율이었다. (아직까지도 유럽 대부분의 지역에서는 이것이 관행이다.) 혹자는 동일 요금 적용 원칙이 통역 업계가 매력적인 이유이고 또 업계 내 결속력을 가져다 준다고 생각한다. 그러나 일부 지역에서 회의 통역을 최신 자유시장체제에 맞추려는 변화의 조짐이 보이고 있다. 혹자는 초보 통역사와 숙련된 통역사의 통역 품질이 동일하지 않기 때문에 후자가 다른 전문직과 마찬가지로 더 높은 요금을 받아야 하며 초보자 입장에서도 이 제도를 경쟁우위로 활용하여 시장에 설 자리를 마련할 수 있어야 한다고 생각한다.

### 11.2.5 커리어 진로: 프리랜서 대 전속/인하우스 통역사

국제기구의 전속 통역사는 활동범위가 프리랜서만큼 다채롭지는 않지만 더 안정적이고 편안하게 일할 수 있다. 통역사의 성향에 따라서 선호하는 직업이 다를 수 있으나 선택권이 있다면 보통 프리랜서로 커리어를 시작하는 것이 일반적이다. 그러나 특정 시기나 지역에서 인하우스 통역직의 희소성이 높아지면서 그 일이 더 매력적으로 보일 수도 있다.

시장과 지역에 따라 통역사가 다른 선택을 할 수도 있다. 유럽의 경우 갓 졸업한 통역사들 대부분이 프리랜서로 시작해왔고 소수만이 커리어를 쌓다가 인하우스직을 맡게 됐다. 그러나 최근 EU 조직이 커지면서 초보 통역사들도 '맞는' 언어쌍만 가지고 있다면 곧바로 전속통역사가 될 수 있는 기회가 늘어나고 있다. 프리랜서 시장이 작고 진입이 어려운 지역에서는 졸업생들이 대기업이나 지방 및 국가 행정기관 인하우스 통역사(또는 통번역사)로 시작하기가 쉽다. 우수한 통역사 훈련 과정을 마친 졸업생들의 경우 실력을 높이 평가 받아 인하우스직을 맡은 거지만 수행해야할 직무에 비해 능력이 너무 뛰어날 수 있고 장시간 열악한 근무조건에서 일하는 것을 거절하기 어려울 수 있다.

## 11.3 생활방식과 커리어에 대한 조언

> 통역 일에만 매진하는 통역사는 과중한 업무 부담에 시달릴 수 있다. 따라서 글쓰기, 교직 및 연구 등 다른 업무나 취미 또는 지적 활동도 탐구해 봐야 한다.
>
> (Herbert 1952: 94)

### 11.3.1 스트레스 관리, 건강 및 복지

#### 11.3.1.1 스트레스 및 건강 위협 요인

AIIC가 회원 600명을 대상으로 생리학적 데이터(호르몬 수치, 심혈관계 반응 등)를 수집하고 설문조사를 통해 통역사의 업무부하를 연구한 결과 통역이 체력소진 *burnout*을 유발할 가능성이 매우 높은 업무임을 입증하는 근거를 발견했다(Mackintosh 2002 참조). 고도의 집중력 유지, 대중 노출, 위험부담이 큰 회의, 차선의 업무 환경 등이 분명한 스트레스를 유발 요인으로 작용했다. 기술 통역보다 방송 통역을 할 때(Kurz 2003), 숙련된 통역사보다 초보 통역사에게서 더 높은 수치의 스트레스가 측정됐다(Kurz 2002).

일부 통역사들은 통역 커리어에서 학교 훈련과정이 가장 힘들었다고 한다. 1년에 최소한 한 번은 검증된 스트레스 관리 방법 특강을 마련해야 한다. AIIC 홈페이지에서 간혹 통역사를 위한 스트레스 관리 세미나 홍보 게시물을 확인할 수 있다.

회의 통역사들은 스트레스 외에도 난청과 같은 직업성 질환을 앓는다. 통역 커리어 초기에 미리 청력검사를 받아서 기준점을 형성하고 통역할 때 항상 듣기 음량을 확인하도록 한다.

추가적으로 수화 통역사들은 특히 업무시간이 긴 학교에 근무할 경우 건염과 같은 상지 근골격계 질환에 걸릴 위험이 높다(Feuerstein et al. 1997).

그 외에도 통역사는 병원부터 감옥, 광산, 발전소, 선박, 비행기, 재난 지역, 분쟁 지역까지 근무처에 따른 현지 위험 요소에 대해서도 주의해야 한다.

#### 11.3.1.2 대리代理 트라우마

통역사는 전범재판소*war crime tribunals*와 진실화해위원회*truth and reconciliation commissions*, 인도주의적 기관 등에서 일할 때 1인칭 시점에서 고문, 강간, 또는 전쟁 피해자에게 목소리를 대변해야 하고 그 외에도 공동체 통역, 법정 및 의료 통역을 하면서 화자의 고통을 대변해야 할 때가 있다. 그 과정에서 수반되는 대리 트라우마로 인해 통역사가 정신적 고통, 정서 불안과 우울증까지 겪는다는 기록도 많이 찾아볼 수 있다(Wiegand 2000; Baistow 1999; 추가 참고 도서 참조).

#### 11.3.1.3 성별 관련 문제 및 성희롱

아직까지 연구와 논의가 제대로 이루어지지 않은 업무상 위험 중 하나는 통역사의 성희롱 노출 위험이다. 최근 이루어진 인터뷰 기반 연구에 의하면, 로마니아에는 여성 통역사가 압도적으로 많고 프리랜서인 경우 주로 남성 고객에게 통역 서비스를 제공하게 되는데 이들에게 업무 중 성희롱이 일상사라는 것이 드러났다(Spânu 2009:55). 언어적 성희롱이 가장 많았고 그 외에도 "성적인 의도로 접근, 시각적 성희롱, 심지어 협박을 당하는 경우"도 있다고 고충을 호소했다(ibid.: 56). 통역 업계 내 성희롱 빈도에 대한 연구 기록은 거의 없다. 대부분 남성이 많은 고객을 상대로 장시간 일하고, 출장을 다녀오고, 저녁식사와 사교모임에 참석해야 하는 무질서한 비즈니스 통역 환경에서 특히 성희롱 발생 빈도가 더 높은데 아무래도 여성화된 직업이다 보니 이런 상황에 전혀 익숙해질 수가 없다.

최소한 이 문제에 대해 한 번은 수업에서 다루어 학생들의 지각 수준을 높여야 한다. 학교에서 2학년 학생들을 대상으로 외부 전문가를 초빙해 성희롱의 정의, 예방 및 대처 방법에 대한 특강을 최소한 한 번은 진행하는 것이 좋다.

### 11.3.2 전문분야 개발

원칙적으로 내부자 정보를 가지고 있지만 통역 기술 훈련을 받지못한 이중 언어 사용자 보다는 회의 주제에 대해 필요한 자료와 정보를 충분히 숙지할 시간이 있는 훈련 받은 회의 통역사가 더 신뢰할 수 있는 서비스를 제공할 수 있다. 또한 현장에서 통역사들은 다양한 주제를 다룰 준비가 되어 있어야 한다.

그러나 의료나 금융 분야는 내용이 너무 기술적이기 때문에 공부하는 데 필요한 시간을 고려했을 때 통역을 하는 것이 의미가 없을 수 있다. 국제 방사선 컨벤션 같은 회의는 해부학, 생리학, 전자공학과 촬영술 분야를 모두 다룰 수 있다. 따라서 충분한 수요가 있지만 경쟁자가 적기 때문에 통역료를 더 많이 받을 수 있는 분야를 내 전문으로 만들 수 있으면 좋다.

### 11.3.3 재무 관리

책이나 인터넷을 통해 재무 관리를 공부해 볼 수도 있겠지만 모든 자영업자들이 그렇듯 프리랜서라면 몇 가지 알아둬야 할 것들이 있다. 돈 관리는 철저히 한다. 영수증은 세금 처리를 위해 반드시 보관하고, 청구서는 발생 즉시 작성한다. 재무 계획을 미리 세우고, 보험 가입을 반드시 한다. 그리고 저금과 투자를 통해 은퇴설계를 미리 하도록 한다. 학생들도 나라별로 특이한 재무 정보(청구 절차, 부가가치세 신고 및 환급)나 주요 선발 기관과 일하는 방법에 대해 유용한 팁(귀띔)과 정보를 받아야 한다.

### 11.3.4 후학 양성

통역의 전문화 과정은 지속적으로 이루어지고 책임 있는 통역사들이 주축이 되어야한다. 예비 졸업생들에게 전문 협회 가입(회의 통역사는 AIIC) 신청을 권유하고 가르치고, 연구하고, 토론회와 세미나에도 참여하는 등 통역사 생활을 활발히 하도록 조언한다. 통역 업계에 보탬이 되기 위해 방송을 통해 대중에게 통역에 대한 오해와 진실을 밝히고 젊은이들이 통역사 일에 관심을 가질 수 있도록 홍보할 수 있는 기회가 오면 잡도록 한다.

### 11.3.5 재능 기부

많은 통역사들이 재원이 부족한 단체를 선의로 돕거나 봉사활동 목적으로 (무급 자원봉사자로써) 재능기부를 하는 경우가 자주 있다. 존경받을 만 하고 가치 있는 일이지만 착취당하기가 쉽다. 그리고 그렇게 함으로써 동료들이 일할 기회를 빼앗을 수 있기 때문에 조심해야 한다. 정당한 재능 기부로 인정받기 위해 만족해야 할 두 가지 기본적인 조건이 있다.

i. 기부로 운영되는 비영리 단체의 활동
ii. 인도주의적 이유

재능기부는 초보 통역사들이 경험을 얻을 수 있는 좋은 기회를 제공 하지만 통역직업의 책임성을 해쳐서는 안된다. 안젤라 케일 전 AIIC 회장이 재임 당시 재능기부 관련 지침을 다음과 같이 요약했다.

재능기부 모범 사례

- 자원봉사 용역 계약도 유급 용역 계약만큼 구속력이 있다.
- 유급 용역과 같은 품질의 서비스를 제공해야 한다.

- 통역 품질 보장을 위해 작업 및 기술 조건(팀 인원, 언어쌍, 근로 시간) 역시 동일해야 한다.
- 자원봉사 통역사는 재능기부 수혜자와 계약을 체결함으로써 통역비를 받지 않았다는 것을 증명할 수 있도록 하는 것이 좋다. 가능하다면 통역사가 기꺼이 포기하려는 금액을 제시할 수 있다.
- '무료 관광 통역' 제의는 거절하도록 한다. 만약 체재비가 지원되는 출장 통역의 경우, 자원봉사 통역사는 제의를 수락하기 전에 먼저 회의장에 가용한 통역사가 없음을 확인해야 한다. 현지 통역사를 고용할 수 있을 만큼의 관광 비용을 들여가며 무료 통역을 제공한다는 것은 말도 안되고 통역사들 사이에서 불쾌감을 조성할 수 있다.

전문 통역사들의 추가 조언:

1. 재능기부 통역 제의가 정당한지 확인하기 위해 기부자 또는 후원자 명단을 확인해보도록 한다. 가끔 전문 통역사에게 지급할 돈이 없다는 단체가 놀랍게도 우량기업의 후원을 받고 있다든지 기부로 운영되지 않는 경우도 있다. (경험에 의하면, 통역 비용을 초과하는 성대한 만찬을 제공한다면 의심해봐야 한다.)
2. 어떤 국가는 세금 및 기타 규제로 인해 서비스를 (예를 들어 선물의 형태로) 신고해야 하므로 특별한 절차가 필요할 경우가 있어 부가가치세를 포함해 청구해야 한다면, 세무서에 부가가치세를 내고 전체 금액을 단체에 청구하게 된다. 이때 증명서를 발급 받아 과세 대상 소득에서 이 금액을 빼도록 한다. 통역료를 청구해 받은 다음 다시 기부하게 되면 정말로 전문적인 서비스를 기부하고 있음을 보여줄 수 있다는 장점이 있다.

## 11.4 맺음말

마지막 학기 통역 실무 입문 과목의 주요 수업과 내용은 전 학기의 이론 과목처럼 별도 시험에서 시험을 치거나 지속적으로 평가를 받을 수 있는데 최종 학위와 증명서를 받는데 필요한 허가를 해준다(TG-11.7.2).

이로써 회의 통역사 2년 훈련 과정에 필요한 내용과 기술을 모두 설명하였다. 강사 및 교과 설계자를 포함한 통역 교육에 관심있는 독자들은 두 번째 책인 강사 지침서*Trainer's Guide*가 훈련과정(전치나 단계별)에 대한 강사의 관점과 교수법, 커리어 설계, 평가 및 시험, 훈련과정 운영에서의 제도적 문제와 강사훈련 단원을 보도록 한다.

추가 참고 도서 (상세 정보는 권 말 참고 도서 참조)

Professional documentation available on aiic.net

1. Basic AIIC texts, guidelines and studies

- AIIC Practical Guide for Professional Conference Interpreters
  http://aiic.net/page/628/practical-guide-for-professional-conference-interpreters/lang/1
- AIIC Code of Professional Ethics
  http://aiic.net/page/6724
- AIIC Professional Standards
  http://aiic.net/page/6746
- Best Practice for Consultant Interpreters
  http://aiic.net/page/1765/best-practice-for-consultant-interpreters/lang/1
- AIIC Statistics (Neff 2014)
- AIIC Workload Study (Executive Summary: Mackintosh 2012)

2. Tips for conference organizers

- Choosing the right provider of interpretation services
  http://aiic.net/page/247
- Checklist for Conference Organizers
  http://aiic.net/page/33
- What your consultant interpreter needs to know
  http://aiic.net/page/243
- Guidelines for Speakers [to be transmitted to each speaker]
  http://aiic.net/page/29

3. Tips on technical requirements

- Checklist for hiring simultaneous interpretation equipment
  http://aiic.net/page/44
- Technical notes on simultaneous interpretation
  http://aiic.net/page/ 1 35

4. Media Interpreting

- Checklist for TV interpretation (Bros-Brann 2002
  http://aiic.net/page/635
- Simultaneous interpretation and the media: interpreting live for television (Bros-Brann 2002)
  http://aiic.net/page/630
- Media interpreting: a different sort of world
  http://aiic.net/page/149
- Essential dos and don'ts when using simultaneous conference interpreters on TV
  http://aiic.net/page/61 (All URLs accessed in February 2016)

Stress and vicarious trauma

1. http://trauma.blog.yorku.ca/2012/01/06/vicarious-trauma-and-the-professional-interpreter/
   (Accessed February 15, 2016)
2. Zeier 1997: Psychophysiological stress research

# 참고 문헌

## A


1. Adams, Christine. 2004. What is a B language? Towards a working definition and selection criteria. In Proceedings of EMCI Workshop on Teaching Simultaneous Interpretation into a "B" Language, September 20-21, 2002: 20-22.
2. Agrifoglio, Marjorie. 2004. Sight translation and interpreting: A comparative analysis of constraints and failures. *Interpreting* 6 (1): 43-67. doi:1075/intp.6.1.05agr
3. Ahrens, Barbara. 2005. Rozan and Matyssek: Are they really that different? A comparative synopsis of two classic note-taking schools. *Forum* 3 (2): 1-15.
4. AIIC (International Association of Conference Interpreters). 1994. Interpreter Training Workshop, Poznan, April 8-10, 1994. Geneva: AIIC
5. AIIC (International Association of Conference Interpreters). 2004/2012. Practical Guide for Professional Interpreters. Geneva: AIIC. http://aiic.net/page/628/practical-guide-for-professional-conference-interreters/lang/1 (Accessed July

24, 2015). Also published in Communication, March 2004. http://www.aiic.net/ViewPage.cfm/article21.htm (Accessed December 10, 2015).

6. AIIC (International Association of Conference Interpreters). 2013 (unpublished). Remote interpreting: Paper originally written for PRIMS panel on remote interpreting, 12 January 2013, Updated for Council discussion on Remote Interpreting.

7. AIIC (International Association of Conference Interpreters). 2014. Advice to Students Wishing to become Conference Interpreters. Geneva: AIIC. http://aiic.net/page/56 (Accessed July 25, 2015).

8. AIIC (International Association of Conference Interpreters). 2014. AIIC statistics: Summary of the 2012 report. http://aiic.net/page/6878/aiic-statistics-summary-of-the-2012-report/lang/1 (Accessed July 24, 2015).

9. AIIC (International Association of Conference Interpreters). 2015. Code of Professional Ethics. Geneva: AIIC. http://aiic.net/page/6724 (Accessed July 24, 2015).

10. Albl-Mikasa, Michaela. 2008. (Non-)sense in note-taking for consecutive interpreting. *Interpreting* 10 (2): 197-231. doi: 10.1075/intp.10.2.03alb

11. Albright, Madeleine. 2008. *Memo to the President.* New York: Harper Collins.

12. Alexiva, Bistra. 1994. On teaching note-taking in consecutive interpreting. In Cay Dollerup and Annette Lindegaard (eds.), *Teaching Translation and Interpreting: Insights, Aims, Visions. Selected papers from Second 'Language International' Conference, Elsinore, Denmark, June 4-6, 1993,* 199-206. Amsterdam: John Benjamins. doi:10.1075/btl.5.28ale

13. Alexieva, Bistra. 1997. A typology of interpreter-mediated events. *The Translator* 3 (2): 153-174. doi: 10.1080/13556509.1997.10798996

14. Allen, Katherine. 2012. Interpreting in conflict zones. http://najit.org/blog/?p=229 (Accessed July 24, 2015).

15. Altman, Janet. 1989a. Overcoming Babel: The role of the conference interpreter

in the communication process. In Rainer Kölmel and Jerry Payne (eds.), *Babel: The Cultural and Linguistic Barriers between Nations,* 73-86. Aberdeen: Aberdeen University Press.

16. Altmann, Gerry T.M. and Yuki Kamide. 2007. The real-time mediatino of visual attention by language and world knowledge: Linking anticipatory (and other) eye movements to linguistic processing. *Journal of Memory and Language* 57:502-518. doi:10.1016/j.jml.2006.12.004
17. Amato, Amalia and Gabriele Mack. 2011. Interpreting the Oscar night on Italian TV: An interpreters' nightmare? *The Interpreters' Newsletter* 16 (Special Issue on Television Interpreting): 37-60. Trieste: EUT Edizioni Università di Trieste. http://www.openstarts.units.it/dspace/bitstream/10077/8253/1/NL_16_5.pdf (Accessed July 28, 2015).
18. Angelelli, Claudia and Christian Degueldre. 2002. Bridging the gap between language for general purposes and language for work: An intensive superior-level language/skill course for teachers, translators, and interpreters. In Betty Lou Leaver and Boris Shekhtman (eds.), *Developing Professional-level Language Proficiency*, 88-89. Cambridge: Cambridge University Press.
19. Angelelli, Claudia. 2003. The visible co-participant: The interpreter's role in doctor-patient encounters. In Melanie Metzger, Steven Collins Val Dively and Risa Shaw (eds.), *From Topic Boundaries to Omission: New Research on Interpretation,* 3-26. Washington: Gallaudet University Press.
20. Angelelli, Claudia. 2004. *Revisiting the Interpreter's Role; A Study of Conference, Court and Medical Interpreters in Canada, Mexico and the United States.* Amsterdam: John Benjamins. doi:10.1075/btl.55
21. Aristotle. [ca. 322 BC]/1991. *The Art of Rhetoric.* New York: Penguin Classics.
22. ASTM. 2007. *Standard Guide for Language Interpretation Services (ASTM Standard F2089-012007).* West Conshohocken, PA: ASTM International. www.astm.

org doi:10.1520/C0033-03

## B

1. Baddeley, Alan. 2004. *Your Memory: A User's Guide* (New Illustrated Edition). London: Carlton Books.
2. Baigorri-Jalón, Jesús. 2004a. *De Paris à Nuremberg: naissance de l'interprétation de conference.* Traduit sous la direction de Clara Foz. Ottawa: Presses de l'Université d'Ottawa. (English edition: 2014. *From Paris to Nuremberg: The Birth of Conference Interpreting.* Translated by Holly Mikkelson and Barry S. Olsen. Amsterdam: John Benjamins). doi: 10.1075/intp.9.2.07kau
3. Baigorri-Jalón, Jesús. 2004b. *Interpreters at the United Nations: A History.* Translated by Anne Barr. Salamanca: Ediciones Universidad de Salamanca.
4. Baigorri-Jalón, Jesús. 2015. The history of the interpreting profession. In Holly Mikkelson and Renee Jourdenais (eds.), *The Routledge Handbook of Interpreting*, 11-28. London: Routledge.
5. Baistow, Karen. 1999. *The Emotional and Psychological Impact of Community Interpreting.* London: Babelea.
6. Bancroft, Marjory. 2005. *The Interpreter's World Tour: An Environmental Scan of Standards of Practice for Interpreters.* Washington DC: National Council on Interpreting in Health Care (NCIHC). http://www.ncihc.org/assets/documents/publications/NCIHC%20Environmental%20Scan.pdf (Accessed March 7, 2016).
7. Berk-Seligson, Susan. 1990/2002. *The Bilingual Courtroom.* Chicago: The University of Chicago Press.
8. Bloomfield, Amber, Sarah C. Wayland, Elizabeth Rhoades, Allison Blodgett, Jared Linck and Steven Ross. 2010. What makes listening difficult? Factors

affecting second language listening comprehension. University of Maryland Center for Advanced Study of Lanuage. http://www.researchgate.net/publication/277788621_What_makes_listening_difficult_Factors_affecting_second_language_listening_comprehension (Accessed December 10, 2015).

9. Bowen, David and Margareta Bowen. 1984. *Steps to Consecutive Interpreting.* Washington: Penn and Booth.

10. Braun, Sabine and Judith L. Taylor. 2012. Video-mediated interpreting: An overview of current practice and research. In Sabine Braun and Judith L. Taylor (eds.), *Videoconference and Remote Interpreting in Criminal Proceedings,* 33-68. Antwerp: Intersentia. http://epubs.surrey.ac.uk/303018/ (Accessed July 24, 2015).

11. Brennan, Mary and Richard Brown. 1997. *Equality before the Law: Deaf People's Access to Justice.* Durham: Deaf Studies Research Unit, University of Durham.

12. Brisset, Camille, Yvan Leanza and Karine Laforest. 2013. Working with interpreters in health care: A systematic review and meta-ethnography of qualitative studies. *Patient Education and Counseling* 91 (2): 131-140. doi:10.1016/j.pec.2012.11.008

## C

1. Caminade, Monique and Anthony Pym. 1998. Translator-training institutions. In Mona Baker (ed.), *Encyclopedia of Translation of Studies,* 280-285. London: Routledge.

2. Carnegie, Dale. 2005. *Public Speaking for Success.* London: Penguin Books.

3. Carson, Robyn. 2002. *Thoughts and Utterances: The Pragmatics of Explicit Communication.* Oxford: Blackwell. doi:10.1002/9780470754603

4. Chernov, Ghelly V. 1979.2002. Semantic aspects of psycholinguistic research in

simultaneous interpretation. *Language and Speech* 22 (3): 277-295. Reprinted in abridged form in Franz Pöchhacker and Miriam Shlesinger (eds.), *The Interpreting Studies Reader.* London: Routledge.

5. Chernov, Ghelly V. 2004. *Inference and Anticipation in Simultaneous Interpreting.* Edited with critical foreword and notes by Robin Setton and Adelina Hild. Amsterdam: John Benjamins. doi:10.1075/btl.57
6. Cheung, Andrew Kay-fan. 2008. Simultaneous interpreting of numbers: An experimental study. *Forum* 6 (2): 23-38.
7. Cicero, Marcus Tullius. 1971. *Selected Works.* London: Penguin Books.
8. Cicero, Marcus Tullius. [55 BCE]/1942. *On the Orator (De Oratore): Books 1-2.* Translated by E. W. Sutton and H. Rackham. Loeb Classical Library 348. Cambridge: Harvard University Press.
9. Clark, Ruth Colvin. 2008. *Building Expertise: Cognitive Methods for Training and Performance Improvement* (3rd Edition). New York: Pfeiffer.
10. Cokely, Dennis. 2000. Exploring ethics: A case for revising the code of ethics. *Journal of Interpretation* 2000: 25-57.
11. Collados Aís, Ãngela. 2002. Quality assessment in simultaneous interpreting: The importance of nonverbal communication. In Franz Pöchhacker and Miriam Shlesinger (eds.), *The Interpreting Studies Reader,* 327-336. London: Routledge. Original publication: 1998. *La evaluación de la calidad en interpretación simultánea: La importancia de la communicación no verbal.* Granada: Comares.
12. Corbett, Edward P.J. and Robert J. Connors. 1999. *Classical Rhetoric for the Modern Student.* Oxford: Oxford University Press.
13. Corsellis, Ann. 2005. Training interpreter to work in the public services. In Martha Tennet (ed.), *Training for the New Millennium,* 153-176. Amsterdam: John Benjamins. doi:10.1075/btl.60.13cor
14. Corsellis, Ann. 2008. *Public Service Interpreting. The First Steps.* Basingstoke:

Palgrave. doi:10.1057/9780230581951

15. Cunha Rodrigues, José Narciso. 2003/2005. Professional secrecy. http://aiic.net/page/1726/professional-secrecy/lang/1 (Accessed July 24, 2015).

## D

1. Dam, Helle V. 2004. Interpreters' notes: On the choice of language. *Interpreting* 6 (1): 3-17. doi:10.1075/intp.6.1.03dam

2. Dawrant, Andrew. 1996. Word-order in Chinese-English Simultaneous Interpretation: An Initial Exploration. Unpublished MA thesis, Graduate Institute of Translation and Interpretation Studies, Fujen University, Taipei.

3. Déjean le Féal, Karla. 1976. Le perfectionnement linguistique. *Etudes de Linguistique Appliquée* 24:42-51. Paris: Didier Erudition.

4. Déjean le Féal, Karla. 1997. Simultaneous interpretation with 'training wheels'. *Meta* 42 (4): 616-621. doi:10.7202/003453ar

5. Déjean le Féal, Karla. 2009. *La traduction et ses métiers. Aspects théoriques et pratiques.* Edited by Colette Laplace, Marianne Lederer and Daniel Gile. Paris: Lettres Modernes Minard.

6. Donovan, Clare. 2002. Training interpreters: Improving a B language. *Claritas* 8 [Revista de la Universidade Catolica de São Pãolo]:9-20.

7. Donovan, Clare. 2004. European Masters Project Group: Teaching simultaneous interpretation into a B language: Preliminary findings. *Interpreting* 6 (2): 205-216. doi:10.1075/intp.6.2.06don

8. Donovan, Clare. 2008. Closing the expertise gap: A concrete example of guided reflection on a conference experience. *Forum* 6 (1): 35-58.

9. Donovan, Jeremy. 2014. *How to Deliver a TED Talk: Secrets of the World's Most Inspiring Presentations.* New York: McGraw-Hill.

10. Dragsted, Barbara and Inge Gorm Hansen. 2007. Speaking your translatkon: Exploiting synergies between translation and interpreting. In Franz Pöchhacker, Arnt Lykke Jakobsen and Inger M. Mees (eds.), *Interpreting Studies and Beyond. A Tribute to Miriam Shlesinger*, 251-274. Copenhagen: Samfundslitteratur Press.

11. Driesen, Christiane J. 1990. Initiation à l'interprétation juridique. In Mladen Jovanović (ed.), *Translation, a Creative Profession. Proceedings of the XIIth World Congress of FIT, Belgrade*, 357-362. Belgrade: Prevodilac.

12. Dunbar, Robin 1998. *Grooming, Gossip and the Evolution of Language.* Cambridge: Harvard University Press.

## E

1. Ebbinghaus, Hermann. 1913. *On Memory: A Contribution to Experimental Psychology.* New York: Teachers College. doi:10.1037/10011-000

2. Edwards, Rosalind, Boguisa Temple and Claire Alexander. 2005. Users' experiences of interpreters: The critical role of trust. *Interpreting* 7 (1): 77-95. doi:10.1075/intp.7.1.05edw

3. Enos, Theresa. 1996. *Encyclopedia of Rhetoric and Composition: Communication from Ancient Times to the Information Age.* London: Taylor and Fracis. 102-105.

4. Ericsson, Karl Anders (ed.). 1996. *The Road to Excellence: Acquisition of Expert Performance in the Arts and Sciences, Sports and Games.* Mahwah: Lawrence Erlbaum.

5. Ericsson, Karl Anders, Michael J. Prietula and Edward T. Cokely. 2007. The Making of an Expert. *Harvard Business Review* 85(7-8): 114-21, 193.

## F

1. Feuerstein, Michael, Ann Marie Carosella, Lolita Burrell, Liza Marshall and James DeCaro. 1997. Occupational upper extremity symptoms in sign language interpreters: prevalence and correlates of pain, function, and work disability. *Journal of Occupational Rehabilitation* 7 (4): 187-205. doi:10.1023/B:JOOR.0000010855.47587.oa
2. Flerov, Cyril. 2015. Remote simultaneous interpreting: Options and standards. Presentation at ATA (American Translator's Association) 2015, Miami, USA. http://www.ata-divisions.org/ID/remote-simultaneous-interpreting/ (Accessed February 15, 2015).
3. Fontanier, Pierre. 1830/1977. *Les figures du discours*. Paris: Flammarion.
4. Fumaroli, Marc. 1999. *Histoire de la rhétorique dans l'Europe modern (1450-1950).* Paris: Presses Universitaires de France.

## G

1. Gaiba, Francesca. 1998. *The Origins of Simultaneous Interpretation: The Nuremberg Trial.* Ottawa: University of Ottawa Press.
2. Gallo, Carmine. 2010. *The Presentation Secrets of Steve Jobs.* New York: McGraw-Hill. Gardner, Howard. 1983. *Frames of Mind: The Theory of Multiple Intelligences.* New York: Basic Books.
3. Gardner, Howard. 1993. *Multiple Intelligences: The Theory in Practice.* New York: Basic Books.
4. Garrett, Pamela. 2009. Healthcare interpreter policy: Policy determinants and current issues in the Australian context. *Interpreting & Translation* 1 (2): 44-54. Critical Link 5, 71-84. Amsterdam: John Benjamins.

5. Gentile, Adolf, Uldis Ozolins and Mary Vasilakakos. 1996. *Liaison Interpreting – A Handbook*. Melbourne: Melbourne University Press.

6. Gile, Daniel. 1989. Les flux d'informations dans les reunions interlinguistiques et l'interprétation de conference: premières observations. *Meta* 34 (4): 649-660. doi: 10.7202/002900ar

7. Gile, Daniel. 1990. Scientific research vs. personal theories in the investigation of interpretation. In Laura Gran and Christopher Taylor (eds.), *Aspects of Applied and Experimental Research on Conference Interpretation,* 28-41. Udine: Campanotto.

8. Gile, Daniel. 1995/2009. *Basic Concepts and Models for Interprter and Translator Training.* Amsterdam: John Benjamins. doi:10.1075/btl.8(1st)

9. Gile, Daniel. 1997. Conference interpreting as a cognitive management problem. In Joseph Danks, Gregory M. Shreve, Stephen B. Fountain and Michael K. McBeath (eds.), *Cognitive Processes in Translation and Interpreting,* 196-214. Thousand Oaks: Sage.

10. Gile, Daniel. 2001. Consecutive vs. Simultaneous: Which is more accurate? *Interpretation Studies (Japanese Assn. for Interpreting Studies)* 1: 8-20. http://jaits.jpn.org/home/kaishi2001/pdf/03-danielgilefinal.pdf (Accessed July 24, 2015).

11. Gile, Daniel. 2002. The interpreter's preparation for technical conferences: Methodological questions in investigating the topic. *Conference Interpretation and Translation* 4 (2): 7-27.

12. Gile, Daniel. 2004. Conference and simultaneous interpreting. In Mona Baker (ed.), *Routledge Encyclopedia of Translation Studies*, 40-45. Shanghai: Shanghai Foreign Language Education Press.

13. Gile, Daniel. 2005. Teaching conference interpreting: A contribution. In Martha Tennent (ed.), *Training for the New Millennium: Pedagogies for Translation and Interpreting,* 127-152. Amsterdam: John Benjamins. doi:10.1075/btl.60.12gil

14. Gillies, Andrew. 2005. *Note-taking for Consecutive Interpreting: A Short Course.* Manchester: St. Jerome.

15. Gillies, Andrew. 2013. *Conference Interpreting: A Student's Practice Book.* Manchester: St. Jerome.

16. Gonzáles, Roseann Dueñas, Holly Mikkelson and Victoria F. Vásquez. 1991/2012. *Fundamentals of Court Interpretation: Theory, Policy, and Practice.* Durham: Carolina Academic Press.

17. Goodale, Malcolm. 1987. *The Language of Meetings.* Thomson: Language Teaching Publications.

18. Grbić, Nadja. 2012. Signed language interpreting: Types, settings and modes. In Carol A. Chapelle (ed.), *Encyclopedia of Applied Linguistics,* 1-5 (online). Oxford: Wiley-Blackwell.

19. Grée, Danielle. 2001. Professional secrecy: Until the bitter end? http://aiic.net/page/540/professional-secrecy-until-the-bitter-end (Accessed July 24, 2015).

20. Grée, Danielle. 2006/2012. On the use of the standardized booths for optional interpreting quality. http://aiic.net/page/2542 (Accessed July 24, 2015).

21. Grice, Paul. 1975. Logic and conversation. In Peter Cole and Jerry L. Morgan (eds.), *Syntax and Semantics 3: Speech Acts*, 41-58. New York: Academic Press.

22. Groefsema, Marjolein. 1998. Processing for relevance. *Revista Alicantina de Estudios Ingleses* 11: 95-116.

23. Guo Jiading. 2006. A Speech at the International Interpreting Conference 2004 and Fifth National Conference on Interpreting Practice, Pedagogy and Research. In Chai Mingjiong and Zhang Jiliang (eds.), *Professionalization in Interpreting: International Experience and Developments in China,* 132-142. Shanghai: Shanghai Foreign Language Education Press.

## H


1. Hale, Sandra Beatriz. 2004. *The Discourse of Court Interpreting: Discourse Practices of the Law, the Witness and the Interpreter.* Amsterdam: John Benjamins. doi:10.1075/btl.52

2. Hale, Sandra Beatriz. 2007. *Commubity Interpreting.* Basingstoke: Palgrave Macmillan. doi:10.1057/9780230593442

3. Hall, Edward T. 1996. *Beyond Culture.* New York: Doubleday.

4. Halliday, Michael and Alexander Kirkwood. 1989. *Spoken and Written Language.* Oxford: Oxford University Press.

5. Harris, Brian. 1992. Natural translation. *Target* 4 (1): 97-103. doi:10.1075/target.4.1.08har

6. Harris Brian. 1997. *Translation and Interpreting Schools. Language International World Directory,* Vol. 2. Amsterdam: John Benjamins. doi:10.1075/liwd.2

7. Harvard Business Review. 2011. *Harvard Business Review on Communicating Effectively.* Harvard: Harvard Business School Publishing Corporation.

8. Hauser, Angela and Peter Hauser. 2008. The deaf professional-designated interpreter model. In Peter Hauser, Karen Finch and Angela Hauser (eds.), *Deaf Professionals and Designated Interpreters: A New Paradigm,* 3-21. Washington: Gallaudet University Press.

9. Heltai, Pál. 2004. Ready-made language and translation. In Daniel Gile, Gyde Hansen and Kirsten Malmakjær (eds.), *Claims, Changes and Challenges in Translation Studies: Selected Contributions from the 2001 EST Congress,* 51-71. Amsterdam: John Benjamins. doi:10.1075/btl.50.06hel

10. Herbert, Jean. 1952. *The Interpreter's Handbook: How to become a Conference Interpreter.* Geneva: Georg. (Original: *Manuel de l'interprète.*)

11. Hermann, Alfred. 2002. Interpreting in antiquity. Translated by Ruth Morris.

In Franz Pöchhacker and Miriam Shlesinger (eds.), *The Interpreting Studies Reader,* 16-22. London: Routledge. (Original German text: in Hermann. 1956. Beiträge zur Geschichte des Dolmetschens. Mainz.)

12. Hewitt, William E., R. Shedina Lockley, Pamela Casey and John Richardson. 1995. *Court Interpretation: Model Guides for Policy and Practice in the State Courts.* US: National Center for State Courts. http://ncsc.contentdm.oclc.org/cdm/singleitem/collection/accessfair/id/162/rec/1 (Accessed July 24, 2015).
13. Hoffman, Robert R. 1997. The cognitive psychology of expertise and the domain of interpreting. *Interpreting* 2 (1/2): 189-230. doi: 10.1075/intp.2.1-2.08hof
14. Hofstede, Geert, Gert Jan Hofstede and Michael Minkov. 2010. *Cultures and Organizations: Software of the Mind* (3rd Edition). Maidenhead: McGraw-Hill.
15. Hönig, Hans. 2002. Piece of cake – or hard to take? Objective grades of difficulty in speeches used in interpreting training. In *Teaching Interpretation into a B Language.* Unpublished report of EMCI workshop, September 21-22, 2002, 38-50.
16. Huckin, Thomas and James Coady. 1999. Incidental vocabulary acquisition in a second language. *Studies in Second Language Acquisition* 21: 181-193. doi: 10.1017/S0272263199002028

## I

1. Ilg, Gérard and Sylvie Lambert. 1996. Teaching consecutive interpretation. *Interpreting* 1 (1): 69-99. doi: 10.1075/intp.1.1.05ilg
2. Ilg, Gérard. 1982. L'interprétation consecutive: la pratique. *Paralleles* 5:91-109.
3. Ilg, Gérard. 1988. La prise de notes en interpretation consecutive. Une orientation générale. *Parallèles* 9: 9-13.
4. International Civil Service Commission (ICSC). 2013. Standards of Conduct for

the International Civil Service. http://icsc.un.org/resources/pdfs/general/standardsE.pdf (Accessed February 14, 2016).

## J

1. Jones, Roderick. 1998/2002. *Conference Interpreting Explained.* Manchester: St. Jerome.
2. Judicial Council of California. 2008. *Professional Standards and Ethics for California Court Interpreters* (4th Edition). Judicial Office of the Courts: Court Interpreters Program.

## K

1. Kade, Otto. 1968. *Zufall und Gesetzesmäßigkeit in der Übersetzung.* Leipzig: VEB Verlag Enzyklopädie.
2. Kadrić, Mira. 2001. *Dolmetschen bei Gericht. Erwartungen, Anforderungen, Kompetenzen.* Wien: WUV-Universitätsverlag.
3. Kahane, Eduardo. 2007. Interpreters in conflict zones: The limits of neutrality. http://aiic.net/page/2691 (Accessed December 8, 2015).
4. Kalina, Sylvia. 2000. Interpreting competence and how it is acquired. *The Interpreters' Newsletter* 10: 3-32.
5. Katan, David, 1999. *Translating Cultures: An Introduction for Translators, Interpreters, and Mediators.* Manchester: St. Jerome.
6. Keenan, Edward. 1978. Some logical problems in translation. In F. Guenthner and M. Geunthner-Reutter (eds.), *Meaning and Translation: Philosophical and Linguistic Approaches,* 157-189. London: Duckworth.
7. Kehler, Andrew. 2002. *Coherence, Reference, and the Theory of Grammar.* Stan-

ford: CSLI Publications.

8. Kelly, Arlene M. 2000. Cultural parameters for interpreters in the courtroom. In Roda P. Roberts, Silvana E. Carr. Diana Abraham and Aideen Dufour (eds.), *The Critical Link 2: Interpreters in the community: Selected papers from the Second International Conference on Interpreting in Legal, Health, and Social Service Settings, May 19-23, 1998,* 131-148. Amsterdam: John Benjamins.

9. Kelly, Nataly. 2008. *Telephone Interpreting: A Comprehensive Guide to the Profession.* Bloomington: Trafford Publishing.

10. Kennedy, George A. 1991. *Aristotle, On Rhetoric. A Theory of Civic Discourse, Newly Translated, with Introduction, Notes and Appendices.* Oxford: Oxford University Press.

11. Keenan, Edward. 1978. Some logical problems in translation. In F. Guenthner and M. Geunhner-Reutter (eds.), *Meaning and Translation: Philosophical and Linguisitc Approaches,* 157-189. London: Duckworth.

12. Kintsch, Walter. 1998. *Comprehension: A Paradigm for Cognition.* Cambridge: Cambridge University Press.

13. Krichhoff, Hella. 1976. Das Simultandolmetschen: Interdependenz der Variablen im Dolmetsch-prozess. In H. W. Drescher and S. Scheffzeck (eds.), *Theorie und Praxis des Uebersetzens und Dolmetschens, 59-71. Frankfurt am Main: Peter Lang. (English edition: 2002. Simultaneous interpreting: Interdependence of variables in the interpreting process, interpreting models and interpreting strategies. In Franz Pöchhacker and Miriam Shlesinger (eds.), The Interpreting Studies Reader,* 110-119. London: Routledge.)

14. Kohn, Kurt and Sylvia Kalina. 1996. The strategic dimension of interpreting. *Meta* 41 (1): 118-138. doi:10.7202/003333ar

15. Kramsch, Claire. 1998. *Language and Culture.* Oxford: Oxford University Press.

16. Kurz, Ingrid. 1990a. Christopher Columbus and his interpreters. *The Jerome*

*Quarterly* 5 (3): 2-12.

17. Kurz, Ingrid. 1990b. The interpreter Felipillo and his role in the trial of the Inca ruler Atahualpa. *AIIC Bulletin* 18(4): 10-12.
18. Kurz, Ingrid. 2002. Physiological stress responses during media and conference interpreting. In Giuliana Garzone and Maurizion Viezzi (eds.), *Interpreting in the 21st Century: Challenges and Opportunities,* 195-202. Amsterdam: John Benjamins. doi:10.1075/btl.43.19kur
19. Kurz, Ingrid. 2003. Physiological stress during simultaneous interpreting: A comparison of experts and novices. *The Interpreter's Newsletter* 12: 51-67.
20. Kurz, Ingrid. 2007. The fictional interpreter. In Franz Pöchhacker, Arnt Lykke Jakobsen & Inger M. Mees (eds.) *Interpreting Studies and Beyond. A Tribute to Miriam Shlesinger.* Copenhagen: Samfundslitteratur Press.

## L

1. Lambert, Sylvie. 1989. Simultaneous interpreters: One ear may be better than two. *TTR: Traduction, Terminologie, Redaction* 2 (1): 153-162. doi:10.7202/037040ar
2. Laplace, Colette. 1994. *Théorie du language et théorie de la traduction. Les concepts-clés de trois auteurs: Kade (Leipzig), Coseriu (Tübingen), Seleskovitch (Paris).* Paris: Didier Erudition.
3. Leaver, Betty Lou and Sabine Atwell. 2002. Preliminary findings from a study of the processes leading to the Advanced Professional Proficiency Level (ILR-4). In Betty Lou Leaver and Boris Shekhtman (eds.), *Developing Professional-Level Language Proficiency,* 260-280. Cambridge: Cambridge University Press. doi: 10.1017/CBO9780511606465.014
4. Leaver, Betty Lou and Boris Shekhtman (eds.). 2002. *Developing Professional-level Language Proficiency.* Cambridge: Cambridge University Press.

5. Lederer, Marianne. 1981. *La traduction simultanée.* Paris: Minard Lettres Modernes.

6. Lederer, Marianne. 1986. La traduction simultanée. In Danica Seleskovitch and Marianne Lederer (eds.), *Interpréter pour Traduire,* 136-162. Paris: Didier Erudition.

7. Lederer, Marianne. 1990. Cognitive complements in interpreting. In David Bowen and Margareta Bowen (eds.), *Interpreting, Yesterday, Today and Tomorrow,* American Translators Association Scholarly Monograph Series, Vol. IV, 53-50. New York: SUNY, Binghampton.

8. Lee, Ji Eun. 2012. What skills do student interpreters need to learn in sight translation training? A pilot study comparing the performance of six students and three professionals in sight translation from English into Korean. *Meta* 57 (3): 694-714. doi: 10.7202/1017087ar

9. Lee, Tae-Hyung. 2002. Ear voice span in English into Korean simultaneous interpretation. *Meta* 47 (4): 596-606. doi: 10.7202/008039ar

10. Leeson, Lorraine and Myriam Vermeerbergen. 2010. Sign language interpreting and translating. In Yves Gambier and Luc van Doorslaer (eds.), *Handbook of Translation Studies,* 324-328. Amsterdam: John Benjamins. doi:10.1075/hts.1.sig2

11. Lei, Ning. 2005. Interpretation service in the Ministry of Foreign Affairs. In Chai Mingjiong and Zhang Jiliang (eds.), *Professionalization in Interpreting: International Experience and Developments in China,* 155-165. Shanghai: Shanghai Foreign Language Education Press.

12. Lenneberg, E.H. 1967. *Biological Foundations of Language.* New York: Wiley.

13. Lewis, Michael. 1997. *Implementing the Lexical Approach.* Hove: Language Teaching Publications (LTP).

14. Lin, Kevin. 2008. Challenges to translation from interpreting. Paper presented

at Conference on The Changing Face of Translation, University of Portsmouth [UK], November 8, 2008. http://www.port.ac.uk/media/contacts-and-departments/slas/events/tr08-lin.pdf (Accessed July 26, 2015).

15. Liu, Liyuan. 1987. Lianheguo de huiyi kouyi [Conference interpreting at the United Nations]. Paper presented at the Conference on Translation Today: Culture and Information Interflow, Hong Kong, Hong Kong Institute for Promotino of Chinese Culture, December 17-21, 1987.

16. Liu, Minhua. 1994. Transition from preparatory exercises to consecutive interpretation: Principles and techniques. *Fu Jen Studies* 27: 104-116. (Reprinted as an appendix in Liu 2008).

17. Liu, Minhua. 1993/2008. *Zhubu kouyi yu biji.* [Consecutive Interpretation and Note-Taking.] Taipei: Bookman.

18. Longley, Patricia. 1978. An integrated programme for training interpreters. In David Gerver and H. Wallace Sinaiko (eds.), *Language, Interpretation and Communication,* 45-56. New York: Plenum Press. doi:10.1007/978-1-4615-9088-4_6

19. Lucas, Stephen E. 2004. *The Art of Public Speaking* (8th Edition). New York: McGraw Hill.

20. Luccarelli, Luigi. 2004. The craft of interpreting. http://aiic.net/page/1398 (Accessed July 24, 2015).

21. Luccarelli, Luigi. 2006. Conference preparation: What it is and how it could be taught. *Conference Interpretation and Translation* 8 (1): 3-26.

## M

1. Mackintosh, Jennifer. 1989. English up-date: An experiment in in-service training for practicing conference interpreters. In Laura Gran and John M. Dodds

(eds.), *The Theoretical and Practical Aspects of Teaching Interpretation,* 219-228. Udine: Campanotto.

2. Mackintosh, Jennifer. 2002/2012. The AIIC Workload Study - Executive Summary. http://aiic.net/page/888 (Accessed July 24, 2015). Geneva: AIIC.
3. Matyssek, Heinz. 1989/2006. *Handbuch der Notizentechnik: in Weg zur sprachabhängigen Notation.* Tübingen: Julius Groos.
4. Mayberry, Marshall R., Matthew W Crocker and Pia Knoeferle. 2009. Learning to attend: A connectionist model of situated language comprehension. *Cognitive Science* 33: 449-496. doi:10.1111/j.1551-6709.2009.01019.X
5. Metzger, Melanie. 1999. *Sign Language Interpreting: Deconstructing the Myth of Neutrality.* Washington: Gallaudet University Press.
6. Mikkelson, Holly. 1998. Towards a redefinition of the role of the court interpreter. *Interpreting* 3 (1). 21-45.
7. Mikkelson, Holly. 1999. Verbatim interpretation: An Oxymoron. http://www.acebo.com/pages/verbatim-interpretation-an-oxymoron (Accessed November 7, 2015)
8. Mikkelson, Holly. 2008. Evolving views of the court interpreter's role: Between Scylla and Charybdis. In Carmen Valero-Garces and Anne Martin (eds.), *Crossing Borders in Community Interpreting: Definitions and Dilemmas,* 81-97. Amsterdam: John Benjamins. doi:10.1075/btl.76.05mik
9. Mikkelson, Holly. 2000. *Introduction to Court Interpreting.* Manchester: St. Jerome.
10. Mikkelson, Holly. 2010. Interpreting is interpreting – or is it? *Communicate!* Winter 2010. http://www.aiic.net/ViewPage.cfm/article2470.htm (Accessed July 24, 2015).
11. Minns, Philip. 2005. The teaching of interpreting into B. Some conclusions gathered from 25 years' training experience. *Conference Interpretation and Transla-*

*tion* 4 (2): 29-40.

12. Morris, Ruth. 1995. The moral dilemmas of court interpreting. *The Translator* 1 (1): 25-46. doi:10.1080/13556509.1995.10798948
13. Morris, Ruth. 1999. The face of justice: Historical aspects of court interpreting. *Interpreting* 4 (1): 97-123. doi:1o.1o75/intp.4.1.1omor
14. Morris, Ruth. 2000/2012. Bibliography on Court and Legal Interpreting. Geneva: AHC. http://aiic.net/page/235/a-bibliography-on-court-legal-interpreting/lang/1 (Accessed July 24, 2015).
15. Moser-Mercer, Barbara. 1996. Quality in interpreting: Some methodological issues. *The Interpreters' Newsletter* 7: 43-55.
16. Moser-Mercer, Barbara. 1997. Beyond curiosity: Can interpreting research meet the challenge? In Joseph H. Danks, Gregory M. Shreve, Stephen B. Fountain and Michael K. McBeath (eds.), *Cognitive Processes in Translation and Interpretation,* 176-195. London: Sage.
17. Moser-Mercer, Barbara and Grégoire Bali. 2008. Interpreting in zones of crisis and war. http://aiic.net/page/2979 (Accessed July 24, 2015).
18. Moser-Mercer, Barbara, Alexander Künzli and Marina Korac. 1998. Prolonged turns in interpreting: Effects on quality, physiological and psychological stress (pilot study). *Interpreting* 3 (1): 47-64. doi:1o.1o75/intp.3.1.o3mos
19. Moser, Peter. 1997. Expectations of users of conference interpretation. *Interpreting* 1 (2): 145-178. do: 10.1075/intp.1.2.01mos
20. Mouzourakis, Panayotis. 2003. That feeling of being there: Vision and presence in remote interpreting. http://www.aiic.net/ViewPage.cfm/article911.htm (Accessed July 24, 2015).
21. Mouzourakis, Panayotis. 2006. Remote interpreting: A technical perspective on recent experiments. *Interpreting 8* (1): 45-66. doi:10.1075/intp.8.1.04mou.
22. Murphy, James J. (ed.). 1987. *Quintilian on the Teaching of Speaking and Writing:*

*Translations from Books One, Two, and Ten of the Institutio Oratoria.* Edwardville: Southern Illinois University Press.

23. Myers, Laura. 1976. Introduction to Consecutive Interpretation. Unpublished MA thesis. Monterrey: MIFS (Middlebury Institute of Foreign Studies).

## N

1. Napier, Jemina and Della Goswell. 2013. Signed language interpreting: Profession. In Carol A. Chapelle (ed.), *The Encyclopedia of Applied Linguistics.* Oxford: Wiley-Blackwell.
2. Napier, Jemina, Rachel Locker McKee and Della Goswell. 2010. *Sign Language Interpreting: Theory and Practice in Australia and New Zealand.* Sydney: Federation Press.
3. Neff, Jacquy. 2011. AIIC: A statistical portrait 2005-2009. http://aiic.net/page/3585/a-statistical-portrait-2005-2009/lang/1 (Accessed July 24, 2015).
4. Neff Jacquy. 2014. AIIC statistics: Summary of the 2012 report. http://aiic.net/page/6878/aiic-statistics-summary-of-the-2012-report/lang/1 (Accessed July 25, 2015).
5. Nicodemus, Brenda, Laurie Swabey and Anna Witter-Merithew. 2011. Presence and role transparency in healthcare interpreting: A pedagogical approach for developing effective practice. *Rivista di Linguistica* 11 (3): 69-83.
6. Nord, Christiane. 1991. Scopos, loyalty and translation conventions. *Target* 3 (1): 91-109. do: 10.1075/target.3.1.06nor
7. Nord, Christiane. 1997. *Translating as a Purposeful Activity.* Manchester: St. Jerome. NUPIT. 2001. What *do Interpreters and Translators Talk about among Themselves? A Survey of Employment Conditions among Interpreters and Translators.* London: NUPIT/MSF.

## O

1. Obst, Harry. 2010. *White House Interpreter: The Art of Interpretation.* Bloomington: Authorhouse.
2. Ono, Takahiro, Hitomi Tohyama and Shigeki Matsubara. 2008. Construction and analysis of word-level time-aligned simultaneous interpretation corpus. In Nicoletta Calzolari, Khalid Choukri, Bente Maegaard, Joseph Mariani, Jan Odjik, Stelios Piperidis and Daniel Tapias (eds), *Proceedings of the Sixth International Language Resources and Evaluation (LREC '08),* 3383-3387. ELRA. http://www.lrec-conforg/proceedings/lrec2008 (Accessed March 7, 2015).
3. Orlando, Marc. 2010. Interpreting eloquence: When words matter as much as ideas. *The AALITRA* Review 1: 152-160. Melbourne: Monash University. See also http://aiic.net/page/3547 (Accessed July 24, 2015).
4. Ozolins, Uldis. 2000. Communication needs and interpreting in multilingual settings: The international spectrum of response. In Roda R Roberts, Silvana E. Carr, Diana Abraham and Aideen Dufour (eds.), *The Critical Link 2: Interpreters in the Community,* 21-33. Amsterdam: John Benjamin. doi:10.1075/btl.31.04ozo

## P

1. Paradis, Michel. 1993. Linguistic, psycholinguistic, and neurolinguistic aspects of "interference" in bilingual speakers: The Activation Threshold Hypothesis. *International Journal of Psycholinguistics* 9: 133- 145.
2. Paradis, Michel. 2004. *A Neurolinguistic Theory of Bilingualism.* Amsterdam: John Benjamin. doi:10.1075/sibil.18
3. Paradis, Michel. 2009. *Declarative and Procedural Determinants of Second Lan-*

*guages.* Studies in Bilingualism 40. Amsterdam: John Benjamin. doi:10.1075/sibil.40

4. Pellatt, Valerie. 2005. The trouble with numbers: How linguistic, arithmetical and contextual complexity affect the interpretation of numbers. In Chai Mingjiong and Zhang Jiliang (eds.), *Professionalization in Interpreting: International Experience and Developments in China,* 350-365. Shanghai: Shanghai Foreign Language Education Press.
5. Penfield, Wilder and Lamar Roberts. 1959. *Speech and Brain Mechanisms.* Princeton: Princeton University Press.
6. Peter, Laurence J. and Raymond Hull. 1969. *The Peter Principle: Why Things Always Go Wrong.* New York: William Morrow.
7. Petersen, Rico. 2011. Profession in pentimento: A narrative inquiry into interpreting in video settings. In Brenda Nicodemus and Laurie Swabey (eds.), *Advances in Interpreting Research: Inquiry in Action,* 199-224. Amsterdam: John Benjamin.
8. Pinker, Steven. 1994. *The Language Instinct.* New York: William Morrow. doi:10.1037/e412952005-009
9. Pinker, Steven. 2014. *The Sense of Style: The Thinking PersonS Guide to Writing in the 21st Century.* New York: Viking.
10. Pio, Sonia. 2003. The relation between ST delivery rate and quality in simultaneous interpretation. *The Interpreter's Newsletter* 12: 69-99.
11. Pöchhacker, Franz. 2004. *Introducing Interpreting Studies.* London: Routledge.
12. Pöchhacker, Franz. 2006a. Research and methodology in healthcare interpreting. *Linguistica Antverpiensia New Series* 5: 135-159.
13. Pöchhacker, Franz. 2006b. Interpreters and ideology: From 'between' to 'within'. *Internet-Zeitschrift für Kulturwissenschaften* 16. http://wwwinst.at/trans/16Nr/09_4/poechhacker16.htm (Accessed July 24, 2015).

14. Pöchhacker, Franz. 2008. Interpreting as mediation. In Carmen Valero-Garcés and Anne Martin (eds.), *Crossing Borders in Community Interpreting: Definitions and Dilemmas*, 9-26. Amsterdam: John Benjamin. doi:10.1075/btl.76.02poc

15. Pöchhacker, Franz and Miriam Shlesinger (eds.). 2007. *Healthcare Interpreting. Discourse and Interaction.* Amsterdam: John Benjamin. doi:10.1075/bct.9

16. Pöchhacker, Franz and Miriam Shlesinger (eds.). 2002. *The Interpreting Studies Reader.* London: Routledge.

## Q

1. Quine, Willard V O. 1960/2015. *Word and Object.* Cambridge: MIT Press.

2. Quintilianus, Marcus Fabius. ca. 95/1920. *Institutio Oratoria.* Translated by H. E. Butler. Loeb Classical Library. Cambridge: Harvard University Press.

## R

1. Reiss, Katharina and Hans J. Vermeer. 1984. *Grundlegung einer allgemeinen Translationstheorie.* Linguistische Arbeiten 147. Tübingen: Niemeyer. doi:10.1515/9783111351919

2. Reithofer, Karin. 2013. Comparing modes of communication: The effect of English as a lingua franca vs. interpreting. *Interpreting* 15 (1): 48-73. doi:10.1075/intp.15.1.03rei

3. Riccardi, Alessandra. 2002. Translation and interpretation. In Alessandra Riccardi (ed.), *Translation Studies: Perspectives on an Emerging Discipline*, 75-91. Cambridge: Cambridge University Press.

4. Roberts, Roda R 2002. Community interpreting: A profession in search of its

identity. In Eva Hung (ed.), *Teaching Translation and Interpreting 4: Building Bridges,* 157- 175. Amsterdam: John Benjamin. doi: 10.1075/btl.42.20rob

5. Robinson, Douglas. 1997. *Becoming a Translator: An Accelerated Course.* London: Routledge.
6. Roland, Ruth. 1999. *Interpreters as Diplomats: A Diplomatic History of the Role of Interpreters in World Politics.* Ottawa: University of Ottawa Press.
7. Rozan, Jean-Francois. 1956. *La prise de notes en interprétation consécutive.* Geneva: Georg.
8. Rozan, Jean-Francois. 2002. *Note-taking in Consecutive Interpreting.* Krakòw: Tertium. (English & Polish translation of Rozan 1956 by Andrew Gillies and Beata Hrehorowicz, edited by Andrew Gillies and Bartosz Waliczek.)

## S

1. Sachs, Jacqueline S. 1967. Recognition memory for syntactic and semantic aspects of connected discourse. *Perception and Psychophysics* 2: 437-442. doi:10.3758/BF03208784
2. Sassoon, Rosemary and Gunnlaugur SE Briem. 2014. *Improve Your Handwriting: Write in a Confident and Fluent Hand.* London: Hachette UK.
3. Seleskovitch, Danica. 1968. *L'Interpréte dans les conférences internationals: problèmes de language et de communication.* Paris: Minard Lettres Modernes. (English edition: 1978. *Interpreting for International Conferences: Problems of Language and Communication.* Translated by Stephanie Dailey and Eric N. McMillan. Washington: Pen and Booth.)
4. Seleskovitch, Danica. 1975. *Langage, langues et mémoire. Etude de la prise de notes en interprétation consécutive.* Paris: Minard Lettres Modernes.
5. Seleskovitch, Danica. 1977. Take care of the sense and the sounds will take care

of themselves or Why interpreting is not tantamount to translating languages. *The Incorporated Linguist* 16: 27-33.

6. Seleskovitch, Danica and Marianne Lederer. 1984/2014. *Interpréter pour traduire.* Paris: Didier Erudition/Les Belles Lettres (2014 Edition).
7. Seleskovitch, Danica and Marianne Lederer. 1989/2002. *Pédagogie raisonnée de l'interprétation.* Paris: Didier Erudition.
8. Seleskovitch, Danica and Marianne Lederer. 1995. A *Systematic Approach to Teaching Interpretation.* Translated by Jacolyn Harmer. Silver Spring, MD: Registry of Interpreters for the Deaf.
9. Setton, Robin. 1993. Is non-intra-IE interpretation different? European models and Chinese-English realities. *Meta* 38 (2): 238-256. doi:10.7202/004115ar
10. Setton, Robin. 1994. Experiments in the application of discourse studies to interpreter training. In Cay Dollerup and Annette Lindegaard (eds.), *Teaching Translating and Interpreting 2: Insights, Aims, Visions. Papers from the Second Language International Conference, Elsinore, Denmark,* 183-198. Amsterdam: John Benjamins. doi:10.1075/btl.5.27set
11. Setton, Robin. 1998. Meaning assembly in simultaneous interpretation. *Interpreting 3* (2): 163-200. (Reprinted in abridged form in POchhacker, Franz and Miriam Shlesinger (eds.), 2002. *The Interpreting Studies Reader,* 178-202. London: Routledge.) doi: 10.1075/intp.3.2.03set
12. Setton, Robin. 1999. *Simultaneous Interpretation: A Cognitive-pragmatic Analysis.* Amsterdam: John Benjamins. doi:10.1075/btl.28
13. Setton, Robin. 2003a. Models of the interpreting process. In Ángela Collados Aís and José Antonio Sabio Pinilla (eds.), *Avarices en la investigación sore la interpretación,* 29-91. Granada: Comares.
14. Setton, Robin. 2003b. Words and sense: Revisiting lexical processes in interpreting. *Forum* 1: 139- 168.

15. Setton, Robin. 2005. So what is so interesting about simultaneous interpreting? SKASE *(Online) Journal of Translation and Interpretation 1* (1): 70-85. http://www.skase.sk/Volumes/JTI01/doc_pdf/06.pdf (Accessed July 24, 2015).

16. Shaw, Sherry, Nadja Grbić and Kathy Franklin. 2004. Applying language skills to interpretation: Student perspectives from signed and spoken language programs. *Interpreting* 6 (1): 69-100. doi:10.1075/intp.6.1.06sha

17. Shermet, Sheila. 2012. Communication, interpretation and 'oral translation': Contrastive analysis of freelancing vs. working for a large organization. Presentation at Second UN Conference of MOU Universities, University of Mons, Belgium, May2012, Annex 2, 125-144. https://languagecareers.un.org/sites/languagecareers.un.org/files/PDF/report_of_the_2nd_mou_conference-final.compressed.pdf (Accessed July 25, 2015).

18. Shlesinger, Miriam. 1989. Simultaneous interpretation as a factor in effecting shifts in the position of texts on the oral-literate continuum. Unpublished MA thesis, University of Tel-Aviv.

19. Shlesinger, Miriam. 1994. Intonation in the production and perception of simultaneous interpretation. In Sylvie Lambert and Barbara Moser-Mercer (eds.), *Bridging the Gap: Empirical Research in Simultaneous Interpretation,* 225-236. Amsterdam: John Benjamin. doi:10.1075/btl.3.17shl

20. Shlesinger, Miriam. 2010. Relay interpreting. In Yves Gambier and Luc van Doorslaer (eds.), *Handbook of Translation Studies,* Vol. 1, 276-278. Amsterdam: John Benjamin. do: 10.1075/hts.1.rel1

21. Signoret, Simone. 1976/2010. *La nostalgic n'est plus ce qu'elle était.* Paris: Points Actuels. (English edition: 1979. *Nostalgia isn't what it used to be.* London: Penguin Books.)

22. Spânu, Liliana. 2009. Skirts and suits in conference interpreting: Female interpreters and male clients on the current Romanian market. Unpublished MA

thesis, Central European University, Department of Gender Studies, Budapest.

23. Spence, Jonathan D. 1984. *The Memory Palace of Matteo Ricci.* New York: Viking Penguin.

24. Sperber, Dan and Deirdre Wilson. 1986/1995. *Relevance: Communication and Cognition.* Oxford: Blackwell.

25. Straniero Sergio, Francesco. 2003. Norms and quality in media interpreting: The case of Formula One press conferences. *The Interpreters' Newsletter* 12: 135-174.

26. Sunnari, Marianna. 1995. Processing strategies in Simultaneous Interpreting: 'Saying it All' vs. Synthesis. In Jörma Tommola (ed.), *Topics in Interpreting Research,* 109-119. Turku: University of Turku, Centre for Translation and Interpreting.

27. Swabey, Laurie and Karen Malcolm (eds.). 2012. *In Our Hands. Educating Healthcare Interpreters.* Interpreter Education Series 5. Washington: Gallaudet University Press.

## T

1. Taylor, Christopher. 1989. Textual memory and the teaching of consecutive interpretation. In Laura Gran and John Dodds (eds.), *The Theoretical and Practical Aspects of Teaching Interpretation,* 177-184. Udine: Campanotto.

2. Tipton, Rebecca. 2008. Interpreter neutrality and the structure/agency distinction. In Carmen Valero-Garcés (ed.), *Investigación y Práctica en Traducción e Interpretación en los Servicios Públicos - Desafíos y Alianzas* [Research and Practice in Public Service Interpreting and Translation - Challenges and Alliances]. Alcal8: Universidad de Alcala de Henares [CD]. http://www3.uah.es/traduccion//Actas/2008/TRADUCCION.pdf (Accessed July23, 2015).

3. Tohyama, Hitomi and Shigeki Matsubara. 2006. Collection of simultaneous interpreting patterns by using bilingual Spoken Monologue Corpus. In *Proceedings*

*of 5th International Conference on Language Resources and Evaluation*, May 2006 (LREC-2006), 2564-2569.

4. Torikai, Kumiko. 2009. *Voices of the Invisible Presence: Diplomatic Interpreters in Post-World War* II *Japan*. Amsterdam: John Benjamin. doi:10.1075/btl.83
5. Trzeciak, John and Susan E. Mackay. 1994. *Study Skills for Academic Writing*. Phoenix: Prentice Hall.
6. Tseng, Joseph. 1992. Interpreting as an emerging profession in Taiwan: - a sociological model. Unpublished MA thesis, GITIS, Fu Jen Catholic University.
7. Tsuruta, Chikako and Vincent Buck. 2012. Exploring media interpreting. http://aiic.net/View-Page.cfm/article2869.htm (Accessed July 24, 2015).

## V

1. Vandergrift, L., Christine C. M. Goh, Catherine J. Mareschal and Marzieh H. Tafaghodtari. 2006. The metacognitive awareness listening questionnaire: Development and validation. *Language Learning* 56 (3): 431-462. doi:10.1111/j./467-9922.2006.00373.X
2. Venuti, Lawrence. 1993. Translation as cultural politics: Regimes of domestication in English. *Textual Practice* 7 (2): 208-223. doi:10.1080/09502369308582166
3. Venuti, Lawrence. 1995. Translation and the formation of cultural identities. In Christina Schaffner and Helen Kelly-Holmes (eds.), *Cultural Functions of Translation*, 9-25. Clevedon: Multilingual Matters.
4. Vermeer, Hans J. 1996. A *Skopos Theory of Translation (Some Arguments for and against)*. Heidelberg: Textcontext Verlag.
5. Viaggio, Sergio. 1989/199 l. Teaching beginners the blessings of compressing (and how to save a few lives in the process). In Deanna Lindberg Hammond (ed.), *Coming of Age: Proceedings of the 30th Annual Conference of the American*

*Translators Association,* 189-203. Medford: Learned Information. Also presented at 1st Language International Conference, Elsinore, Denmark, 1991. ERIC Education Resources Information Centre.

6. Viaggio, Sergio. 1995. The praise of sight translation (and squeezing the last drop thereout of). *The Interpreters' Newsletter* 6: 33-42.
7. Viaggio, Sergio. 2005/2006. *Teoría general de la mediación interlingua.* Alicante: Universidad de Alicante. (English edition: 2006. *A General Theory of lnterlingual Mediation.* Berlin: Frank and Timme Verlag.)

## W

1. Wadensjö, Cecilia. 1998. *Interpreting as Interaction.* London: Addison Wesley Longman.
2. Wang, Binhua. 2012. A descriptive study of standards in interpreting based on the Chinese-English consecutive interpreting corpus of Chinese Premier press conferences. *Meta* 57 (1): 198-212. doi:10.7202/1012749ar
3. Weber, Wilhelm K. 1989. Improved ways of teaching consecutive interpretation. In Laura Gran and John Dodds (eds.), *The Theoretical and Practical Aspects of Teaching Conference Interpretation,* 161-166. Udine: Campanotto.
4. Weber, Wilhelm K. 1990. The importance of sight translation in an interpreter training program. In David Bowen and Margareta Bowen (eds.), *Interpreting* – Yesterday, *Today, and Tomor*row, 44-52. Binghamton: SUNY. doi:10.1075/ata.iv.10web
5. Weston, Anthony. 2000. *A Rulebook for Arguments* (3rd Edition). Indianapolis and Cambridge: Hackett Publishing.
6. Wiegand, Chris. 2000. Role of the interpreter in the healing of a nation: An emotional view. In Roda P. Roberts, Silvana E. Carr, Diana Abraham and Aideen

Dufour (eds.), *The Critical Link 2: Interpreters in the Community,* 207-218. Amsterdam: John Benjamins. doi:10.1075/btl.31.21wie
7. Willett, Ruth. 1974. Die Ausbildung zum Konferenzdolmetscher. In Volker Kapp (ed.), *Übersetzer und Dolmetscher,* 87-109. Heidelberg: Quelle and Meyer.
8. Wilson, Deirdre and Dan Sperber. 2012. *Meaning and Relevance.* Cambridge: Cambridge University Press. doI:10.1017/CB09781139028370
9. Wilss, Wolfram. 1978. Syntactic anticipation in German-English simultaneous interpretation. In David Gerver and Wallace H. Sinaiko (eds.), *Language Interpretation and Communication. Proceedings of the NATO Symposium on Language Interpretation and Communication, Venice,* 1977, 335-343. New York: Plenum Press.

## Y

1. Yates, Frances A. 1966. *The Art of Memory.* Chicago: University of Chicago Press.

## Z

1. al-Zahran, Aladdin. 2007. The consecutive conference interpreter as intercultural mediator: A cognitive-pragmatic approach to the interpreter's role. Unpublished PhD thesis, School of Languages, European Studies Research Institute (ESRI), University of Salford, UK.
2. Zeier, Hans. 1997. Psychophysiological stress research. *Interpreting 2* (1-2): 231-249. doi:10.1075/intp.2.1-2.09zei
3. Zhuang, Mingliang. 1991/1992. Han-ying tongsheng chuanyi de jiqiao [Techniques for Chinese-English simultaneous interpretation.] *Zhongguo Fanyi* [Chinese Translators' Journal] 1991 (2): 24-27.

# 회의통역 완벽가이드

인간통역 최종 해설판

| | |
|---|---|
| 초판 인쇄 | 2018년 2월 23일 |
| 초판 발행 | 2018년 3월 2일 |
| 지은이 | 로빈 세튼(Robin Setton)<br>앤드류 C. 도런트(Andrew C. Dawrant) |
| 옮긴이 | 곽중철 · 박지현 |
| 발행인 | 김인철 |
| 총괄 · 기획 | 가정준 Director, University Knowledge Press |
| 편집장 | 신선호 Executive Knowledge Contents Creator |
| 도서편집 | 박현정 Contents Creator |
| 전자책편집 | 이리나 e-Contents Creator |
| 재무관리 | 김은혜 Managing Creator |
| 마케팅 파트장 | 백승이 Chief Marketing Creator |
| 마케팅 | 박종원 Marketing Creator |
| 발행처 | 한국외국어대학교 지식출판원<br>02450 서울특별시 동대문구 이문로 107<br>전화 02)2173-2493~7<br>팩스 02)2173-3363<br>홈페이지 http://press.hufs.ac.kr<br>전자우편 press@hufs.ac.kr<br>출판등록 제6-6호(1969. 4. 30) |
| 디자인 · 편집 | (주)이환디앤비 02)2254-4301 |
| 인쇄 · 제본 | 네오프린텍(주) 02)718-3111 |

ISBN 979-11-5901-271-6 93740 정가 18,000원

*잘못된 책은 교환하여 드립니다.



HUINE은 한국외국어대학교 지식출판원의 어학도서, 사회과학도서, 지역학 도서 Sub Brand이다. 한국외대의 영문명인 HUFS, 현명한 국제전문가 양성(International +Intelligent)의 의미를 담고 있으며, 휴인(携引)의 뜻인 '이끌다, 끌고 나가다'라는 의미처럼 출판계를 이끄는 리더로서, 혁신의 이미지를 담고 있다.